매일매일 쓰는 올인원 AI   민지영, 문수민, 앤미디어 지음

AI 캡컷

생능북스

매일매일 쓰는 올인원 AI
AI 캡컷

초판 1쇄 발행 2025년 9월 15일
초판 2쇄 발행 2026년 1월 15일

지은이 | 민지영, 문수민, 앤미디어
펴낸이 | 김승기, 김민수
펴낸곳 | ㈜생능출판사 / 주소 경기도 파주시 광인사길 143
브랜드 | 생능북스
출판사 등록일 | 2005년 1월 21일 / 신고번호 제406-2005-000002호
대표전화 | (031) 955-0761 / 팩스 (031) 955-0768
홈페이지 | www.booksr.co.kr

책임편집 | 최동진
편집 | 앤미디어
교정·교열 | 앤미디어
본문·표지 디자인 | 앤미디어
영업 | 최복락, 심수경, 차종필, 송성환, 최태웅, 김민정
마케팅 | 백수정, 명하나

ISBN 979-11-94630-13-5 (13000)
값 26,000원

- 생능북스는 ㈜생능출판사의 단행본 브랜드입니다.
- 이 책의 저작권은 ㈜생능출판사와 지은이에게 있습니다. 무단 복제 및 전재를 금합니다.
- 잘못된 책은 구입한 서점에서 교환해 드립니다.

매일매일 아이디어를 실현시켜 주는 AI, 올인원 캡컷

누구나 콘텐츠를 만들어야 하는 시대입니다. 브랜드를 알리고, 상품을 소개하고, 나를 표현하기 위해 영상은 선택이 아닌 필수가 되었지만, 여전히 많은 사람들에게는 어렵고 복잡한 작업으로 느껴집니다. 전문가처럼 장비를 다룰 줄도 모르고, 편집 툴은 낯설기만 하며, 무엇보다 시간과 비용의 부담은 쉽게 넘기 힘든 장벽이 되곤 합니다.

하지만 기술은 빠르게 진화하고 있고, 그 변화의 중심에는 인공지능과 캡컷(CapCut)이 있습니다. 이제는 복잡한 작업을 직접 하지 않아도, 단지 주제를 입력하고, 원하는 느낌을 전달하는 것만으로도 이미지 생성부터 영상 제작, 편집, 내레이션까지 한 번에 끝낼 수 있는 시대가 되었습니다.

캡컷은 단순한 영상 편집기가 아닙니다. 이 도구 하나로 기획, 디자인, 촬영, 편집, 내레이션이라는 모든 과정을 통합할 수 있으며, 무엇보다도 영상 제작 경험이 없는 사람도 실제 결과물을 만들어낼 수 있도록 돕는 올인원 AI 플랫폼입니다. 그래서 이 책은 영상 제작을 시작하려는 초보자, 마케팅이 필요한 소상공인, 콘텐츠를 빠르게 만들어야 하는 창업자, 시각화에 어려움을 느끼는 마케터와 디자이너 모두를 위해 쓰였습니다. 따라 하기만 해도 영상 한 편이 완성되고, 그대로 응용하면 브랜드 채널과 SNS에 활용할 수 있는 숏폼 영상과 유튜브 콘텐츠까지 직접 제작할 수 있도록 구성했습니다.

AI는 기술이 아니라 도구입니다. 그리고 그 도구는, 나 대신 복잡한 작업을 해주는 '손'이 되어주고, 나의 아이디어를 실현시켜 주는 '디자인 파트너'가 되어줍니다. 이제는 영상 제작이 '어떻게 할까'를 고민하는 과정이 아니라, '무엇을 만들까'를 상상하는 일로 바뀌었습니다. 이 책은 그런 새로운 제작 방식의 출발점입니다. 당신이 직접 만든 이미지와 영상으로, 당신만의 이야기를 전할 수 있도록, AI라는 든든한 조력자와 함께 매일매일 콘텐츠를 실현해 나갈 수 있도록, 이 한 권에 아이디어에서 영상까지 이어지는 전 과정을 담았습니다.

캡컷 AI 기능을 중심으로, 이미지 생성부터 영상 생성, 영상 편집까지 콘텐츠 제작의 전 과정을 흐름에 따라 익힐 수 있도록 구성되어 있습니다. 영상 제작에 필요한 핵심 소스인 이미지와 영상 클립을 AI를 활용해 직접 생성하는 방법부터, 그 소스를 바탕으로 실제 숏폼 콘텐츠나 유튜브 영상으로 완성하는 편집 과정까지, 실제 작업 순서에 맞춰 따라 할 수 있도록 단계적으로 정리하였습니다.

또한 각 기능은 사용자의 이해 수준에 맞춰 실제 상황에 적용할 수 있는 예제 중심으로 구성되어 있어, AI 사용이 처음인 분들도 어렵지 않게 기능을 익히고, 필요한 작업만 골라 실전에 바로 활용할 수 있도록 설계하였습니다. 이 책 한 권이면 기획부터 결과물 제작, 영상 업로드까지 콘텐츠 제작의 모든 과정을 직접 실행해 볼 수 있을 것입니다.

앤미디어

Preview

캡컷을 이용하여 누구나 쉽고 빠르게 AI 콘텐츠 결과물을 얻을 수 있도록 5개의 파트와 59개의 레슨으로 구성하였습니다.

AI 생성 이론

캡컷의 AI 도구를 이용하여 이미지나 영상을 생성하기 전에 AI 생성에 대한 개념을 학습합니다.

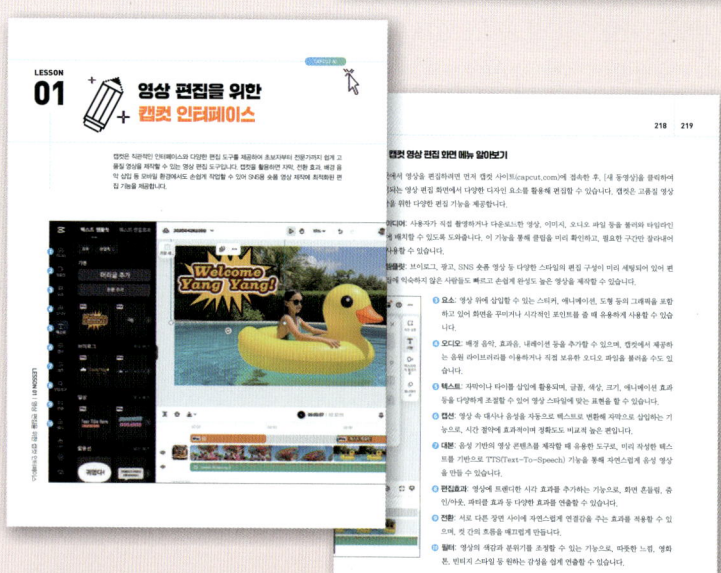

캡컷 기능 학습

캡컷에서 제공하는 다양한 AI 도구의 옵션, 효과 등 AI 결과물 생성을 위한 기본 이론을 학습합니다.

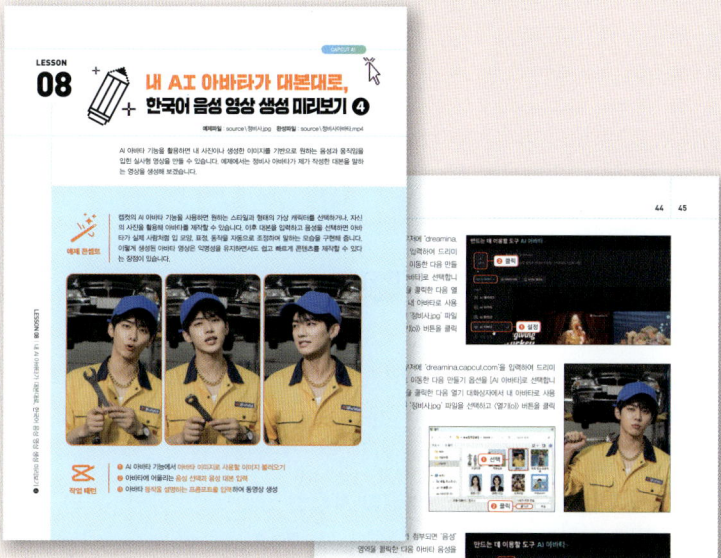

예제 미리보기

AI 도구로 작업한 예제의 결과물을 확인할 수 있으며, 예제 과정과 콘셉트, 사용 기능을 소개합니다.

예제 따라하기

직접 예제를 따라하면서 학습할 수 있도록 예제 파일을 제공하고 작업 과정을 친절하게 설명합니다.

Contents

PART 1
가장 쉽고 빠르게, AI로 콘텐츠를 만들기 위한 준비

01 작업 시간을 줄이고 디자인 품질을 높이는 AI   16
    01 디자인 실력이 없어도 고품질의 콘텐츠 제작 가능   16
    02 이미지 & 영상 생성부터 편집까지 올인원   17
    03 나노 바나나부터 베오3 모델까지 찰떡궁합! AI 캡컷   19

02 이미지 생성과 디자인 작업 패턴의 변화   20
    01 텍스트로 이미지 생성하기   20
    02 텍스트나 이미지 업로드로 영상 생성하기   22

03 콘텐츠를 완성하는 영상 편집 과정   25
    01 AI 이미지 및 영상 생성하기   25
    02 소스 정리 및 컷 구성하기   25
    03 사운드와 자막 구성하기   26
    04 AI 결과물 내보내기 및 공유하기   27

04 캡컷 회원 가입과 이미지 생성을 위한 화면 이동하기   29

05 프롬프트만 입력해! 홍보 이미지 생성 미리보기 ❶   31
    01 이미지 생성을 위한 프롬프트 입력하기   32
    02 이미지를 재생성하여 파일로 저장하기   33

06 주제만 넣어봐! 영화 소개 영상 생성 미리보기 ❷   36
    01 즉석으로 스토리보드 구성과 영상 생성하기   37
    02 원하는 영상으로 대체하고 내레이션 생성하기   39

07 AI와 대화하면서 이미지와 영상 생성 미리보기 ❸   41

08 내 AI 아바타가 대본대로, 한국어 음성 영상 생성 미리보기 ❹   44

09 시작과 끝부분의 이미지로 스토리 영상 생성 미리보기 ❺   47

PART 2
원하는 대로 이미지를 뽑자! 캡컷으로 이미지 생성하기

01 이미지 생성을 위한 캡컷 화면 구성의 이해 52
   01 드리미나 캡컷 생성기 살펴보기 52
   02 드리미나 캡컷의 이미지 생성 화면 미리보기 54
   03 캔버스 화면 편집 미리보기 57

02 이미지 생성을 위한 프롬프트 핵심 작성 10가지 원칙 59
   01 구체적이고 명확한 설명을 포함하여 작성하라 59
   02 세부 사항을 추가하라 60
   03 스타일을 정의하라 61
   04 한글 프롬프트는 문장의 맺음말에 주의하라 62
   05 참고 예시나 유명 예술가의 이름을 넣어라 63
   06 감정이나 분위기를 지정하라 64
   07 전경과 후경을 분리하여 입력하라 65
   08 관찰자 시점을 정하라 66
   09 색상 팔레트를 지정하라 67
   10 이미지에 나타나지 말아야 할 것들을 포함하라 68

03 영역 확장으로 가로 이미지를 세로 이미지로 생성하기 69
   01 16:9 가로 이미지 생성하기 70
   02 3:4 세로 이미지로 확장 생성하기 71
   이것만은 꼭 알아두세요! ▶ 이미지 사용 목적에 따른 이미지 비율 73

04 외부 이미지를 불러와 부분 삭제하기 76
   01 외부 이미지 업로드하기 77
   02 브러시로 특정 영역 삭제하기 79

05 참조 이미지로 웹툰 스타일 이미지 생성하기 81
   01 실사 스타일의 농구 선수 이미지 생성하기 82
   02 참조 이미지 설정하기 83

06 재질을 교체하여 커스텀 상품 이미지 만들기 — 85
- 01 기본 상품을 참조 이미지로 설정하기 — 86
- 02 사용자 지정 옵션으로 재질 변경하기 — 87

07 인물과 배경 키워드를 구분하여 사진 수정하기 — 89
- 01 겨울 배경의 인물 이미지 불러오기 — 90
- 02 이미지에서 이미지 생성하기 — 91

08 한 땀 한 땀 보정보다 피부 재생성 보정하기 — 93
- 01 피부 보정할 인물 이미지 불러오기 — 94
- 02 보정 기능으로 인물 보정하기 — 95

09 피사체를 세밀하게 구분하여 배경 이미지 제거하기 — 97
- 01 고양이 이미지 배경 제거하기 — 98
- 02 단색의 배경 이미지 생성하기 — 100

10 원하는 형태의 슬로건 문자 입력하기 — 103
- 01 이미지에 문자 배치하기 — 104
- 02 원하는 형태로 문자 편집하기 — 106

11 흑백 사진을 컬러 사진으로 변경하기 — 108
- 01 컬러링을 위한 프롬프트 작성하기 — 109

12 나노 바나나로 일반 셀카 사진을 증명 사진으로 만들기 — 111

13 저해상도 이미지를 고해상도 이미지로 업스케일하기 — 115

14 사진 한 장으로 다양한 동작의 이모티콘 캐릭터 만들기 — 118

15 가상 피팅 모델로 디자인한 의상 광고 사진 만들기 — 121
- 01 남성용 반소매 셔츠 의상 목업 생성하기 — 122
- 02 여성용 원피스 의상 목업 생성하기 — 125
- 03 남성 AI 모델에 반소매 셔츠 입히기 — 127
- 04 여성 AI 모델에 원피스 입히기 — 128
- 05 의상 분위기에 맞게 배경 생성하기 — 130

16 AI 추천으로 음식 메뉴 상품 사진 만들기 — 132
- 01 스냅사진에서 음식만 추출하기 — 133
- 02 메뉴 사진을 위한 AI 배경 생성하기 — 135
- 03 프롬프트로 상품 배경 합성하기 — 140

17 쉽고 빠르게, 화장품 홍보 구성 이미지 생성하기 141
- 01 화장품 사진 생성하기 142
- 02 광고 디자인 이미지 생성하기 143

18 자유롭게 디자인하는 유튜브 썸네일 이미지 만들기 147
- 01 원본 이미지 생성과 복제하기 148
- 02 복제된 이미지 배경 삭제하고 문자 입력하기 151
- 03 레이어 이동과 아이콘 이미지 구성하여 완성하기 156

PART 3
세상에 이런 일이!
캡컷으로 한 번에 영상 생성하기

01 동영상 생성의 핵심, 조명 구성 프롬프트 160
- 01 주광(Key Light) 160
- 02 보조광(Fill Light) 161
- 03 배경광(Back Light) 161
- 04 정면광(Frontal Lighting) 162
- 05 측면광(Side Lighting) 162
- 06 역광(Backlighting) 163
- 07 강한 빛(High Key) 163
- 08 약한 빛(Low Key) 164
- 09 정오 빛(Midday Light) 164
- 10 따뜻한 빛(Warm Light) 165
- 11 차가운 빛(Cool Light) 165

02 AI 영상 제작 시 꼭 알아야 할 영상 무빙 166
- 01 팬(Pan) 무빙 166
- 02 틸트(Tilt) 무빙 167
- 03 줌(Zoom) 무빙 167
- 04 트래킹(Tracking) 무빙 168
- 05 크레인(Crane) 무빙 168

	06 핸드헬드(Handheld) 무빙	169
	07 버드(Bird) 무빙	169

03 쉽고 빠르게, 정보형 구성 영상 생성하기   170
     01 Instant AI Video 기능   170

04 즉석에서 바로 가게를 홍보하는 영상 제작하기   172
     01 스토리보드 구성과 영상 생성하기   173
     02 원하는 영상으로 대체하고 내레이션 생성하기   174
     03 배경 음악과 내레이션 생성하여 완성하기   176

05 웹용 캡컷보다 전문적인 데스크톱용 캡컷 사용하기   177
     01 데스크톱용 캡컷을 사용해야 하는 이유   177
     02 웹용 캡컷, 누구나 쉽게 시작할 수 있는 직관적인 영상 편집 도구   178
     03 데스크톱용 캡컷, 전문가용 편집 기능을 갖춘 영상 제작 도구   179
     04 데스크톱용 캡컷의 핵심 강점인 AI 생성 기능   181
     05 기획부터 제작까지 시간과 비용 절감   182
     06 사용자에 따른 작업 환경의 차이   182

06 전문적인 편집을 위한 데스크톱용 캡컷 설치하기   184

07 데스크톱용 캡컷 인터페이스 알아보기   186
     01 데스크톱용 캡컷 인터페이스 구성   186
     02 기능 메뉴 알아보기   187
     03 편집 도구 알아보기   188

08 AI 기능으로 이미지를 첨부하여 영상 생성하기   190
     01 움직임을 설명하는 프롬프트 입력하기   191

09 동작과 표정, 대사까지, 쇼핑 호스트 영상 만들기   194
     01 홍보 대사 프롬프트 입력하기   195
     02 한국어 지원하는 성우 지정하기   196

10 프롬프트로 디테일한 영상 생성하기   198
     01 프롬프트로 영상 생성하기   199
     02 생성된 영상들을 하나의 영상으로 만들기   201

11 AI 아바타와 텍스트 애니메이션 숏폼 영상 만들기   204
    01 대본을 따라 말하는 AI 아바타 캐릭터 만들기   205
    02 운동하는 인물 영상 생성하기   207
    03 문자 입력과 애니메이션 효과 적용하기   210
    04 장면 전환 효과와 오디오 효과 적용하기   213

PART 4
편집이 영상을 완성한다!
AI 기능으로 영상 편집하기

01 영상 편집을 위한 캡컷 인터페이스   218
    01 캡컷 영상 편집 화면 메뉴 알아보기   219
    02 캡컷에서 편집 기능 알아보기   220

02 정밀한 편집을 위한 영상 검색과 미리보기 재생하기   224
    01 타임라인에 영상 클립 위치시키기   225
    02 재생 헤드로 세밀하게 영상 검색하기   227
    03 미리보기 영상 확대하기   228

03 원하는 영상 비율에 맞게 영상 불러오기   229
    01 업로드 기능을 이용해 원본 비율로 영상 불러오기   230
    02 숏폼 비율인 9:16 영상 비율로 영상 불러오기   232

04 간단한 방법으로 영상 순서 변경하기   235
    01 폴더별로 정리하여 업로드하기   236
    02 클립 위치 변경하기   238

05 얼굴 추적 가리기 기능 사용하기   239
    01 타임라인에 영상 배치하기   240
    02 신체 가리기 편집 효과 적용하기   242

06 AI 인물 내레이션을 이용한 정보형 숏폼 영상 만들기   245
    01 내레이션 인물 캐릭터 생성하기   246
    02 AI 인물 캐릭터 음성 설정하기   247
    03 대본 스크립트 작성과 캡션 스타일 지정하기   251

| | 04 타이틀 구성하여 숏폼 영상 완성하기 | 253 |

07 AI 이미지 생성부터 편집까지, 제품 홍보 영상 제작하기 — 256
    01 AI 이미지 생성 기능으로 상세 상품 이미지 생성하기 — 257
    02 AI 도구의 일괄 편집 기능으로 상품 소개 페이지 만들기 — 260
    03 타임라인을 이용한 홍보 영상 편집하기 — 264

08 AI가 사이트를 분석하여 홍보 영상 만들기 — 267
    01 홍보 사이트 분석을 위한 URL 연결하기 — 268
    02 키워드 추가와 홍보 영상 미리보기 — 271

09 지브리 스타일로 웹툰 만화 영상 만들기 — 275
    01 챗GPT로 웹툰 장면 구성하고 이미지 생성하기 — 276
    02 다양한 스타일의 말풍선 생성하기 — 281

10 도형을 이용한 슬라이드 형식의 카드뉴스 영상 만들기 — 286
    01 카드뉴스 일러스트 생성하기 — 287
    02 문자 스타일로 카드뉴스 문자 생성하기 — 288
    03 도형 생성과 문자 구성하기 — 290
    04 반투명한 도형 생성과 문자 구성하기 — 293
    05 스티커 기능으로 구성 요소 추가하기 — 297
    06 슬라이드 형태의 카드뉴스 영상 만들기 — 300
    이것만은 꼭 알아두세요! ▶ 무료 배경 음악 만들기 — 302

11 영상, 사운드 클립부터 커버까지 홍보 영상 만들기 — 304
    01 광고 영상의 전체 길이 조정하기 — 305
    02 사운드 분할하여 길이 조정하기 — 307
    03 이미지 소스로 커버 프레임 만들기 — 309

12 음성 내레이션과 자막이 있는 영상 만들기 — 311
    01 음성 생성을 위한 프롬프트 입력하기 — 312
    02 대본에 어울리는 AI 성우 선택하기 — 314
    03 AI 자막 생성과 라이브러리 영상 사용하기 — 315
    04 미디어 클립 길이를 동일하게 조정하기 — 316

PART 5
손 안에서 완성되는 숏폼 모바일 AI 영상 제작 스튜디오

01 모바일 캡컷을 사용하기 위한 기능 — 320
- 01 직관적인 UI와 초보자도 가능한 편집 환경 — 320
- 02 AI 기반 자동화 기능 — 321
- 03 다양한 콘텐츠에 맞춘 포맷과 템플릿 제공 — 321
- 04 오디오 편집 기능 — 322
- 05 클라우드 연동과 간편 공유 — 323

02 한눈에 파악하는 모바일 캡컷 인터페이스 — 324
- 01 홈 화면 구성 살펴보기 — 324
- 02 편집 화면 구성 살펴보기 — 325

03 원하는 길이만큼 영상을 연결하려면? — 327

04 유튜브 영상을 숏폼 비율로 변경하기 — 333

05 자동 캡션 기능으로 영상에 자막 추가하기 — 336

06 밋밋한 영상에 역동적인 효과 적용하기 — 339

07 볼륨 조정으로 영상에 배경 음악 삽입하기 — 344

08 템플릿을 이용하여 4등분된 영상 제작하기 — 348

09 인물을 따라 움직이는 문자 영상 만들기 — 351

이것만은 꼭 알아두세요! ▶ 작업한 영상 프로젝트 저장하기 — 356

예제 및 완성 파일 다운로드
생능출판사 홈페이지(https://booksr.co.kr)에서 다운로드할 수 있습니다.
- "캡컷"으로 검색
- 여러 도서 중 이 책의 도서명을 찾아 클릭
- [보조자료]에서 다운로드

AI 작업, 난 하나만 쓴다!

PART 1
가장 쉽고 빠르게, AI로 콘텐츠를 만들기 위한 준비

이제는 별다른 전문 지식 없이도 AI를 활용해 고품질 콘텐츠를 손쉽게 제작할 수 있는 시대입니다. 특히 영상 편집, 이미지 생성, 자막 삽입 등 다양한 작업을 한 번에 해결할 수 있는 올인원 AI 툴인 캡컷을 활용하면 콘텐츠 제작 시간을 크게 줄일 수 있습니다. 텍스트 프롬프트만으로도 이미지와 영상 소스를 생성할 수 있게 되었으며, 제작 방식과 역할에도 큰 변화가 일어나고 있습니다. 이번 파트에서는 AI 캡컷을 사용하기 위한 준비 과정으로 설치부터 이미지 생성부터 홍보 영상 제작까지 작업 과정을 미리 알아보겠습니다.

LESSON 01

CAPCUT AI

작업 시간을 줄이고 디자인 품질을 높이는 AI

인공지능 기능을 활용하면 별다른 전문 지식 없이도 손쉽게 고품질의 콘텐츠를 제작할 수 있습니다. 특히 캡컷과 같은 올인원 AI 툴을 이용하면 영상 편집, 이미지 생성, 자막 삽입까지 한 번에 해결할 수 있어 제작 시간을 크게 단축할 수 있습니다.

01 디자인 실력이 없어도 고품질의 콘텐츠 제작 가능

AI 생성 기술은 기획부터 제작, 편집, 퍼블리싱까지 영상 제작 전 과정을 자동화하며, 텍스트나 키워드만으로 이미지, 영상, 내레이션 등 다양한 미디어를 생성할 수 있습니다. 제작 경험이나 전문 인력 없이도 고품질 콘텐츠를 손쉽게 제작할 수 있으며, 캡컷(CapCut)과 같은 플랫폼은 이러한 흐름을 대표하는 올인원 AI 크리에이티브 도구로 자리 잡고 있습니다.

SNS 홍보 마케팅을 진행할 때 디자인 작업이 어려운 경우라도 AI 기능을 활용하면 훨씬 수월하게 고품질의 콘텐츠를 제작할 수 있습니다. 최근 다양한 AI 디자인 툴이 등장하면서 별도의 디자인 경험이 없어도 손쉽게 이미지를 제작할 수 있는 환경이 마련되었습니다. 사용자는 간단히 원하는 키워드나 색감, 분위기만 입력하면 AI가 이를 분석해 최적의 결과물을 생성하므로 복잡한 레이아웃 구성이나 색상 조합을 고민할 필요가 없습니다.

특히 반복해서 제작해야 하는 카드뉴스, 배너, 썸네일과 같은 콘텐츠는 AI를 활용하면 더욱 빠르고 효율적으로 완성할 수 있습니다. 단순 작업을 자동화하면서도 높은 수준의 디자인을 유지할 수 있어 마케터나 기획자는 더 전략적인 부분에 집중할 수 있는 여유를 확보하게 됩니다.

또한 AI는 최신 디자인 트렌드를 실시간으로 반영할 수 있다는 강점이 있습니다. 소비자에게 매력적으로 다가갈 수 있는 스타일이나 색상, 레이아웃을 제안해 주기 때문에 별도의 트렌드 분석에 시간을 들이지 않아도 자연스럽게 경쟁력 있는 비주얼 콘텐츠를 제작할 수 있습니다. 게다가 기본으로 생성된 AI 디자인은 브랜드 고유의 아이덴티티를 반영할 수 있도록 커스터마이징 기능도 제공하고 있어 원하는 폰트, 로고, 컬러 등을 자유롭게 적용해 브랜드 일관성을 유지할 수 있습니다.

이러한 제작 과정을 더욱 쉽게 해결할 수 있는 솔루션으로 캡컷이라는 올인원 AI 툴을 활용하는 방법이 있습니다. 캡컷은 영상 편집뿐만 아니라 AI 이미지 생성, 자동 자막 삽입, 음성 변환, 배경 제거, 스타일 변환 등 다양한 기능을 통합 제공하므로 별도의 복잡한 프로그램을 다룰 필요 없이 하나의 플랫폼 안에서 모든 콘텐츠 제작 과정을 빠르게 완료할 수 있습니다. 특히 SNS에 최적화된 짧은 영상과 썸네일 디자인, 텍스트 오버레이까지 자동화 기능으로 지원하여 초보자도 손쉽게 전문적인 홍보 자료를 만들 수 있게 돕습니다.

가장 효율적으로 이미지를 생성할 수 있는 캡컷의 드리미나 AI(Dreamina AI)

AI를 활용한 디자인 제작은 시간과 비용을 모두 절감하면서도 결과물의 품질을 높일 수 있는 강력한 솔루션입니다. 여기에 캡컷을 이용하면 콘텐츠 제작 전반을 더욱 간편하고 체계적으로 관리할 수 있어 SNS 홍보 활동의 성공 가능성을 더 크게 높일 수 있습니다.

02 이미지 & 영상 생성부터 편집까지 올인원

영상 콘텐츠를 만드는 일은 과거처럼 단순히 '촬영하고, 자르고, 붙이는 편집 중심'의 시대를 지나, 이제는 콘텐츠의 기획, 제작, 편집, 퍼블리싱까지 전 과정이 인공지능을 통해 생성되는 시대로 급속히 전환되고 있습니다. 이러한 변화의 핵심에 있는 개념이 바로 '생성형 AI(AI Generative)', 즉 AI가 직접 콘텐츠를 만들어내는 기술과 방식입니다.

생성형 AI는 사람의 손이 직접 닿지 않아도 텍스트 한 줄, 키워드 하나만으로도 이미지, 영상, 내레이션, 음악 등 다양한 미디어 요소를 자동 생성하는 기술을 말합니다. 과거에는 전문적인 디자이너, 편집자, 음향 전문가가 있어야 가능했던 작업이 이제는 하나의 명령어와 AI 알고리즘만으로 현실화되고 있는 것입니다.

일례로, '내 카페를 홍보하고 싶다'라는 바람이 AI가 카페 정보를 인식한 다음 분석하여 AI 생성 툴을 통해 홍보용 숏폼 영상으로, AI 음성 합성으로 인물과 내레이션까지 더해지며 콘텐츠의 형태로 자동 구현됩니다. 이러한 생성형 AI 작업 흐름은 실제 콘텐츠 제작 환경 안에서 누구나 손쉽게 구현할 수 있습니다.

AI가 카페 주소를 분석하여 홍보 영상을 만드는 URL로 광고 생성 기능(267쪽 참고)

특히 전문 디자이너의 도움을 받기 어렵거나, 제작 비용 문제로 고품질 콘텐츠 제작에 제한이 있는 사용자들에게는 이러한 AI 기술들이 더욱 강력한 도구로 작용합니다. 쉽고 빠르게 사용할 수 있는 다양한 AI 디자인 및 영상 제작 도구를 활용함으로써 초보자도 전문 크리에이터 수준의 결과물을 만들어낼 수 있는 환경이 조성되고 있습니다.

다양한 AI 도구가 있지만, 캡컷은 영상 편집기라는 기존의 한계를 넘어 텍스트 프롬프트 기반 이미지 생성, AI 영상 합성, 내레이션 삽입, 자막 자동 생성, 음악 삽입, 자동 최적화된 영상 출력까지 모든 과정을 단 하나의 플랫폼 안에서 통합해 처리할 수 있는 올인원 AI 크리에이티브 도구로 발전하고 있습니다. 이미지나 영상 제작이라는 작업의 중심이 사람이 수작업으로 편집하는 것에서 AI가 주도적으로 생성하고 사람이 방향만 설정하는 구조로 이동하고 있으며, 이러한 흐름이야말로 AI 크리에이티브가 곧 '생성형 AI'라는 의미로 다가옵니다.

03 나노 바나나부터 소라2, 베오3 모델까지 찰떡궁합! AI 캡컷

새롭게 업그레이드된 올인원 AI 캡컷은 콘텐츠 제작의 패러다임을 바꿀 혁신적인 AI 편집 도구입니다. 이 플랫폼의 핵심은 구글의 최첨단 기술력이 집약된 두 가지 강력한 AI 모델에 있습니다. 먼저, 정교한 이미지 생성을 위해 구글 나노 바나나(Nano Banana) 모델이 탑재되었습니다. 이를 통해 사용자는 상상하는 모든 시각적 콘셉트를 텍스트 입력만으로 즉시 고품질 이미지로 구현할 수 있습니다. 특히 구글 사용자라면 제미나이에서 나노 바나나 모델과 협업하여 마음껏 이미지 초안을 생성하고 캡컷으로 이미지를 불러들여 수정 보완하여 고해상도의 이미지 제작이 가능해졌습니다.

또한, 전문가 수준의 영상 제작을 위해 차세대 베오 3(Veo 3)와 소라 2 모델을 제공합니다. 베오 3와 소라 2 모델은 단순한 클립 생성을 넘어, 역동적인 장면 연출과 일관성 있는 스토리텔링이 가능한 고해상도 영상을 손쉽게 제작할 수 있도록 지원합니다.

올인원 AI 캡컷은 이처럼 나노 바나나의 이미지 생성 능력과 베오 3의 영상 제작 기술을 하나의 플랫폼에 완벽하게 통합하여, 사용자가 아이디어 구상부터 최종 결과물 생성까지 모든 과정을 막힘없이 해결할 수 있는 진정한 AI 협업 솔루션을 제공합니다.

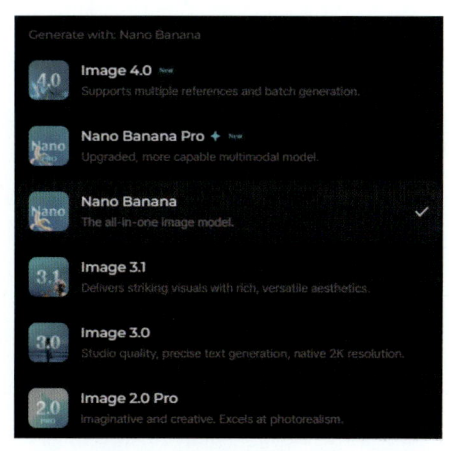

캡컷에서 생성형 AI 모델 선택 가능(111쪽 참고)

CAPCUT AI

LESSON 02
이미지 생성과 디자인 작업 패턴의 변화

기존에는 이미지나 영상을 만들기 위해 촬영, 연출, 보정 등 여러 단계를 거쳐야 했고 많은 시간과 비용이 들었습니다. 하지만 이제는 AI 기술의 발달로 텍스트 프롬프트만으로도 고품질 콘텐츠를 손쉽게 제작할 수 있어, 작업 속도는 물론 제작 방식과 역할에도 큰 변화가 일어나고 있습니다.

01 텍스트로 이미지 생성하기

기존에는 콘셉트 아트나 캐릭터 디자인, 배경 일러스트 등을 전문 디자이너에게 의뢰하거나 직접 그려야 했던 반면, 이제는 간단한 텍스트 프롬프트만으로 원하는 이미지를 빠르게 생성할 수 있어 제작 초기 단계에서의 구상과 시각화 속도가 비약적으로 향상되고 있습니다.

특히 캡컷에서는 한글로 입력한 프롬프트를 기반으로 즉시 이미지 생성이 가능하여, 비주얼 기획과 영상 편집이 하나의 플랫폼 안에서 유기적으로 이루어지는 워크 플로가 실현되고 있습니다. 다만, 한글은 언어적 특성상 동음이의어나 중의적 표현이 많아, AI가 텍스트의 정확한 의미를 해석하지 못할 경우에는 영문 프롬프트를 사용하는 것이 훨씬 안정적인 결과를 도출하는 데 유리합니다. 영어는 AI 학습 데이터의 기반 언어이기도 하며, 상대적으로 명확하기 때문에 의도한 콘셉트와 스타일을 보다 정확하게 전달할 수 있습니다.

한글로 원하는 형태의 이미지를 생성할 수 있는 캡컷의 이미지 생성 기능(256쪽 참고)

이미지 편집이나 구성 요소 제작을 위해 어도비 포토샵(Adobe Photoshop)과 같은 전문 그래픽 툴이 필수적이었지만, 이제는 캡컷의 이미지 생성 기능만으로도 콘텐츠 제작에 필요한 비주얼 요소를 쉽고 빠르게 생성하고 편집할 수 있게 되었습니다.

캡컷의 최신 이미지 생성 기능은 사용자가 프롬프트 기반으로 원하는 이미지를 직접 생성할 수 있을 뿐만 아니라, 생성된 이미지를 직관적인 UI를 통해 바로 편집할 수 있는 환경을 제공합니다. 예를 들어, 특정 인물 캐릭터, 배경 이미지, 아이콘, 객체 등을 간단한 설명 문장으로 생성한 뒤, 해당 요소의 위치 조정, 크기 변경, 색상 보정, 레이어 분리 등을 별도의 전문 툴 없이 하나의 플랫폼 안에서 손쉽게 처리할 수 있습니다. 또한 배경 제거, 이미지 내 요소 강조, 합성 작업 등 포토샵에서 제공하던 기능들의 상당 부분이 캡컷의 AI 기반 도구로 대체되었기 때문에 이미지 편집이 익숙하지 않은 사용자라도 전문가 수준의 결과물을 빠르게 만들 수 있습니다.

특히 영상 제작자에게는 AI 기능을 통해 이미지 편집과 영상 편집을 동일한 워크 플로 안에서 통합 처리할 수 있다는 점이 큰 장점으로 작용합니다. 예를 들어, 스토리보드에 사용할 장면 구성용 일러스트를 생성하고, 이를 편집한 뒤 바로 영상 클립으로 전환하거나 타임라인에 삽입하는 작업이 툴을 전환하지 않고 한 번에 진행됩니다.

이제 고급 이미지 편집 툴이 없어도, 강력한 AI 이미지 생성 및 편집 기능만으로도 콘텐츠 제작에 필요한 시각적 구성 요소의 생성부터 수정, 최종 편집까지 전체 작업 과정을 통합적으로 해결할 수 있게 되었습니다. 특히 1인 미디어 크리에이터, 숏폼 콘텐츠 제작자, 기획 디자이너들에게 매우 실용적인 환경을 제공하며, 콘텐츠 제작의 효율성을 획기적으로 높이는 요소로 작용하고 있습니다.

전문 이미지 편집 프로그램 없이 이미지 생성부터 합성 가능(121쪽 참고)

| 원본 스냅 이미지 | AI 추천 배경 이미지 | 프롬프트로 생성한 배경 이미지(132쪽 참고) |

이러한 기능은 콘텐츠 기획 초기 단계에서 매우 유용하게 활용됩니다. 예를 들어, 특정 장면의 분위기나 캐릭터의 외형, 공간의 색감 등을 설명하는 텍스트를 입력하면, 즉시 이미지로 시각화되어 디자이너나 기획자가 구체적인 방향성을 시각 자료로 빠르게 공유할 수 있습니다. 그뿐만 아니라, 생성한 이미지를 직접 영상에 삽입하거나 시퀀스로 연결해 애니메이션 형태로 전환할 수도 있습니다. 예를 들어, 연속된 이미지들을 타임라인 상에 배치하고 간단한 패닝(Panning), 줌(Zoom), 페이드(Fade) 효과를 적용하거나, AI 음성 내레이션 또는 배경 음악을 추가하면 완성도 높은 영상 콘텐츠로 발전합니다.

기존에는 이 같은 비주얼 콘텐츠 제작을 위해 일러스트레이터나 디자이너와의 협업이 필수적이었고, 수정과 피드백 과정에서 많은 시간이 소요되었지만, 이제는 텍스트와 이미지만으로도 영상 제작 전 과정을 독립적으로 수행할 수 있는 시대가 열리고 있습니다. 결과적으로 창작자는 머릿속에 그리는 장면을 더욱 빠르고 명확하게 영상화할 수 있으며, 영상 제작의 전체적인 시간과 비용을 대폭 절감할 수 있습니다. 이처럼 텍스트와 이미지 기반의 AI 기능은 단순한 보조 도구를 넘어 영상 기획 및 제작의 핵심 작업 과정을 혁신하는 기술로 자리 잡고 있으며, 앞으로의 영상 콘텐츠 제작 방식에도 큰 변화를 가져올 것입니다.

02 텍스트나 이미지 업로드로 영상 생성하기

최근 인공지능 기술의 발전으로, 이미지나 텍스트를 기반으로 자동으로 짧은 영상 클립을 생성하는 기능이 주목받고 있습니다. 사용자는 복잡한 촬영이나 편집 과정 없이도, 텍스트 한 줄 또는 하나의 이미지를 입력하는 것만으로도 자연스럽고 몰입감 있는 영상 콘텐츠를 손쉽게 제작할 수 있게 되었습니다. 예를 들어, '야자수에 걸어 놓은 해먹과 일어서서 나가는 개'라는 문장을 입력하면 AI는 그 문장을 해석해 밝은 해변가, 야자수와 모래사장, 흔들거리는 해먹과 일어서는 개를 구성하여 수 초 길이의 클립으로 자동 생성합니다. 이때 AI는 장면에 어울리는 조명, 색감, 구도, 카메라 무빙까지 함께 고려해 사실감 있고 영화적인 영상미를 구현해 냅니다.

텍스트 입력만으로 영상을 생성하는 기능뿐만 아니라 사용자가 직접 업로드한 이미지 한 장을 기반으로 영상 콘텐츠를 제작할 수 있는 기능도 활발히 활용되고 있습니다. 이 기능은 특히 이미지 기반 스토리텔링, 캐릭터 중심 콘텐츠, 또는 일러스트 스타일의 영상 제작에 매우 유용합니다. 사용자가 하나의 이미지를 업로드하면 AI는 해당 이미지의 구성 요소를 분석하고, 이를 바탕으로 배경을 자연스럽게 확장하거나 움직임 효과(Motion Effect)를 부여하여 정적인 이미지를 동적인 시퀀스로 전환합니다. 예를 들어, 동물 사진을 업로드하면 해당 동물이 달리거나 걷는 등 스토리에 적합한 동작을 자동으로 생성할 수 있으며, 배경의 조명 변화나 카메라 무빙 효과도 함께 구현하여 더욱 사실적인 영상으로 완성됩니다.

원본 이미지　　　　　　　원본 이미지를 이용하여 만든 영상 프레임(115쪽 참고)

이러한 기능은 영상 제작자의 상상 속 장면을 더 구체적이고 정확하게 시각화하는 데 큰 장점을 갖고 있습니다. 특히 결과가 들쭉날쭉한 텍스트 기반 영상 생성 방식에서 벗어나 원하는 이미지를 기반으로 한 영상 제작은 결과물의 정확도와 일관성을 크게 높일 수 있다는 장점이 있습니다. 사용자는 이미지에 기반한 방향을 설정함으로써 영상 제작의 방향을 더욱 명확하게 제어할 수 있으며, 이는 반복적인 수정과 시도 과정을 줄이는 데 효과적입니다.

미리 이미지를 생성한 다음 영상을 제작하는 방식은 작업 효율을 높이며, 제작 비용까지 절감할 수 있는 현실적인 대안으로 떠오르고 있습니다. 결과적으로, AI를 이용한 작업 과정은 영상 제작자에게 다음과 같은 장점을 제공합니다.

- **예측 가능한 결과물 생성**: 랜덤 영상 생성이 아닌, 사용자가 제공한 이미지 기준으로 영상을 제작하므로 품질과 콘셉트가 안정적으로 유지됩니다.
- **콘텐츠의 일관성 확보**: 동일한 캐릭터나 세계관을 가진 콘텐츠를 시리즈 형태로 제작할 때 효과적입니다.
- **시간 및 비용 절감**: 반복 테스트 없이도 원하는 장면을 빠르게 완성할 수 있어 제작 일정 단축 및 비용 최소화를 할 수 있습니다.
- **창의적 연출 강화**: 이미지의 연출 요소(구도, 색감, 스타일 등)를 그대로 영상에 반영할 수 있어 창작자의 의도를 더 정확히 시각화할 수 있습니다.

이미지 한 장으로 인물 내레이션 영상 제작을 할 수 있는 AI 아바타 기능(245쪽 참고)

이제 콘텐츠 크리에이터는 직접 카메라를 들지 않고도 텍스트만으로도 영상을 만들 수 있으며, 디자인을 배우지 않아도 매력적인 이미지를 자동으로 생성할 수 있습니다. 더 나아가 녹음하지 않고도 자연스러운 AI 내레이션을 입혀 콘텐츠를 완성할 수 있습니다. 이처럼 AI 기술은 콘텐츠 제작의 진입 장벽을 낮추고, 소규모 제작자나 1인 창작자에게도 경쟁력 있는 콘텐츠를 제작할 수 있는 기회를 제공합니다. 과거에는 전문가의 장비나 팀워크가 필요했던 작업들이 이제는 누구나 쉽게 다룰 수 있는 도구로 바뀌고 있으며, 이는 창작의 민주화를 가속화하고 있습니다.

LESSON 03
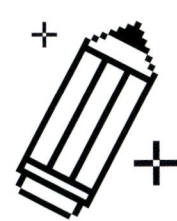

콘텐츠를 완성하는
영상 편집 과정

AI로 이미지와 영상 소스를 제작한 다음, 완성도 높은 결과물을 위해서는 반드시 영상 편집 과정을 거쳐야 합니다. 편집은 시각과 청각 요소를 결합해 하나의 흐름 있는 이야기로 구성하는 작업으로, 단순한 기술을 넘어 영상의 분위기와 감정을 결정짓는 핵심 단계입니다.

01 AI 이미지 및 영상 생성하기

영상 제작의 시작은 콘셉트와 메시지에 부합하는 시각 자료를 마련하는 것에서 출발합니다. 이는 단순히 보기 좋은 이미지를 모으는 작업을 넘어, 타깃 사용자의 관심을 동시에 사로잡을 수 있는 비주얼 전략 수립 과정이라고 볼 수 있습니다. 과거에는 이러한 작업을 위해 포토샵, 일러스트레이터, 프리미어 등 복잡한 그래픽 툴을 병행해야 했지만, 최근에는 캡컷의 AI 기능이 그 흐름을 완전히 바꾸고 있습니다. 텍스트 프롬프트 기반으로 이미지 및 영상 클립을 자동 생성할 수 있는 기능이 내장되어 있어, 사용자가 원하는 장면이나 분위기를 간단한 문장으로 설명하는 것만으로도 고품질의 시각 자료를 빠르게 얻을 수 있습니다.

02 소스 정리 및 컷 구성하기

콘텐츠 제작 시 가장 먼저 해야 할 일은 AI로 제작한 이미지, 클립, 음원 등을 구성에 맞게 정리하는 것입니다. 영상의 전체적인 흐름과 타임라인을 계획하고, 필요 없는 클립을 제거하여 러프 컷(Rough Cut)을 구성합니다. 캡컷에서는 드래그 앤 드롭 방식으로 손쉽게 클립을 배치할 수 있으며, 타임라인에서 클립을 분할하거나 병합하는 것도 간편하게 할 수 있습니다.

영상의 각 장면은 서로 자연스럽게 연결되어야 하며, 장면 전환의 리듬에 따라 시청자의 몰입도와 감정 흐름이 크게 달라집니다. 캡컷에서는 페이드 인/아웃, 슬라이드, 줌 효과 등 다양한 전환 효과를 활용하여 장면 간의 부드러운 이동을 설정할 수 있습니다. 또한, 클립의 길이를 조절하거나 템포를 조정해 리듬감을 조정할 수 있습니다.

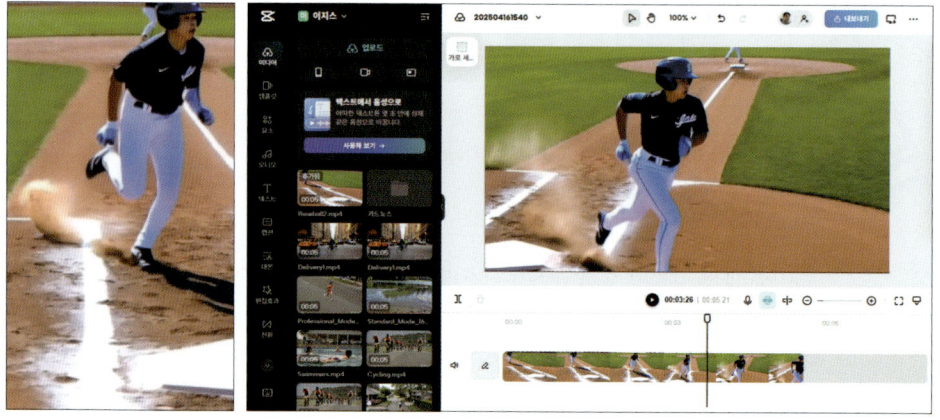

영상을 구성하는 다양한 소스로 손쉽게 영상을 편집할 수 있는 캡컷(229쪽 참고)

03 사운드와 자막 구성하기

영상의 분위기와 감정을 더욱 풍부하게 전달하기 위해서는 사운드 연출도 중요한 요소입니다. 수노 AI를 통해 생성한 배경 음악과 효과음을 영상에 삽입하여 감정적 몰입과 분위기를 강화합니다. 캡컷에서는 오디오 트랙을 시각적으로 확인하면서 타이밍에 맞춰 정밀하게 배치할 수 있으며, 볼륨 조절, 페이드 효과 등도 지원합니다.

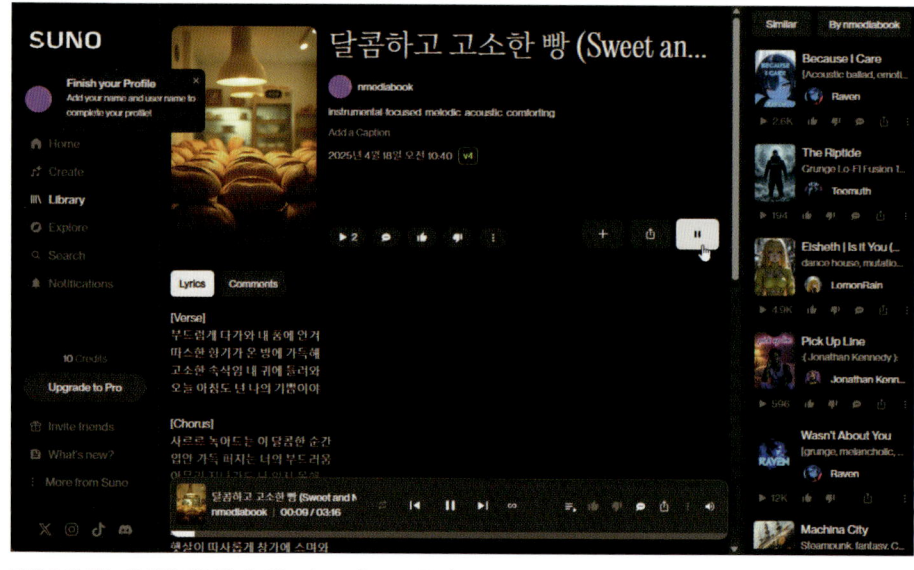

콘텐츠에 맞는 음악을 생성할 수 있는 수노 AI(302쪽 참고)

또한, 영상의 전달력을 극대화하기 위해서는 필요에 따라 자막, 캡션, 애니메이션 텍스트, 스티커 등 다양한 그래픽 요소를 영상에 적절하게 삽입하는 것이 중요합니다. 이러한 시각적 보완 요소들은 시청자의 이해를 도울 뿐만 아니라 영상의 몰입도와 재미를 함께 높이는 역할을 합니다. 특히 캡컷은 한글 환경에 최적화된 다양한 폰트를 제공하며, 텍스트 애니메이션 효과도 풍부하게 지원하기 때문에 정보 전달과 시각적 완성도를 동시에 만족시킬 수 있습니다.

더불어 캡컷은 AI 기반 자막 생성 기능을 탑재하고 있어 영상 내 음성을 자동으로 인식하고 텍스트로 변환하는 기능을 제공합니다. 이를 통해 반복적이고 시간이 많이 소요되는 자막 작업을 자동화할 수 있으며, 자막의 정확도도 높은 편이므로 영상 제작자의 작업 효율을 크게 향상합니다. AI 자막 기능은 특히 설명 위주의 콘텐츠나 인터뷰 영상, 교육 영상 등에서 매우 유용하게 활용될 수 있습니다.

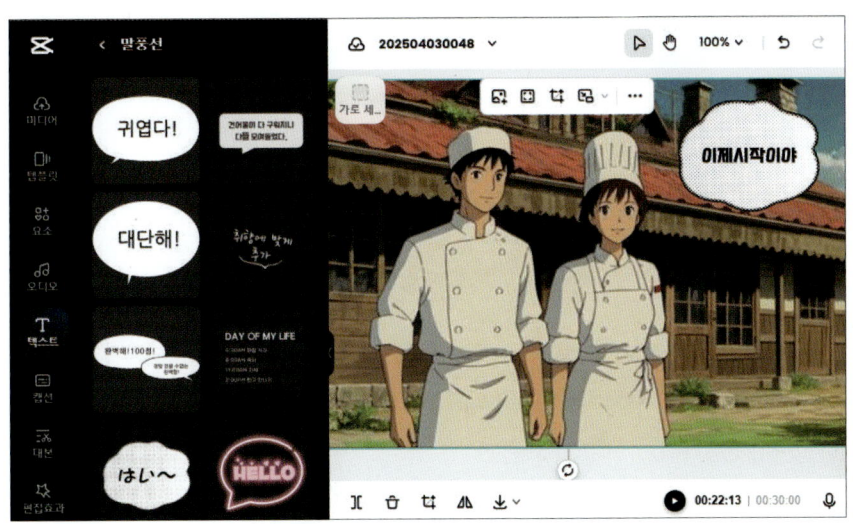

말풍선 자막부터 정보형 자막까지 다양한 스타일을 지원하는 캡컷의 텍스트 기능(275쪽 참고)

04 AI 결과물 내보내기 및 공유하기

유튜브(YouTube), 인스타그램(Instagram), 틱톡 등 다양한 SNS 플랫폼에 맞춰 영상 콘텐츠를 제작할 때 각각의 채널마다 요구하는 비율과 해상도가 모두 다르기 때문에 크리에이터들은 그에 맞춰 여러 번 편집하거나 설정을 변경해야 했습니다. 하지만 이제는 플랫폼에 따라 자동으로 비율과 해상도가 조정되는 시스템 덕분에 이런 번거로움 없이 손쉽게 원하는 형식으로 콘텐츠를 제작할 수 있게 되었습니다.

콘텐츠 크리에이터가 다양한 소셜 플랫폼에 맞는 콘텐츠를 제작하기 위해서는 각 플랫폼이 요구하는 이미지와 영상의 해상도, 비율, 크기와 같은 세부 사양을 맞춰 최적화하는 것이 중요합니다. 우선 유튜브는 대표적인 영상 중심 플랫폼으로, 대부분의 콘텐츠가 가로형 16:9 비율로 제작됩니다. 권장 해상도는 1,920×1,080의 Full HD 이상이며, 4K 콘텐츠를 원하는 경우 3,840×2,160 해상도를 사용합니다. 최근에는 짧은 형식의 세로형 콘텐츠인 '유튜브 쇼츠(Shorts)'가 급부상하고 있는데, 이 경우 1,080×1,920 해상도의 9:16 비율이 표준입니다. 썸네일은 1,280×720 해상도의 16:9 비율을 권장하며, 최대 2MB 이내의 JPG 또는 PNG 파일로 업로드하는 것이 이상적입니다.

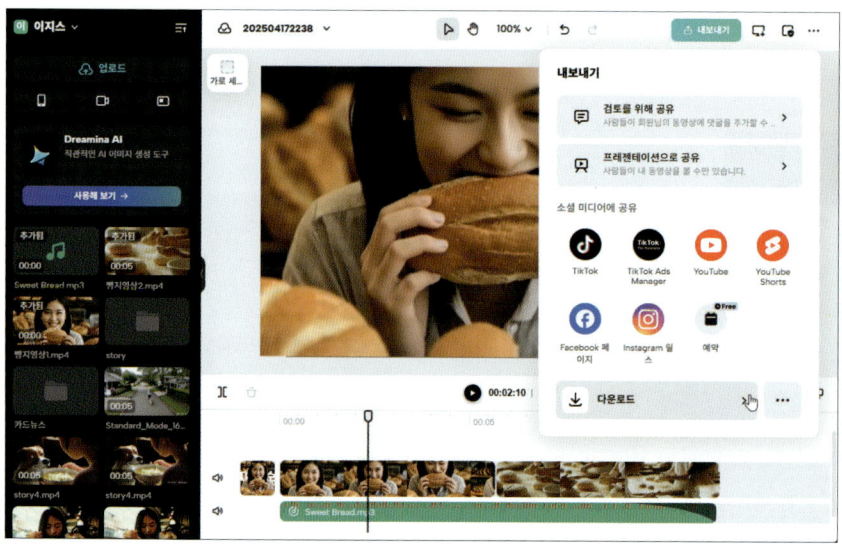

생성된 영상을 바로 SNS로 업로드할 수 있는 내보내기 기능(304쪽 참고)

인스타그램은 시각적 감성이 중요한 이미지 중심 플랫폼으로, 다양한 비율의 콘텐츠가 있습니다. 기본 피드에 올리는 정사각형 이미지는 1,080×1,080 해상도에 1:1 비율을 따릅니다. 다만, 시각적 몰입감을 높이기 위해 세로형 콘텐츠(1,080×1,350, 4:5 비율)를 활용하는 크리에이터도 많습니다. 반면, 가로형 이미지의 경우 1,080×566 해상도와 1.91:1 비율이 권장됩니다. 인스타그램의 릴스(Reels)와 스토리(Stories)는 모두 세로형 9:16 비율을 기반으로 하며, 이때 해상도는 1,080×1920이 이상적입니다. 프로필 이미지는 320×320 해상도를 사용하되 플랫폼에서는 원형으로 표시되므로 가장자리 부분이 잘릴 수 있음을 고려해야 합니다.

LESSON 04

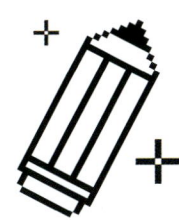

캡컷 회원 가입과 이미지 생성을 위한 화면 이동하기

CAPCUT AI

캡컷에 회원 가입한 다음, AI 기반 이미지 생성 및 스타일 변환 기능인 '드리미나(Dreamina)'를 활용하는 방법을 알아보겠습니다. 드리미나 기능을 연동하면, 텍스트 프롬프트만으로 창의적인 이미지를 쉽게 생성할 수 있습니다.

01 | 캡컷에 가입하기 위해 웹 브라우저에 'capcut.com'를 입력해 캡컷 사이트에 접속하고 회원가입 방식을 선택합니다. 예제에서는 구글 계정으로 이용하기 구글 계정을 선택합니다.

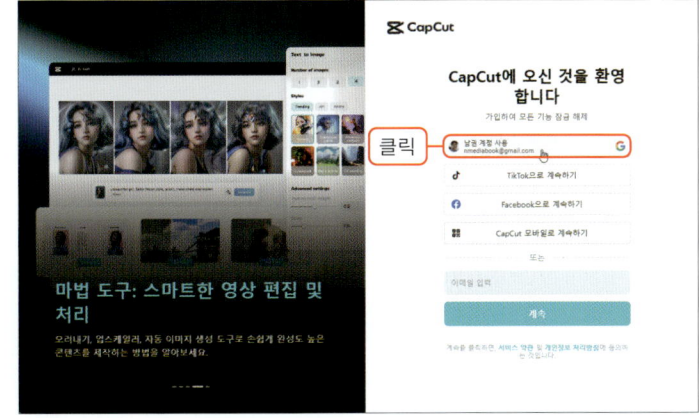

02 | 사용자의 생일을 입력한 후 〈다음〉 버튼을 클릭합니다. 캡컷 계정과 드리미나를 연동하기 위해 〈Got it〉 버튼을 클릭합니다.

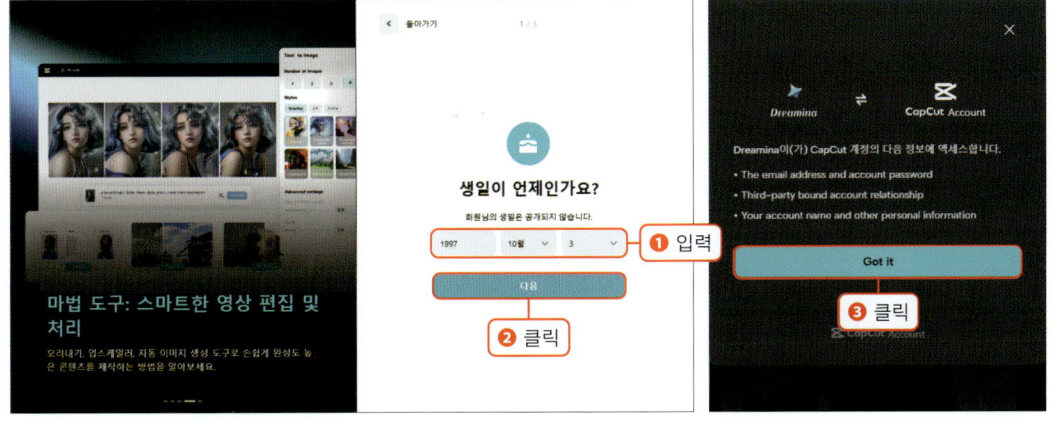

03 | 캡컷 시작 화면이 표시되면 드리미나 캡컷 사이트로 이동하기 위해 주소 표시줄에 'dreamina.capcut.com'을 입력합니다.

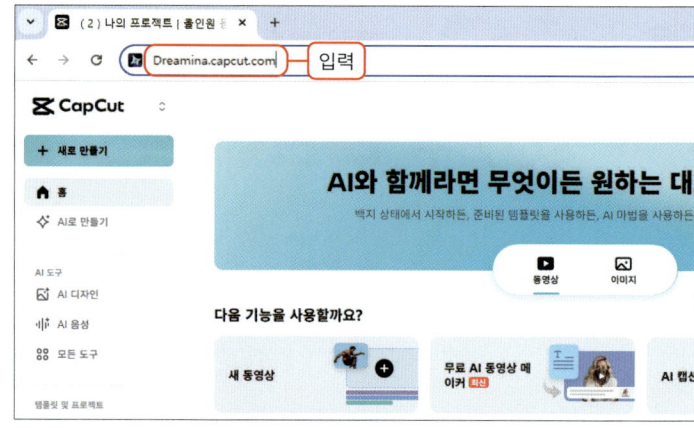

> **Tip** 캡컷 계정을 연동한 이후에는 캡컷을 거치지 않고 'dreamina.capcut.com'을 입력하여 사용 가능합니다.

04 | 드리미나 캡컷 사이트로 이동하면 이미지를 생성할 수 있는 화면이 표시됩니다.

Tip 드리미나 캡컷, 한국어 버전으로 사용하기

캡컷을 한국어 버전으로 사용하기 위해서는 화면 왼쪽 하단의 [추가 설정]을 클릭한 다음 언어를 한국어로 선택합니다.

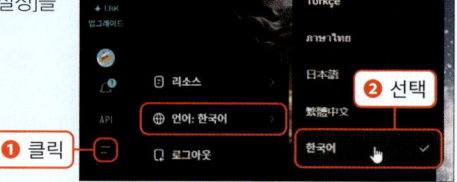

Tip 드리미나 캡컷 요금제 확인하기

업그레이드된 추가 기능을 이용하거나 크레딧이 추가로 필요할 경우, 다음과 같이 요금제를 확인하여 업그레이드하는 것이 좋습니다. <크레딧 잔액> 버튼을 클릭하면 사용한 크레딧과 잔액을 확인할 수 있습니다.

LESSON 05

CAPCUT AI

프롬프트만 입력해!
홍보 이미지 생성 미리보기 ❶

예제파일 : source\홍보1~3.jpg   완성파일 : source\홍보_완성.jpg

캡컷에서는 한글을 인식하기 때문에 프롬프트를 한글로 입력할 수 있습니다. 예제에서는 한글 프롬프트를 입력하여 이미지를 생성하고 수정할 부분을 프롬프트로 입력하여 재생성한 다음 이미지 파일로 다운로드하는 방법에 대해 알아보겠습니다.

예제 콘셉트

실제 인물 모델을 사용하지 않아도, AI 이미지 생성 기능을 활용하면 관광지를 홍보하는 여행사 포스터 이미지를 손쉽게 제작할 수 있습니다. 모델을 섭외하거나 촬영을 진행할 필요 없이, 원하는 장면을 텍스트로 입력해 생성된 이미지를 활용하면 시간과 비용을 절감하면서도 완성도 높은 광고 콘텐츠를 빠르게 만들 수 있는 것이 큰 장점입니다.

작업 패턴

❶ AI 이미지 생성기를 이용하여 여행을 홍보하는 여성 호스트를 묘사하는 프롬프트 작성
❷ 가로 세로 비율을 숏폼 비율인 9:16으로 지정
❸ 재생성 기능의 브러시 도구로 특정 영역을 지정한 다음 추가로 프롬프트를 작성하여 야자수 이미지 생성
❹ 다운로드 기능으로 생성된 이미지를 JPG 이미지 파일로 저장

01 이미지 생성을 위한 프롬프트 입력하기

여행지를 홍보할 이미지를 생성하기 위해 프롬프트 입력창에 생성하고자 하는 이미지의 묘사와 스타일을 입력합니다.

01 웹브라우저에 'dreamina.capcut.com'을 입력하여 드리미나 캡컷 사이트로 이동합니다. 이미지를 생성하기 위해 만들기 옵션을 [AI 이미지]로 선택하고 가로 세로 비율을 [9:16]으로 선택합니다.

> **Tip** 화면비율에 따라 만들기 옵션이 프롬프트창 상단에 이미지와 같이 탭의 형태로 표시됩니다. 기능은 동일하니 편한 방법으로 활용하세요.

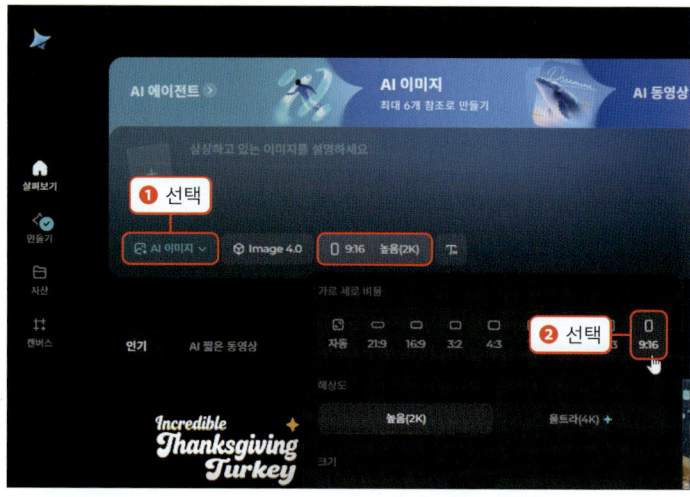

02 프롬프트 입력창에 여행 패키지 상품을 판매하는 호스트를 생성하는 프롬프트를 입력한 다음 생성' 아이콘(↑)을 클릭합니다. 4개의 이미지가 생성된 것을 확인 수 있습니다.

프롬프트
제주도 여행 패키지 상품을 판매하는 여성 호스트, 현실적인 사진 스타일

> **Tip** 캡컷의 AI 이미지 생성 기능은 텍스트 프롬프트 기반으로 작동하며, 사용자가 입력한 문장을 바탕으로 한 번에 4개의 이미지를 자동 생성해 줍니다.

02 이미지를 재생성하여 파일로 저장하기

생성된 이미지에서 수정할 부분을 브러시 도구로 지정한 뒤 이미지를 재생성해 수정합니다. 수정된 이미지는 다운로드하여 파일로 저장할 수 있습니다.

03 | 원하는 이미지가 없는 경우 연속해서 '생성' 아이콘( )을 클릭하면 추가로 4개의 이미지가 생성됩니다. 생성된 이미지에서 사용하려는 이미지의 미리보기 화면을 클릭합니다.

04 | 선택된 이미지가 그림과 같이 확대되어 표시됩니다. 생성된 이미지를 편집하기 위해 [부분 재생성]을 클릭합니다.

Tip [업스케일]을 클릭하면 고해상도 이미지로 업스케일되며, 2,048×2,048 픽셀의 고해상도 이미지를 확인할 수 있습니다.

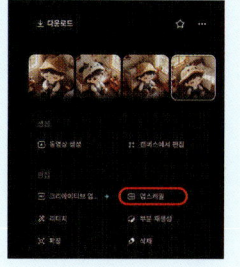

05 부분 재생성 대화상자에서 브러시 도구를 선택한 다음 브러시 크기를 조정합니다. 예제에서는 브러시 크기를 '15'로 설정했습니다.

> **Tip** 마우스의 가운데 휠을 드래그하거나 확대 또는 축소 아이콘을 클릭하여 이미지를 확대하거나 축소하면서 이미지를 검색할 수 있습니다.

06 브러시로 인물의 오른쪽 여백 부분을 드래그하여 영역으로 지정합니다. 격자 형태의 보라색 영역이 나타나면 프롬프트를 입력한 다음 〈생성〉 버튼을 클릭합니다.

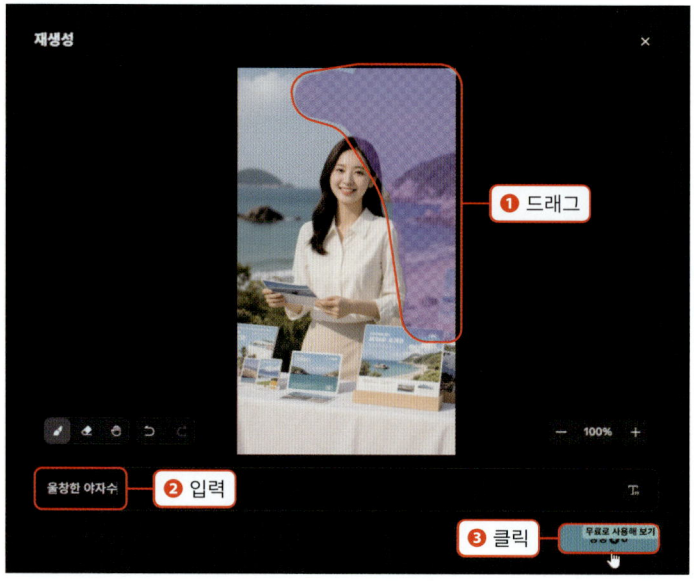

프롬프트 울창한 야자수

> **Tip** 영역을 수정할 때는 지우개 도구를 선택하여 지정한 영역을 다시 지울 수 있습니다.

07 | 지정한 영역의 인물 배경에 그림과 같이 다양한 형태의 야자수가 생성된 이미지를 확인할 수 있습니다. 원하는 미리보기 이미지를 클릭합니다. 예제에서는 2번 이미지를 선택했습니다.

08 | 수정된 이미지가 확인되면 〈다운로드〉 버튼을 클릭합니다. 파일명이 프롬프트로 입력한 문장의 JPG 파일 형식으로 저장됩니다.

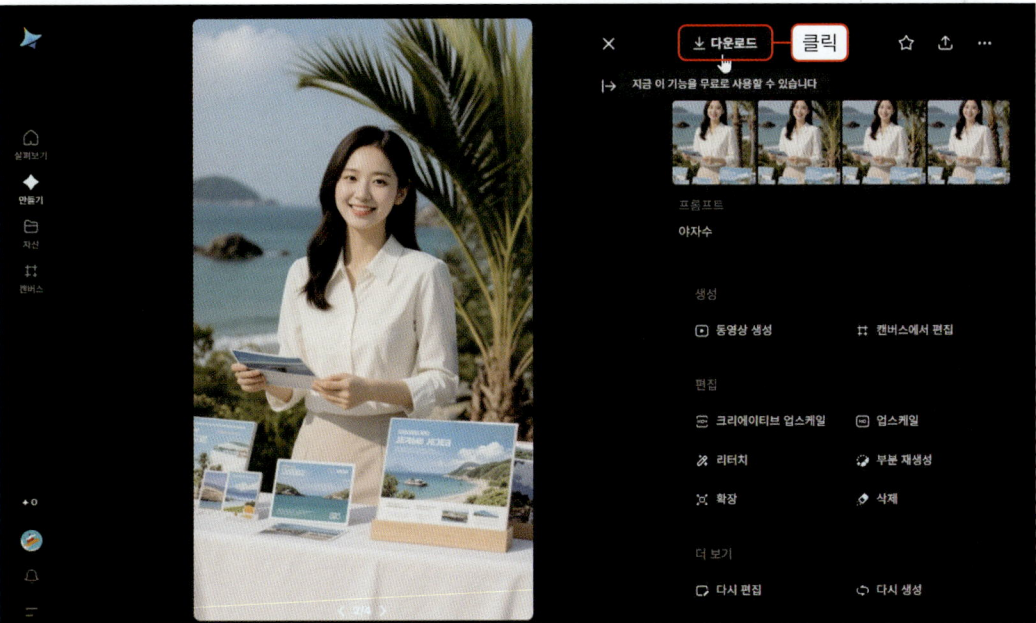

LESSON 06

CAPCUT AI

주제만 넣어봐! 영화 소개 영상 생성 미리보기 ❷

완성파일 : source\영화소개_완성.mp4

주제만 입력하면 즉석에서 바로 주제에 대한 스토리와 자막, 영상까지 제작이 가능합니다. 예제에서는 영화 '오징어 게임'의 스토리와 주제에 맞는 영상, 성우의 내레이션까지 적용된 영상을 즉석에서 바로 생성하는 방법을 알아보겠습니다.

예제 콘셉트

캡컷에서는 사용자가 간단한 주제나 키워드만 입력해도, 해당 주제에 맞는 정보를 자동으로 검색하여 스토리 흐름에 적합한 영상 콘텐츠를 생성할 수 있습니다. 이 과정에서 장면 구성은 물론, 각 장면에 어울리는 자막까지 AI가 자동으로 작성해 주며, 사용자는 다양한 스타일의 AI 성우 중에서 원하는 목소리를 선택해 자연스러운 내레이션까지 손쉽게 추가할 수 있습니다.

이러한 기능 덕분에 복잡한 편집 기술 없이도, 누구나 빠르고 직관적으로 완성도 높은 영상을 제작할 수 있으며, 특히 제품 소개, 브이로그, 튜토리얼 영상 등 다양한 용도의 콘텐츠를 효율적으로 제작하는 데 유용합니다.

전 세계를 강타한 넷플릭스 오리지널 시리즈 '오징어 게임'!

우리나라 전통 놀이를 소재로 한 이 드라마가 어떻게 글로벌 신드롬을 일으켰는지 함께 알아볼까요?

한국의 놀이 문화를 현대적으로 재해석한 오징어 게임은 우리나라의 문화적 정체성을 세계에 알린 대표작이 되었습니다.

한국의 정서와 놀이가 담긴 이야기로 전 세계 시청자들의 공감을 이끌어낸 거죠

작업 패턴

❶ 생성하려는 **영상 프롬프트 입력, 영상 비율, 영상 길이 선택**하기
❷ 스토리보드에 맞게 **영상 대체**하기
❸ 영상에 맞는 **성우를 선택하여 내레이션 생성**하기
❹ 작업한 영상을 **다운로드하여 내 PC에 저장**하기

01 즉석으로 스토리보드 구성과 영상 생성하기

Instant AI video 기능을 이용하여 영화 주제를 입력하여 한 번에 스토리보드에 맞는 스토리와 영상을 생성해 보겠습니다.

01 │ 웹브라우저에 'capcut.com'을 입력하여 캡컷 사이트에 접속하고 AI 기능을 이용하여 동영상을 생성하기 위해 [무료 AI 동영상 메이커]를 클릭합니다.

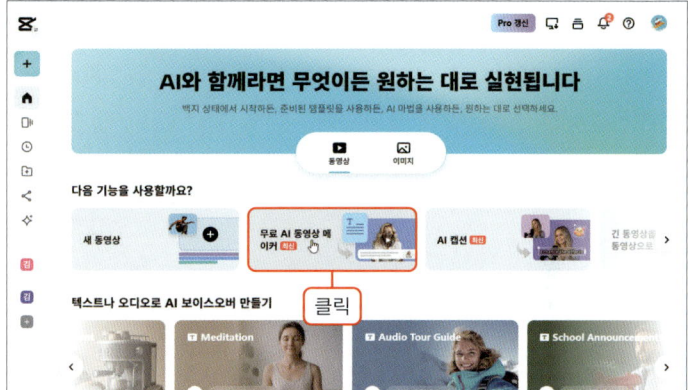

02 │ 간단하고 빠르게 구성 영상을 생성하기 위해 Instant AI video의 〈Try it〉 버튼을 클릭합니다. 영상 스타일을 설정하기 위해 Style에서 [Movie]를 선택한 다음 영상 비율을 숏폼 비율로 지정하기 위해 [9:16]을 클릭합니다.

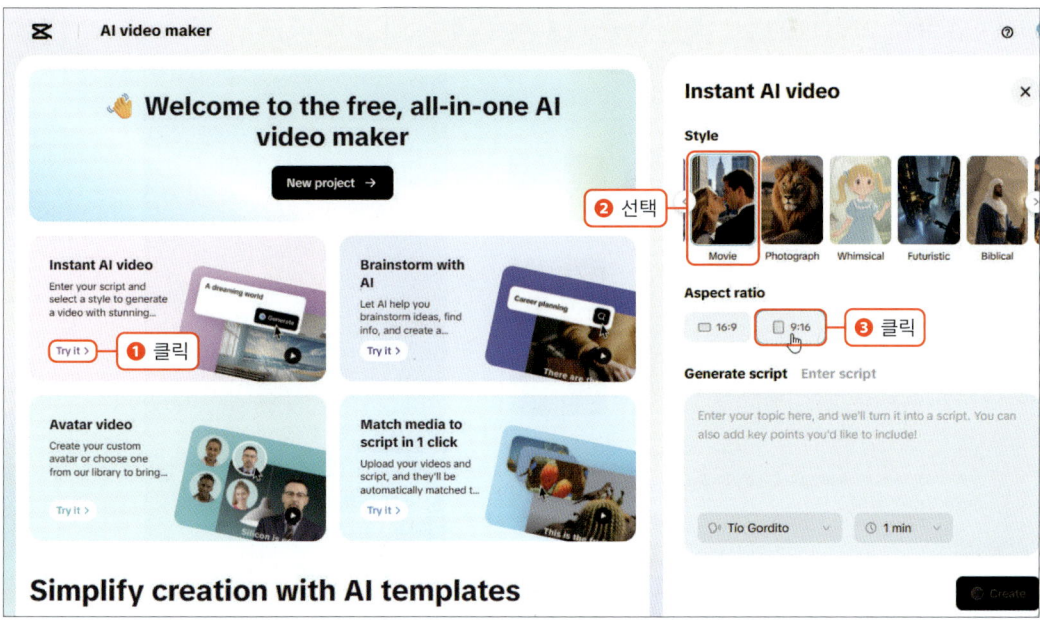

03 프롬프트 입력창에 생성할 영상 주제를 입력한 다음 영상 길이를 [1min]을 선택하고 〈Create〉 버튼을 클릭합니다. 예제에서는 영화 '오징어 게임'을 홍보하는 영상을 제작해 보겠습니다.

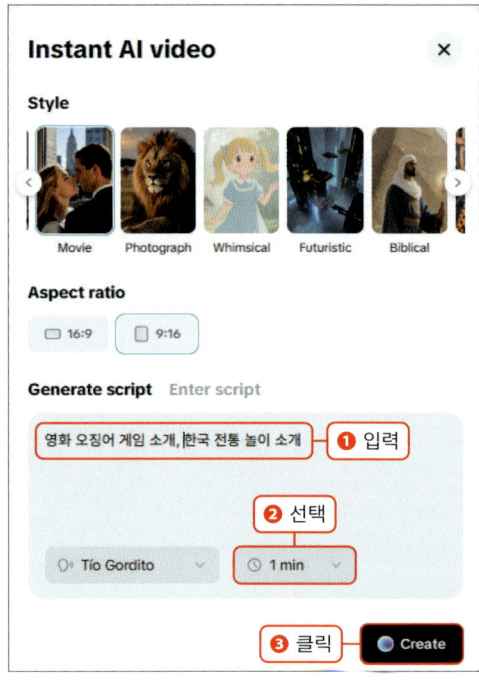

프롬프트 영화 오징어 게임 소개, 한국 전통 놀이 소개

04 그림과 같이 영화를 소개하는 스토리보드와 스토리에 맞는 영상과 자막을 1분 길이로 생성된 것을 확인할 수 있습니다. 미리보기 화면에서 영상을 재생하여 확인할 수 있습니다.

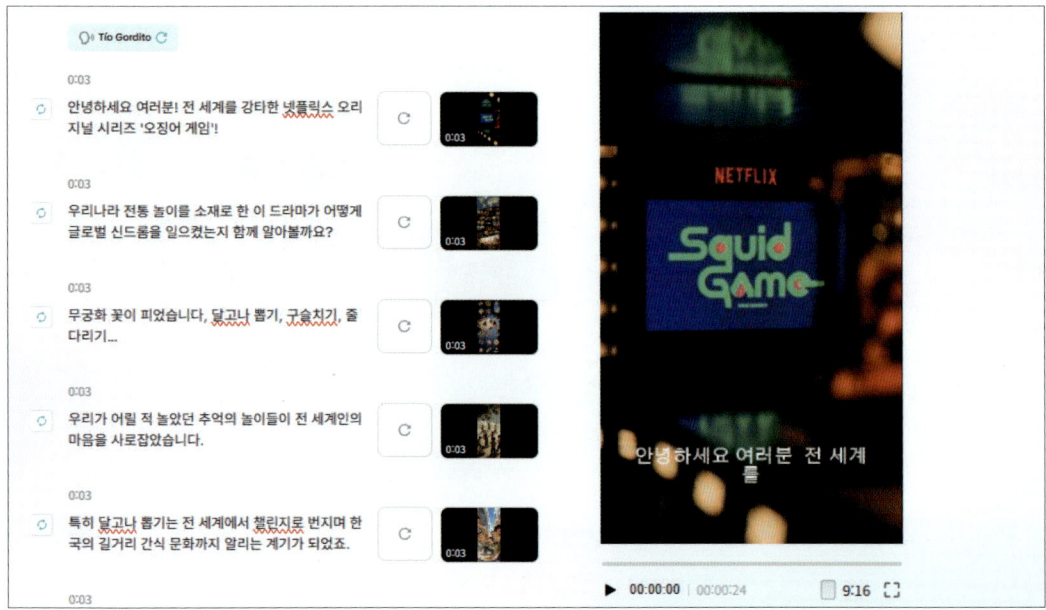

02 원하는 영상으로 대체하고 내레이션 생성하기

변경하려는 영상을 선택한 다음 바꾸려는 장면을 프롬프트로 입력하여 영상을 다시 생성하여 대체합니다.

05 | 스토리보드에서 변경하고 싶은 영상이 있다면 변경하려는 영상의 썸네일에 마우스 커서를 위치시킨 다음 'Replace' 아이콘(🔁)을 클릭합니다.

06 | AI media 화면이 표시되면 프롬프트 입력창에 수정하려는 장면을 입력한 다음 〈Generate〉를 클릭합니다. 원하는 장면이 생성되면 해당 영상 하단의 [Add to scene]을 클릭하고 창을 닫으면 그림과 같이 영상이 대체된 것을 확인할 수 있습니다.

Tip 스토리보드의 문장도 수정이 가능하며, 문장을 수정하면 영상 자막도 수정됩니다.

07 자막에 맞는 내레이션 음성을 적용하기 위해 [Scenes] 메뉴를 클릭한 다음 [Voice]를 선택합니다. 아래의 항목에서 [Male]을 선택한 다음 성우 목록을 확인합니다. 예제에서는 [Korean Male]을 클릭하고 〈Apply to all scenes〉 버튼을 클릭합니다.

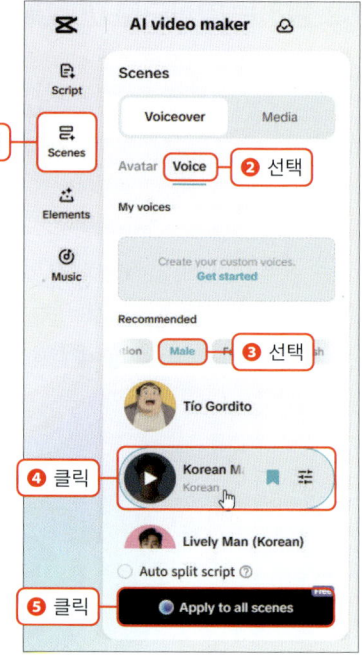

08 스토리보드에서 변경하고 싶은 영상이 있다면 변경하려는 영상의 썸네일에 마우스 커서를 위치시킨 다음 'Replace' 아이콘( )을 클릭합니다. 예제에서는 네 번째 장면을 다음과 같이 변경하고 〈Export〉 버튼을 클릭해 저장하였습니다.

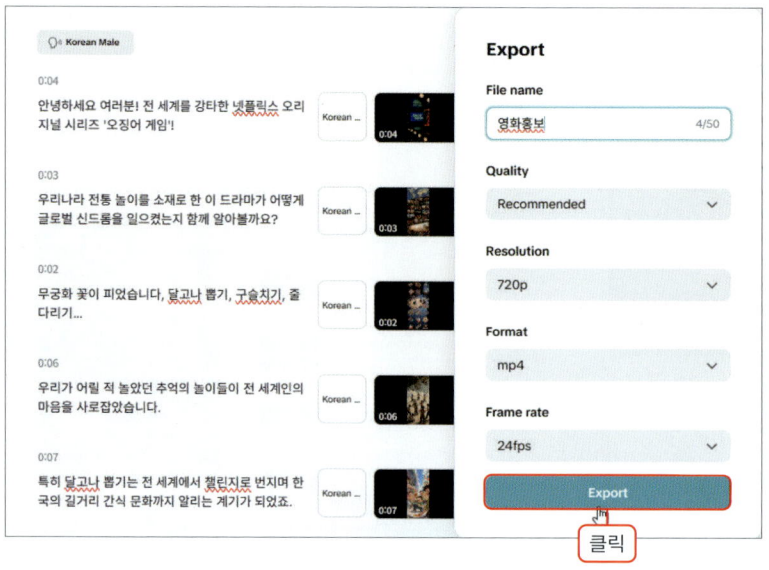

LESSON 07

AI와 대화하면서
이미지와 영상 생성 미리보기 ❸

완성파일 : source\서울.mp4

AI와 대화하면서 이미지나 영상을 원하는 스타일로 생성하는 AI 에이전트 기능은 처음 이미지나 영상을 만드는 사용자에게 작업의 속도와 편리함을 제공합니다. 예제에서는 대한민국 서울을 홍보하는 이미지와 영상을 만들어 보겠습니다.

예제 콘셉트

캡컷의 AI 에이전트 기능은 제미나이와 챗GPT처럼 자연스러운 대화를 기반으로 영상·이미지 제작 과정을 자동화하는 기능입니다. 사용자는 원하는 영상 스타일, 구성, 편집 요청 등을 말로 지시하면, AI 에이전트가 영상·이미지 생성부터 편집, 자막·효과 적용, 최종 결과물 완성까지 전체 워크플로를 지능적으로 수행합니다. 즉, 복잡한 편집 작업을 대신해주는 대화형 제작 어시스턴트로서, 사용자가 아이디어만 제시해도 빠르고 효율적으로 결과물을 만듭니다.

작업 패턴

❶ AI 에이전트에서 대한민국을 홍보하는 이미지 요청
❷ AI가 제시하는 4가지 콘셉트 설명과 이미지 생성 및 선택
❸ 선택된 이미지로 인물의 동작과 배경을 추가하여 동영상 생성

01 웹브라우저에 'dreamina.capcut.com'을 입력하여 드리미나 캡컷 사이트로 이동한 다음 만들기 옵션을 [AI 에이전트]로 선택합니다. 대한민국을 홍보하는 이미지 생성을 위한 프롬프트를 입력하고 '생성' 아이콘(⬆)을 클릭합니다.

프롬프트 대한민국을 홍보하는 20대 한국 여성을 생성하려고 해.

02 도시의 활기 콘셉트로 생성한 이미지를 사용하기 위해 마음에 드는 이미지를 클릭하여 선택합니다. 예제에서는 '도시의 활기: 서울의 야경과 함께한 현대적인 여성'의 이미지인 2번 이미지를 선택합니다.

03 선택한 이미지를 확대하여 보여줍니다. 화면에서 이미지를 바로 동영상으로 생성하기 위해 [동영상 생성]을 클릭합니다.

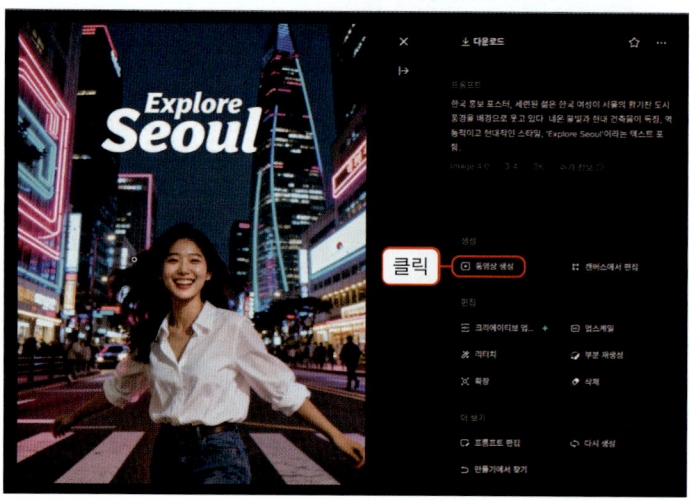

04 하단의 프롬프트 입력창에 선택한 이미지가 참조 이미지로 표시되며, 만들기 옵션이 [AI 동영상]으로 설정됩니다. 불꽃놀이를 배경으로 인물이 걷는 프롬프트를 입력합니다. '생성' 아이콘(⬆)을 클릭합니다.

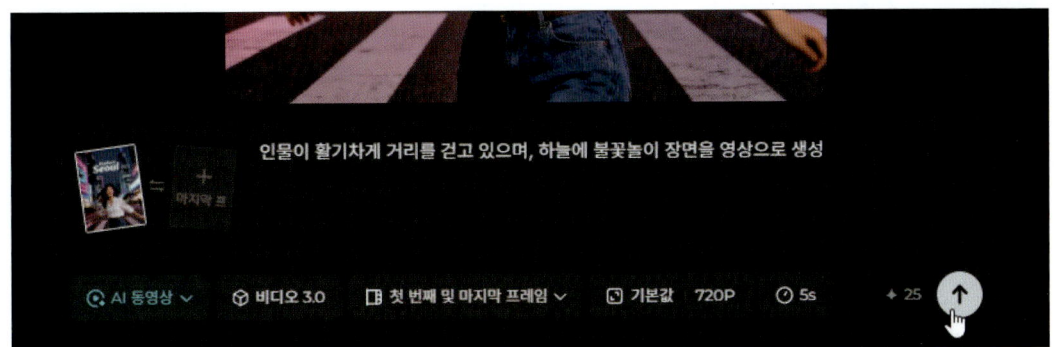

`프롬프트` 인물이 활기차게 거리를 걷고 있으며, 하늘에 불꽃놀이 장면을 영상으로 생성

Tip 만들기 옵션이 [AI 에이전트]에서 [AI 동영상]으로 변경하였기에, 프롬프트는 대화형이 아닌 기본 프롬프트 입력방식으로 진행합니다.

05 그림과 같이 불꽃놀이를 배경으로 도시를 걷는 영상으로 생성되어 재생되는 것을 확인할 수 있습니다. 동영상 파일로 저장하기 위해 〈다운로드〉 버튼을 클릭하여 마무리합니다.

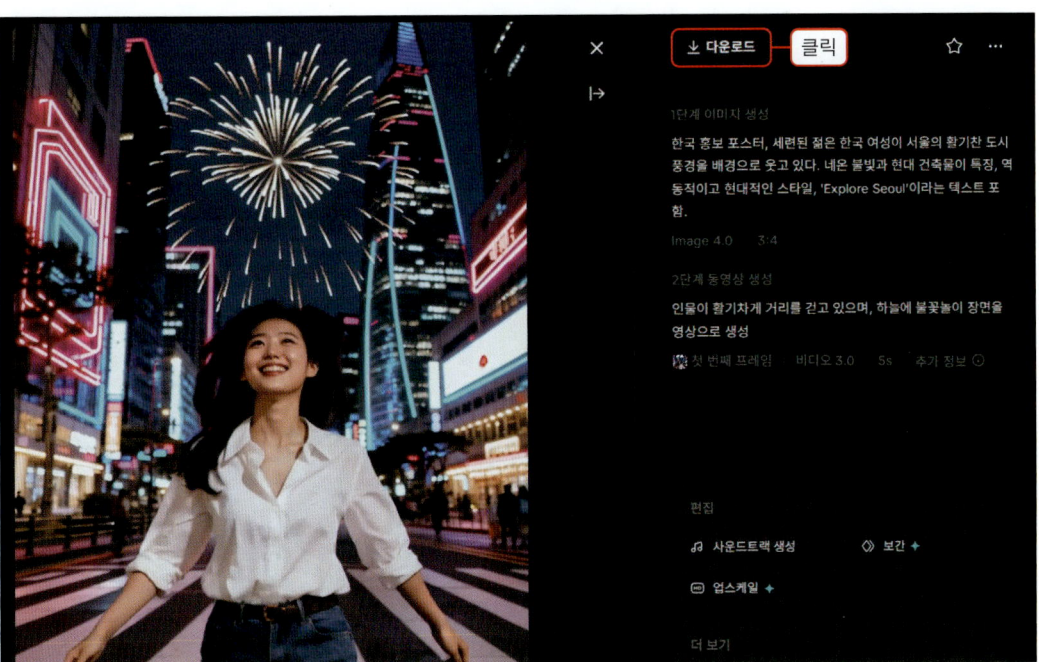

LESSON 08

CAPCUT AI

내 AI 아바타가 대본대로, 한국어 음성 영상 생성 미리보기 ❹

예제파일 : source\정비사.jpg 완성파일 : source\정비사아바타.mp4

AI 아바타 기능을 활용하면 내 사진이나 생성한 이미지를 기반으로 원하는 음성과 움직임을 입힌 실사형 영상을 만들 수 있습니다. 예제에서는 정비사 아바타가 제가 작성한 대본을 말하는 영상을 생성해 보겠습니다.

예제 콘셉트

캡컷의 AI 아바타 기능을 사용하면 원하는 스타일과 형태의 가상 캐릭터를 선택하거나, 자신의 사진을 활용해 아바타를 제작할 수 있습니다. 이후 대본을 입력하고 음성을 선택하면 아바타가 실제 사람처럼 입 모양, 표정, 동작을 자동으로 조정하며 말하는 모습을 구현해 줍니다. 이렇게 생성된 아바타 영상은 익명성을 유지하면서도 쉽고 빠르게 콘텐츠를 제작할 수 있다는 장점이 있습니다.

작업 패턴

❶ AI 아바타 기능에서 아바타 이미지로 사용할 이미지 불러오기
❷ 아바타에 어울리는 음성 선택과 음성 대본 입력
❸ 아바타 동작을 설명하는 프롬프트를 입력하여 동영상 생성

01 | 웹브라우저에 'dreamina. capcut.com'을 입력하여 드리미나 캡컷 사이트로 이동한 다음 만들기 옵션을 [AI 아바타]로 선택합니다. '아바타' 영역을 클릭한 다음 열기 대화상자에서 내 아바타로 사용할 인물 이미지인 '정비사.jpg' 파일을 선택하고 〈열기(O)〉 버튼을 클릭합니다.

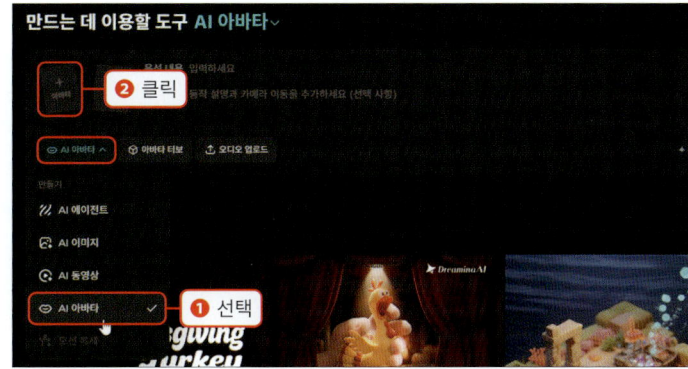

02 | 웹브라우저에 'dreamina.capcut.com'을 입력하여 드리미나 캡컷 사이트로 이동한 다음 만들기 옵션을 [AI 아바타]로 선택합니다. '아바타' 영역을 클릭한 다음 열기 대화상자에서 내 아바타로 사용할 인물 이미지인 '정비사.jpg' 파일을 선택하고 〈열기(O)〉 버튼을 클릭합니다.

03 | 아바타가 첨부되면 '음성' 영역을 클릭한 다음 아바타 음성을 지정합니다. 음성 샘플이 표시되면 클릭하여 아바타에 어울리는 음성을 선택합니다. 예제에서는 '남성'에서 [빌]을 선택합니다.

04 | '캐릭터가 말한다' 입력창에 캐릭터가 음성으로 말할 대본을 입력합니다.

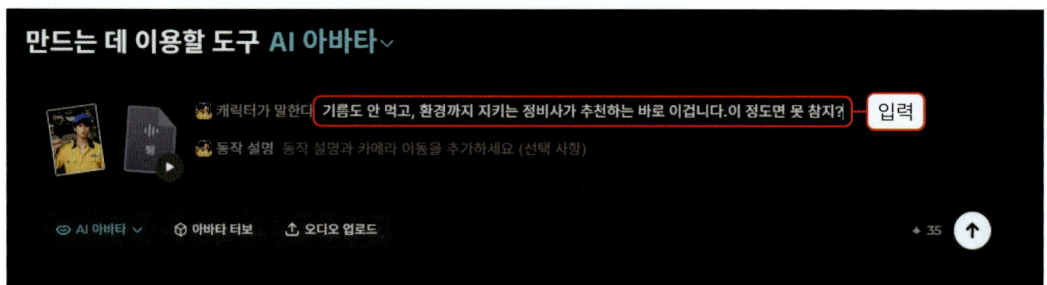

프롬프트 기름도 안 먹고, 환경까지 지키는 정비사가 추천하는 바로 이겁니다. 이 정도면 못 참지?

05 | '동작 설명' 입력창에 캐릭터의 동작을 입력합니다. 예제에서는 캐릭터가 자연스럽게 말하는 동작 프롬프트를 입력하고 '생성' 아이콘(↑)을 클릭합니다.

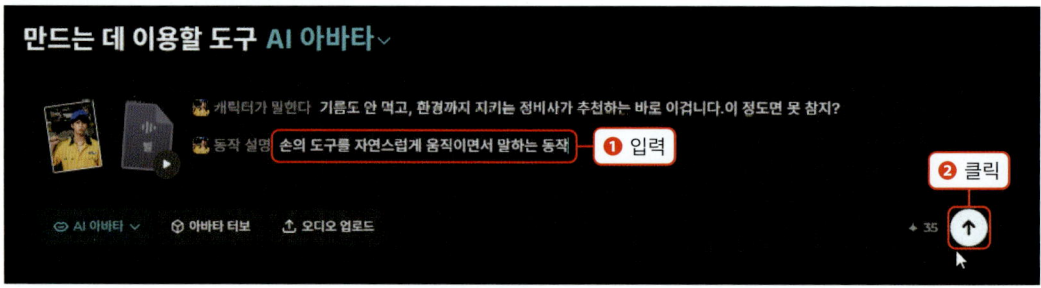

프롬프트 손에 있는 도구를 자연스럽게 움직이면서 말하는 동작

06 | 그림과 같이 불꽃놀이를 배경으로 도시를 걷는 영상으로 생성되어 재생되는 것을 확인할 수 있습니다. 동영상 파일로 저장하기 위해 〈다운로드〉 버튼을 클릭하여 마무리합니다.

LESSON 09

시작과 끝부분의 이미지로 스토리 영상 생성 미리보기 ⑤

예제파일 : source\첫프레임.jpg, 끝프레임.png   완성파일 : source\전통시장.mp4

캡컷에서는 사용자가 시작 이미지(첫 장면)와 끝 이미지(마지막 장면)를 선택하면, 나머지 중간 부분을 AI가 자동으로 채워 넣어 영상 흐름을 자연스럽게 만들어주는 기능이 있습니다. 이 기능을 이용하여 인물이 시장에서 음식을 먹다가 상인과 인터뷰하는 영상을 생성해 보겠습니다.

예제 콘셉트

사용자가 넣은 이미지를 시작점과 끝점으로 설정해 중간 장면을 AI가 자동으로 구성해 주기 때문에, 원하는 영상의 흐름을 직접 통제할 수 있다는 점이 큰 장점입니다. 이 기능을 활용하면 특정 인물이나 장소를 중심으로 스토리를 자연스럽게 이어갈 수 있어, 영상 전체의 방향성과 분위기를 사용자가 원하는 방식으로 손쉽게 구축할 수 있다는 점이 특히 유용합니다.

시작 장면 이미지

생성된 장면

생성된 장면

마지막 장면 이미지

작업 패턴

❶ AI 동영상 기능으로 첫 번째 프레임으로 사용할 이미지 지정
❷ 마지막 프레임으로 사용할 이미지 지정
❸ 두 장면을 연결할 인물 동작 프롬프트 입력하여 동영상 생성

01 웹브라우저에 'dreamina. capcut.com'을 입력하여 드리미나 캡컷 사이트로 이동한 다음 만들기 옵션을 [AI 동영상]으로 선택하고, 영상의 첫 번째 프레임으로 사용될 이미지를 적용하기 위해 '첫 번째 프레임' 영역을 클릭합니다.

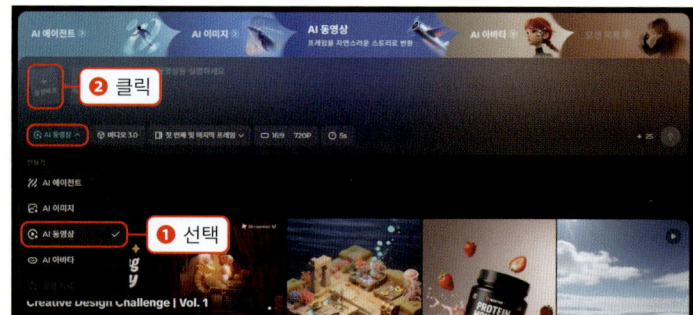

프롬프트 대한민국을 홍보하는 20대 한국 여성을 생성하려고 해.

02 열기 대화상자에서 첫 번째 프레임에 사용될 한복을 입은 인물이 시장에서 음식을 맛보는 이미지인 '첫프레임.jpg' 파일을 선택한 다음 〈열기(O)〉 버튼을 클릭합니다.

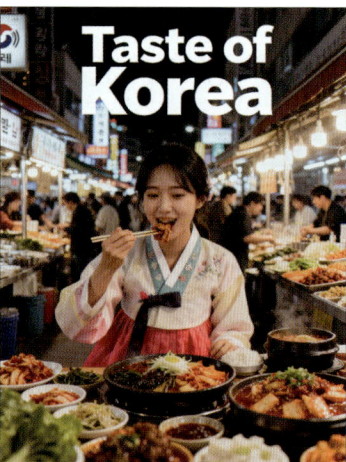

03 영상의 끝에 들어갈 이미지를 설정하기 위해 '마지막 프레임' 영역을 클릭합니다. 열기 대화상자에서 한복을 입은 인물이 상인과 인터뷰하는 이미지인 '끝프레임.png' 파일을 선택하고 〈열기(O)〉 버튼을 클릭합니다.

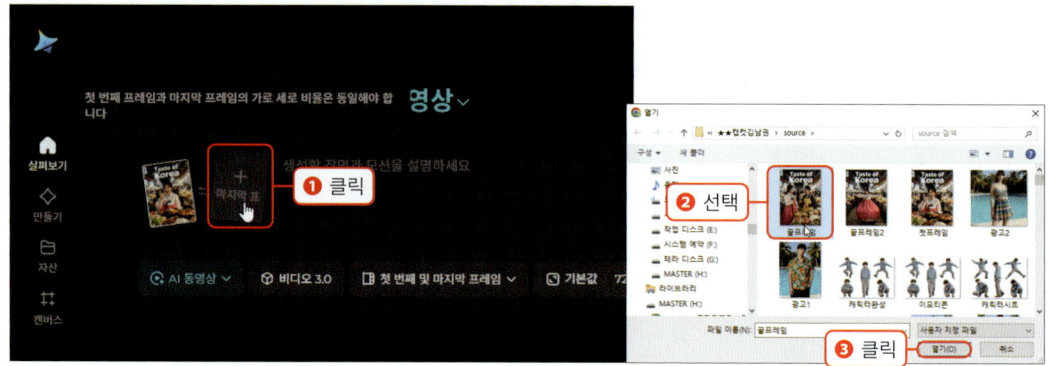

04 | 첫 번째 프레임과 마지막 프레임에 이미지가 지정되었다면 두 장면을 연결하기 위한 프롬프트를 입력하고 '생성' 아이콘(⬆)을 클릭합니다.

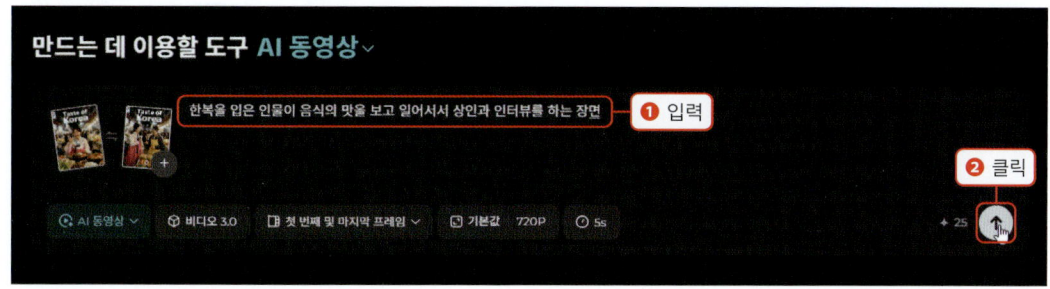

`프롬프트` 한복을 입은 인물이 음식의 맛을 보고 일어서서 상인과 인터뷰를 하는 장면

05 | 두 장면이 서로 매끄럽게 연결되는 영상이 생성됩니다. 영상을 저장하기 위해 〈다운로드〉 버튼을 클릭합니다.

PART 2

원하는 대로 이미지를 뽑자! 캡컷으로 이미지 생성하기

이미지를 생성하기 위해 위해 캡컷의 AI 이미지 생성 기능과 화면 구성에 대해 이해하고, 영역 확장을 통해 가로 이미지를 세로 이미지로 변환하는 방법부터 외부 이미지를 불러와 부분 삭제하는 기술, 참조 이미지를 활용해 웹툰 스타일 이미지를 만드는 과정까지 다룹니다. 또한 다양한 이미지 보정부터 변형, 가상의 AI 피팅 모델을 활용해 직접 디자인한 의상 광고 사진을 만드는 실무 사례, AI 추천을 통한 음식 메뉴 상품 사진 제작 등 쉽고 빠르게 홍보 이미지를 생성하는 전반적인 과정을 살펴봅니다.

LESSON 01

이미지 생성을 위한 캡컷 화면 구성의 이해

캡컷은 주로 영상 편집을 위한 도구로 사용되며, 이미지 생성에 중점을 둔 드리미나 캡컷을 활용해 이미지를 생성하기 위해 인터페이스를 함께 살펴보겠습니다.

01 드리미나 캡컷 생성기 살펴보기

드리미나 캡컷에서는 다양한 이미지와 영상 생성을 위한 기능을 제공하고 있습니다. AI 기능을 이용하기 위한 캡컷의 생성기 구성에 대해 알아보겠습니다.

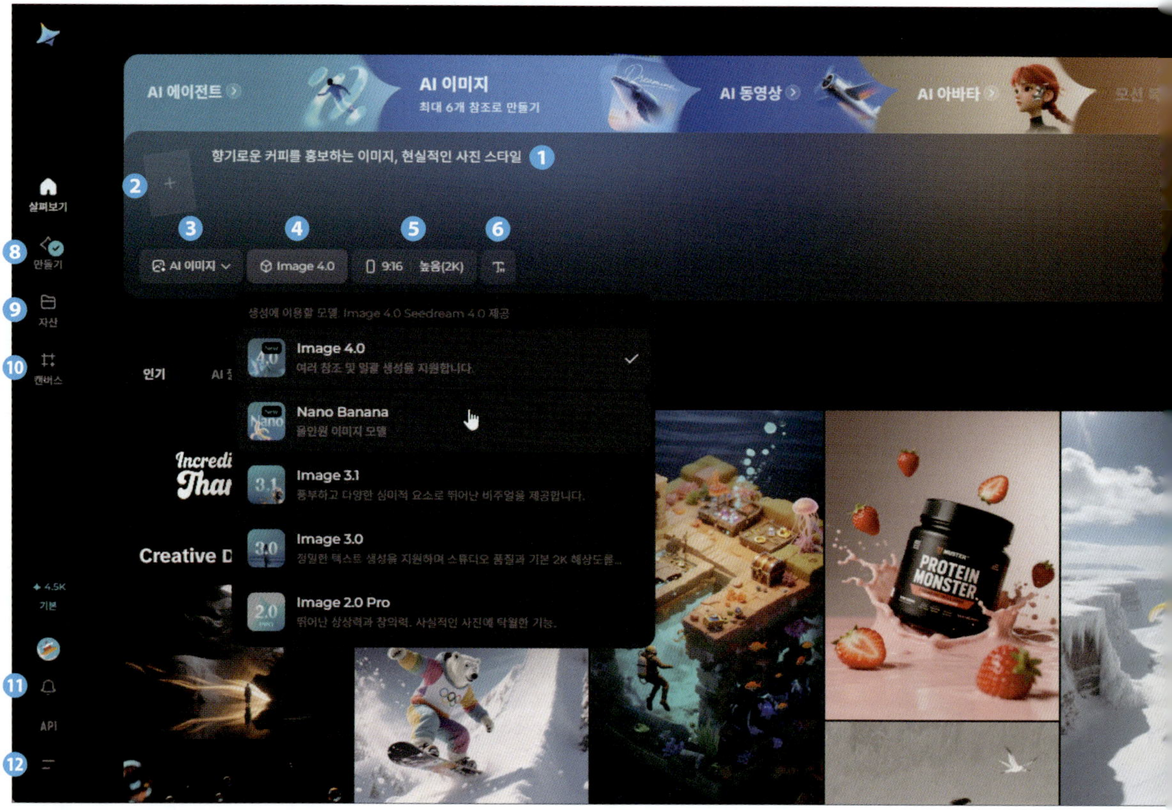

이미지 생성기 선택 화면

❶ **프롬프트 입력창**: 사용자가 원하는 이미지나 디자인의 내용을 텍스트로 입력하는 곳입니다. 이 입력창에 구체적인 설명이나 키워드를 입력하면 캡컷의 AI 이미지 생성기가 해당 프롬프트를 바탕으로 이미지를 생성합니다.

❷ **참조 이미지**: 열기 대화상자를 이용하여 참조할 이미지를 추가합니다.

❸ **생성 유형**: 사용자가 생성하고자하는 콘텐츠 유형을 선택합니다. 현재 이미지 생성만 지원하고 있으며 영상, 아바타, 모션 복제와 같이 출시 예정 목록을 확인할 수 있습니다.

❹ **모델**: 이미지 생성 모델을 설정할 수 있습니다. 캡컷에서는 최신 이미지 모델 Image 4.0과 구글 제미나이 기반의 나노 바나나 모델을 모두 제공하고 있습니다. 나노 바나나는 캐릭터의 일관성 유지, 배경 흐림/변경, 객체 삭제 등에 유리하고, Image 4.0은 네이티브 4K 해상도의 이미지를 생성할 수 있어, 전문적인 인쇄·디자인·미디어 제작에 유리합니다.

❺ **비율, 해상도, 크기 설정**: 생성될 이미지의 크기 비율을 설정합니다. 예를 들어, 16:9 비율은 영화나 영상 콘텐츠에서 자주 사용하는 형식이며, 1:1 비율은 소셜 미디어에서 흔히 사용되는 정사각형 형식입니다. 사용자는 필요에 맞게 비율을 선택하여 원하는 크기의 이미지를 만들 수 있으며 픽셀 단위로 지정하여 이미지의 세부 사항이나 품질을 조정할 수 있습니다.

❻ **이미지에 텍스트 그리기**: 생성할 이미지 안에 텍스트를 포함할 때 활용할 수 있습니다.
예 '타이틀 텍스트를 포함해 줘', 'WELCOME이라는 글자가 보이게 해 줘'

❼ **생성(↑)**: 사용자가 설정한 모든 옵션을 바탕으로 이미지 생성 기능을 활성화하는 버튼입니다. 프롬프트, 이미지 유형, 비율, 크기 등을 입력한 후 이 버튼을 클릭하면 캡컷 AI가 자동으로 지정된 조건에 맞는 이미지를 만듭니다.

❽ **만들기**: 생성된 콘텐츠를 표시하며, 플랫폼 내에서 고해상도로 다운로드 가능합니다. 프롬프트를 편집하거나 다시 생성이 가능합니다.

❾ **자산**: 프롬프트로 만든 이미지, 비디오 등을 자산 라이브러리에 보관하고 쉽게 재사용할 수 있습니다.

❿ **캔버스**: 여러 AI 생성 이미지를 한 캔버스 위에서 결합하여 시각적 요소들을 레이어처럼 조합, 편집할 수 있는 고급 편집 환경입니다.

⓫ **알림**: 사용자의 활동과 관련된 업데이트를 실시간으로 제공하여 작업 흐름을 원활하게 관리할 수 있도록 돕는 기능입니다.

⓬ **추가 설정**: 화면 설정(다크 모드, 라이트 모드)과 언어 설정, 로그아웃 기능을 제공합니다.

02 드리미나 캡컷의 이미지 생성 화면 미리보기

원하는 이미지를 생성하기 위해서는 생성 이미지의 비율과 크기, 생성된 이미지를 업스케일하거나 보정 과정이 필요합니다. 드리미나 캡컷에서 제공하는 다양한 옵션과 미리보기 추가 옵션에 대해 알아보겠습니다. 이미지 생성은 [만들기], [캔버스]로 나뉘며 각각의 인터페이스를 살펴보겠습니다.

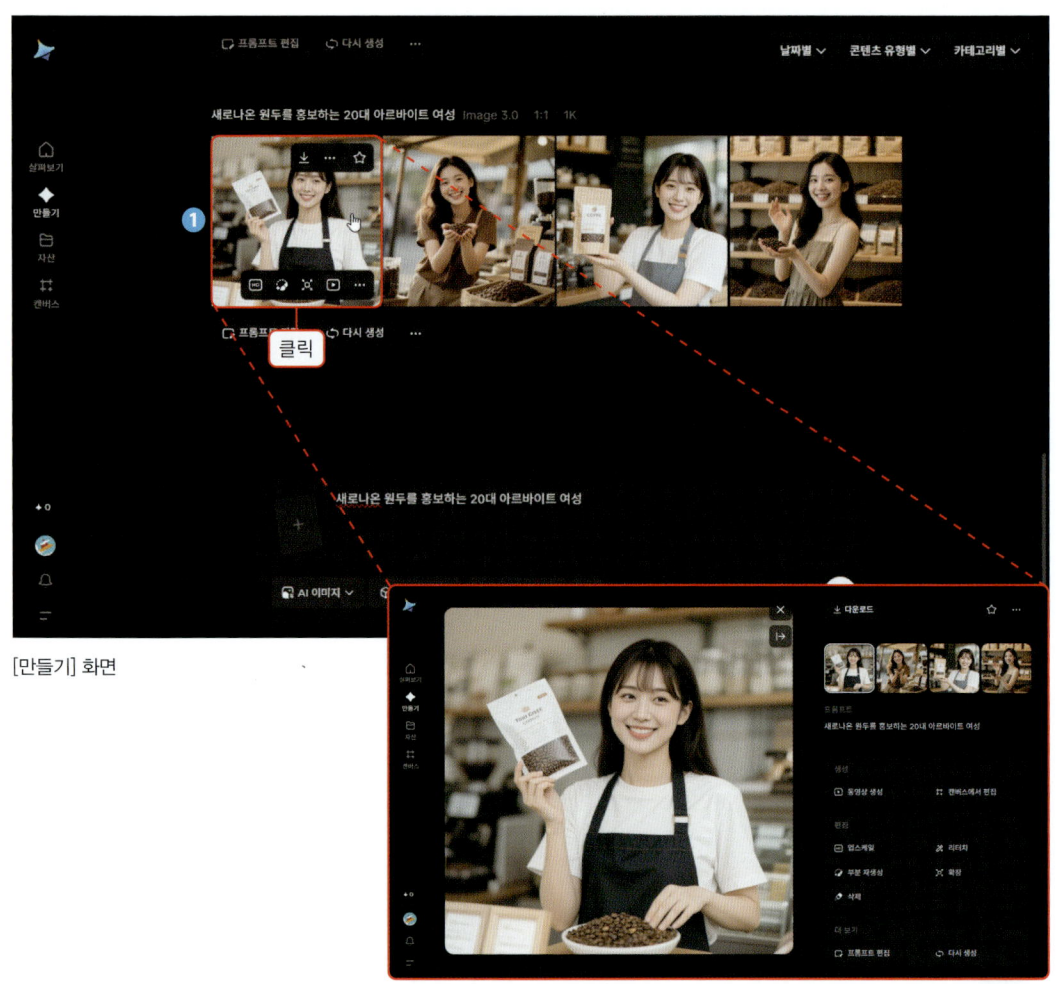

[만들기] 화면

❶ **AI 미리보기 이미지:** 입력한 프롬프트를 반영하여 4개의 생성된 이미지를 제안하며, 원하는 이미지를 선택합니다. 미리보기 이미지를 클릭하면 이미지가 확대되며, 생성된 이미지를 수정하거나 추가로 설정할 수 있는 옵션이 표시됩니다.

❷ **다운로드**: 생성된 이미지를 PC에 저장합니다. 사용자는 원하는 콘텐츠를 클릭하여 파일을 자신의 장치에 저장하고, 나중에 사용하거나 공유할 수 있습니다.

❸ **상단 더 보기**: 생성한 이미지를 공유, 추가적인 캔버스에서 편집 기능이나 이미지 삭제, 부적절한 이미지가 생성되었을 때 이미지를 신고하는 메뉴가 표시됩니다.

❹ **즐겨찾기 추가**: 자주 사용하는 이미지를 쉽게 찾아볼 수 있도록 즐겨찾기에 등록하는 기능입니다.

❺ **다시 생성**: 이전에 생성된 이미지를 바탕으로 새로운 이미지를 다시 생성하는 기능입니다.

❻ **리믹스**: 생성된 이미지를 기반으로 주요 특징은 유지하면서 새로운 버전의 이미지를 생성하는 기능입니다.

❼ **크리에이티브 업스케일**: 단순 해상도 확대를 넘어, AI가 이미지나 영상의 스타일, 질감, 색감 등을 창의적으로 보완하거나 변형하는 업스케일링 방법입니다. 현재 기본 플랜부터 이용 가능합니다.

❽ **업스케일**: 4배 확대(400%)까지 품질 손실 없이 자연스럽게 디테일과 가장자리를 선명하게 만듭니다.

기본 이미지(1,024×1,024픽셀, 628KB, Jpg 파일)　　업스케일 이미지(2,048×2,048픽셀, 8.80KB, PNG 파일)

⑨ **부분 재생성**: 생성된 이미지의 수정할 부분을 영역으로 표시하여 재생성하는 기능입니다.

⑩ **확장**: 이미지를 더 큰 크기로 확대하거나, 원하는 영역을 추가하는 기능입니다.

⑪ **동영상 생성**: 이미지 또는 여러 이미지를 바탕으로 동영상을 만들 수 있는 옵션입니다. 이 기능을 활용하여 동영상 콘텐츠를 제작할 수 있습니다.

⑫ **삭제**: 선택한 이미지 항목을 완전히 제거하는 옵션입니다. 삭제를 통해 필요 없는 파일이나 결과물을 정리할 수 있습니다.

⑬ **리터치**: 이미지 일부를 AI가 자연스럽게 보정해 주는 기능으로, 이미지 완성도를 높이거나 세부 표현을 다듬는 데 매우 유용합니다.

⑭ **프롬프트 편집**: 사용자가 입력한 텍스트나 설명을 변경할 수 있는 기능입니다. 이를 통해 이미지 생성에 영향을 미치는 텍스트를 수정하여 원하는 스타일이나 주제를 더 정확하게 반영할 수 있습니다.

03 캔버스 화면 편집 미리보기

드리미나 캡컷의 캔버스 편집 화면은 이미지 업로드, 텍스트에서 이미지로 생성하는 기능부터 프롬프트 입력창, 그리고 레이어 기능을 포함한 다양한 편집 도구를 제공합니다. 사용자는 먼저 원하는 이미지를 직접 업로드할 수 있으며, 텍스트에서 이미지로 버튼을 통해 간단한 문장이나 키워드를 입력하면 AI가 자동으로 이미지를 생성해 줍니다.

[캔버스에서 편집] 화면

❶ **만들기**: 화면의 사이드 패널을 보이거나 숨길 수 있는 옵션입니다. 이를 통해 작업 공간을 넓히거나 필요한 옵션을 표시합니다.

❷ **이미지 업로드**: 사용자가 자신의 PC에서 이미지를 선택하여 캡컷 캔버스에 업로드하는 기능입니다. 업로드된 이미지는 이후 디자인 작업에 활용할 수 있습니다.

❸ **텍스트에서 이미지 생성**: 텍스트로 입력된 프롬프트를 바탕으로 AI가 자동으로 이미지를 생성하는 기능입니다. 사용자가 입력한 프롬프트에 맞춰 이미지를 만드는 기능입니다.

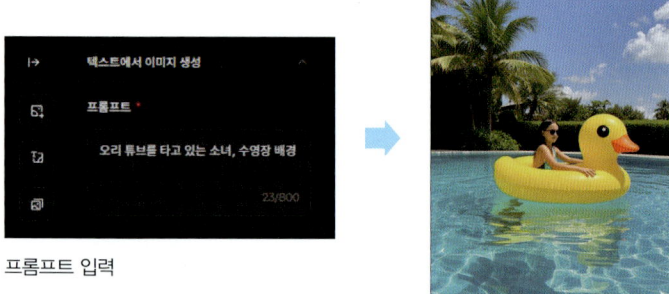

프롬프트 입력 → 이미지 생성

❹ **이미지에서 이미지 생성**: 기존 이미지를 바탕으로 새로운 이미지를 생성하거나 변형하는 옵션입니다.

참조 이미지 지정 → 이미지 생성

❺ **캔버스 영역**: 디자인 작업을 할 때 사용할 작업 공간을 나타냅니다. 이 영역 내에서 이미지를 배치하거나 텍스트를 추가하는 등의 작업을 진행할 수 있습니다.

❻ **캔버스 크기 설정**: 이미지나 디자인의 크기를 정의하는 옵션입니다. 사용자가 원하는 가로와 세로 크기를 설정하여 캔버스를 설정하고 작업할 수 있습니다.

❼ **선택**: 캔버스에서 특정 요소나 객체를 선택할 수 있는 도구입니다.

❽ **이동**: 선택한 객체나 요소를 캔버스에서 다른 위치로 옮길 수 있는 도구입니다. 이미지를 드래그하거나 이동해 원하는 위치에 배치할 수 있습니다.

❾ **텍스트 추가**: 캔버스에 텍스트를 삽입하는 기능입니다. 사용자는 원하는 문구나 글자를 입력하여 이미지나 디자인에 텍스트를 추가할 수 있습니다.

❿ **브러시**: 캔버스에서 자유롭게 그림을 그리거나 수정할 수 있는 도구입니다. 다양한 브러시 색상과 크기를 선택하여 세밀한 작업을 할 수 있습니다.

⓫ **화면 확대창**: 캔버스를 확대하여 세밀하게 작업할 수 있도록 도와줍니다.

⓬ **레이어**: 이미지나 텍스트 등을 각기 다른 레이어로 나누어 배치하고, 레이어 순서를 조정하여 작업할 수 있습니다.

LESSON 02
이미지 생성을 위한 프롬프트
핵심 작성 10가지 원칙

캡컷에서는 이미지 생성 시 프롬프트를 한글과 영문 모두로 입력할 수 있습니다. 하지만 영문으로 작성할 경우 몇 가지 중요한 장점이 있습니다. 대부분의 이미지 생성 AI 모델은 영문을 기본 언어로 설계되어 있기 때문에, 의미를 명확하게 전달하고자 할 때는 영문 사용이 효과적입니다.

01 구체적이고 명확한 설명을 포함하여 작성하라

AI가 이미지를 생성할 때, 주어진 프롬프트를 바탕으로 해당 이미지를 시각적으로 구현합니다. 만약 프롬프트가 너무 모호하거나 애매하면 AI는 정확한 의도를 파악하는 데 어려움을 겪을 수 있으며, 그로 인해 결과물이 사용자가 원한 장면과 크게 달라질 수 있습니다. 예를 들어, '정원 풍경'이라는 매우 일반적인 표현은 너무 넓고 불확실한 해석을 낳을 수 있습니다. 반면, '야자수와 수영장이 있는 정원 풍경'처럼 구체적이고 상세한 지시를 제공하면 AI는 각 요소인 야자수, 수영장, 정원을 더 명확하게 시각화하여 원하는 이미지를 생성할 확률이 높아집니다.

프롬프트 정원 풍경

프롬프트 야자수와 수영장이 있는 정원 풍경

02 세부 사항을 추가하라

이미지를 더 세밀하게 제어하려면 단순히 큰 주제나 주요 요소만 언급하는 것에 그치지 않고, 동작이나 구체적인 배경 등 세부 요소들을 추가하는 것이 중요합니다. 이러한 세부 사항은 이미지의 분위기와 느낌을 결정짓는 중요한 요소로, AI가 생성하는 이미지의 정확성을 높이고, 원하는 결과를 얻는 데 큰 역할을 합니다. 예를 들어, '주스를 마시는 인물'이라고만 표현하는 것보다 '해변을 배경으로 오렌지 주스를 마시는 20대 여성', '하늘에서 떨어지는 오렌지 조각'처럼 구체적으로 세부 사항을 입력하면 AI는 그 요소들을 바탕으로 더욱 생동감 있고 정교한 이미지를 만들 수 있습니다. 배경을 추가하면 이미지의 전체 구성이 명확해지며, 더욱 독특하고 창의적인 이미지가 생성됩니다.

프롬프트 오렌지 주스를 마시는 여성

프롬프트 해변을 배경으로 오렌지 주스를 마시는 20대 여성, 하늘에서 떨어지는 오렌지 조각

03 스타일을 정의하라

이미지 생성에서 원하는 결과를 얻기 위해서는 생성하고자 하는 이미지의 스타일을 정확히 정의하는 것이 매우 중요합니다. 스타일을 정의함으로써 AI는 해당 이미지가 어떤 특정한 시각적 표현 방식을 따르도록 유도할 수 있습니다. 스타일은 그림의 기법, 촬영 기법, 색감, 질감 등 다양한 요소를 포함할 수 있으며, 이로 인해 생성된 이미지가 매우 다르게 보일 수 있습니다. 스타일을 명확히 지정하는 것은 단순히 이미지의 형태나 구성만이 아니라, 그 이미지의 전체적인 느낌과 톤을 결정짓는 중요한 요소입니다. '현실적인 사진 스타일', '만화처럼 평면적인 일러스트 스타일', '수채화 스타일', '웹툰 스타일' 등 다양한 스타일을 정확하게 명시하면 AI가 이를 따르며 더 일관되고 원하는 스타일의 이미지를 생성할 수 있습니다.

`프롬프트` 야구선수가 야구 배트로 공을 치는 장면, 현실적인 사진 스타일

`프롬프트` 야구선수가 야구 배트로 공을 치는 장면, 일본 웹툰 스타일

04 한글 프롬프트는 문장의 맺음말에 주의하라

한국어에서 문장 끝에 사용하는 종결 어미는 문장의 의미를 결정짓고, AI가 의도를 정확히 파악하는 데 중요한 역할을 합니다. 종결 어미는 요구 사항을 명확히 전달하므로 AI가 이를 기반으로 이미지를 정확하게 생성할 수 있습니다. 프롬프트를 명사형으로 마무리하면 AI에게 구체적인 대상을 제시하게 되어, 생성 결과가 요구에 더 잘 부합됩니다. 예를 들어, '스타벅스에서 커피를 마시는, 남성, 개와 함께'는 애매하게 인식될 수 있지만, '여성이 스타벅스에서 커피를 마시는 장면, 개와 함께 앉아 있다.'는 보다 명확한 이미지를 유도합니다.

프롬프트 스타벅스에서 커피를 마시는, 남성, 개와 함께

프롬프트 여성이 스타벅스에서 커피를 마시는 장면, 개와 함께 앉아 있다.

05 참고 예시나 유명 예술가의 이름을 넣어라

특정 예술가나 스타일을 기반으로 이미지를 생성하도록 유도하는 것은 중요한 전략입니다. AI가 예술가의 독특한 테크닉이나 미학을 반영하여 특정한 시각적 스타일이나 느낌을 이미지에 적용하도록 하는 방법입니다. 예술가나 작가 이름을 프롬프트에 포함하면 AI는 그 작가가 사용했던 특유의 색상, 브러시 터치, 구도, 분위기 등을 분석하여 이미지를 생성합니다.

예를 들어, '고흐 스타일의 해바라기'라고 작성하면 AI는 고흐의 회화적 기법인 강렬한 색상, 두껍고 거친 브러시 스트로크를 반영하여 해바라기를 그립니다. 마찬가지로 '피카소 스타일의 추상화'라는 프롬프트를 제공하면 AI는 피카소의 입체적인 구도와 비대칭적인 형태를 사용하여 추상적인 이미지를 만들 것입니다. 이처럼 유명한 예술가의 이름이나 스타일을 명시하는 것은 이미지에 특정한 예술적 맥락을 부여하고, 그들의 독특한 시각적 언어를 구현하는 데 큰 도움이 됩니다.

프롬프트 10대 소녀 초상화, 현실적인 카메라 스타일

프롬프트 10대 소녀 초상화, 앤디워홀 팝아트 스타일

프롬프트 10대 소녀 초상화, 피카소 입체파 스타일

Tip AI는 학습한 데이터를 기반으로 예술가의 고유한 미학을 추출하고 이를 재해석하기 때문에 이러한 스타일 기반 프롬프트는 이미지에 강한 무드를 부여합니다. 특정 시대, 예술적 분위기를 재현할 수 있어 광고나 영상제작, 일러스트레이션, 게임 콘셉트 아트 등에 시각적 통일성과 독창성을 높이는 데에 큰 효과를 발휘합니다.

06 감정이나 분위기를 지정하라

이미지 생성에서 감정이나 분위기를 지정하는 것은 매우 중요한 요소입니다. 감정이나 분위기는 이미지의 전체적인 느낌과 관람자가 경험하는 정서를 결정짓는 핵심 요소입니다. 만약 프롬프트에 특정한 감정이나 분위기를 명확하게 지정하지 않으면 이미지가 단순히 시각 요소들만 나열된 느낌일 수 있습니다. 반면, 감정이나 분위기를 세밀하게 설정하면 그 이미지에 더 깊이 있는 느낌을 부여하고, 이를 통해 이미지를 보는 사람이 그 장면에 대해 더 강렬한 감정적 반응을 일으킬 수 있습니다.

예를 들어, '어두운 우울한 분위기'라고 명시하면 AI는 어두운 색조, 흐릿한 빛, 침울하고 고독한 느낌을 전달하는 이미지를 생성할 수 있습니다. 이런 이미지는 감정적으로 무겁고 슬픈 분위기를 전달하며, 관람자는 그 이미지에서 우울하고 절망적인 감정을 느낄 것입니다. 반대로 '기쁨이 넘치는 색감'을 지정하면 AI는 밝고 화사한 색상, 따뜻한 톤을 사용하여 행복하고 활기찬 이미지를 만들 것입니다. 이러한 이미지는 관람자에게 긍정적이고 기쁜 감정을 불러일으킬 수 있습니다.

프롬프트 개와 산책하는 남성, 우울한 분위기, 고독한 느낌   **프롬프트** 개와 산책하는 여성, 기쁨이 넘치는 색감, 활기찬 분위기

07 전경과 후경을 분리하여 입력하라

이미지 생성에서 전경과 후경을 명확히 설정하는 것은 매우 중요합니다. 이는 이미지의 구도를 명확하게 정의하고, 어떤 요소가 화면에서 더 두드러지거나 중요한지, 배경에서 어떤 장면이 펼쳐지는지를 명확하게 구분할 수 있도록 돕습니다. 전경과 후경의 구분을 명확히 하지 않으면, 이미지가 시각적으로 혼란스러워질 수 있으며, 분위기를 흐려지게 하거나 메시지나 느낌을 받지 못할 수 있습니다.

예를 들어, '한 여성이 숲 속을 걷고 있는 장면'이라는 프롬프트만 제공하면 AI는 전경과 후경을 명확히 구분하지 못할 수 있습니다. 그러나 '전경에는 한 여성이 걷고 있고, 후경에는 울창한 숲과 멀리 보이는 산들이 자리 잡고 있는 장면'처럼 전경과 후경을 구체적으로 지시하면 AI는 여성이 화면의 앞부분에 위치하고, 숲과 산은 그 배경으로 배치되는 구도를 이해하여 더욱 일관된 이미지를 생성할 수 있습니다.

이처럼 전경과 후경을 명확히 설정함으로써 이미지의 각 요소가 명확하게 구분되어 시각적으로 더 현실적인 분위기를 만들 수 있습니다. 전경은 보통 주인공이나 중요한 대상을, 후경은 배경을 구성하며, 두 요소가 어떻게 어우러지느냐에 따라 이미지의 깊이와 구조가 달라집니다.

프롬프트 자동차 경주 우승자가 트로피를 들고 있는 장면

프롬프트 전경에는 자동차 경주 우승자가 트로피를 들고 있다, 후경에는 축하하는 사람들

08 관찰자 시점을 정하라

이미지의 시점은 전체적인 구도와 느낌에 큰 영향을 미치기 때문에, 관찰자가 어떤 위치에서 장면을 보고 있는지, 즉 시각적 관점을 어떻게 설정할 것인지 명확히 지정하는 것이 중요합니다.

시점을 설정하면 등장하는 객체의 크기, 비율, 장면의 깊이뿐 아니라 이미지가 전달하는 감정도 달라집니다. 시점을 명확히 지정하지 않으면 AI가 장면을 임의로 해석해 의도와 다른 결과물이 나올 수 있습니다. 예를 들어, '높은 곳에서 내려다보는 도시 풍경'을 원해도 시점 지시가 없으면 AI가 평면 구도로 도시를 표현할 수 있습니다.

프롬프트 야구 경기 장면, 드론 카메라 시점   **프롬프트** 야구 경기 장면, 1인칭 관찰 시점

프롬프트 야구 경기 장면, 3인칭 관찰 시점   **프롬프트** 야구 경기 장면, 저공(Low-angle) 시점

09 색상 팔레트를 지정하라

색상 팔레트를 지정하는 것은 이미지 생성에서 매우 중요한 역할을 합니다. 색상은 이미지의 분위기와 감정을 결정짓는 핵심 요소로, 특정 색상이 강조된 이미지를 원하면 미리 색상 팔레트를 설정하는 것이 매우 유용합니다. 예를 들어, 따뜻한 색조인 오렌지, 노란색, 빨간색 등의 톤은 따뜻하고 친근한 분위기를 전달하는 데 효과적이며, 반면에 차가운 색조인 푸른색, 회색, 보라색 등의 톤은 차갑고 차분한 느낌을 줍니다. 색상은 단순한 장식적인 요소를 넘어서 이미지의 감정적인 영향과 주제의 전달에 큰 영향을 미칩니다. 따라서 색상 팔레트를 명확히 설정하면 AI가 그에 맞는 색상 조합을 활용하여 원하는 분위기와 감정을 더욱 잘 표현할 수 있습니다.

예를 들어, '노란색과 오렌지색 톤의 놀이공원 자동차를 타고 노는 아이들'을 입력하면 AI는 따뜻한 햇살이나 금빛과 황금색을 강조하여 따뜻하고 밝은 느낌의 이미지를 생성할 수 있습니다. 반대로 '차가운 푸른색과 회색 톤의 차량정체 도로'를 지정하면 차가운 느낌의 도시 도로 풍경이 생성됩니다.

프롬프트 노란색과 오렌지색 톤의 놀이공원 자동차를 타고 노는 아이들

프롬프트 차가운 푸른색과 회색 톤의 차량정체 도로

10 이미지에 나타나지 말아야 할 것들을 포함하라

'이미지에 나타나지 말아야 할 것들'을 포함하는 것은 원하는 이미지 결과를 얻는 데 중요한 요소입니다. 때때로 사용자는 특정 요소나 개념을 배제하고자 할 때가 있습니다. 예를 들어, 이미지에서 불필요한 객체나 스타일을 피하고 싶을 수 있습니다. 이러한 조건을 명확히 프롬프트에 포함하면 AI가 더 정확한 이미지를 생성하도록 유도할 수 있습니다.

왜 중요한가 하면 이미지 생성 과정에서 AI는 주어진 정보를 바탕으로 이미지를 구성하는데, 요구 사항에 포함되지 않은 요소들은 의도치 않게 포함될 수 있습니다. 예를 들어, '점심시간, 야외 카페'라고만 하면 AI는 카페를 중심으로 이미지를 생성하겠지만, 원치 않는 요소인 '사람들'이 추가될 수 있습니다. 이를 방지하기 위해 '사람 없음'을 추가하면 AI는 이러한 요소들을 제외한 정확한 이미지를 생성할 수 있습니다.

프롬프트
아침 시간의 야외 카페

프롬프트
아침 시간의 야외 카페, 사람 없음

LESSON 03

영역 확장으로 가로 이미지를 세로 이미지로 생성하기

CAPCUT AI

예제파일 : source\자전거.jpg   완성파일 : source\자전거_완성.png

이미지 생성형 AI 기능을 활용하면 확장된 영역도 기존 이미지와 자연스럽게 어우러지게 생성할 수 있습니다. 예제를 통해 16:9 가로 이미지를 3:4 세로 이미지로 변경하여 빈 영역을 확장하는 방법을 살펴봅니다.

예제 콘셉트

디자인 작업에서 AI 기능이 가장 효율적으로 활용될 수 있는 작업 중 하나는 이미지의 비율이나 크기를 자유롭게 조정하면서도 자연스럽게 확장된 이미지를 생성하는 기능입니다. 예를 들어, 원본 이미지가 16:9 비율일 때 이를 3:4 비율로 변경하면 상하 혹은 좌우에 여백이 생기게 되는데, 이때 캡컷의 AI 이미지 확장 기능을 활용하면 비어 있는 영역을 자동으로 채워 원본 이미지와 자연스럽게 연결된 확장 이미지를 생성할 수 있습니다.

이를 통해 원본의 느낌을 해치지 않으면서도 다양한 출력 형식에 맞는 디자인을 빠르게 제작할 수 있는 장점이 있습니다.

16:9 가로 이미지   3:4 세로 이미지

작업 패턴

❶ **AI 이미지 생성기**를 이용하여 16:9 비율로 그래피티가 그려진 건물 사이로 자전거를 타는 인물 이미지 생성
❷ **재생성 기능**으로 원하는 형태의 이미지를 추가 생성
❸ **확장 기능**으로 기존 16:9 화면 비율을 3:4로 선택하여 확장된 영역의 이미지를 생성

01 16:9 가로 이미지 생성하기

프롬프트를 입력해 가로 형태의 그래피티가 그려진 건물 사이로 자전거를 타는 인물을 생성합니다.

01 | 웹브라우저에 'dreamina.capcut.com'을 입력하여 드리미나 캡컷 사이트로 이동한 다음 만들기 옵션을 [AI 이미지]로, 가로 세로 비율을 [16:9]로 선택합니다.

02 | 프롬프트 입력창에 생성하려는 프롬프트를 입력한 다음 '생성' 아이콘(⬆)을 클릭합니다. 예제에서는 그래피티가 그려진 건물 사이로 자전거를 타는 인물을 선택합니다.

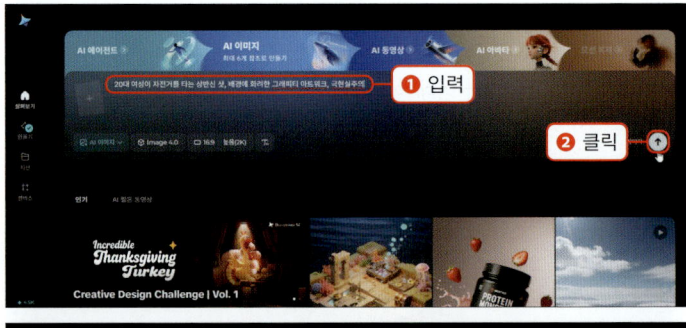

프롬프트 20대 여성이 자전거를 타는 상반신 샷, 배경에 화려한 그래피티 아트워크, 극현실주의

Tip 캡컷의 AI 이미지 생성 기능은 기본적으로 16:9 비율의 이미지를 생성합니다. 이 비율은 유튜브, 프레젠테이션, TV 영상 등 대부분의 영상 콘텐츠에 표준으로 사용되며, 시각적으로 안정적이고 다양한 플랫폼에 적합한 가로형 프레임입니다.

03 이미지가 그림과 같이 확대되어 표시되면 내용을 확인합니다.

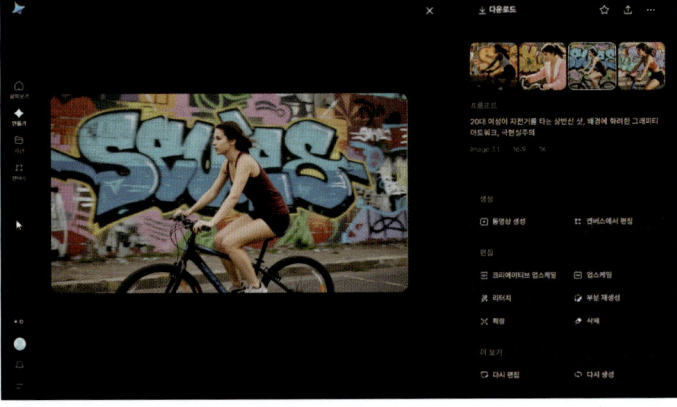

Tip 같은 프롬프트로 이미지를 추가로 생성하려면 [다시 생성]을 클릭합니다.

02 3:4 세로 이미지로 확장 생성하기

16:9 비율의 가로 이미지를 3:4 비율의 세로 이미지로 변경하고, 위쪽과 아래쪽의 빈 영역을 확장 생성해 세로 이미지를 완성합니다.

04 오른쪽 하단 편집 영역에서 [확장]을 클릭하고 확장 대화상자가 표시되면 화면 비율을 [3:4]로 선택한 다음 기존 이미지 썸네일을 아래쪽으로 드래그하여 '생성' 아이콘()을 클릭합니다.

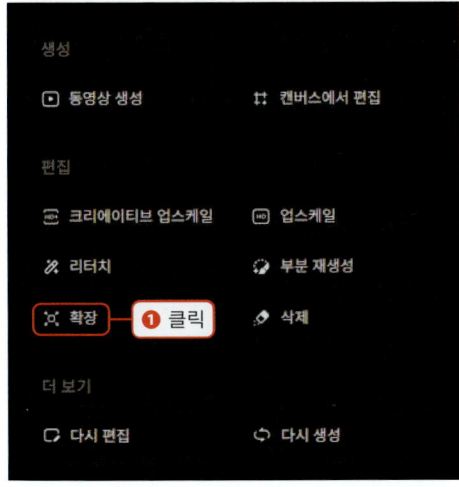
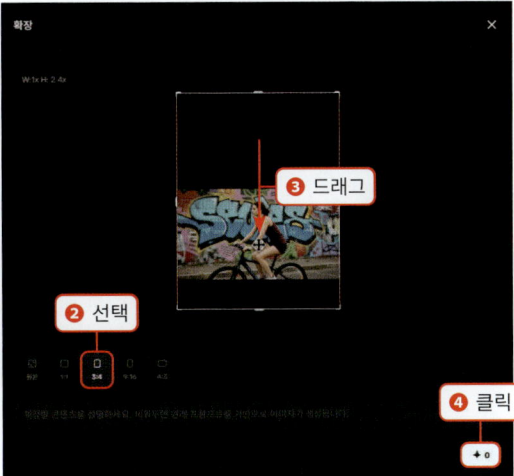

Tip 검은색 빈 영역이 AI 기능으로 이미지가 생성되어 채워질 영역입니다.

05 | 확장된 이미지가 생성되면 마음에 드는 이미지를 클릭합니다. 예제에서는 1번 이미지를 선택했습니다.

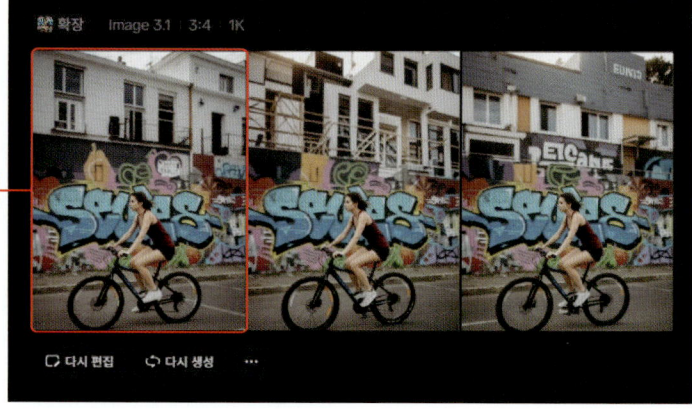

06 | 확대 화면에서 기존 이미지의 위쪽과 아래쪽 빈 영역이 확장되어 세로 형태의 이미지가 생성된 것을 확인할 수 있습니다. 오른쪽 상단에 [다운로드]를 클릭하여 이미지 파일로 저장합니다.

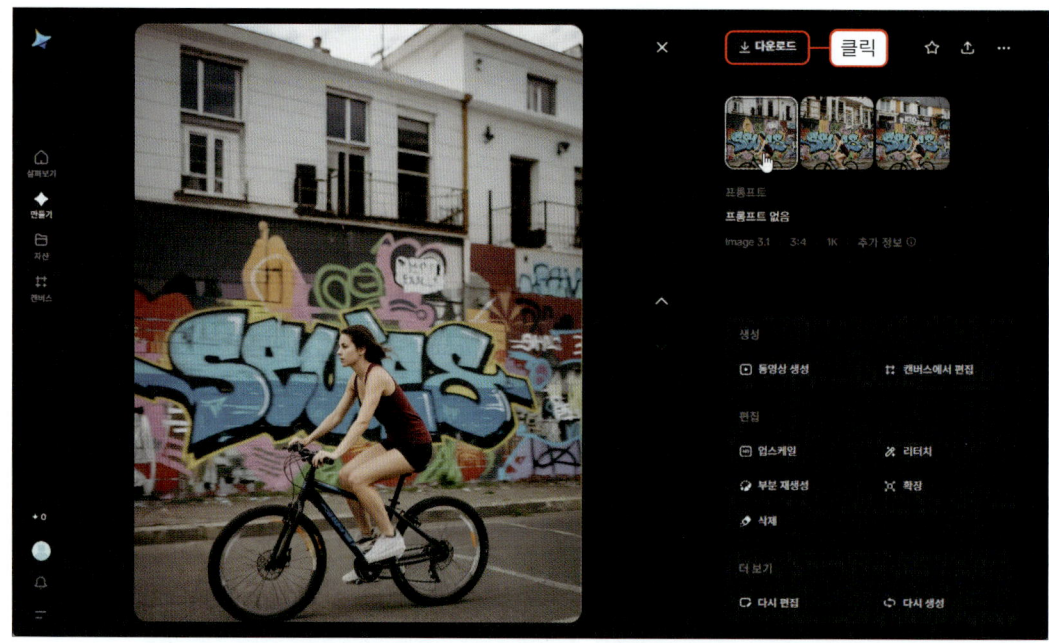

이미지 사용 목적에 따른 이미지 비율

이미지 비율은 가로와 세로의 비율을 의미하며, 사용 목적에 따라 적합한 비율이 달라집니다. 각 비율은 특정 용도에 맞춰 디자인이나 콘텐츠 제작에 활용됩니다. 여기서는 각 비율의 의미와 그에 따른 사용 목적에 대해 알아보겠습니다.

❶ 21:9(극장 화면 비율)

보통 와이드스크린 형식으로 불리며, 매우 넓은 화면 비율을 제공합니다. 주로 영화나 고화질 영상에서 사용되며, 21:9 비율은 극장 화면처럼 넓고 몰입감 있는 화면을 제공하기 때문에 영화, 영화 트레일러, 고화질 비디오 콘텐츠에 적합합니다.

`프롬프트`
F1 자동차 경기장, 환호하는 사람들

❷ 16:9(HD 비율)

가로와 세로의 비율이 16:9로, 현대 TV와 컴퓨터 모니터에서 가장 널리 사용되는 비율입니다. 일반 TV 방송, 유튜브, 영화 및 비디오 콘텐츠에 주로 사용되며, HD 해상도의 기본 비율이기도 합니다. 대부분 스마트폰과 TV 화면도 이 비율을 사용하며, 디지털 미디어 콘텐츠에서 표준으로 활용되어 영상 콘텐츠에 적합합니다.

`프롬프트`
하늘을 나는 경비행기, 초원에는 야생 동물들

❸ 3:2

가로와 세로의 비율이 3:2로, 전통적인 35mm 필름의 비율입니다. 주로 디지털 사진에서 사용되며, 특히 DSLR 카메라에서 많이 채택됩니다. 35mm 필름과 동일한 비율이기 때문에 사진 촬영과 인쇄 작업에서 널리 활용됩니다. 프린트나 이미지 갤러리에서 사진을 출력할 때도 자주 사용됩니다. 자연스러운 비율로 인간의 눈에 편안하게 느껴지며, 사진 작업에 이상적입니다.

`프롬프트`
초원에서 풀을 뜯어 먹는 말, 말 옆에 있는 개

❹ 4:3

가로와 세로의 비율이 4:3으로, 전통적인 TV 화면에서 많이 사용되던 비율입니다. 과거의 CRT TV나 컴퓨터 모니터에서 자주 사용되었으나, 현재는 16:9 비율이 주류가 되면서 4:3 비율은 레트로 스타일의 콘텐츠나 특정 사진 편집 및 디자인 작업에 활용됩니다. 디지털 아트, 인쇄물, 프레젠테이션 슬라이드 등에서도 일부 사용됩니다.

> **프롬프트** 제과점에서 상품을 홍보하는 여성

❺ 1:1(정사각형)

가로와 세로의 길이가 같아 정사각형 형태를 이루는 비율입니다. 인스타그램과 같은 소셜 미디어 플랫폼에서 매우 인기 있으며, 특히 인스타그램의 이미지나 비디오 게시물에서 기본으로 사용됩니다. 프로필 이미지, 아이콘 디자인, 앱 배너 등에도 자주 활용됩니다. 균형 잡힌 형태로, 소셜 미디어에서 콘텐츠가 눈에 잘 띄도록 합니다.

> **프롬프트** 라면을 먹는 소녀, 셀프 카메라

❻ 3:4

가로보다 세로가 더 긴 비율로, 4:3 비율의 세로 반대 형태입니다. 주로 모바일 기기에서 많이 사용되며, 예를 들어 스마트폰 화면은 종종 3:4 비율을 적용하기도 합니다. 인스타그램 스토리나 틱톡처럼 세로형 콘텐츠 중심의 플랫폼에서 활용되며, 모바일 환경에 최적화되어 세로 방향으로 콘텐츠를 소비할 때 유용합니다.

> **프롬프트** 춤을 추는 10대 여성과 남성, 댄스 챌린지

❼ 2:3

3:2 비율의 반대로, 가로보다 세로가 더 긴 비율입니다. 세로 모드 이미지나 모바일 스크린에서 자주 사용되며, 스마트폰 화면에 최적화된 비율입니다. 포스터 디자인, 광고 배너 등 세로 형식의 콘텐츠가 강조되는 경우에 적합하며, 모바일 및 광고 디자인에 효과적으로 활용됩니다.

프롬프트 자연을 배경으로 유리병에 담긴 향수 광고

❽ 9:16(세로 비율)

16:9 비율을 세로로 뒤집은 형태로, 세로로 길쭉한 화면 비율입니다. 모바일 콘텐츠에서 주로 사용되며, 인스타그램 스토리, 틱톡, 스냅챗과 같은 세로 형식의 소셜 미디어 플랫폼에 적합합니다. 세로형 비디오, 광고 배너, 세로형 스크린 콘텐츠 등에 주로 활용됩니다.

프롬프트 놀이공원을 배경으로 셀카봉으로 셀카를 찍는 소녀

LESSON 04

외부 이미지를 불러와 부분 삭제하기

CAPCUT AI

예제파일 : source\camping.png   완성파일 : source\camping_완성.png

이미지에서 특정 부분을 삭제할 때는 삭제 과정도 중요하지만, 삭제된 영역을 자연스럽게 메워 주는 작업도 필요합니다. AI 기능을 활용하면 빈 영역을 감쪽같이 자연스럽게 생성하여 채울 수 있습니다. 예제에서는 강아지를 삭제하고 빈 영역을 생성하는 과정을 살펴보겠습니다.

예제 콘셉트

이미지에서 특정 요소를 제거할 때 단순히 해당 부분을 지우는 것만으로는 완성도 높은 결과를 얻기 어렵습니다. 일반적인 디자인 작업에서는 삭제된 빈 공간을 주변 이미지와 어울리도록 수작업으로 보정하거나 다른 이미지를 덧붙여 채우는 과정을 거쳐야 합니다.

캡컷의 이미지 삭제 기능을 활용하면, 제거된 영역을 주변 환경과 조화롭게 자동으로 채워주는 기능이 적용되어 자연스럽고 완성도 높은 이미지를 손쉽게 생성할 수 있습니다. 이 기능은 특히 배경 정리나 불필요한 오브젝트 제거 작업에서 효율적으로 활용됩니다.

원본 이미지

강아지를 삭제한 이미지

작업 패턴

❶ **캔버스 만들기 기능**으로 작업 영역 비율과 크기 결정하기
❷ **이미지 업로드 기능**으로 외부 이미지를 캡컷으로 업로드하여 이미지 소스로 사용
❸ 정확한 작업을 위해 **줌 메뉴**에서 작업 화면을 확대 또는 축소
❹ **삭제 도구**로 이미지에서 지우려는 부분을 드래그하여 지정
❺ 지워진 빈 영역에 AI 기능이 자동으로 이미지를 **예측하고 이미지를 생성**하여 채움

01 외부 이미지 업로드하기

캔버스 만들기로 미리 작업 영역의 비율과 크기를 설정한 다음 이미지 업로드 기능으로 외부 이미지를 불러들여 이미지 소스로 사용합니다.

01 | 웹브라우저에 'dreamina.capcut.com'을 입력하여 드리미나 캡컷 사이트에 접속하고 이미지 수정 작업을 직접 확인하며 진행하기 위해 왼쪽 [캔버스] 메뉴를 클릭합니다.

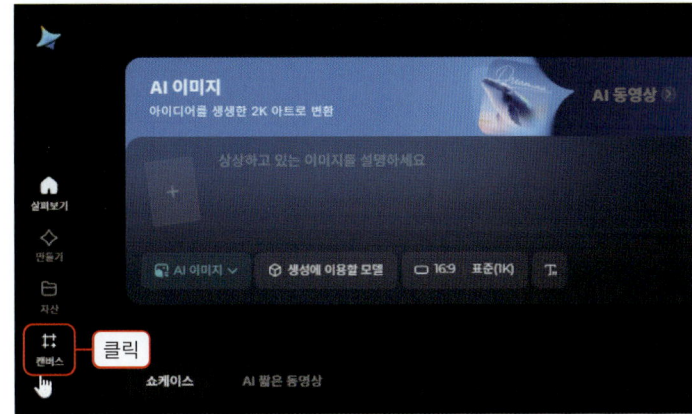

02 | 캔버스 비율을 지정하기 위해 [캔버스 크기 설정]을 클릭한 다음 가로 세로 비율을 4:3으로 선택하면 기본 캔버스 크기가 가로, 세로 [1024×768] 크기로 지정됩니다.

> **Tip** 캡컷의 캔버스 화면에서 작업을 시작할 때는 반드시 캔버스 크기와 비율을 먼저 설정하는 것이 중요합니다. 이후에 배치되는 이미지나 텍스트, 오브젝트들의 레이아웃과 디자인 방향을 결정짓는 기준이 됩니다. 캔버스 비율을 나중에 바꾸면, 배치해 놓은 요소들이 의도치 않게 잘리거나 왜곡될 수 있기에 이미지의 콘셉트가 명확하다면, 작업 전에 캔버스 비율과 해상도를 먼저 고정하는 것이 효율적인 편집의 핵심입니다.

03 수정할 이미지를 캔버스로 불러오기 위해 [이미지 업로드]를 클릭합니다. 열기 대화상자가 표시되면 source 폴더의 'camping.png' 파일을 선택하고 〈열기(O)〉 버튼을 클릭해 불러옵니다.

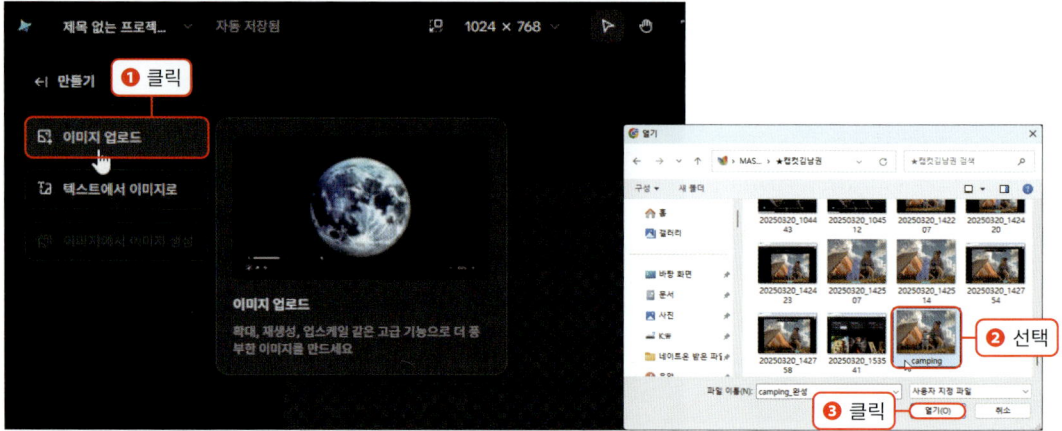

04 강아지와 함께 캠핑을 즐기는 인물 이미지가 표시됩니다. 캔버스를 이미지에 맞추기 위해 Ctrl++를 누른 다음 일부분을 지우기 위해 '삭제' 아이콘()을 클릭합니다.

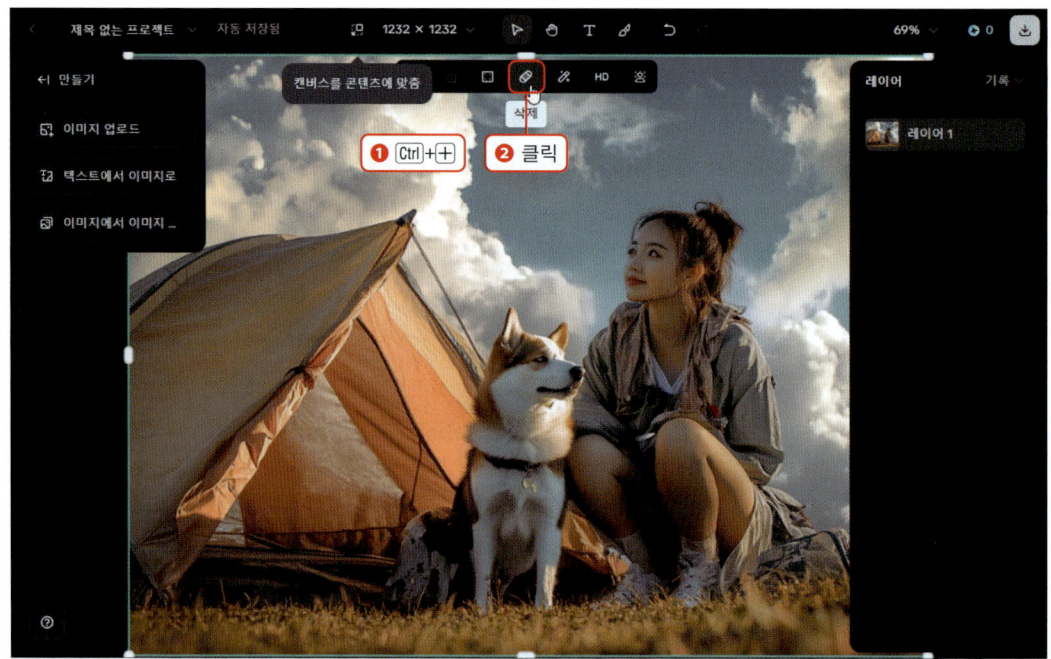

> **Tip** 화면을 확대하기 위해서는 오른쪽 상단의 줌 메뉴에서 '맞추어 크기 조정'이나 '50%', '100%', '200%'을 선택합니다.

02 브러시로 특정 영역 삭제하기

이미지에서 강아지를 삭제하려면 브러시 도구로 강아지의 윤곽을 따라 영역을 지정한 후 삭제 기능을 실행하면, 해당 부분이 자동으로 주변 이미지와 어울리도록 자연스럽게 복원됩니다.

05 | 강아지를 삭제하기 위해서는 먼저 브러시 크기를 설정합니다. 예제에서는 브러시 크기를 '30'으로 지정합니다.

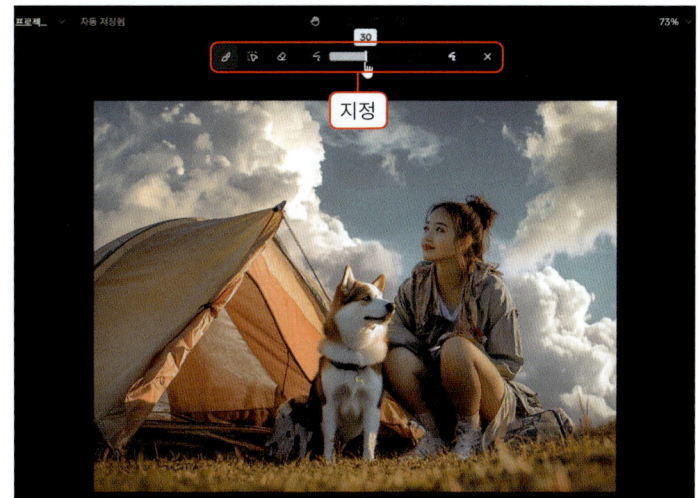

06 | 브러시로 강아지 부분을 그림처럼 드래그하면 격자 형태로 영역이 표시됩니다.

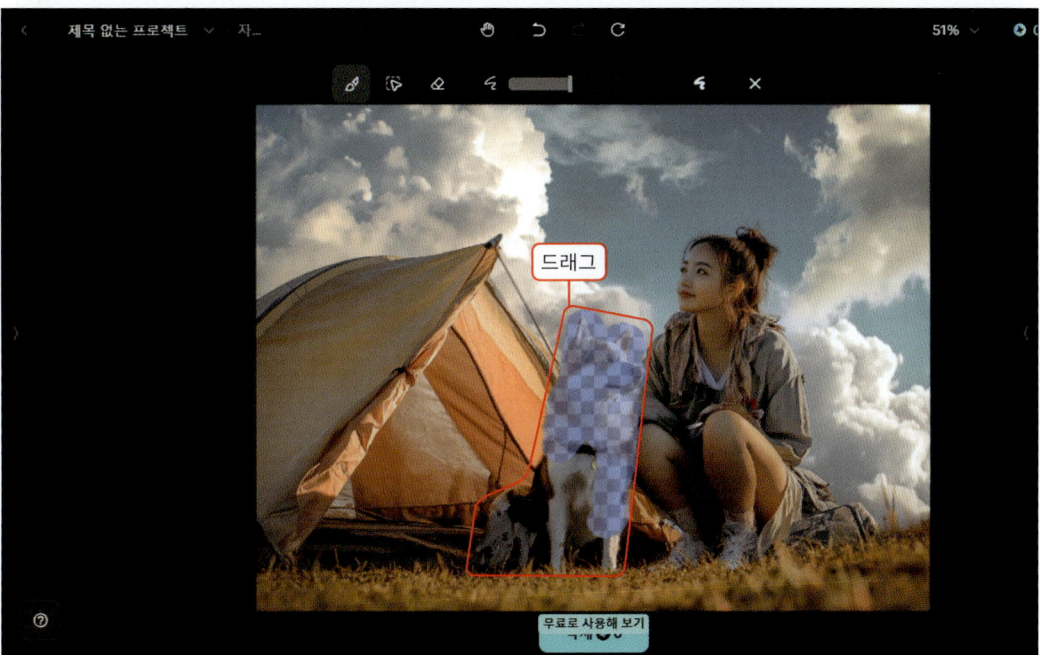

07 그림과 같이 강아지 형태에 따라 브러시로 드래그하여 삭제할 영역을 지정하였다면 〈삭제〉 버튼을 클릭합니다.

> **Tip** 캡컷에서는 단순히 이미지를 삭제하는 것이 아니라, 삭제한 부분의 배경을 자연스럽게 복원해 주는 기능이 제공됩니다. 이 기능은 흔히 AI 인페인팅(AI Inpainting) 또는 배경 복원(Background Fill)이라고 불리며, 사용자가 지정한 오브젝트를 제거한 뒤 그 자리를 주변 배경과 어울리게 자동으로 채워주는 기술입니다.

08 강아지가 앉아있던 영역은 이미지 생성형 AI 기능을 통해 텐트와 인물 이미지를 기준으로 사연스럽게 생성된 것을 확인할 수 있습니다.

LESSON 05

참조 이미지로 웹툰 스타일 이미지 생성하기

예제파일 : source\webtoon.png 완성파일 : source\shoot.png

원하는 스타일이나 형태의 이미지가 있다면 해당 이미지를 기준으로 유사한 스타일의 이미지를 생성할 수 있습니다. 예제에서는 웹툰 스타일 이미지를 참조 이미지로 사용하여 농구 선수 이미지를 생성해 보겠습니다.

예제 콘셉트

참조 이미지 기능은 이미지 스타일 변환을 보다 정밀하게 제어할 수 있는 AI 기반 도구로, 사용자가 원하는 스타일의 이미지를 별도로 불러와 원본 이미지에 적용할 수 있게 합니다. 이 기능은 단순히 색감이나 분위기를 변경하는 수준을 넘어, 참조 이미지의 질감, 선 처리 방식, 명암 구조 등 시각적 특징 전반을 학습하여 원본 이미지에 자연스럽게 입힙니다.

예제에서는 사진 느낌의 농구 이미지를 가지고 웹툰 스타일로 제작된 이미지를 참조 이미지로 불러와 해당 웹툰 스타일의 특성을 인식해 웹툰화된 스타일로 자동 변환해 보겠습니다.

참조 이미지

웹툰 스타일 생성 이미지

작업 패턴

❶ **프롬프트 입력창**에 사진 스타일의 덩크슛을 하는 농구 선수 이미지 생성
❷ **참조 기능**으로 웹툰 스타일의 인물 이미지를 참조 이미지로 지정
❸ **생성 기능**으로 웹툰 스타일의 이미지를 참조하여 웹툰 스타일 농구 선수를 재생성

01 실사 스타일의 농구 선수 이미지 생성하기

프롬프트 입력창에 덩크슛을 하는 농구 선수의 이미지를 생성합니다. 생성된 이미지에서 가장 사실적인 이미지를 선택합니다.

01 웹브라우저에 'dreamina. capcut.com'을 입력하여 캡컷 사이트로 이동한 다음 [AI 이미지], 가로 세로 비율을 [4:3]로 선택합니다.

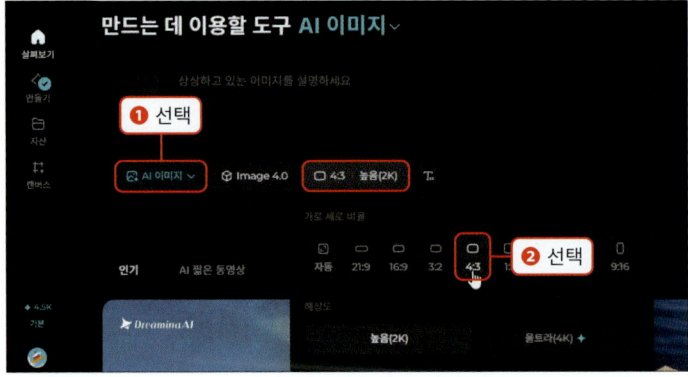

02 프롬프트 입력창에 다음과 같이 덩크슛을 하는 농구 선수를 생성하는 프롬프트를 입력하고 '생성' 아이콘(⬆)을 클릭합니다.

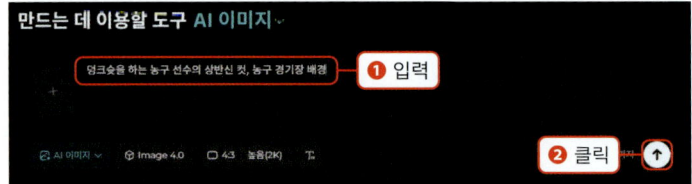

`프롬프트` 덩크슛을 하는 농구 선수의 상반신 컷, 농구 경기장 배경

03 그림과 같이 사실적인 이미지 스타일의 덩크슛하는 농구 선수 이미지가 생성되었습니다. 마음에 드는 이미지를 클릭하여 확인합니다.

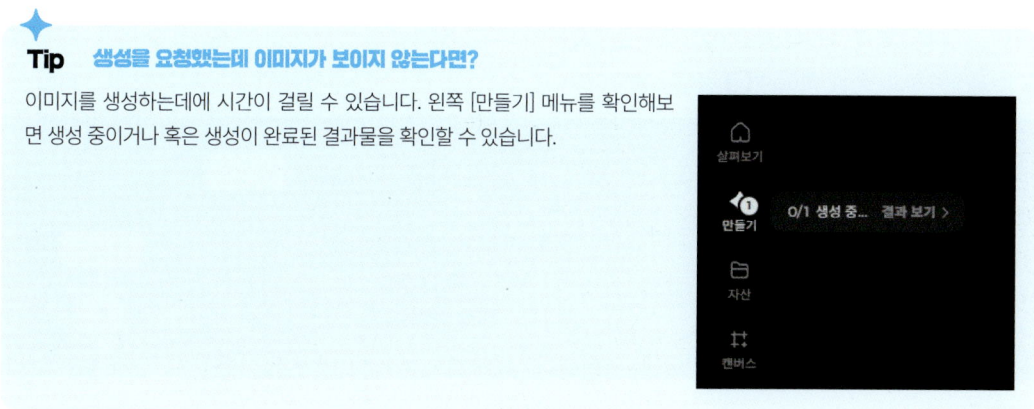

02 참조 이미지 설정하기

참조 이미지 기능을 이용하여 웹툰 스타일의 인물 이미지를 프롬프트 입력창에 불러들인 다음 실사 스타일의 농구 선수 이미지를 웹툰 스타일로 재생성합니다.

04 참조 이미지를 불러오기 위해 '참조 이미지' 영역을 클릭합니다. 열기 대화상자가 표시되면 source 폴더의 'webtoon.png' 파일을 선택하고 〈열기(O)〉 버튼을 클릭합니다.

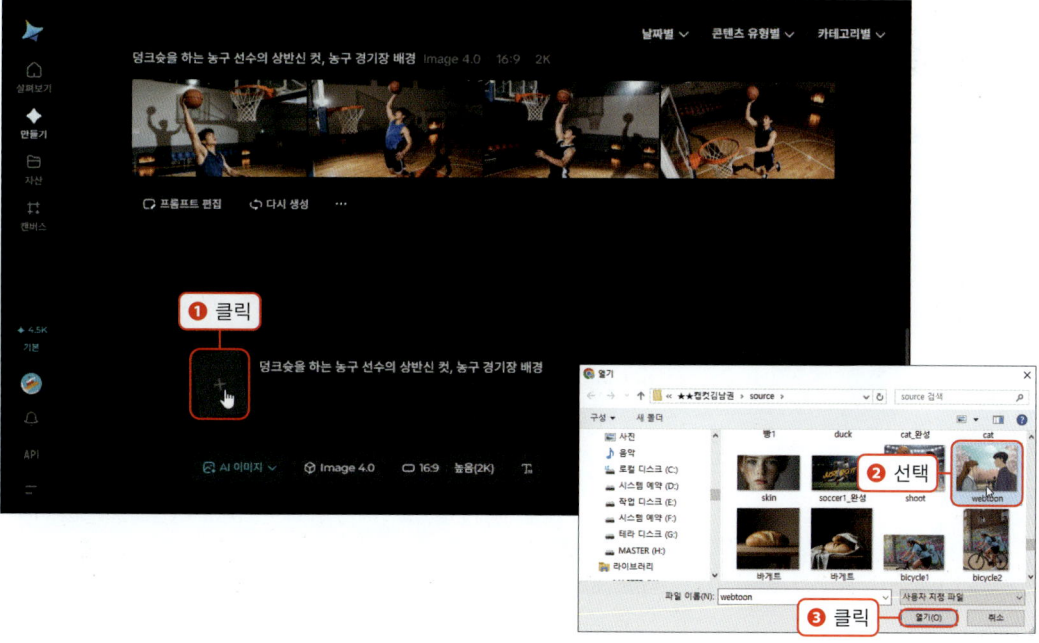

05 프롬프트 입력창에 참조 이미지가 표시되면 이미지를 생성할 때 첨부한 이미지를 참조하도록 프롬프트를 수정 입력하고 '생성' 아이콘(↑)을 클릭합니다.

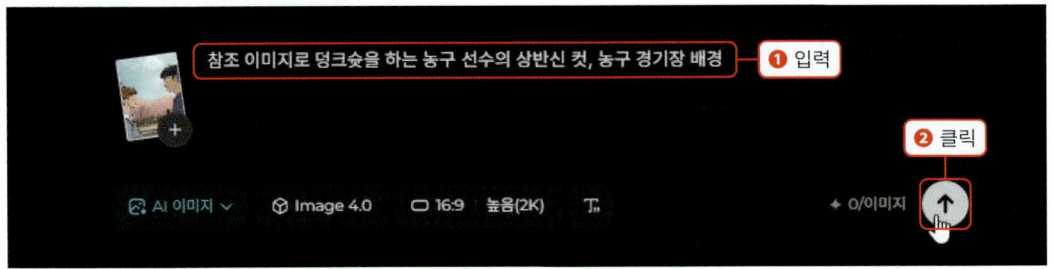

`프롬프트` 참조 이미지로 덩크슛을 하는 농구 선수의 상반신 컷, 농구 경기장 배경

06 그림과 같이 카툰 스타일로 덩크슛을 하는 농구 선수 이미지가 생성되었습니다. 원하는 이미지를 선택하여 확인 후 〈다운로드〉 버튼을 클릭해 저장합니다.

LESSON 06

재질을 교체하여 커스텀 상품 이미지 만들기

예제파일 : source\패브릭소파1.jpg   완성파일 : source\소파1~3_완성.jpg

상품 사진의 경우 옵션에 따라 다양한 이미지를 제공하기도 합니다. 예제에서는 패브릭 소파를 여러 재질로 표현해야 할 때 AI 기능을 활용하여 동일한 소파 디자인에 다양한 소재를 입힌 광고 이미지를 손쉽게 제작하는 방법을 알아보겠습니다.

예제 콘셉트

쇼핑몰을 운영할 때 동일한 형태의 상품에 다양한 색상이나 재질 옵션을 제공하려면, 옵션별로 별도의 상품 이미지를 촬영하거나 제작해야 하므로 시간과 비용이 많이 듭니다. 특히 커스텀 옵션이 많을수록 이미지 자산 관리가 복잡해지고, 마케팅 대응도 어려워집니다.

AI 이미지 생성 기능을 활용하면, 기본 상품 사진 한 장만으로 다양한 재질이나 색상의 제품 이미지를 자동으로 생성할 수 있어 큰 효율을 얻을 수 있습니다. 예제에서는 기본 소파 사진을 활용해 다양한 스타일의 재질을 적용한 커스텀 소파 이미지로 재생성하여, 소비자의 다양한 니즈에 효과적으로 대응하는 방법을 소개합니다.

주황색 가죽 소파   지브라 무늬 소파

작업 패턴

❶ 이미지 참조 기능으로 패브릭 재질의 소파 사진을 참조 이미지로 지정
❷ 사용자 지정 옵션에서 프롬프트 입력창에 대체하려는 재질을 입력하여 이미지 재생성

01 기본 상품을 참조 이미지로 설정하기

패브릭 재질의 기본 소파 사진을 참조 이미지로 불러옵니다. 이 패브릭 소파를 기준으로 다양한 재질을 변경해 봅니다.

01 | 웹브라우저에 'dreamina.capcut.com'을 입력하여 드리미나 캡컷 사이트로 이동한 다음 만들기 옵션을 [AI 이미지]로, 가로 세로 비율을 [4:3]로 선택합니다.

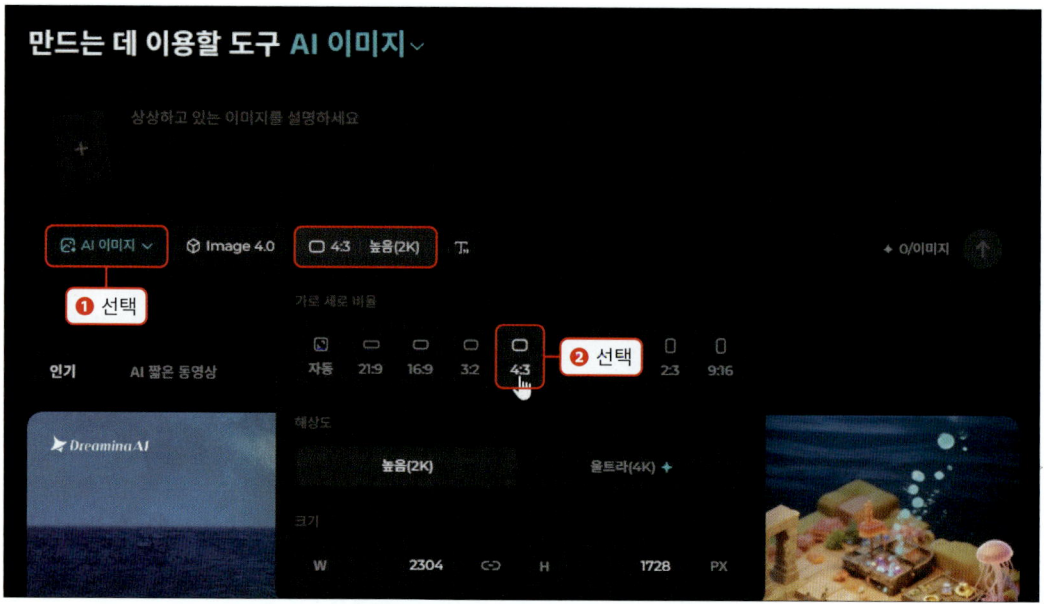

02 | '참조 이미지' 영역을 클릭하고 열기 대화상자에서 source 폴더의 '패브릭소파1.jpg' 파일을 선택한 다음 〈열기(O)〉 버튼을 클릭합니다.

02 사용자 지정 옵션으로 재질 변경하기

사용자 지정 옵션을 지정한 다음 프롬프트 입력창에 기본 패브릭 재질을 원하는 재질로 대체하는 프롬프트를 입력합니다.

03 | '참조 이미지' 영역에 표시된 이미지 썸네일을 더블클릭합니다. 사용자 지정 대화상자가 표시되면 [빠른 선택]을 클릭합니다.

04 | 참조할 부분을 드래그하여 그림과 같이 선택 영역으로 지정하고 〈완료〉 → 〈완료〉 버튼을 클릭합니다.

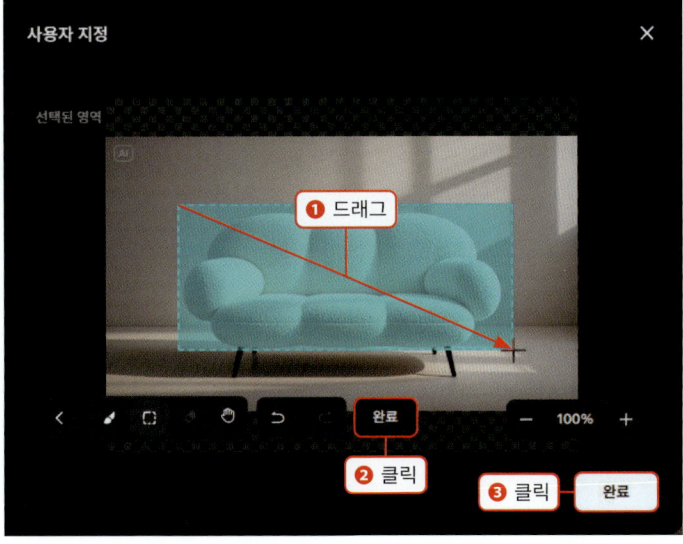

05 | 프롬프트 입력창에 대체할 재질을 프롬프트로 입력한 다음 '생성' 아이콘(⬆)을 클릭하면, 흰색 패브릭 부분이 주황색 가죽으로 대체된 것을 확인할 수 있습니다.

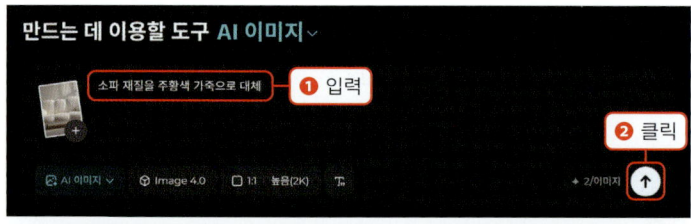

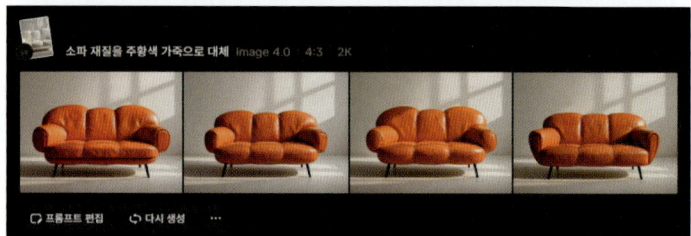

프롬프트
소파 재질을 주황색 가죽으로 대체

06 | 다른 디자인으로 변경하기 위해 프롬프트 입력창에 주황색 가죽을 얼룩말 가죽 재질로 수정 입력한 다음 '생성' 아이콘(⬆)을 클릭합니다.

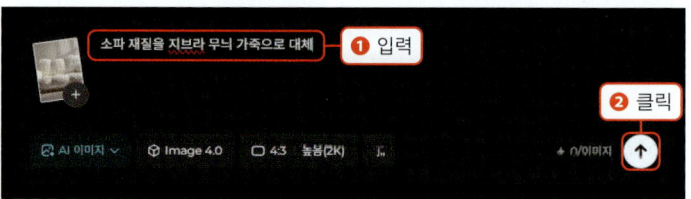

07 | 얼룩말 가죽 재질의 소파 이미지로 생성된 것을 확인할 수 있습니다.

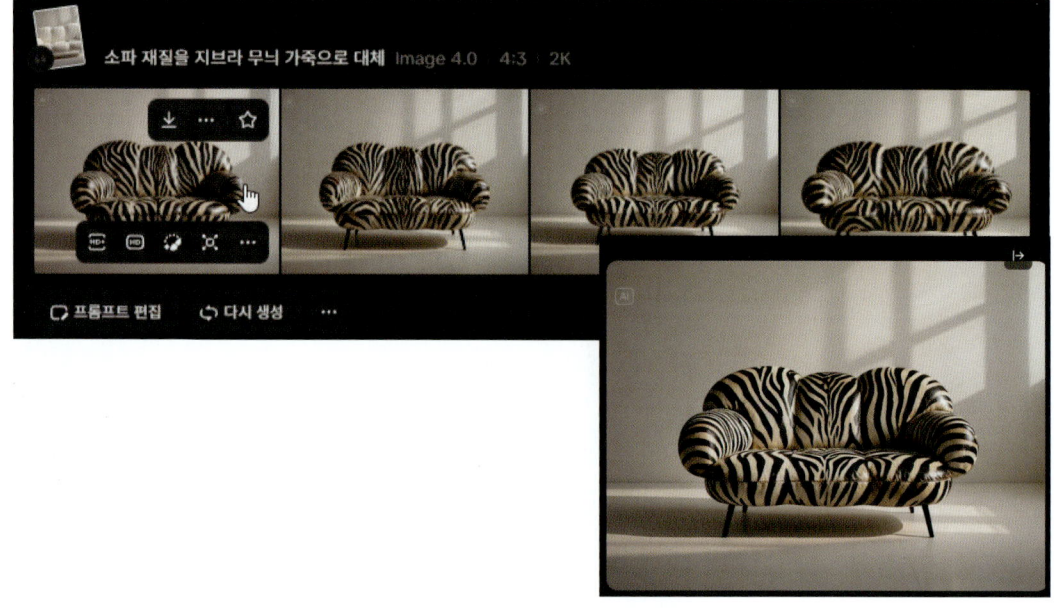

LESSON 07

인물과 배경 키워드를 구분하여 사진 수정하기

예제파일 : source\winter.png 완성파일 : source\summer1~2.jpg

기존 이미지를 첨부한 뒤 프롬프트로 이미지를 수정할 수 있습니다. 포토샵은 도구를 사용해 직접 편집하지만, 캡컷은 수정할 부분을 프롬프트로 묘사합니다. 예제로 눈 내리는 배경의 스웨터 입은 여성을 야자수 배경 인물로 바꿔보겠습니다.

예제 콘셉트

프롬프트를 활용해 인물 사진을 수정할 때는 인물과 배경을 구분해 작성하는 것이 효율적입니다. 인물의 포즈와 표정은 그대로 유지하면서, 배경이나 의상 같은 요소만 선택적으로 변경할 수 있어 편집의 정확도가 높아집니다. 특히 이미지 기반 생성 방식에서는 원본의 구도를 유지한 채, 프롬프트를 통해 특정 요소를 손쉽게 바꿀 수 있습니다.

예제에서는 '눈 내리는 배경에 스웨터를 입은 여성' 사진을 '야자수와 여름 해변, 여름옷차림'으로 변경하여 계절 분위기를 완전히 바꾼 이미지를 생성합니다. 이렇게 프롬프트를 구조적으로 작성하면, 하나의 인물 이미지를 다양한 콘셉트에 맞게 손쉽게 재활용할 수 있어 마케팅 콘텐츠 제작에 매우 유용합니다.

눈 내리는 겨울 배경의 인물(원본 100%) 여름 해변, 여름 의상, 야자수 배경의 인물(참조 이미지 강도 60%) 여름 해변, 여름 의상, 야자수 배경의 인물 (참조 이미지 강도 50%)

작업 패턴

❶ 이미지에서 이미지 생성 기능으로 겨울 배경의 인물 이미지를 기준으로 이미지 생성
❷ 참조 이미지 강도 기능으로 원본 이미지에서 변경되는 강조를 조정하여 이미지 재생성

01 겨울 배경의 인물 이미지 불러오기

여름 인물 이미지로 변경할 겨울 배경의 인물 이미지를 이미지 업로드 기능으로 캔버스로 불러옵니다.

01 | 웹브라우저에 'dreamina.capcut.com'을 입력하여 드리미나 캡컷 사이트에 접속하고 이미지 수정 작업을 실시간으로 확인하며 진행하기 위해 왼쪽 [캔버스] 메뉴를 클릭합니다.

02 | 캔버스 비율을 지정하기 위해 [캔버스 크기 설정]을 클릭한 다음 가로 세로 비율을 [1:1]로 선택합니다.

03 | 이미지를 업로드하기 위해 [이미지 업로드]를 클릭합니다. 열기 대화상자의 source 폴더에서 'winter.png' 파일을 선택한 다음 〈열기(O)〉 버튼을 클릭합니다.

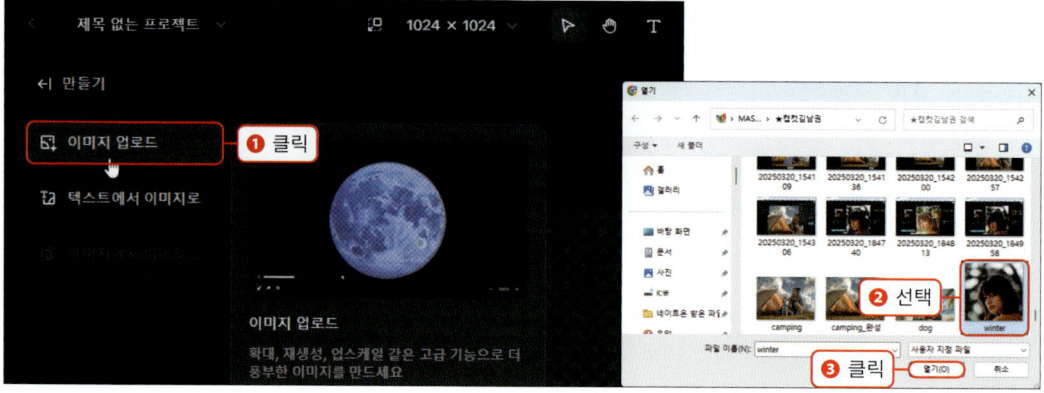

02 이미지에서 이미지 생성하기

겨울 배경의 인물 이미지를 여름 배경의 인물 이미지로 재생성하기 위해 이미지에서 이미지 생성 기능의 수정 정도를 조정하여 이미지 재생성을 완성합니다.

04 | 불러들인 겨울 배경의 인물 이미지에서 이미지를 생성하기 위해 [이미지에서 이미지 생성]을 클릭합니다.

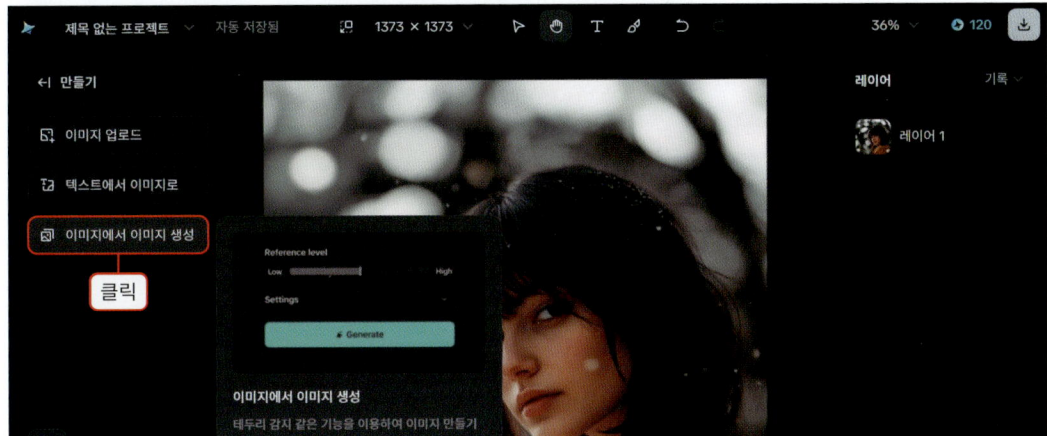

05 | 눈이 내리는 겨울, 스웨터를 입은 인물 이미지가 표시됩니다. 프롬프트 입력창에 '여름 해변, 야자수 배경, 여름 의상'이라고 입력하고 〈생성〉 버튼을 클릭합니다.

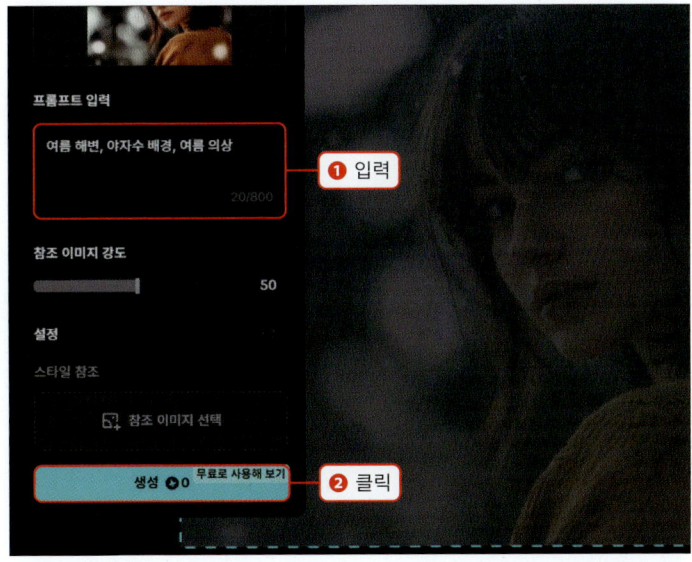

프롬프트
여름 해변, 야자수 배경, 여름 의상

> **Tip** 참조 이미지 강도는 기본값인 50%로 지정된 상태입니다. 참조 강도 수치값이 높을수록 원본 이미지에 가깝게 표시됩니다.

06 | 레이어 항목에 여름 해변과 야자수 배경으로 4개의 인물 이미지가 생성되었습니다. 레이어 항목에서 이미지를 클릭하여 확인합니다.

07 | 이번에는 참조 이미지 강도를 [60%]로 높여 조정한 다음 〈다시 생성〉 버튼을 클릭하여 이미지를 생성합니다. 인물의 머리 형태나 의상이 원본 이미지에 더 비슷하게 유지되면서 생성된 것을 확인할 수 있습니다.

LESSON 08

한 땀 한 땀 보정보다
피부 재생성 보정하기

예제파일 : source\skin.png   완성파일 : source\skin_완성.png

AI 보정 기능은 이미지를 스캔하여 부족한 색상 톤, 윤곽, 트러블 부분을 자동으로 보정합니다. 예제에서는 인물 피부의 주근깨부터 메이크업 컬러 톤까지 깨끗하게 보정하는 방법을 알아보겠습니다.

예제 콘셉트

피부 보정은 포토샵이나 다양한 이미지 편집 프로그램에서 자주 사용되는 보정 기법으로, 일반적으로는 깨끗한 피부 영역을 복제하여 잡티나 주름 등을 덮는 방식으로 이루어집니다. 이러한 방식은 디테일한 수작업이 필요해 시간이 많이 소요되는 단점이 있습니다.

반면, 캡컷의 AI 기반 피부 보정 기능은 단순한 덮어쓰기 방식이 아닌, 얼굴의 형태와 질감을 분석한 후 피부를 자연스럽게 '재생성'하는 개념으로 작동합니다. 이로 인해 원래의 얼굴 윤곽이나 표정을 해치지 않으면서도, 매끄럽고 깨끗한 피부 표현이 가능해 보다 완성도 높은 피부 보정 결과를 빠르게 얻을 수 있습니다.

원본 이미지

보정 이미지

작업 패턴

❶ 인물 사진의 경우 자체 피부 트러블을 스캔하여 제거하며, 색상 톤까지 정리하는 보정 기능
❷ 완벽한 보정을 위해 보정 기능을 재실행하여 인물 이미지의 전반적인 보정 작업

01 피부 보정할 인물 이미지 불러오기

피부를 보정할 인물 이미지를 이미지 업로드 기능으로 캔버스로 불러옵니다.

01 | 웹브라우저에 'dreamina.capcut.com'을 입력하여 드리미나 캡컷 사이트에 접속하고 이미지 수정 작업을 실시간으로 확인하며 진행하기 위해 왼쪽 [캔버스] 메뉴를 클릭합니다.

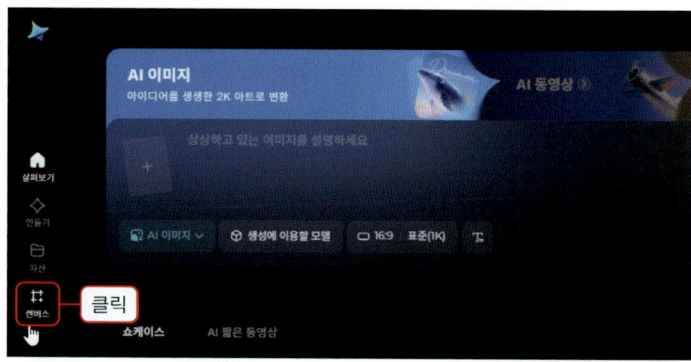

02 | 캔버스 비율을 설정하기 위해 [캔버스 크기 설정]을 클릭한 후, 가로 세로 비율을 [16:9]로 선택합니다.

03 | 이미지를 업로드하기 위해 [이미지 업로드]를 클릭합니다. 열기 대화상자의 source 폴더에서 'skin.png' 파일을 선택한 다음 〈열기(O)〉 버튼을 클릭합니다.

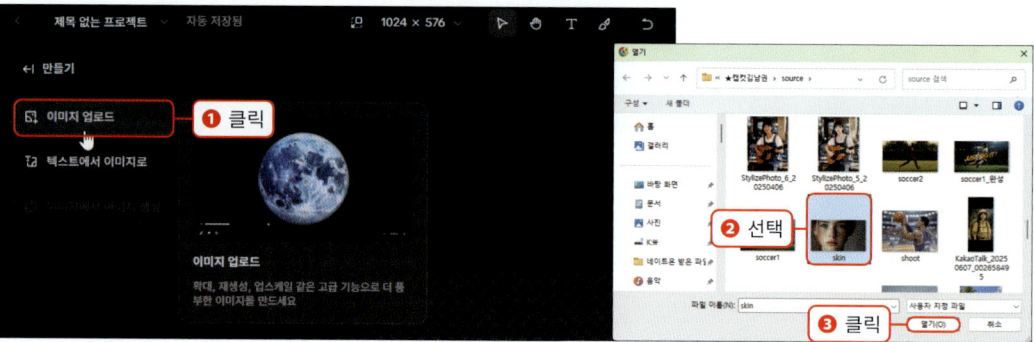

02 보정 기능으로 인물 보정하기

보정 기능을 실행하여 이미지 전체를 스캔하여 인물의 얼굴에서 트러블 부분이나 보정이 필요한 색조를 보정합니다.

04 │ 인물 얼굴을 자세히 확인하기 위해 화면 비율을 '100%'로 조정합니다. 인물의 주근깨를 제거하려면 [보정]을 클릭합니다.

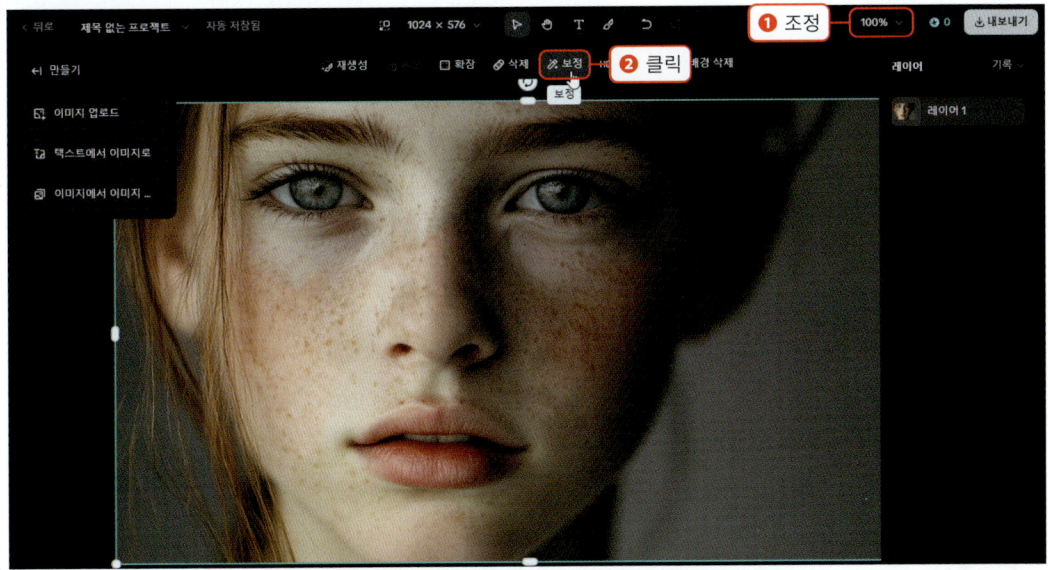

05 │ 인물 이미지 전체가 스캔되며, 주요 피부 트러블인 주근깨뿐만 아니라 전체적인 컬러 톤도 보정됩니다.

06 | 전체 제거된 것은 아니지만 이전보다 정돈된 피부표현을 확인할 수 있습니다. 완벽하게 제거하기 위해 [보정]을 다시 클릭합니다.

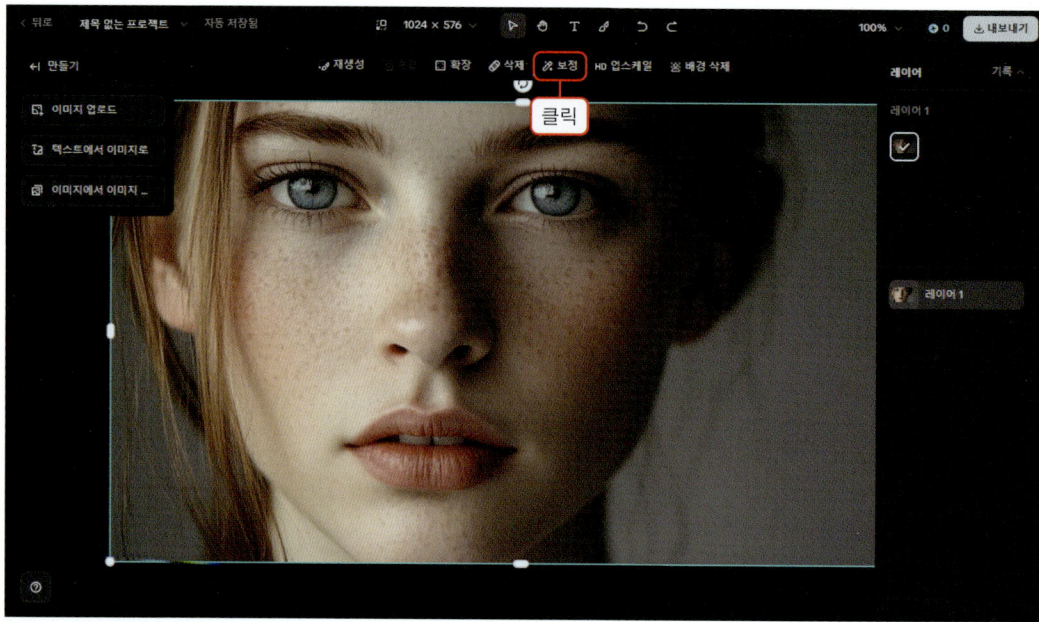

07 | 한 번 보정한 인물 이미지보다 더욱 깨끗한 피부로 보정되었습니다. 추가로 인물의 잔머리카락과 메이크업 컬러 톤까지 정돈된 모습으로 보정되었습니다.

LESSON 09

피사체를 세밀하게 구분하여 배경 이미지 제거하기

예제파일 : source\cat.png **완성파일** : source\cat_완성.jpg

AI는 이미지에서 피사체와 배경을 자동으로 구분해 배경을 손쉽게 제거할 수 있습니다. 프롬프트를 활용해 다양한 배경으로 변경도 가능하며, 예제에서는 고양이 스냅사진을 프로필 사진으로 바꿔보겠습니다.

예제 콘셉트

일반 스냅사진을 스튜디오에서 촬영한 듯한 이미지로 전환하기 위해서는 우선 배경을 제거하는 작업이 필요합니다. 기존 방식에서는 피사체를 섬세하게 선택하지 않으면 가장자리 디테일이 어색하게 처리되거나, 일부가 잘려나가는 등의 문제가 발생할 수 있습니다.

하지만 캡컷의 AI 배경 삭제 기능을 활용하면, 인물이나 주요 피사체를 정밀하게 인식하여 자연스럽게 배경만 제거할 수 있습니다. 뿐만 아니라, 제거된 배경은 프롬프트를 입력하여 원하는 콘셉트의 새로운 배경 이미지로 대체할 수 있어, 스냅사진도 손쉽게 고품질의 스튜디오 이미지로 연출할 수 있습니다.

원본 이미지

보정 이미지

작업 패턴

❶ **배경 삭제 기능**으로 거실 배경의 고양이 이미지에서 고양이를 제외한 배경 이미지를 삭제
❷ **텍스트에서 이미지로 기능**을 이용하여 단색의 배경 이미지를 생성
❸ **레이어 기능**으로 배경이 삭제된 고양이 이미지와 단색 배경 이미지의 합성 효과

01 고양이 이미지 배경 제거하기

프로필 사진은 주인공을 돋보이기 위해 주로 단순한 컬러 배경을 사용합니다. 배경을 변경하려면 먼저 복잡한 배경을 제거해야 합니다. 예제에서는 거실에서 촬영한 고양이 이미지의 배경을 삭제해 보겠습니다.

01 | 웹브라우저에 'dreamina.capcut.com'을 입력하여 드리미나 캡컷 사이트에 접속하고 이미지 수정 작업을 실시간으로 확인하며 진행하기 위해 왼쪽 [캔버스] 메뉴를 클릭합니다.

02 | 캔버스 비율을 지정하기 위해 [캔버스 크기 설정]을 클릭한 다음 가로 세로 비율을 [1:1]로 선택합니다.

03 | 이미지를 업로드하기 위해 [이미지 업로드]를 클릭합니다. 열기 대화상자의 source 폴더에서 'cat.png' 파일을 선택한 다음 〈열기(O)〉 버튼을 클릭합니다.

04 | 거실의 고양이 이미지가 표시되면 배경을 삭제하기 위해 [배경 삭제]를 클릭합니다.

05 | 화면에 남을 객체를 격자 형태로 표시합니다. 생일모자도 고양이와 함께 화면에 남을 객체이므로 포함한 다음 〈배경 삭제〉 버튼을 클릭합니다.

 Tip 추가로 삭제되지 않아야 할 이미지가 있다면 브러시로 해당 부분을 드래그하여 영역을 추가할 수 있습니다.

06 | 배경이 삭제된 상태로 표시됩니다. 모자의 털방울이나 고양이 수염, 털 등이 디테일하게 남아있고, 나머지 배경은 깔끔하게 제거된 것을 확인할 수 있습니다. 〈완료〉 버튼을 클릭합니다.

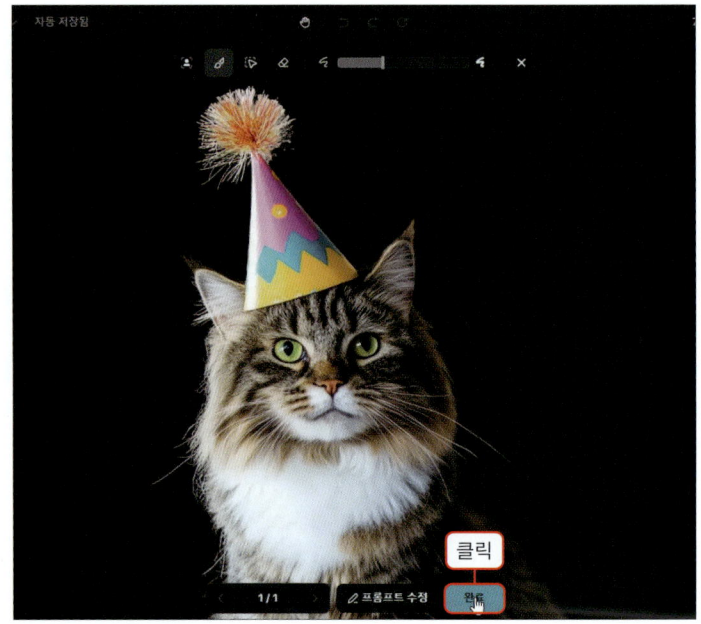

02 단색의 배경 이미지 생성하기

복잡한 배경 이미지가 삭제되면 원하는 단색 배경 이미지를 생성해 합성할 수 있습니다. 예제에서는 그러데이션이 적용된 핑크색 배경지를 생성하여 고양이 프로필 사진을 완성해 보겠습니다.

07 | 배경이 삭제된 이미지가 '레이어 1'로 저장된 것을 확인할 수 있습니다. 단색 배경을 만들기 위해 [텍스트에서 이미지로]를 클릭합니다.

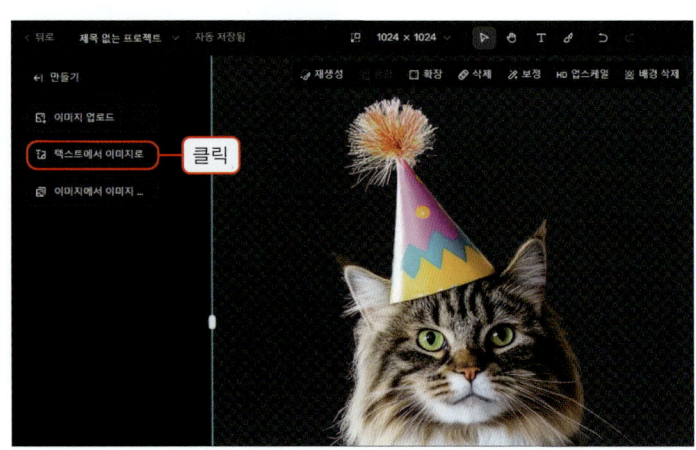

08 프롬프트 입력창에 '핑크색 배경'이라고 입력한 다음 〈생성〉 버튼을 클릭합니다. 생성될 배경 영역이 점선으로 표시됩니다.

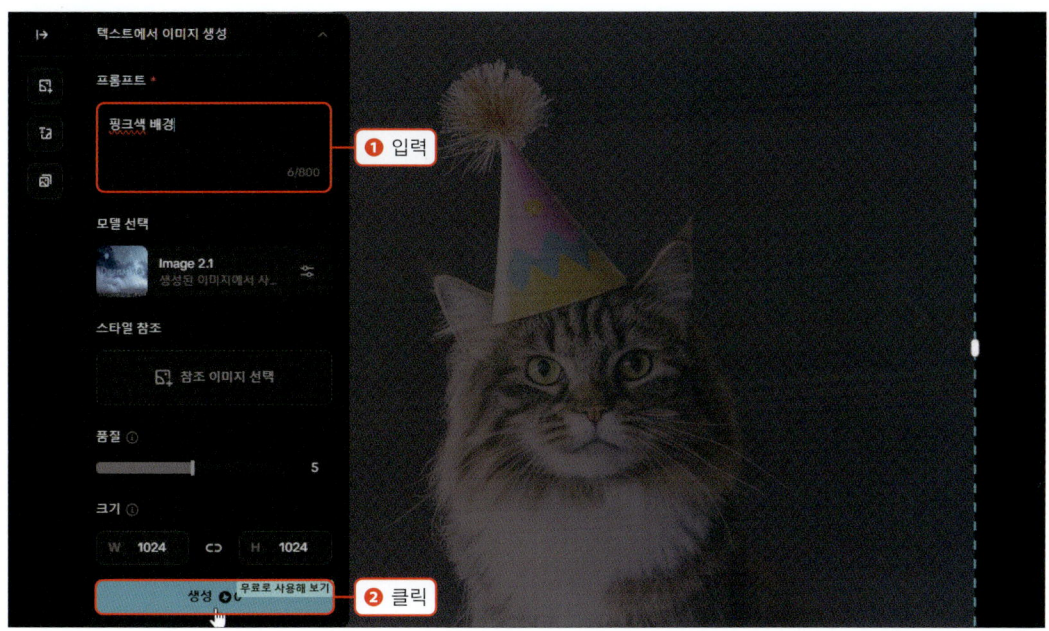

09 레이어 영역에 분홍색 배경의 이미지 4장이 표시됩니다. 마음에 드는 이미지를 클릭하면 작업 캔버스에 해당 배경 이미지가 적용됩니다. 예제에서는 단색 배경의 2번 이미지를 선택하였습니다.

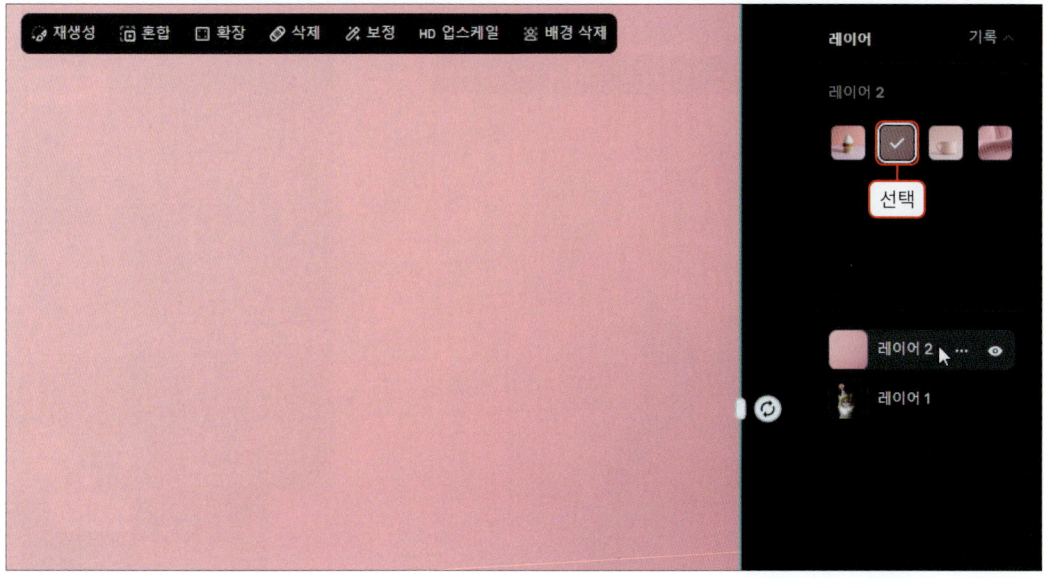

10 생성된 분홍색 배경 이미지의 '레이어 2'를, 고양이 이미지가 저장된 '레이어 1' 아래로 드래그하여 이동합니다. 그림과 같이 투명 배경의 고양이 이미지가 분홍색 배경과 자연스럽게 합성되어 표시됩니다.

11 합성된 이미지를 저장하기 위해 〈내보내기〉 버튼을 클릭합니다. 내보내기 옵션에서 [이 캔버스]를 선택한 다음 〈다운로드〉 버튼을 클릭하여 합성된 완성 이미지를 저장합니다.

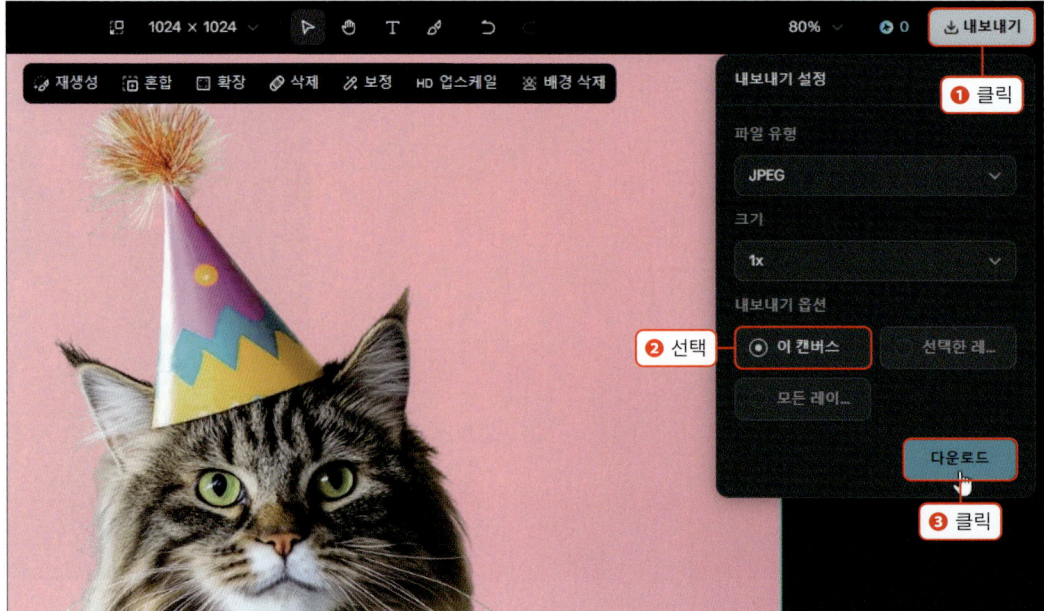

LESSON 10

원하는 형태의
슬로건 문자 입력하기

예제파일 : source\soccer1.png 완성파일 : source\soccer1_완성.jpg

텍스트 입력 기능을 활용하면 이미지에 원하는 글꼴, 색상, 크기, 회전 방향을 지정해 문자를 입력할 수 있습니다. 예제에서는 스포츠가 주제인 이미지 위에 역동적인 슬로건 텍스트를 입력해 보겠습니다.

예제 콘셉트

이미지를 활용해 정보를 전달하거나 상품 정보를 직관적으로 안내하는 가장 효과적인 방법은 문자 입력입니다. 캡컷에서는 텍스트 추가 기능을 통해 손쉽게 문자를 삽입할 수 있으며, 글꼴 선택은 물론 크기, 색상, 정렬 방식 등 다양한 설정이 가능합니다. 입력한 텍스트는 회전시키거나 자유롭게 위치를 조정할 수 있어 영상의 레이아웃에 맞게 유연하게 활용할 수 있습니다.

예제에서는 스포츠 제품을 홍보하기 위해 이미지 중앙에 역동적인 슬로건을 배치하고, 브랜드명을 화면 하단에 고정하여 시각적 중심을 분산시키지 않으면서도 정보 전달력을 극대화한 구성으로 표현하고 있습니다.

문자가 입력된 이미지

작업 패턴

❶ 스포츠 이미지 위에 **텍스트 추가 기능**을 이용하여 기본 문자를 수정하여 슬로건 문자 입력
❷ 이미지 스타일에 맞게 글꼴을 지정한 다음 **글꼴 크기 기능**으로 문자 크기 조정
❸ 이미지와 문자 대비 가독성을 높이기 위해 **글꼴 색상 기능**으로 문자 색상 변경

01 이미지에 문자 배치하기

캡컷으로 불러온 축구 선수가 달리는 이미지에 텍스트 추가 기능을 이용하여 원하는 슬로건 문자를 입력합니다.

01 | 웹브라우저에 'dreamina.capcut.com'을 입력하여 드리미나 캡컷 사이트에 접속하고 이미지 수정 작업을 실시간으로 확인하며 진행하기 위해 왼쪽 [캔버스] 메뉴를 클릭합니다.

02 | 캔버스 비율을 지정하기 위해 [캔버스 크기 설정]을 클릭한 다음 가로 세로 비율을 [16:9]로 선택합니다.

03 | 이미지를 업로드하기 위해 [이미지 업로드]를 클릭합니다. 열기 대화상자의 source 폴더에서 'soccer1.png' 파일을 선택한 다음 〈열기(O)〉 버튼을 클릭합니다.

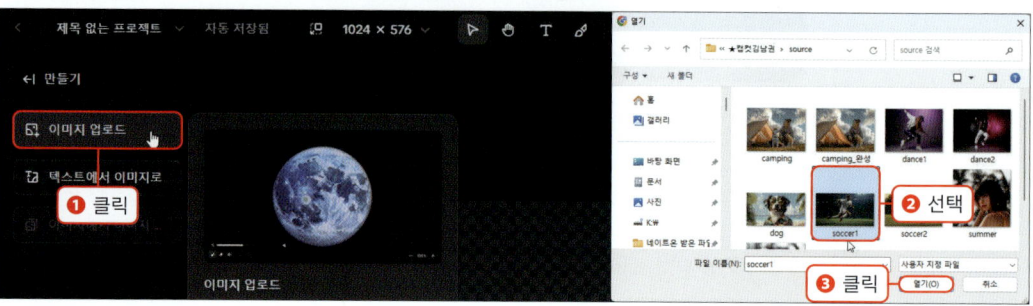

04 | 축구 선수 이미지가 표시됩니다. 이미지 위에 문자를 입력하기 위해 '텍스트 추가' 아이콘(T)을 클릭합니다.

05 | 텍스트 박스가 표시되면 텍스트를 배치할 위치로 드래그합니다. 예제에서는 축구 선수의 중앙으로 드래그하여 텍스트를 배치합니다.

> **Tip** 캡컷에서 기본으로 제공하는 폰트는 영상 내 자막이나 타이틀 삽입 등 일반적인 작업에 문제없이 사용할 수 있으며, SNS, 유튜브, 광고 영상 등 상업 콘텐츠 제작에도 사용할 수 있도록 라이선스가 정리된 폰트 위주로 구성되어 있어, 별도로 폰트를 다운로드하거나 외부에서 가져오지 않은 경우 대부분 안전하게 활용할 수 있습니다.

06 | 텍스트 박스의 샘플 문자인 '텍스트 입력'을 드래그하여 블록으로 지정한 다음 원하는 텍스트를 입력합니다. 예제에서는 'JUST DO IT!'이라고 입력하였습니다.

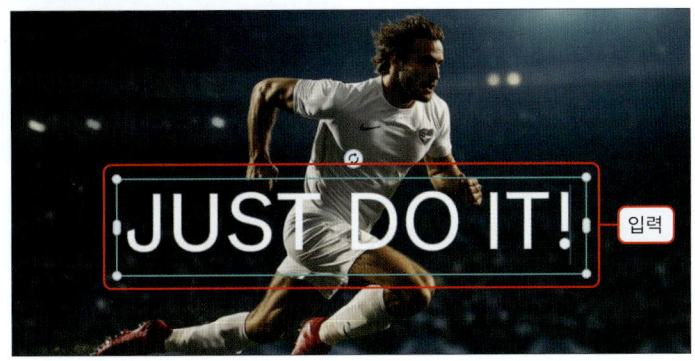

02 원하는 형태로 문자 편집하기

입력한 문자를 이미지에 맞게 글꼴 선택과 크기, 색상을 지정하여 변경합니다. 최종적으로 문자를 회전시키거나 위치를 이동하여 문자를 완성합니다.

07 | 문자 크기는 [글꼴 크기] 옵션에서 선택하거나, 직접 수치를 입력해 수정할 수 있습니다. 예제에서는 글꼴 크기를 기본값인 '24'로 지정했습니다.

08 | 글꼴을 변경하기 위해 [글꼴]을 클릭한 다음 원하는 글꼴을 선택합니다. 예제에서는 역동적인 느낌을 주기 위해 'LAZER BRUSH'로 지정하였습니다.

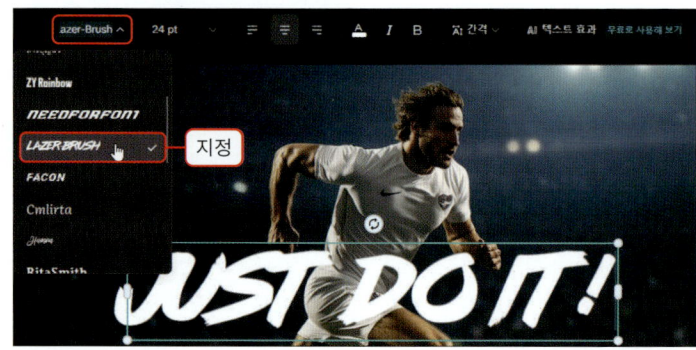

09 | 텍스트 색상을 변경하기 위해 [텍스트 색상]을 클릭한 다음 컬러 박스에서 색상을 선택합니다. 예제에서는 '노란색'을 선택하였습니다.

10 텍스트 회전 조절점을 드래그하여 시계 반대 방향으로 약 '-10°' 정도 회전시킵니다.

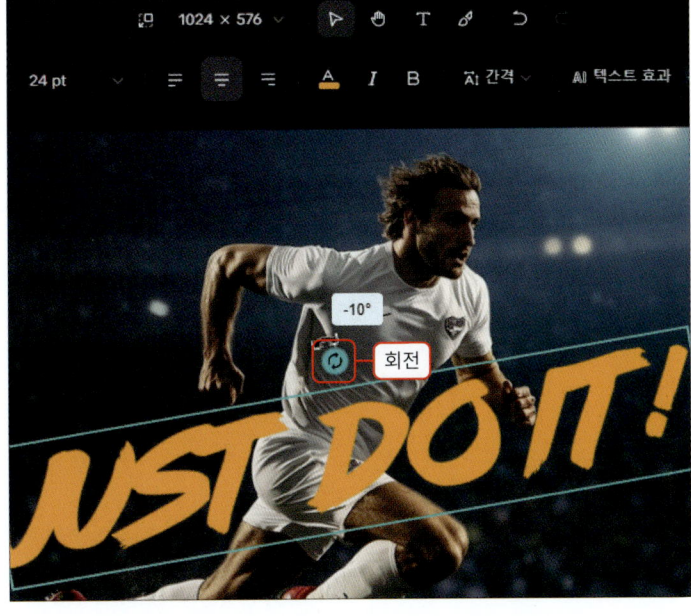

Tip 캡컷에서 제공하는 텍스트는 벡터 기반의 텍스트 객체로 처리되기 때문에, 크기를 키우거나 줄여도 화질 저하나 픽셀 깨짐이 거의 발생하지 않으며, 이는 일반 이미지처럼 래스터(비트맵)로 바로 렌더링되는 방식이 아니라 폰트 데이터를 기준으로 실시간으로 다시 그리는 방식이기 때문입니다.

11 텍스트 설정을 마무리하고 완성된 이미지를 다운로드하려면 〈내보내기〉 버튼을 클릭한 후, 내보내기 옵션에서 [이 캔버스]를 선택하고 〈다운로드〉 버튼을 클릭합니다.

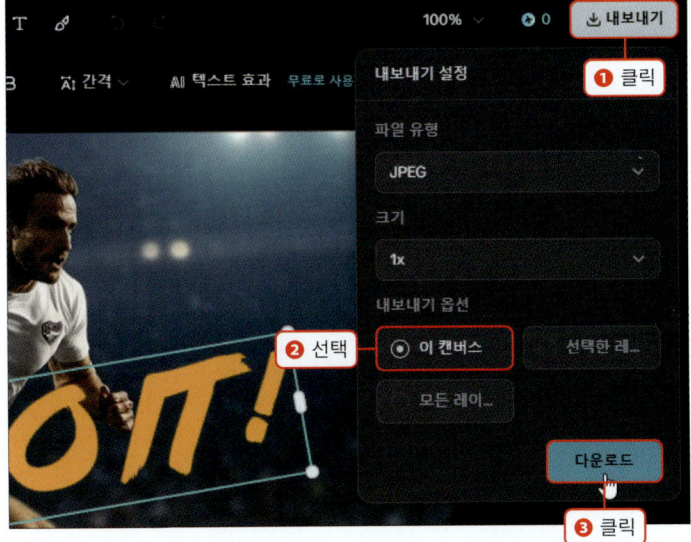

Tip 내보내기 옵션 알아보기

❶ **이 캔버스**: 문자와 이미지가 합쳐진 이미지로 다운로드됩니다.
❷ **선택한 레이어**: 이미지 레이어 또는 문자 레이어 중에 선택된 레이어만 이미지로 다운로드됩니다.
❸ **모든 레이어**: 이미지 레이어와 문자 레이어에 저장된 각각의 이미지를 압축하여 다운로드됩니다.

CAPCUT AI

LESSON 11

흑백 사진을
컬러 사진으로 변경하기

예제파일 : source\화분.jpg 완성파일 : source\화분_완성.jpg

캡컷의 AI 생성 기능을 사용하면 흑백 사진을 자연스럽고 생동감 있게 컬러로 복원할 수 있습니다. 딥러닝 기반 분석을 통해 인물, 배경, 의상 등에 현실감 있는 색을 입히며, 추억 사진 복원이나 콘텐츠 제작 등 다양하게 활용할 수 있습니다. 예제에서는 흑백 사진을 컬러 사진으로 변환해 보겠습니다.

예제 콘셉트

전통적으로 흑백 사진을 컬러 사진으로 복원하는 방법은 포토샵과 같은 이미지 편집 소프트웨어를 이용하여 전문가가 수작업으로 색상을 입히는 방식입니다. 이 과정에서는 인물의 피부 톤, 의상, 배경 등 각 요소별로 레이어를 분리하고, 실제 색상을 참고하여 브러시로 섬세하게 채색해야 하므로 높은 시간과 기술적 전문성이 요구됩니다.

반면, 캡컷의 AI 생성 기능은 흑백 사진을 자동으로 분석하고, 피사체의 윤곽과 질감, 주변 사물의 형태를 인식하여 AI 알고리즘이 적절한 색상을 자동으로 입혀줍니다. 사용자는 단 몇 번의 클릭만으로 과거의 흑백 이미지를 현대적인 컬러 사진으로 손쉽게 변환할 수 있으며, 복잡한 편집 과정 없이 빠르고 직관적으로 결과물을 얻을 수 있다는 점이 큰 장점입니다. 특히 인물 사진이나 옛 풍경 사진을 컬러로 재현할 때, 생성형 AI 기능은 감성적인 스토리텔링이나 레트로 콘텐츠 제작에 매우 효과적으로 활용될 수 있습니다.

원본 이미지

AI로 컬러링 한 이미지

작업 패턴

❶ 불러온 흑백 사진을 프롬프트로 컬러링 작업하여 컬러 사진으로 변환
❷ 흑백 이미지와 컬러링 된 컬러 이미지를 비교 확인 가능

01 컬러링을 위한 프롬프트 작성하기

흑백 사진을 캡컷으로 불러들인 다음 컬러링을 위한 프롬프트를 작성하여 컬러 사진으로 변경해 보겠습니다.

01 | 웹브라우저에 'dreamina.capcut.com'을 입력하여 드리미나 캡컷 사이트로 이동한 다음 만들기 옵션을 [AI 이미지]로, 가로 세로 비율을 [3:4]로 선택합니다.

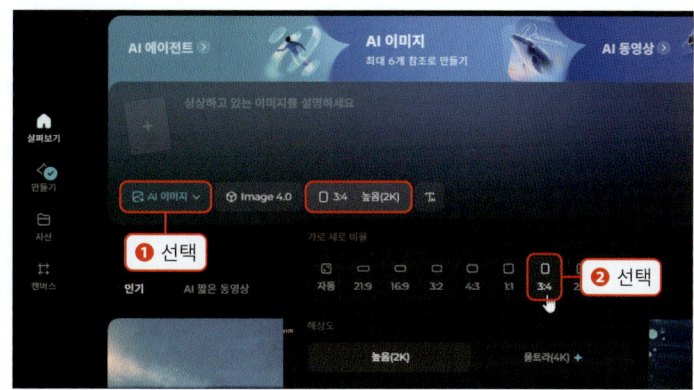

02 | 컬러 사진으로 변경하려는 흑백 사진을 첨부하기 위해 '참조 이미지' 영역을 클릭합니다. 열기 대화상자가 표시되면 source 폴더의 '화분.jpg' 파일을 선택하고 〈열기(O)〉 버튼을 클릭합니다.

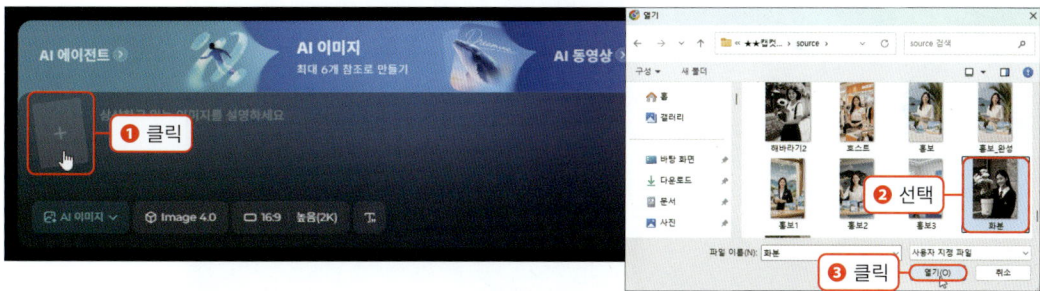

03 | 그림과 같이 흑백 사진이 첨부되었다면 프롬프트 입력창에 컬러링을 위한 프롬프트를 입력한 다음 '생성' 아이콘(⬆)을 클릭합니다.

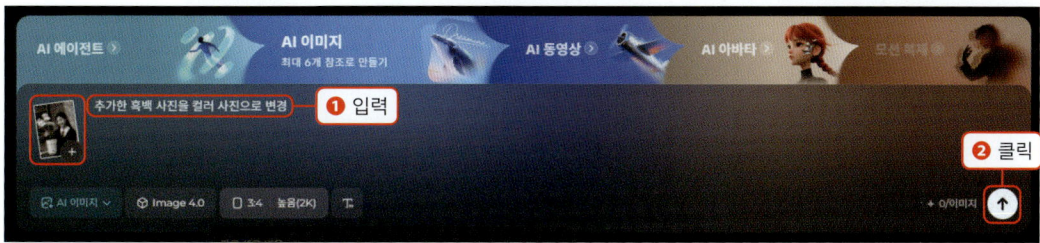

프롬프트 추가한 흑백 사진을 컬러 사진으로 변경

04 그림과 같이 컬러가 적용된 4개의 이미지가 생성됩니다. 원하는 컬러 톤의 사진을 클릭합니다. 예제에서는 3번 이미지를 선택합니다..

05 흑백 사진이 인물과 배경을 기준으로 컬러 사진으로 변경된 것을 확인할 수 있습니다.

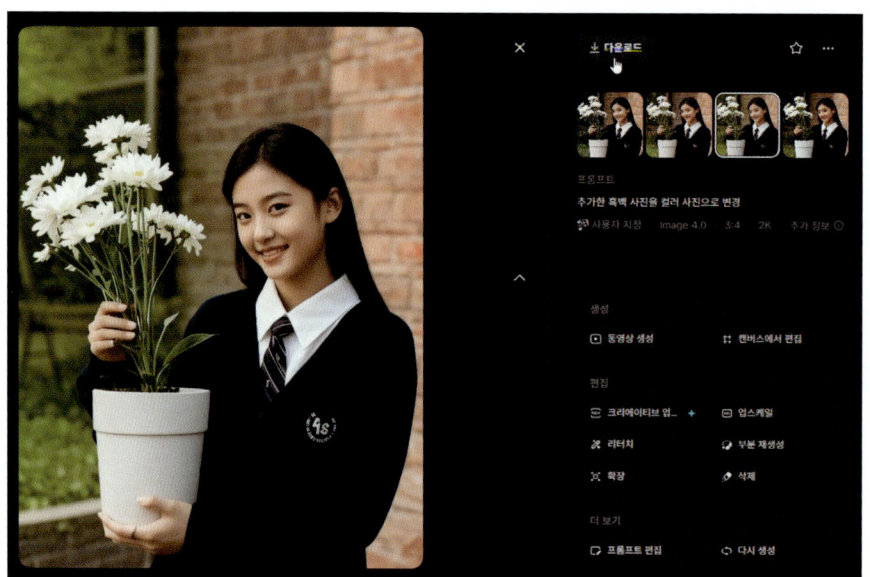

Tip 캡컷의 AI 기능은 흑백 사진을 자동으로 컬러 이미지로 복원할 수 있는 인공지능 기반 도구로, 오래된 흑백 사진을 현대적인 컬러 이미지로 자연스럽게 변환할 수 있도록 설계되었습니다. 이 기능은 인물, 배경, 사물 등의 요소를 AI가 학습된 데이터를 바탕으로 분석하고, 피부톤, 하늘, 나무, 옷 등의 색상을 실제와 유사하게 입혀주며, 사용자는 별도의 색상 선택이나 수작업 없이 원하는 컬러 톤을 프롬프트로 입력하면 됩니다.
특히 가족사진 복원, 역사 콘텐츠 제작 등 다양한 이미지에 활용될 수 있으며, 컬러화된 이미지에 보정 필터나 전환 효과를 추가하면 더욱 완성도 높은 콘텐츠로 발전시킬 수 있습니다.

LESSON 12

CAPCUT AI

나노 바나나로 일반 셀카 사진을 증명 사진으로 만들기

예제파일 : source\셀카.jpg　　**완성파일** : source\증명 사진1,2.png

스마트폰으로 찍은 스냅 사진이나 셀카 사진으로 스튜디오에서 촬영한 증명 사진 스타일로 이미지 생성이 가능합니다. 나노 바나나 모델을 이용하면 인물을 유지하면서 얼굴 방향부터 의상, 머리 스타일까지 변경이 가능합니다.

예제 콘셉트

캡컷에서 제공하는 나노 바나나 모델을 활용하면 셀카나 일반 스냅 사진 속 인물을 기반으로 자연스러운 증명 사진을 생성할 수 있으며, 단순히 얼굴을 정면으로 맞추는 수준을 넘어 얼굴 방향과 시선 처리, 광원 균형까지 자동으로 보정해 보다 정리된 결과물을 확보할 수 있습니다. 또한 배경을 다양한 톤의 증명 사진 전용 배경으로 변경할 수 있고, 정장 스타일의 의상 적용 기능을 통해 상반신 스타일을 완전히 재구성할 수 있어 취업용, 여권용, 프로필용 등 목적별 사진 제작에 유리합니다. 더불어 헤어스타일 교정, 윤곽 정리, 피부 보정 같은 미세 조정 기능도 지원되어, 원본 사진의 촬영 환경이나 복장 제약을 크게 받지 않고 전문 스튜디오 수준의 결과물을 손쉽게 완성할 수 있습니다.

원본 셀카 사진

증명 사진 스타일

의상과 헤어 스타일 변경

작업 패턴

❶ AI 모델을 **나노 바나나로 선택**
❷ 셀카 사진을 첨부하여 **스튜디오 배경의 증명 사진 스타일**로 생성
❸ 정장 스타일 의상과 **숏 커트로 증명 사진** 완성

01 | 웹브라우저에 'dreamina.capcut.com'을 입력하여 드리미나 캡컷 사이트로 이동한 다음 만들기 옵션을 [AI 이미지]로, AI 모델을 [Nano Banana]로 선택합니다.

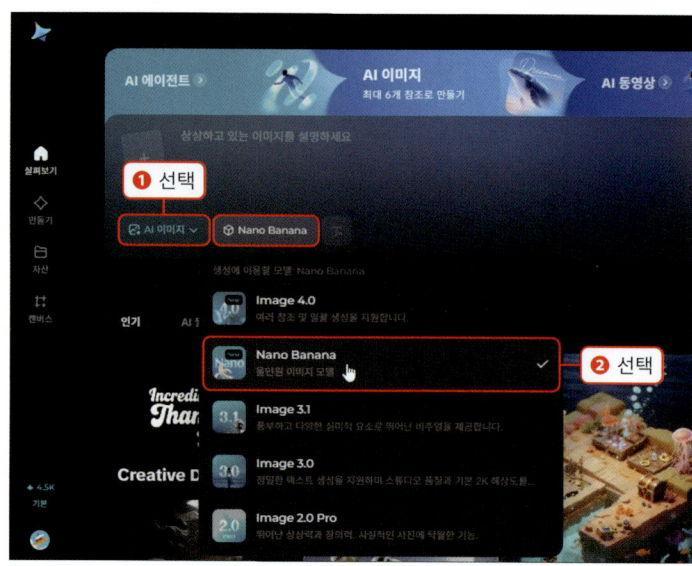

02 | 변경하려는 사진을 첨부하기 위해 '참조 이미지' 영역을 클릭합니다. 열기 대화상자가 표시되면 source 폴더의 '셀카.jpg' 파일을 선택하고 〈열기(O)〉 버튼을 클릭합니다.

03 | 프롬프트 입력창에 증명 사진을 생성하기 위한 프롬프트를 입력하고 '생성' 아이콘(⬆)을 클릭합니다.

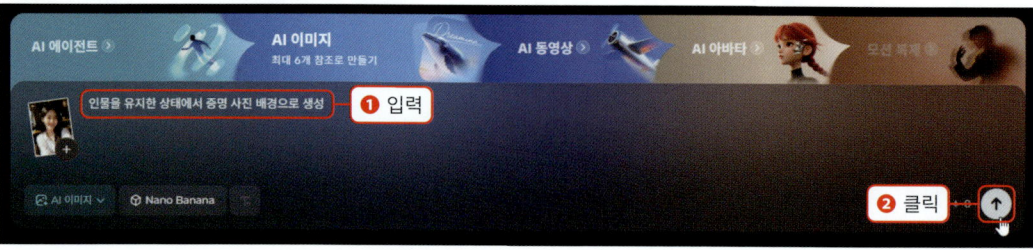

프롬프트 인물을 유지한 상태에서 증명 사진 배경으로 생성

04 그림과 같이 4개의 증명 사진 형태의 이미지가 생성되면, 마음에 드는 이미지를 클릭합니다. 예제에서는 2번 이미지를 선택합니다.

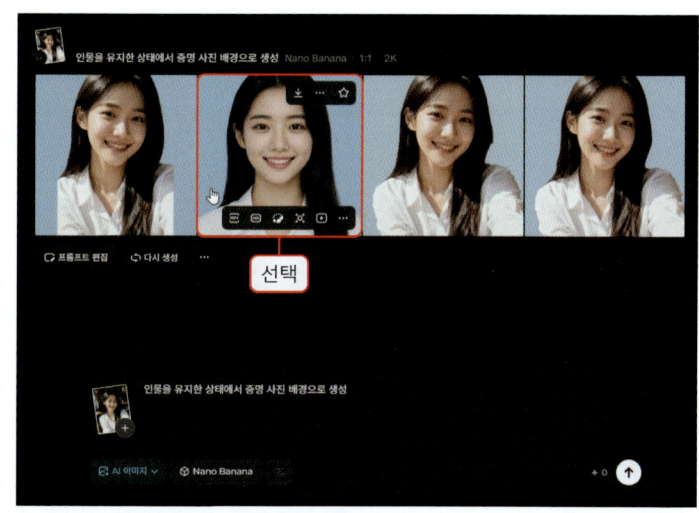

> **Tip** 만약 생성한 이미지가 마음에 들지 않을 경우, 이미지 하단에 [다시 생성]을 클릭하여 이미지를 추가 생성합니다.

05 증명 사진으로 사용할 이미지를 확인하고 〈다운로드〉 버튼을 클릭합니다. 다운로드 폴더에 이미지 파일로 저장됩니다.

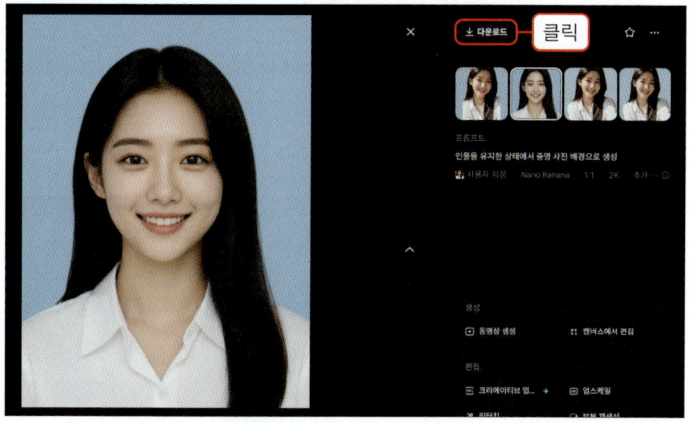

06 정장 스타일로 이미지를 변경하기 위해 드리미나 캡컷 홈화면으로 이동한 다음, 만들기 옵션을 [AI 이미지]로, 가로 세로 비율을 [3:4]로 선택합니다.

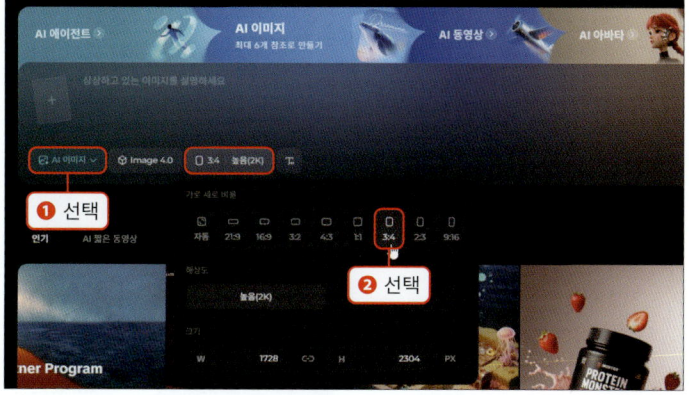

07 | '참조 이미지' 영역을 클릭한 다음, 저장한 증명 사진 이미지를 선택합니다. 예제에서는 source 폴더의 '증명 사진1.jpg' 파일을 선택하고 〈열기(O)〉 버튼을 클릭합니다.

08 | 프롬프트 입력창에 머리 스타일과 의상 스타일을 변경하는 프롬프트를 입력하고 '생성' 아이콘(⬆)을 클릭합니다.

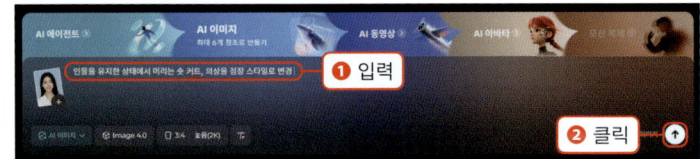

프롬프트 인물을 유지한 상태에서 머리는 숏 커트, 의상을 정장 스타일로 변경

09 | 그림과 같이 4개의 이미지가 생성됩니다. 마음에 드는 이미지를 선택하여 〈다운로드〉 버튼을 클릭하여 이미지로 저장합니다.

LESSON 13

저해상도 이미지를 고해상도 이미지로 업스케일하기

예제파일 : source\해먹.jpg　　완성파일 : source\해먹_완성.jpg

캡컷의 AI 모델은 이미지의 구조와 윤곽을 분석해 화질 손상 없이 해상도를 높여줍니다. 일러스트, 인물, 풍경 등 다양한 이미지에 활용 가능하며, 출력용 콘텐츠 제작에 유용합니다. 예제에서는 저해상도 이미지를 울트라 4K 해상도로 품질을 유지하며 이미지를 업스케일해 보겠습니다.

예제 콘셉트

해상도가 낮은 이미지는 다양한 작업 환경에서 활용에 제약이 따르기 때문에, 이를 고해상도로 변환하는 과정은 매우 중요합니다. 특히 인쇄 작업과 같은 고품질 결과물을 요구하는 분야에서는 저해상도 이미지의 사용이 사실상 불가능한 경우가 많습니다. 픽셀이 뭉개지거나 선명도가 떨어져 결과물의 완성도가 크게 저하되기 때문입니다.

캡컷의 AI 모델인 Image 4.0은 기존의 저해상도 이미지를 인공지능 기반의 알고리즘으로 분석해 디테일을 보존하면서 해상도를 높여주는 생성 모델입니다. 단순히 이미지의 크기만 키우는 것이 아니라, 이미지 속의 윤곽선, 질감, 색감 등을 정교하게 보정하여 고해상도 이미지로 재구성합니다. 예제처럼 1280×853 픽셀의 이미지를 4992×3328(4K) 해상도로 업스케일하면, 인쇄용 브로셔나 포스터뿐만 아니라 고화질 영상 콘텐츠, 웹 디자인, 프레젠테이션 자료 등 다양한 분야에서 활용이 가능합니다.

원본 이미지

4K 이미지로 업스케일한 이미지

작업 패턴

❶ 저해상도 이미지를 첨부한 다음 Image 4.0 모델 선택
❷ 울트라(4K) 해상도 선택하여 업스케일 생성

01 | 웹브라우저에 'dreamina.capcut.com'을 입력하여 드리미나 캡컷 사이트로 이동한 다음 만들기 옵션을 [AI 이미지]로, AI 모델을 [Image 4.0]으로 선택합니다.

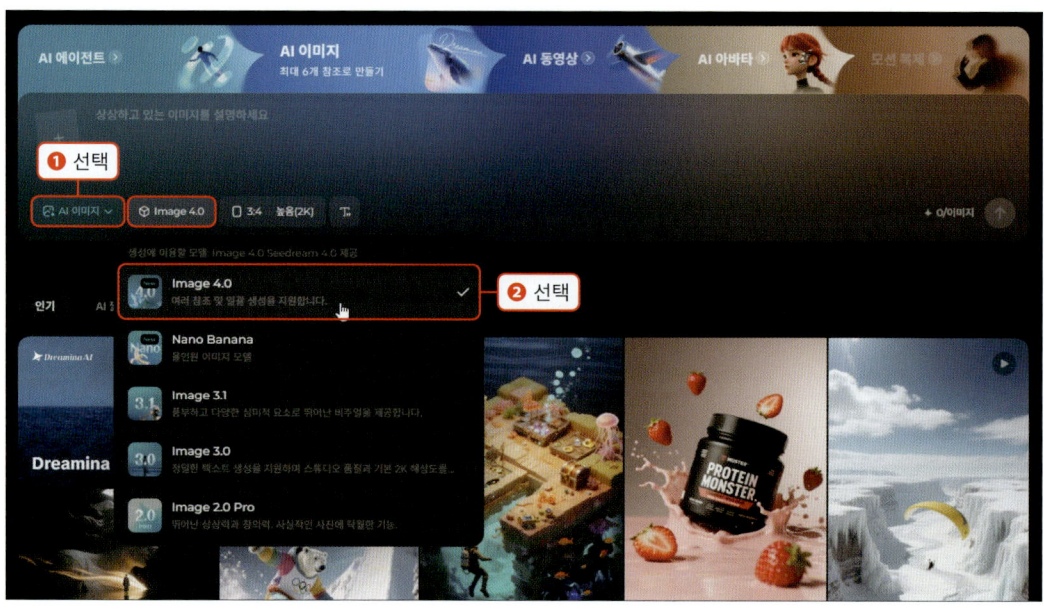

Tip 나노 바나나는 업스케일 기능을 제공하지 않기 때문에 Image 4.0 모델을 선택합니다.

02 | 고해상도로 변경할 사진을 첨부하기 위해 '참조 이미지' 영역을 클릭한 다음, source 폴더의 저해상도 이미지인 '해먹.jpg' 파일을 선택하고 〈열기(O)〉 버튼을 클릭합니다.

Tip 원본 이미지는 가로 세로 비율이 1280 x 853로 1MB의 저해상도 이미지입니다. 이는 웹용 이외에는 사용할 수 없습니다.

03 | 가로 세로 비율을 [3:2]로, 해상도를 [울트라(4K)]로 선택합니다. 하단의 이미지 크기가 W(가로) '4992', H(세로) '3328'로 지정된 것을 확인하고 '생성' 아이콘(⬆)을 클릭합니다.

> **Tip** 무료 이용자는 울트라(4K)를 3회까지 이용할 수 있습니다.

04 | 그림과 같이 저해상도 원본 이미지 크기인 1280×853 크기인 이미지가 4992×3328 크기로 업스케일된 것을 확인할 수 있습니다. 〈다운로드〉 버튼을 클릭하여 이미지 파일로 저장합니다.

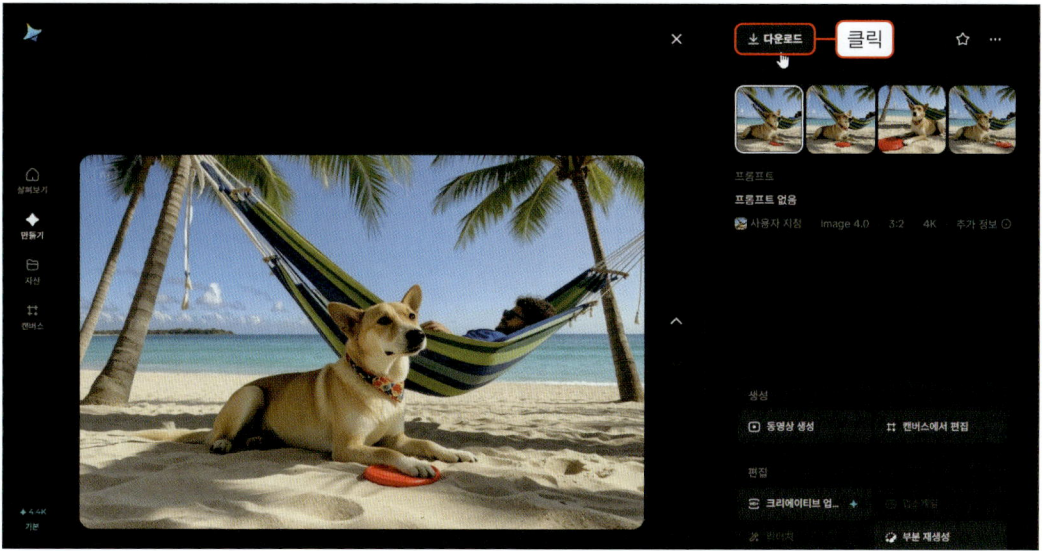

LESSON 14

CAPCUT AI

사진 한 장으로 다양한 동작의 이모티콘 캐릭터 만들기

예제파일 : source\캐릭터.jpg   완성파일 : source\캐릭터시트, 이모티콘.png

AI 이미지 기능을 활용하면 한 장의 실사 인물 사진만으로도 다양한 동작을 자연스럽게 생성할 수 있으며, 원하는 스타일로 자유롭게 변환하는 것도 가능합니다. 예제에서는 이러한 기능을 통해 실사 이미지를 순정 만화풍의 이모티콘을 생성해 보겠습니다.

예제 콘셉트

동일 인물의 다양한 동작을 자연스럽게 생성한 다음 원하는 분위기나 그림체로 스타일을 변경하는 작업은 캐릭터 기반의 이모티콘 제작에 활용이 가능합니다. SNS용 프로필 이미지 제작에 활용될 수 있을 뿐만 아니라, 패션 분야에서 의상 디자인을 기획할 때 디자인보드를 구성하는 용도로도 사용할 수 있어 작업 효율과 창의성을 크게 높여줍니다.

원본 이미지

순정만화 이모티콘 스타일로 생성

작업 패턴

❶ AI 이미지 기능으로 실사 인물 이미지를 불러오기
❷ 다양한 인물 동작을 한 화면에서 생성하기 위한 프롬프트 입력
❸ 가로세로 비율을 지정한 다음 순정만화 이모티콘 스타일로 생성

01 | 웹브라우저에 'dreamina.capcut.com'을 입력하여 드리미나 캡컷 사이트로 이동한 다음 만들기 옵션을 [AI 이미지]로, 가로 세로 비율을 [4:3]로 선택합니다. 인물 사진을 첨부하기 위해 '참조 이미지' 영역을 클릭한 다음 source 폴더의 '캐릭터.jpg' 파일을 선택하고 〈열기(O)〉 버튼을 클릭합니다.

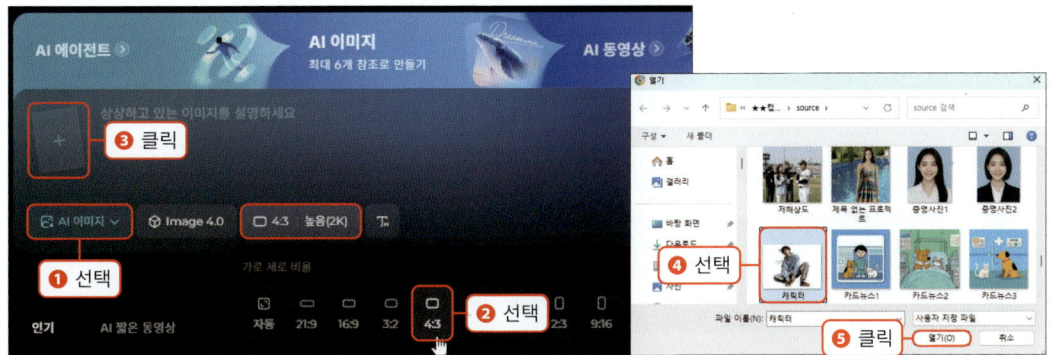

02 | 프롬프트 입력창에 다양한 포즈의 인물 동작을 한 화면에 생성하기 위한 프롬프트를 입력하고 '생성' 아이콘(↑)을 클릭합니다.

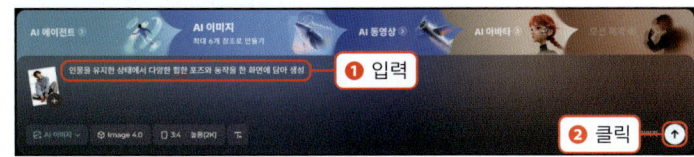

`프롬프트` 인물을 유지한 상태에서 다양한 힙한 포즈와 동작을 한 화면에 담아 생성

03 | 그림과 같이 4개의 이미지가 생성됩니다. 마음에 드는 이미지를 선택하여 세부적으로 확인하고 〈다운로드〉 버튼을 클릭하여 이미지로 저장합니다.

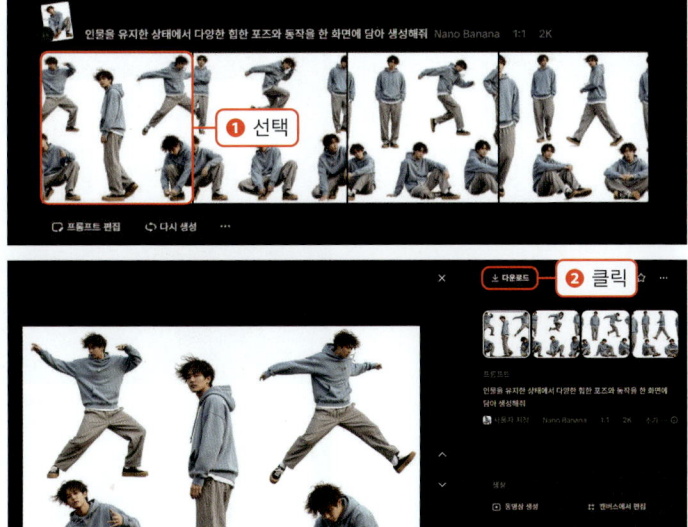

04 | 드리미나 캡컷 홈화면으로 이동한 다음 [AI 이미지], 가로 세로 비율을 [4:3]로 선택합니다. 인물 사진을 첨부하기 위해 '참조 이미지' 영역을 클릭한 다음 source 폴더의 '캐릭터시트.jpg' 파일을 선택하고 〈열기(O)〉 버튼을 클릭합니다.

05 | 캐릭터 시트 이미지가 첨부되었다면 프롬프트 입력창에 순정만화 스타일의 이모티콘을 생성하는 프롬프트를 입력하고 '생성' 아이콘(⬆)을 클릭합니다.

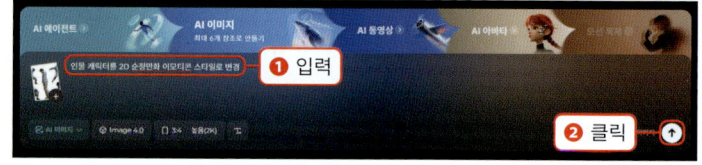

프롬프트 인물 캐릭터를 2D 순정만화 이모티콘 스타일로 변경

06 | 그림과 같이 4개의 이미지가 생성됩니다. 마음에 드는 이미지를 선택하여 인물 동작을 확인하고 〈다운로드〉 버튼을 클릭하여 이미지로 저장합니다.

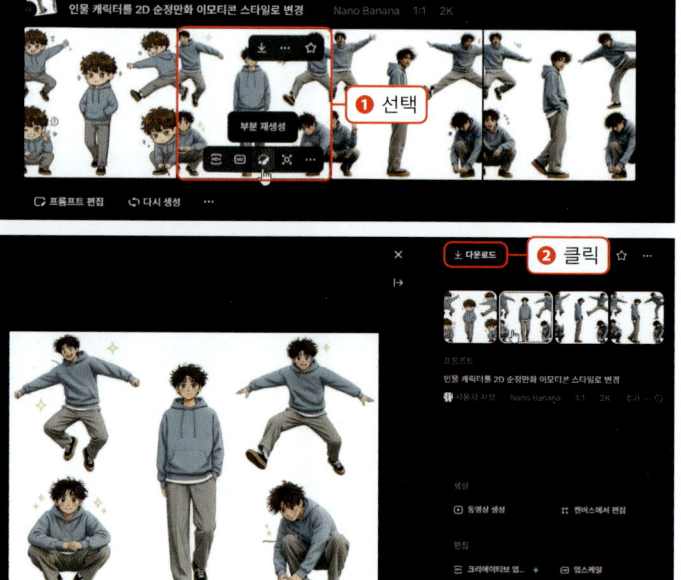

LESSON 15

가상 피팅 모델로 디자인한 의상 광고 사진 만들기

예제파일 : source\투명원피스, 투명셔츠.png　**완성파일** : source\남성모델, 여성모델.jpg

캡컷의 AI 모델 기능을 활용하면 실제 모델 없이도 내가 디자인한 의상을 입은 가상의 피팅 모델을 생성할 수 있어, 의상 광고 이미지를 손쉽게 만들 수 있습니다. 예제에서는 바캉스룩 스타일의 셔츠와 원피스를 생성해 AI 모델에게 입히고, 어울리는 배경을 더해 광고 사진을 완성해 봅니다.

예제 콘셉트

캡컷의 AI 모델 기능을 활용하면 실제 모델 없이도 내가 디자인한 의상을 입은 AI 피팅 모델 이미지를 생성할 수 있어, 촬영 없이도 고품질의 의상 광고 이미지를 빠르게 제작할 수 있습니다. 배경 제거 기능과 AI 배경 생성 기능을 함께 사용하면, 스튜디오 촬영처럼 깔끔한 배경이나 거리, 해변 등 다양한 장소를 가상으로 연출할 수 있어 마치 현장 촬영한 듯한 결과물을 얻을 수 있습니다.

이러한 기능은 촬영 장소 대여, 모델 섭외, 촬영 장비 및 인건비 등 전통적인 제작 과정에서 발생하는 비용과 시간을 크게 줄여줍니다. 또한 SNS 광고, 이커머스 상세 페이지, 온라인 카탈로그, 룩북 제작 등 다양한 채널에 맞춘 이미지 제작이 가능해 브랜드 콘텐츠의 기획력과 실행력을 동시에 강화할 수 있습니다.

작업 패턴

❶ **배경 삭제 기능**으로 의상 이외의 배경을 삭제하여 이미지 파일로 저장
❷ 의상을 첨부한 다음 **가상 모델을 생성시켜 착용 이미지 생성**
❸ 의상을 착용한 가상 모델을 첨부한 다음 **어울리는 배경 생성**

01 남성용 반소매 셔츠 의상 목업 생성하기

남성용 하와이안 반소매 셔츠를 원하는 형태로 생성한 뒤 불필요한 배경을 제거해 의상 목업 소스를 제작합니다.

01 | 웹브라우저에 'dreamina.capcut.com'을 입력하여 드리미나 캡컷 사이트에 접속하고 프롬프트 입력창에 반소매 셔츠 프롬프트를 입력합니다. 비율을 [3:4]로 선택한 다음 '생성' 아이콘(◆)을 클릭합니다.

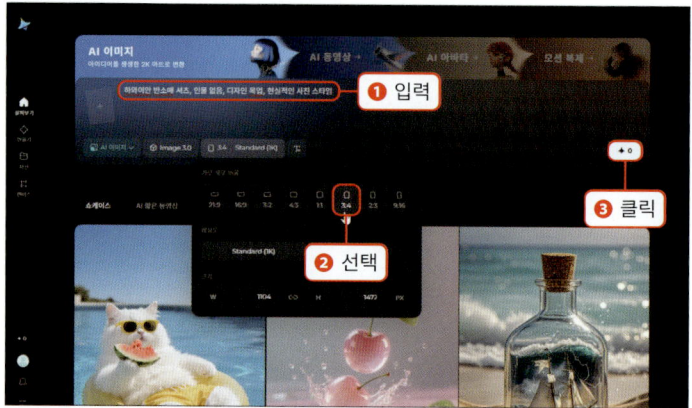

프롬프트 하와이안 반소매 셔츠, 인물 없음, 디자인 목업, 배경 없음, 현실적인 사진 스타일

02 | 인물 없이 의상만 생성된 이미지를 그림과 같이 확인할 수 있습니다. 배경을 삭제하기 위해 [캔버스에서 편집]을 클릭합니다.

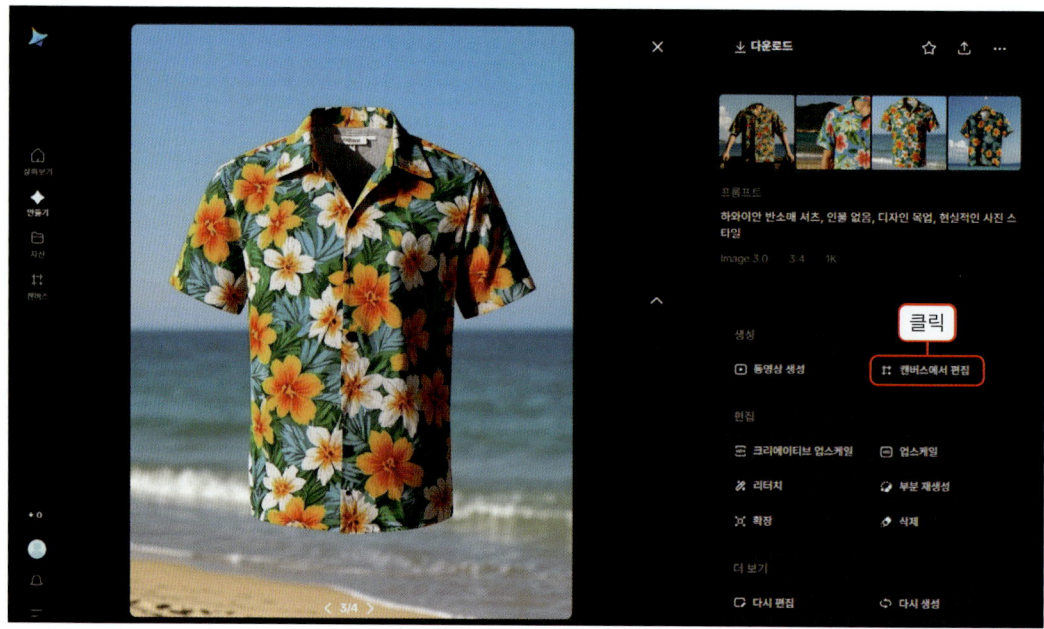

03 배경을 투명 영역으로 지정하기 위해 '배경 삭제' 아이콘()을 클릭합니다.

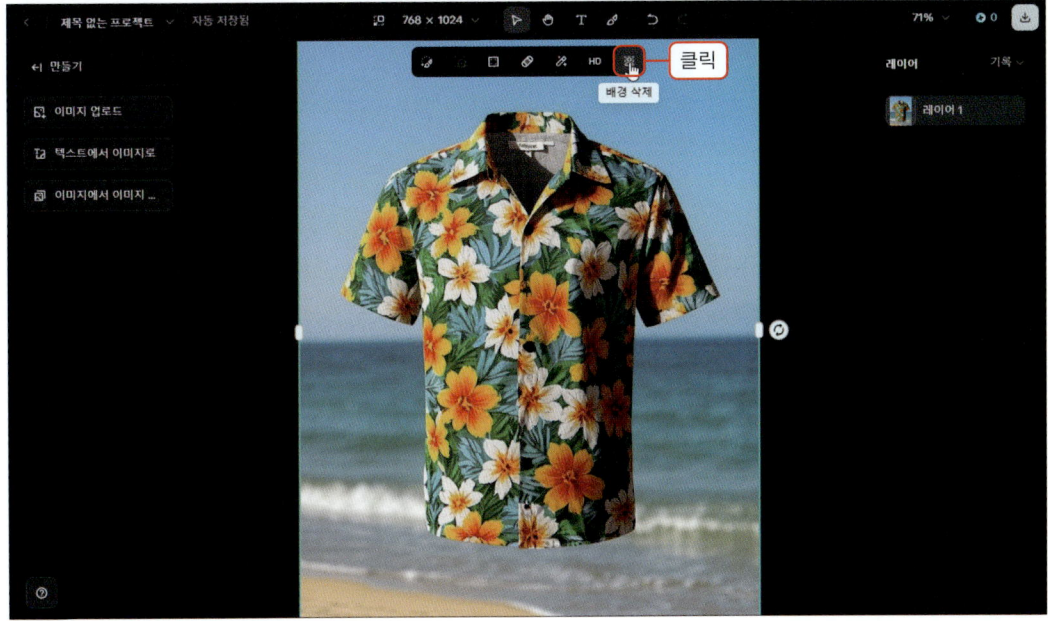

> **Tip** 의상 배경을 삭제하는 이유는 AI 모델과 자연스럽게 합성하기 위해서이며, 배경을 제거함으로써 더 이질감 없는 결과를 얻을 수 있습니다.

04 화면에 남을 반소매 셔츠 부분만 격자 형태로 표시됩니다. 셔츠 이미지를 제외한 나머지 부분을 삭제하기 위해 〈배경 삭제〉 버튼을 클릭합니다.

> **Tip** 사용자가 직접 디자인한 의상 이미지를 업로드하면, AI가 해당 이미지를 분석해 가상의 모델에게 자연스럽게 입힌 형태로 시각화해 주기 때문에, 내가 만든 의상 사진을 그대로 활용해도 문제없이 적용할 수 있습니다.

05 배경이 삭제되어 반소매 셔츠 이미지만 남고, 나머지 배경은 제거된 것을 확인할 수 있습니다. 〈완료〉 버튼을 클릭합니다.

> **Tip** 이 기능은 특히 패션 브랜드, 디자이너, 소상공인 등 촬영 자원이 부족한 사용자에게 유용하며, 다양한 체형이나 포즈, 배경을 설정해 여러 버전의 모델 컷을 생성할 수 있다는 점에서 효율성과 창의성을 동시에 높여줍니다.

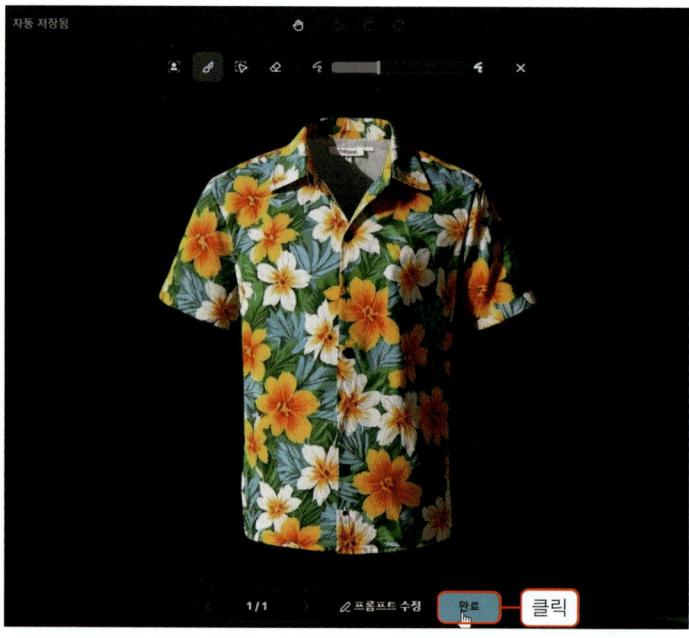

06 투명 배경의 반소매 셔츠 이미지를 저장하려면 '내보내기' 아이콘(⬇)을 클릭한 후 파일 유형을 'PNG'로 지정합니다. 내보내기 옵션에서 [선택한 레이어]를 선택하고 〈다운로드〉 버튼을 클릭합니다.

02 여성용 원피스 의상 목업 생성하기

여성용 원피스를 원하는 형태로 생성한 뒤 불필요한 배경을 제거해 의상 목업 소스를 제작합니다.

07 | 원피스 이미지를 생성하기 위해 프롬프트 입력창에 생성하려는 프롬프트를 입력합니다. 가로 세로 비율을 [3:4]로 선택한 다음 '생성' 아이콘(◆)을 클릭하여 원하는 이미지를 선택합니다.

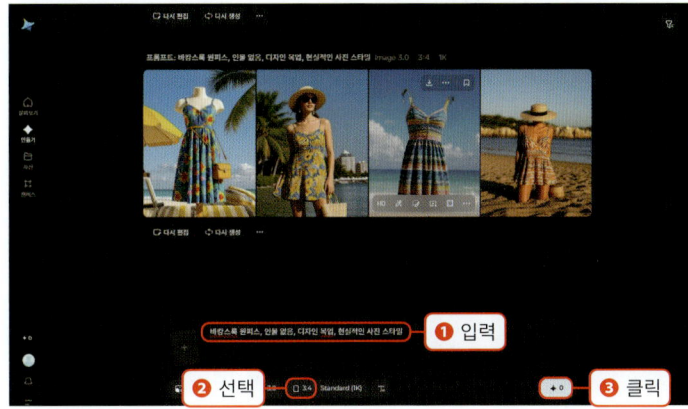

프롬프트 바캉스룩 원피스, 인물 없음, 디자인 목업, 배경 없음, 현실적인 사진 스타일

08 | 인물 없이 의상만 생성된 이미지를 그림과 같이 확인할 수 있습니다. 배경을 삭제하기 위해 [캔버스에서 편집]을 클릭합니다.

09 배경을 투명 영역으로 지정하기 위해 '배경 삭제' 아이콘(■)을 클릭합니다. 화면에 남을 객체가 격자 형태로 표시됩니다. 원피스 이미지를 제외한 나머지 부분을 삭제하기 위해 〈배경 삭제〉 버튼을 클릭합니다.

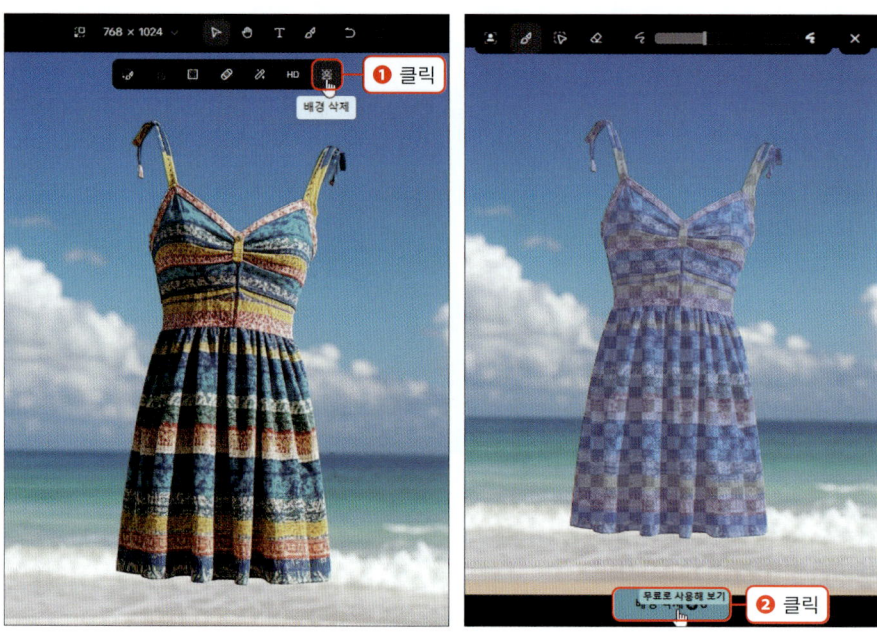

10 원피스만 남고 배경이 제거되면 〈완료〉 버튼을 클릭합니다. 투명한 배경의 원피스 이미지를 저장하기 위해 '내보내기' 아이콘(■)을 클릭한 다음 파일 유형을 'PNG'로, 내보내기 옵션을 [선택한 레이어]로 지정하고 〈다운로드〉 버튼을 클릭합니다.

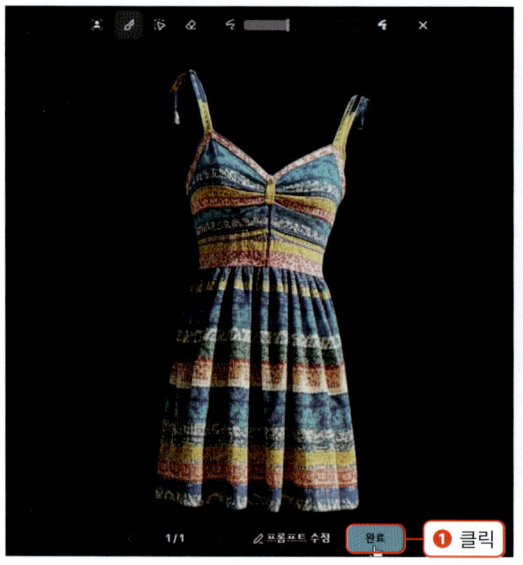 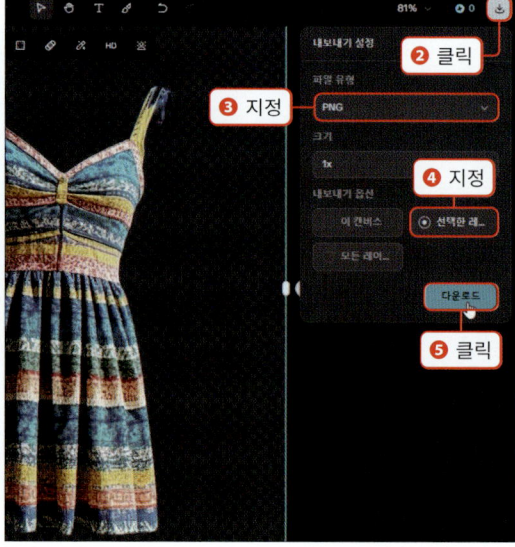

03 남성 AI 모델에 반소매 셔츠 입히기

생성한 남성용 하와이안 반소매 셔츠 목업 이미지를 불러와 AI 모델에 적용해 봅니다.

11 | 웹브라우저에 'dreamina.capcut.com'을 입력하여 드리미나 캡컷 사이트로 이동한 다음 만들기 옵션을 [AI 이미지]로, 가로 세로 비율을 [3:4]로 선택합니다.

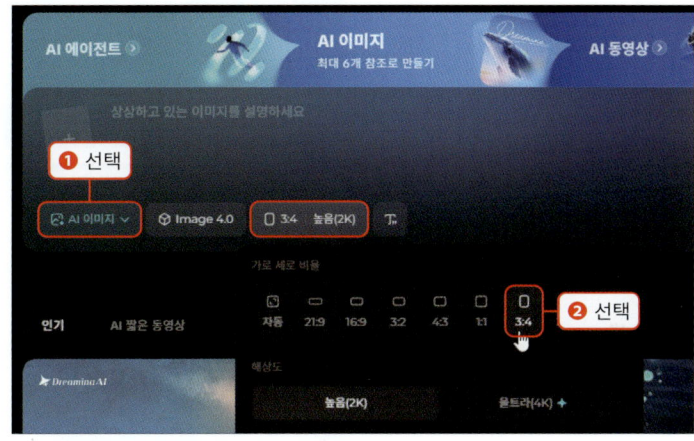

12 | 이전 작업 과정에서 생성한 셔츠 이미지를 첨부하기 위해 '참조 이미지' 영역을 클릭합니다. source 폴더의 '투명셔츠.png' 파일을 선택하고 〈열기(O)〉 버튼을 클릭합니다.

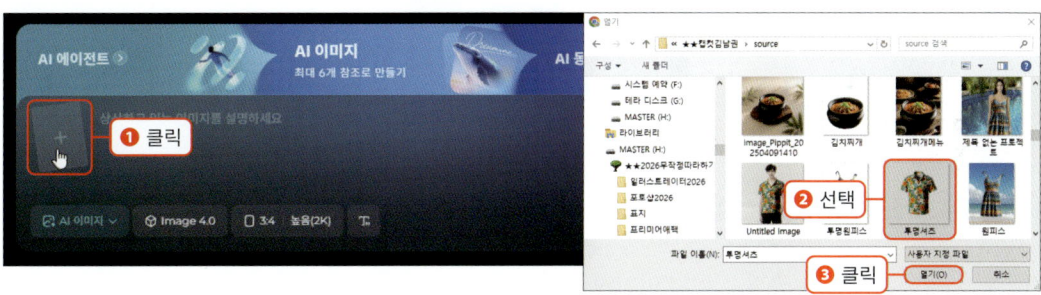

13 | 셔츠 이미지가 첨부되면 프롬프트 입력창에 남성 모델을 생성하는 프롬프트를 입력하고 '생성' 아이콘(⬆)을 클릭합니다.

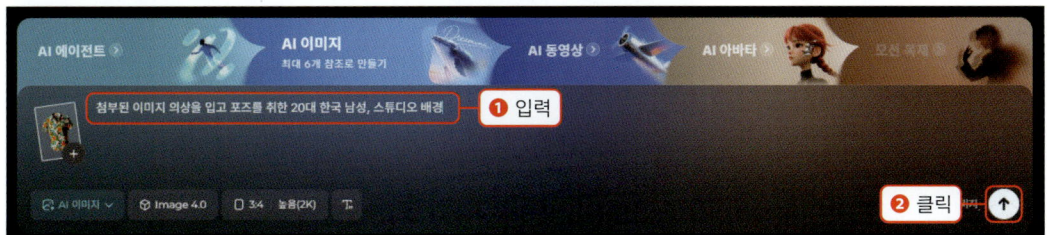

프롬프트 첨부된 이미지 의상을 입고 포즈를 취한 20대 한국 남성, 스튜디오 배경

14 그림과 같이 셔츠를 입은 남성 모델이 스튜디오 배경으로 포즈를 취한 이미지가 생성되면, 마음에 드는 이미지를 클릭합니다. 생성된 이미지를 확인한 다음 〈다운로드〉 버튼을 클릭하여 이미지 파일로 저장합니다.

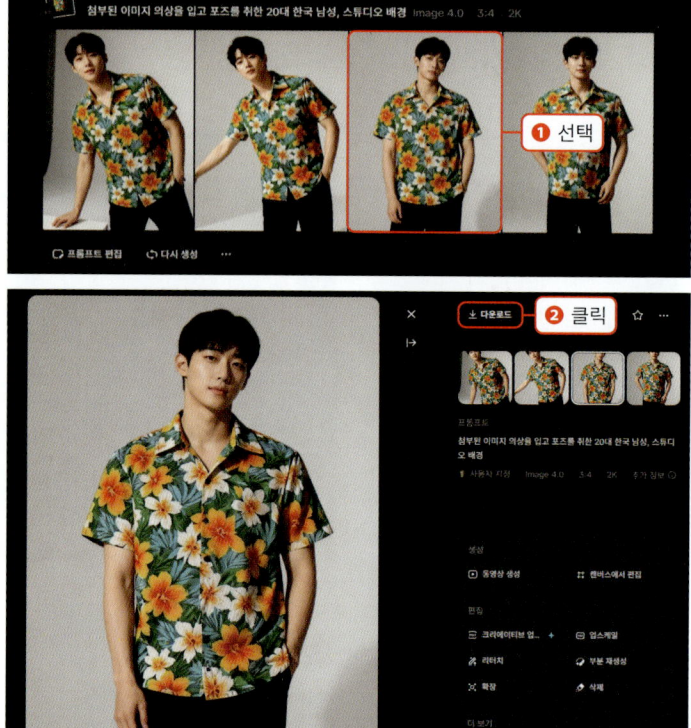

04 여성 AI 모델에 원피스 입히기

생성한 여성용 하와이안 원피스 목업 이미지를 불러와 AI 모델에 적용해 봅니다.

15 드리미나 캡컷 홈화면으로 이동한 다음 만들기 옵션을 [AI 이미지]로, 가로 세로 비율을 [3:4]로 선택합니다.

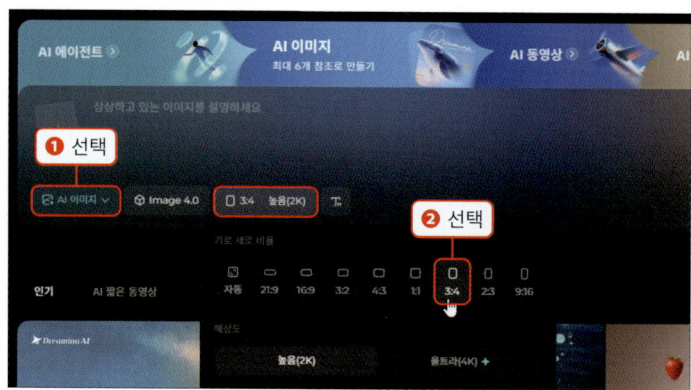

16 | 이전 작업 과정에서 생성한 원피스 이미지를 첨부하기 위해 '참조 이미지' 영역을 클릭합니다. source 폴더의 '투명원피스.png' 파일을 선택하고 〈열기(O)〉 버튼을 클릭합니다.

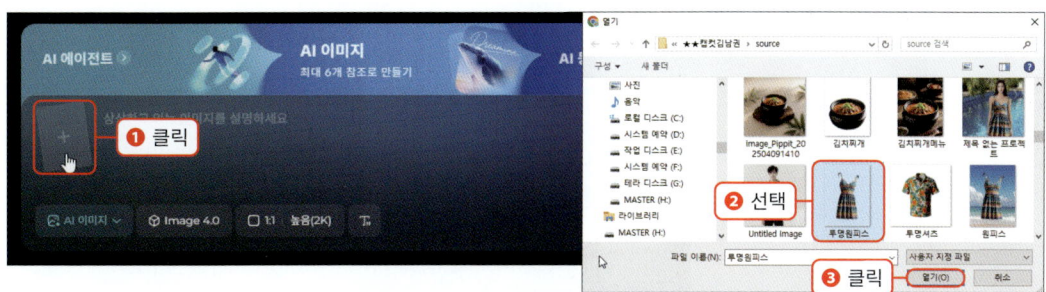

17 | 원피스 이미지가 첨부되면 프롬프트 입력창에 여성 모델을 생성하는 프롬프트를 입력하고 '생성' 아이콘(⬆)을 클릭합니다.

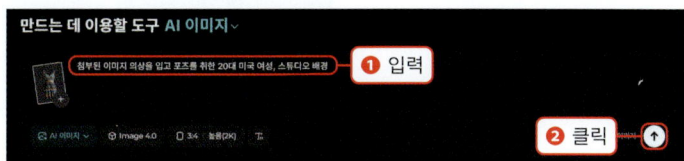

`프롬프트` 첨부된 이미지 의상을 입고 포즈를 취한 20대 한국 여성, 스튜디오 배경

18 | 그림과 같이 원피스를 입은 여성 모델이 스튜디오 배경으로 포즈를 취한 이미지가 생성되면, 마음에 드는 이미지를 클릭합니다. 생성된 이미지를 확인한 다음 〈다운로드〉 버튼을 클릭하여 이미지 파일로 저장합니다.

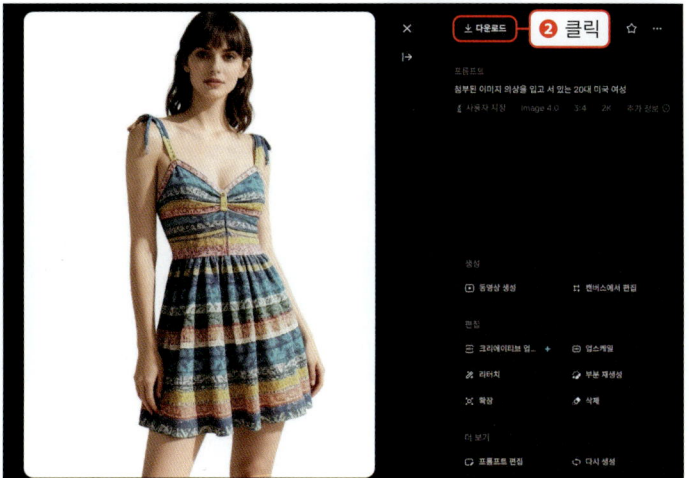

05 의상 분위기에 맞게 배경 생성하기

AI 모델에게 디자인한 의상을 입힌 후 분위기에 맞는 배경을 생성하여 광고 사진을 완성합니다.

19 | 드리미나 캡컷 홈화면으로 이동한 다음 [AI 이미지], 가로 세로 비율을 [3:4]로 선택합니다.

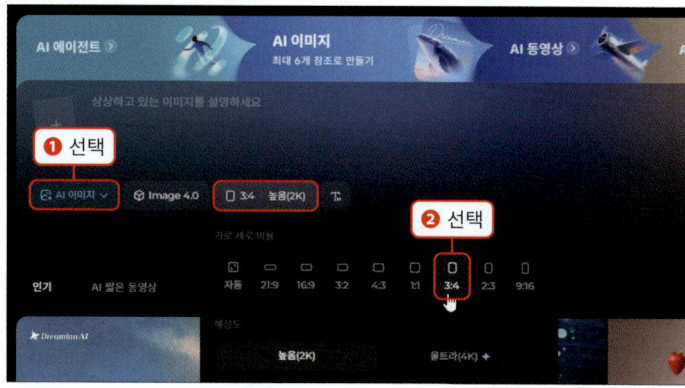

20 | 이전 작업 과정에서 생성한 원피스를 입은 여성 모델 이미지를 첨부하기 위해 '참조 이미지' 영역을 클릭합니다. source 폴더의 '여성모델.png' 파일을 선택하고 〈열기(O)〉 버튼을 클릭합니다.

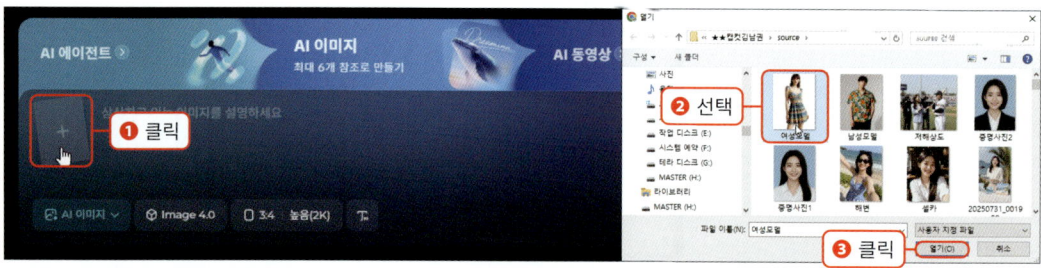

21 | 모델 이미지가 첨부되면 프롬프트 입력창에 배경을 생성하는 프롬프트를 입력한 다음 '생성' 아이콘(⬆)을 클릭합니다.

프롬프트 야자수가 있는 수영장, 현실적인 사진 스타일

22 그림과 같이 원피스를 입은 여성 모델이 야자수가 있는 수영장을 배경으로 포즈를 취한 이미지가 생성되었습니다. 예제에서는 1번 이미지를 선택하였습니다.

23 생성된 이미지를 확인한 다음 〈다운로드〉 버튼을 클릭하여 이미지 파일로 저장합니다. 같은 방법으로 셔츠를 입은 남성 모델을 참조 이미지로 수영장 배경과 합성하여 광고 이미지를 완성합니다.

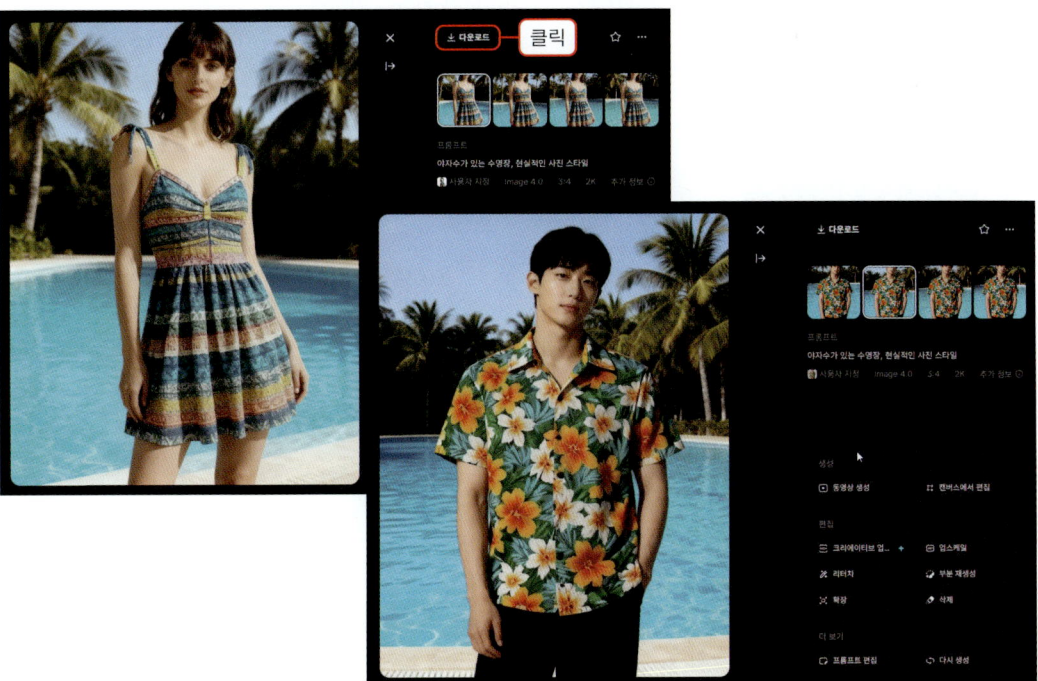

LESSON 16

CAPCUT AI

AI 추천으로 음식 메뉴 상품 사진 만들기

예제파일 : source\김치찌개.png, 김치찌개메뉴.jpg   완성파일 : source\메뉴완성1~3.jpg

음식 메뉴 사진은 일반적으로 단독 컷으로 촬영되지만, 스냅사진처럼 자연스럽게 연출된 장면에서도 메뉴만 따로 추출하여 활용할 수 있습니다. 예제에서는 이러한 음식 연출 사진을 바탕으로 음식 메뉴 단독 컷을 효과적으로 만드는 방법을 알아보겠습니다.

예제 콘셉트

홍보용 음식 이미지를 제작하기 위해서는 스튜디오에서 실제 음식을 세팅하고, 조명을 조절해 촬영 및 연출 과정을 거쳐야 했습니다. 하지만 캡컷의 AI 추천 배경 기능을 활용하면 이러한 과정을 간소화하면서도 고품질의 결과물을 얻을 수 있습니다. 사용자는 음식 이미지에 어울리는 배경을 AI가 자동으로 추천해 주는 옵션을 통해 손쉽게 선택할 수 있으며, 선택한 배경과 음식 사진을 자연스럽게 합성하여 마치 전문 스튜디오에서 촬영한 듯한 이미지를 제작할 수 있습니다.

음식 콘셉트에 따라 레스토랑, 야외 테이블, 고급 다이닝, 푸드트럭 등 다양한 분위기의 배경을 설정할 수 있어, 브랜딩과 마케팅 목적에 맞는 다양한 이미지 연출이 가능합니다. 캡컷의 AI 배경 추천 및 합성 기능은 음식 사진 콘텐츠 제작을 보다 빠르고 효율적으로 만들어주며, 메뉴판, 배너, SNS 콘텐츠, 배달 앱 썸네일 등 다양한 채널에서 활용 가능한 이미지 자료를 손쉽게 얻을 수 있습니다.

원본 스냅 이미지

AI 추천 배경 합성 이미지

AI 추천 배경 합성 이미지

프롬프트로 생성한 배경 합성 이미지

작업 패턴

❶ **배경 삭제 기능**으로 음식 이외의 배경을 삭제
❷ **AI 배경 기능**으로 음식에 어울리는 배경을 추천 받아 선택하여 합성 이미지 제작
❸ **프롬프트**를 입력하여 모델이 음식을 먹는 장면을 추가 생성하여 완성

01 스냅사진에서 음식만 추출하기

음식 외의 불필요한 요소가 포함된 스냅사진을 메뉴 사진으로 만들기 위해서는 메인 음식을 제외한 배경을 삭제해야 합니다.

01 | 웹브라우저에 'dreamina.capcut.com'을 입력하여 드리미나 캡컷 사이트에 접속하고 이미지 수정 작업을 실시간으로 확인하며 진행하기 위해 왼쪽 [캔버스] 메뉴를 클릭합니다.

02 | 캔버스 비율을 지정하기 위해 [캔버스 크기 설정]을 클릭한 다음 가로 세로 비율을 [3:4]로 선택합니다. [이미지 업로드]를 클릭하여 열기 대화상자의 source 폴더에서 '김치찌개메뉴.jpg' 파일을 선택하고 〈열기(O)〉 버튼을 클릭합니다.

03 | 음식 연출 사진이 그림과 같이 표시됩니다. 김치찌개를 제외한 배경 부분을 삭제하기 위해 '배경 삭제' 아이콘(🖼)을 클릭합니다.

04 | 화면에 남길 객체가 격자 형태로 표시됩니다. 김치찌개만 영역으로 표시되면 〈배경 삭제〉 버튼을 클릭하고, 배경이 삭제된 후에는 〈완료〉 버튼을 클릭합니다.

> **Tip** 캡컷에서 지원하는 이미지 포맷은 JPG(JPGE), PNG(배경 투명 지원), WEBP(고화질 웹 최적화), BMP(무압축이지만 용량이 커 권장되지 않음), GIF(움직이는 파일도 영상이 아닌 정지 이미지로 인식) 등이 있습니다.
> 반면 PSD, AI, SVG 같은 포토샵·일러스트 벡터 파일과 아이폰에서 주로 사용하는 HEIC/HEIF, 그리고 DSLR RAW 파일(CR2, NEF 등)은 직접 업로드가 불가능하거나 지원되지 않아 변환이 필요합니다.

05 | 배경이 삭제된 김치찌개 이미지를 저장하기 위해 '내보내기' 아이콘(⬇)을 클릭합니다. 파일 유형을 'PNG', 내보내기 옵션을 [이 캔버스]로 선택하고 〈다운로드〉 버튼을 클릭합니다.

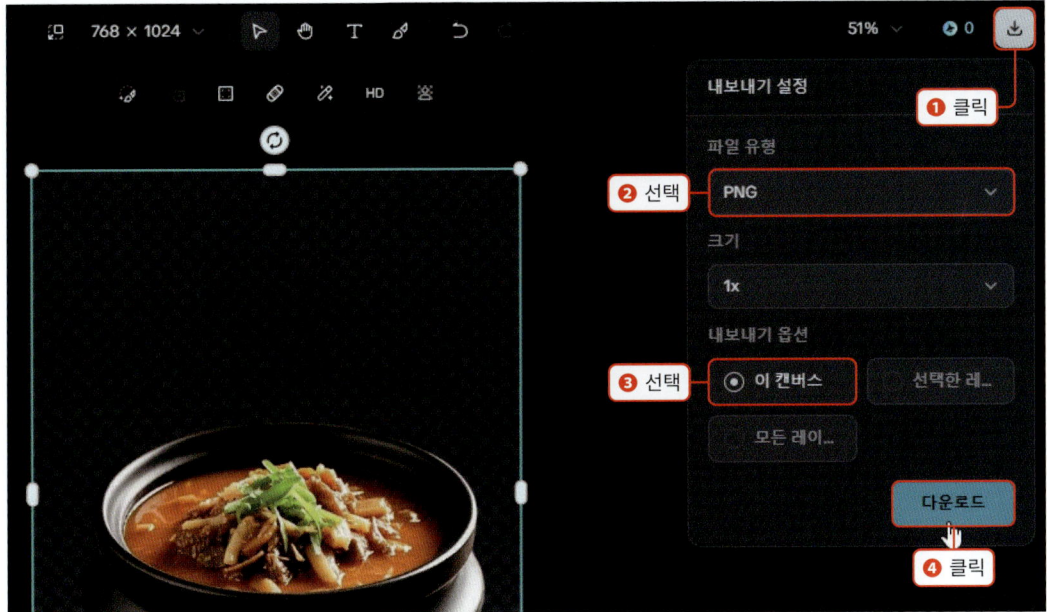

02 메뉴 사진을 위한 AI 배경 생성하기

AI 배경 기능을 활용하면 상품에 어울리는 배경을 추천받아 자연스럽게 어울리는 홍보용 이미지로 제작할 수 있습니다.

06 | 웹브라우저에 'capcut.com'를 입력하여 캡컷 사이트에 접속하고 AI 음식 메뉴 이미지 제작을 위해 [모든 도구]에서 [이미지 스튜디오]를 클릭합니다.

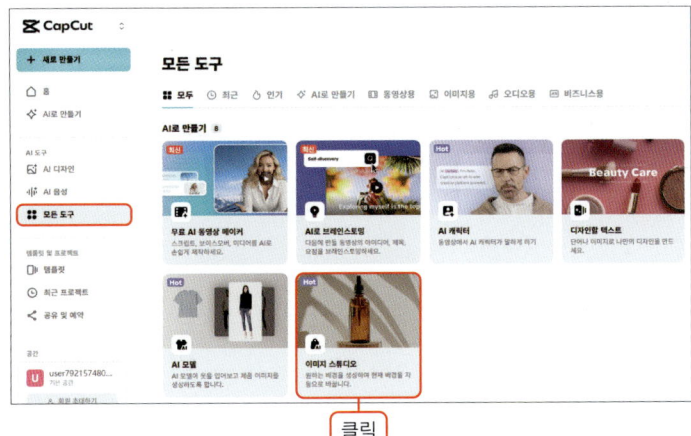

07 해당 기능을 이용하기 위해 Pippit으로 화면이 전환됩니다. [AI 배경]을 클릭합니다.

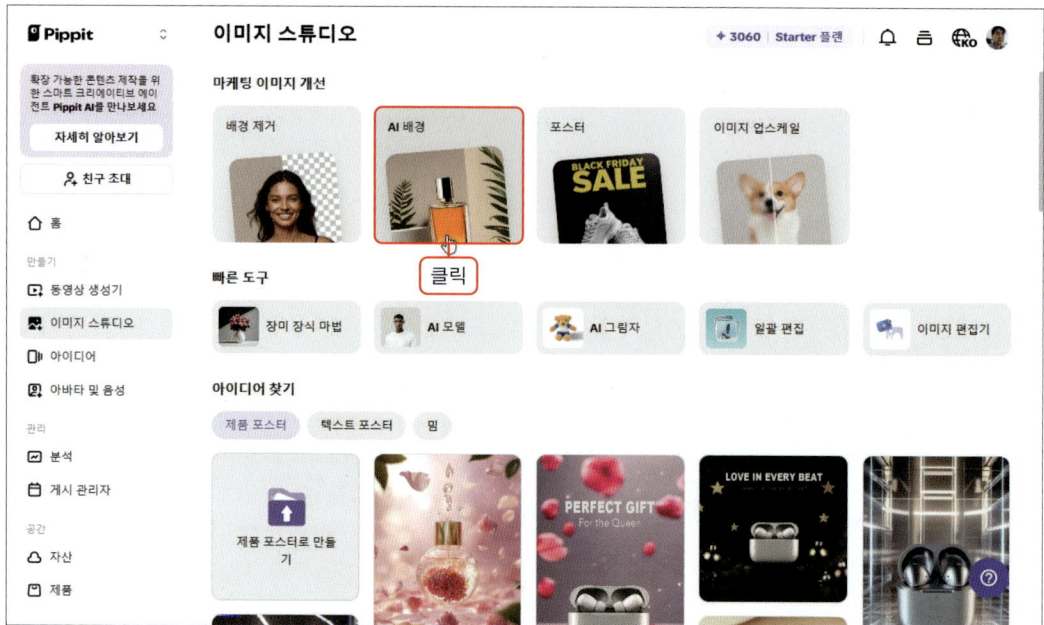

08 AI 배경 화면에서 투명 배경으로 만든 음식 사진을 업로드하기 위해 〈장치〉 버튼을 클릭합니다. 열기 대화상자의 source 폴더에서 '김치찌개.png' 파일을 선택하고 〈열기(O)〉 버튼을 클릭합니다.

09 | 김치찌개 이미지가 업로드되면 AI가 추천하는 배경 중에서 선택합니다. 예제에서는 [Warm Light]를 선택한 뒤 〈생성〉 버튼을 클릭하여 배경 이미지를 생성합니다.

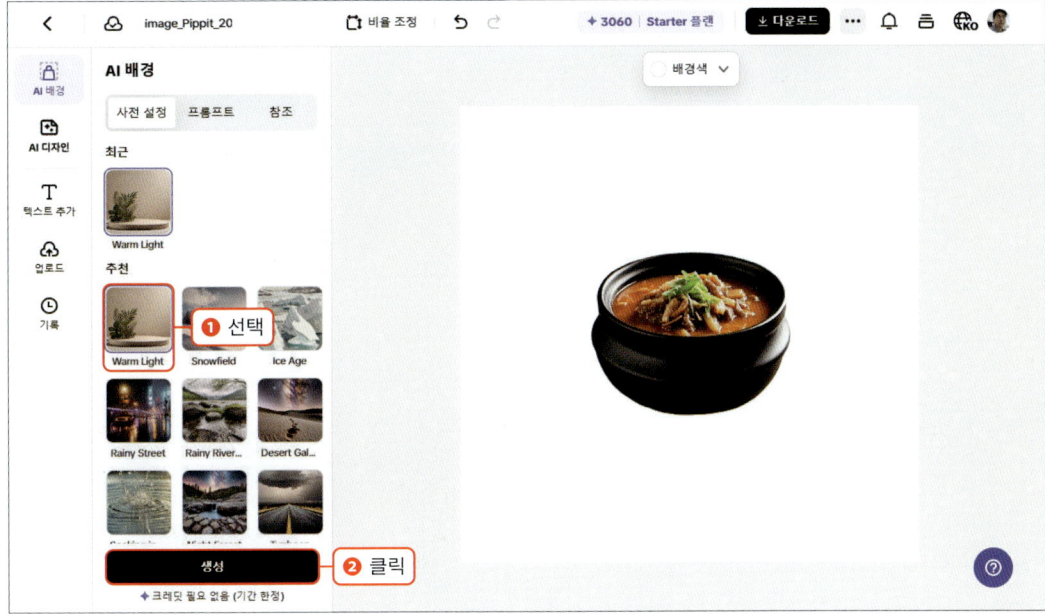

10 | 음식이 돋보이도록 그림과 같이 배경 이미지를 생성한 다음 자연스럽게 합성된 이미지를 만듭니다. 다른 스타일의 배경을 확인하기 위해 '←' 아이콘을 클릭해 이전 화면으로 돌아갑니다.

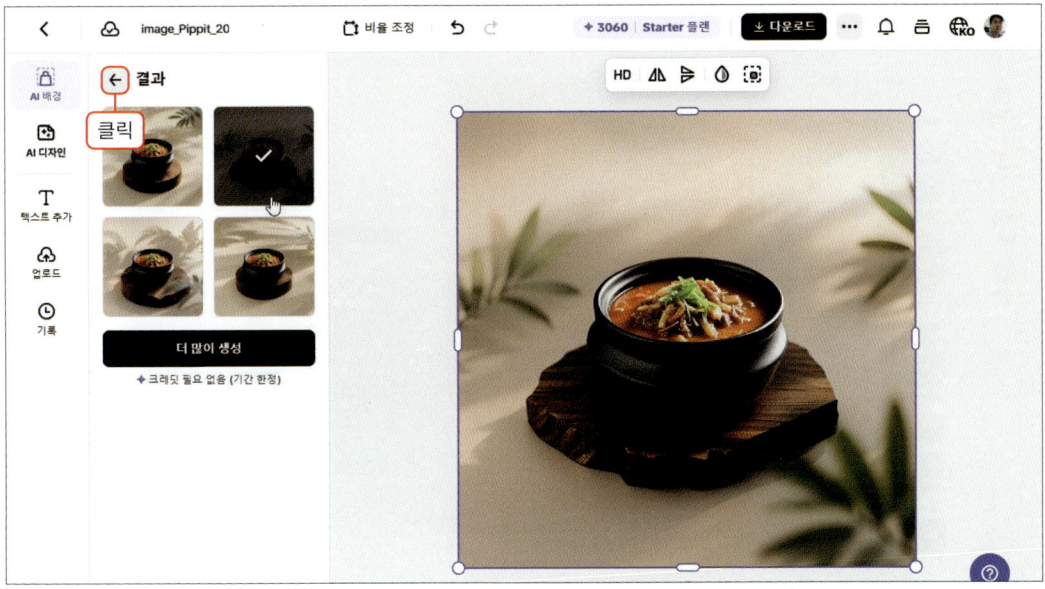

Tip <더 많이 생성> 버튼을 클릭하면 음식과 어울리는 유사한 배경 이미지들이 추가로 생성되어 제시됩니다.

11 AI 배경에서 마음에 드는 배경을 선택합니다. 예제에서는 [Leaves]를 선택했습니다.

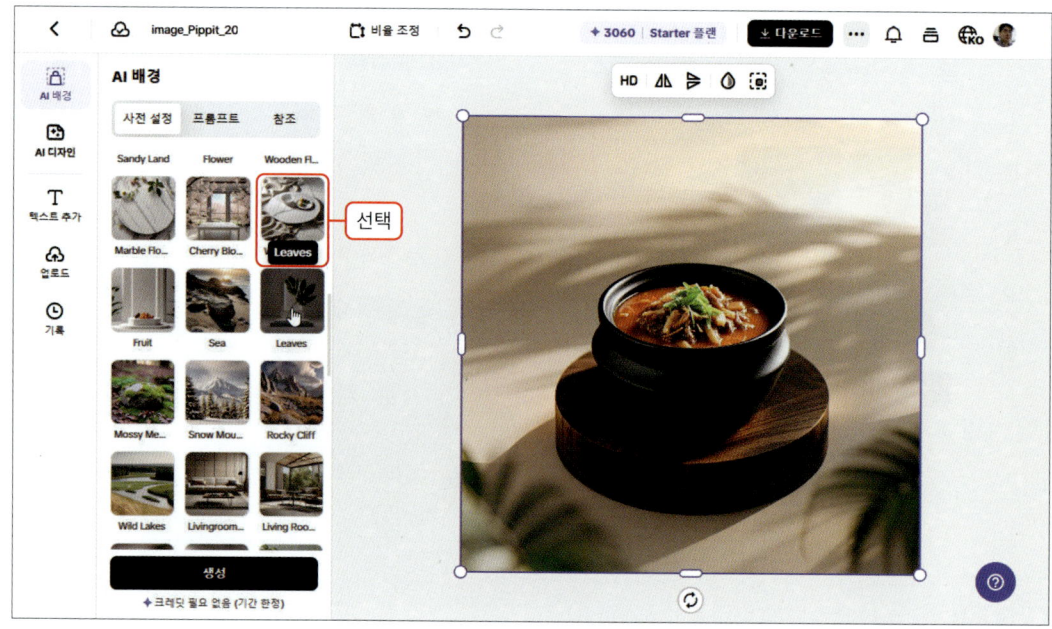

12 | 나뭇잎으로 연출된 배경이 그림과 같이 생성되어 음식과 자연스럽게 합성된 것을 확인할 수 있습니다. 마음에 드는 구성을 선택합니다. 예제에서는 다음의 이미지를 선택했습니다.

13 | 완성된 이미지를 다운로드하기 위해 〈다운로드〉 버튼을 클릭합니다. 파일 형식을 'JPG'로 지정하고 〈다운로드〉 버튼을 클릭하여 파일을 저장합니다.

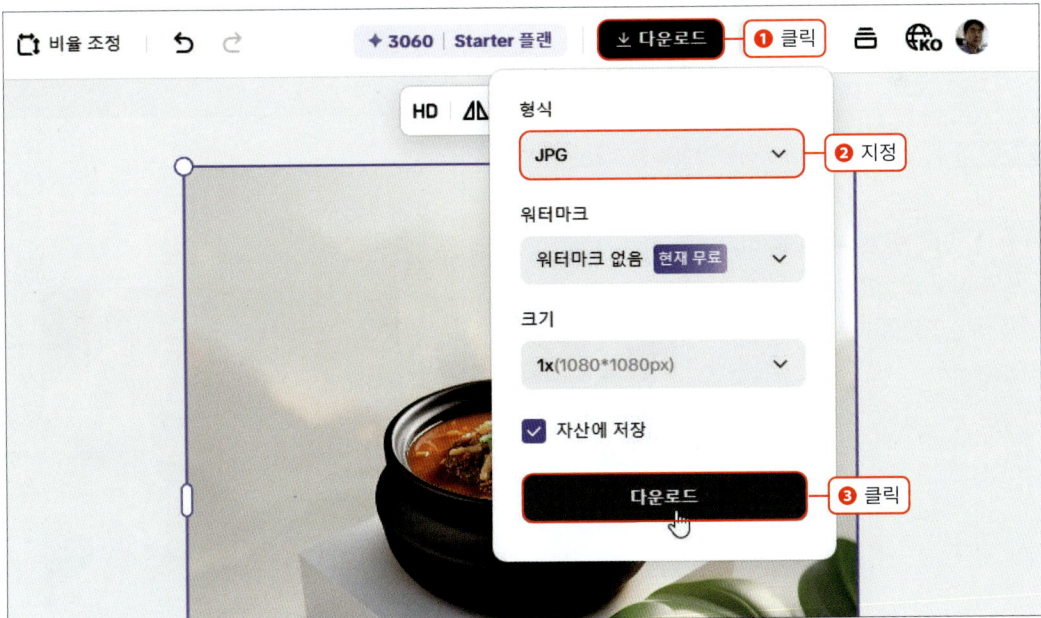

03 프롬프트로 상품 배경 합성하기

AI가 추천하는 배경이 아닌, 사용자가 직접 프롬프트를 입력해 상품에 맞는 배경을 생성할 수도 있습니다.

14 왼쪽 AI 배경 메뉴에서 [프롬프트]를 클릭한 다음, 프롬프트 입력창에 원하는 배경을 묘사하는 문장을 입력합니다. 예제에서는 김치찌개를 먹고 있는 인물을 추가하기 위해 해당 장면을 설명하는 문장을 입력합니다.

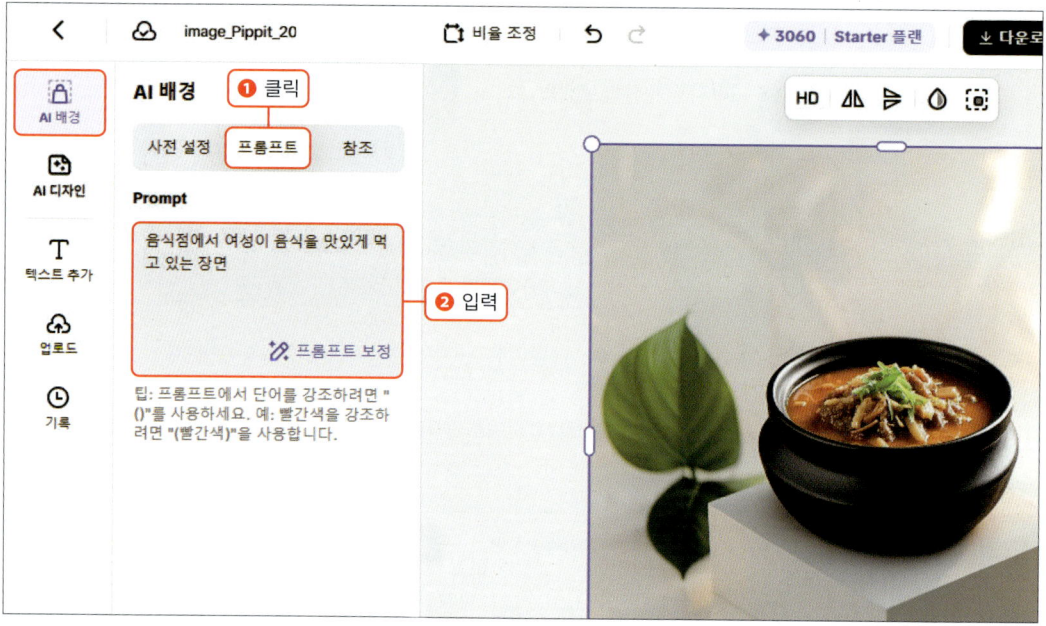

`프롬프트` 음식점에서 여성이 음식을 맛있게 먹고 있는 장면

15 입력한 프롬프트에 따라 그림과 같이 여성이 김치찌개를 맛있게 먹는 장면이 자연스럽게 생성되었습니다.

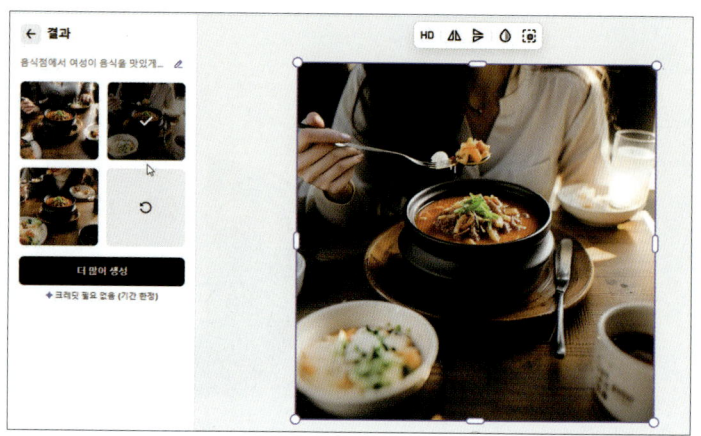

LESSON 17

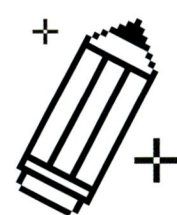

쉽고 빠르게, 화장품 홍보
구성 이미지 생성하기

CAPCUT AI

예제파일 : source\파운데이션.jpg   완성파일 : source\화장완성1~2.png

캡컷의 AI 광고 이미지 생성 기능을 활용하면 디자이너 없이도 다양한 스타일의 고품질 광고 이미지를 손쉽게 만들 수 있습니다. 브랜드에 맞는 이미지를 자동으로 생성해 시간과 비용을 줄일 수 있으며, 디자인 경험이 없어도 쉽게 활용 가능합니다. 예제에서는 이 기능으로 화장품 광고 이미지를 제작해 보겠습니다.

예제 콘셉트

광고 디자인 이미지를 제작하기 위해서는 전문 디자이너의 기획과 시각적 감각이 필수적이었지만, 이제는 캡컷의 텍스트 디자인 기능을 통해 비전문가도 손쉽게 고품질의 광고 이미지를 만들 수 있습니다. 사용자는 광고 목적에 맞는 텍스트와 참고 이미지를 입력하기만 하면, AI가 다양한 스타일과 레이아웃의 디자인 시안을 자동으로 제안해 줍니다.

제시된 디자인 중 원하는 구성을 선택한 후, 문구를 자유롭게 추가하거나 수정함으로써 맞춤형 광고 이미지를 완성할 수 있으며, SNS, 웹 배너, 프로모션 카드 등 다양한 채널에 바로 활용 가능한 해상도로 출력이 가능합니다. 이 기능은 시간과 비용을 절감하는 동시에, 기획 단계부터 제작까지의 과정을 단순화해 누구나 빠르게 광고 디자인을 완성할 수 있도록 도와줍니다.

작업 패턴

❶ **프롬프트**로 디자인에 사용할 기본 이미지 생성
❷ 디자인할 **텍스트 기능**으로 주된 목적을 프롬프트를 입력하고 디자인 용도 선택
❸ **문자 옵션**으로 생성된 디자인에 원하는 문자를 입력 또는 수정하여 완성

01 화장품 사진 생성하기

화장품 광고 디자인에 사용할 사진을 준비하거나 이미지를 생성합니다. 예제에서는 파운데이션 화장품 이미지를 생성해 봅니다.

01 웹브라우저에 'dreamina.capcut.com'을 입력하여 드리미나 캡컷 사이트로 이동한 다음 만들기 옵션을 [AI 이미지]로, 가로 세로 비율을 [3:4]로 선택합니다. 프롬프트 입력창에 화장품 광고 프롬프트를 입력한 다음 '생성' 아이콘(↑)을 클릭합니다.

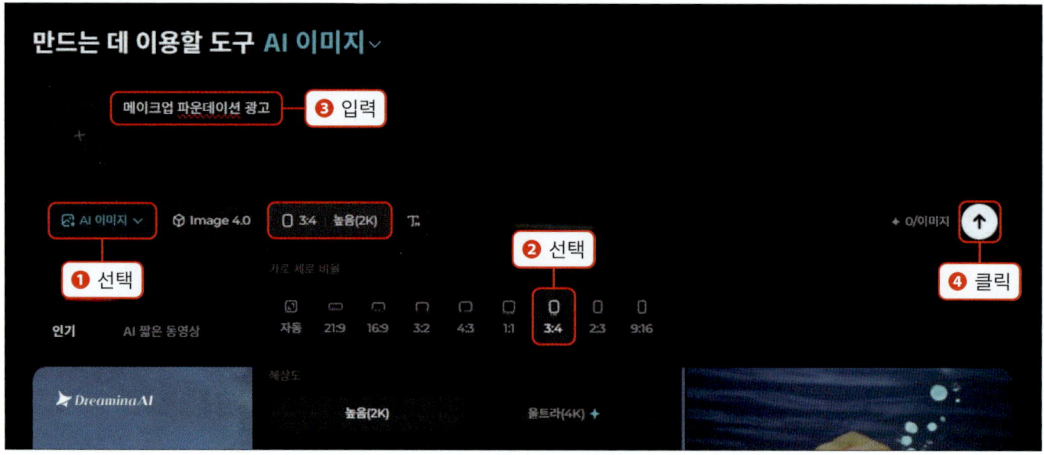

프롬프트 메이크업 파운데이션 광고

02 화장품 광고 이미지로 사용할 이미지를 선택한 다음 다운로드하여 이미지 파일로 저장합니다. 예제에서는 4번 이미지를 선택했습니다.

02 광고 디자인 이미지 생성하기

디자인 광고 이미지에 사용할 문구와 요구 사항을 입력하고, 필요한 이미지를 추가하여 최종 디자인을 완성합니다.

03 | 웹브라우저에 'capcut.com'를 입력하여 캡컷 사이트에 접속하고 AI 음식 메뉴 이미지 제작을 위해 [모든 도구]에 [디자인할 텍스트]를 클릭합니다.

04 | 디자인 이미지 생성 시 프롬프트 입력창에 필요한 텍스트를 입력하고, 디자인의 주된 목적을 선택합니다. 예제에서는 [에 대한 프로모션]을 선택합니다. 사용할 이미지를 추가하기 위해 '이미지 추가' 아이콘(■)을 클릭한 다음 [이 장치에서]를 클릭합니다.

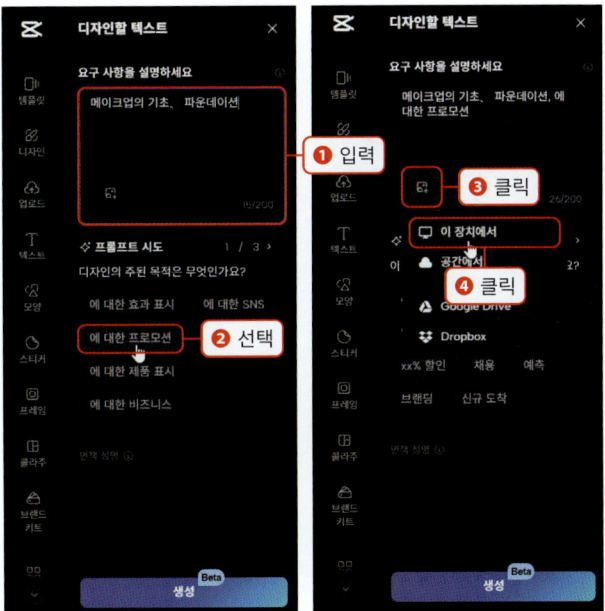

`프롬프트` 메이크업의 기초, 파운데이션

05 | 열기 대화상자의 source 폴더에서 이전 과정에서 생성한 이미지를 선택합니다. 예제에서는 '파운데이션.jpg' 파일을 선택하고 〈열기(O)〉 버튼을 클릭합니다. 이미지가 그림과 같이 추가되면 '생성' 버튼을 클릭하여 디자인에 필요한 문구와 사용될 이미지를 바탕으로 이미지를 생성합니다.

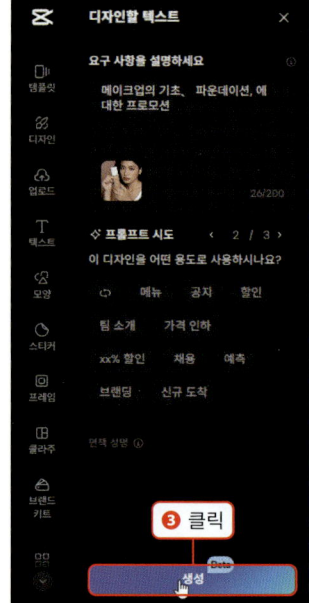

06 | 요구 사항 텍스트와 첨부 이미지를 바탕으로 디자인 구성이 제안됩니다. 마음에 드는 디자인을 클릭하면 오른쪽 작업 영역에 표시됩니다.

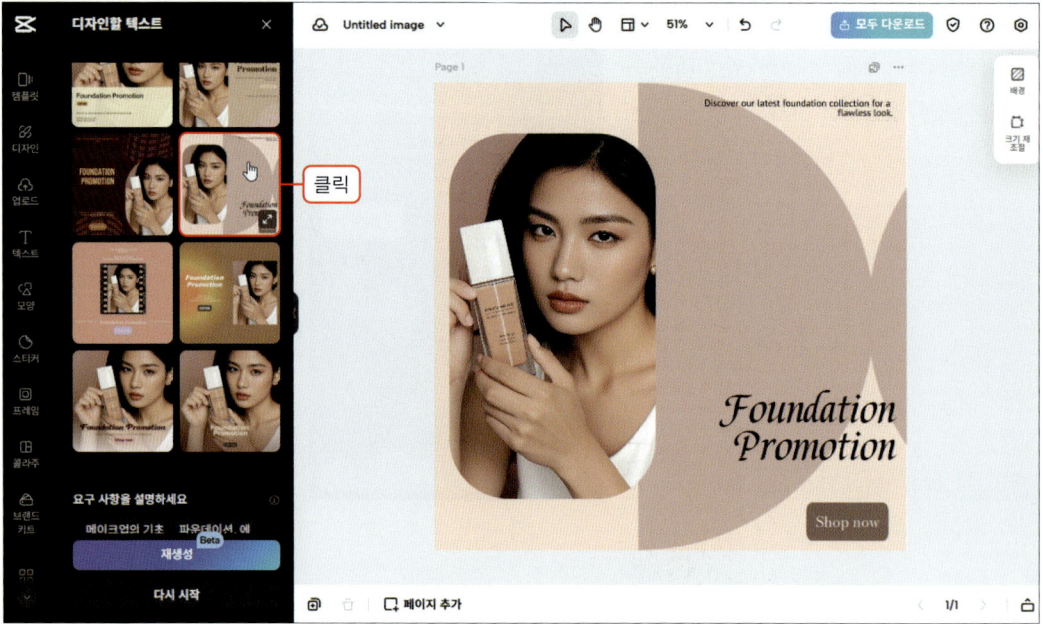

07 〈재생성〉 버튼을 클릭하면 디자인이 추가로 생성됩니다. 마음에 드는 디자인을 클릭하여 작업 영역에 표시합니다.

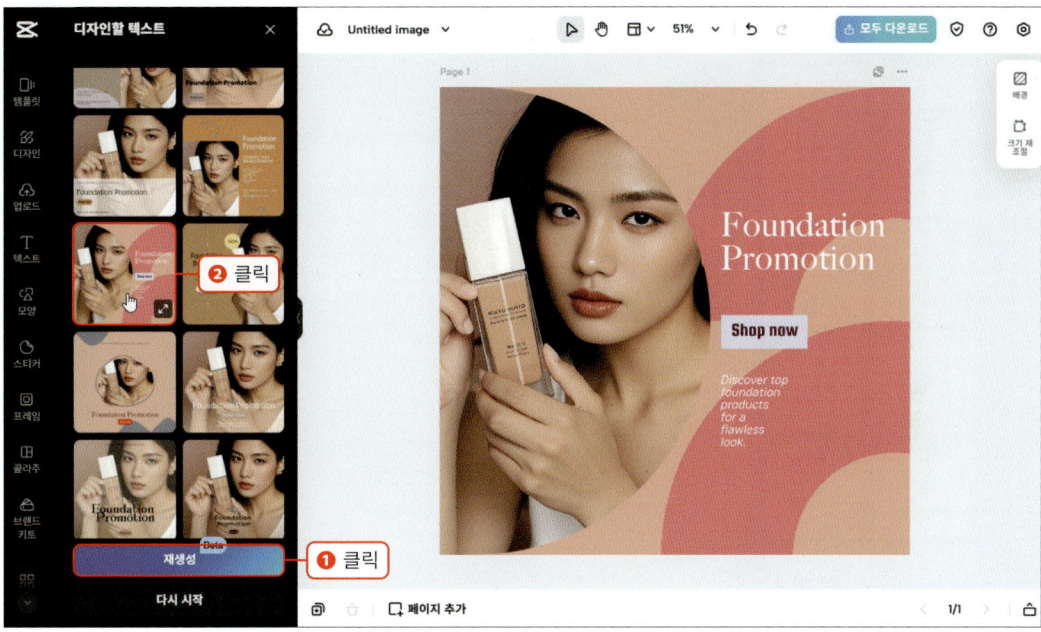

08 입력된 문자를 클릭하여 바운딩 박스가 표시되면 오른쪽 사이드바에서 [기본]을 클릭하여 문자 옵션을 표시합니다.

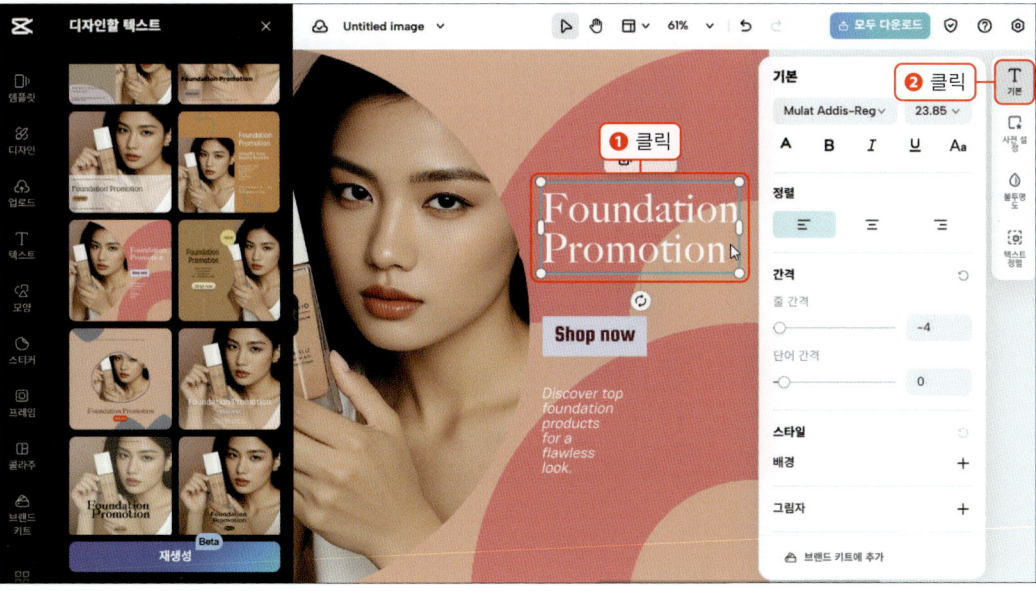

09 예제에서는 글꼴을 '티몬체'로 지정한 다음 정렬을 '왼쪽 정렬', 줄 간격을 '4'로 지정합니다. 바운딩 박스의 모서리 조절점을 드래그하여 문자 크기와 위치를 조정합니다.

Tip 같은 방법으로 다른 텍스트 상자의 위치와 문구, 설정을 조정하여 완성합니다.

10 완성된 이미지를 저장하려면 〈모두 다운로드〉 버튼을 클릭한 후 [다운로드]를 클릭합니다.

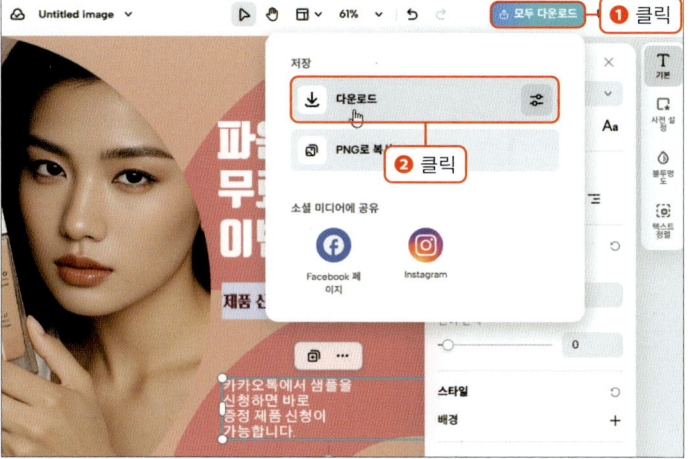

LESSON 18

자유롭게 디자인하는
유튜브 썸네일 이미지 만들기

CAPCUT AI

예제파일 : source\bread.png, 빵1~3.png   **완성파일** : source\썸네일.jpg

텍스트 프롬프트로 생성한 이미지, 업로드한 이미지, 입력한 텍스트는 각각 레이어로 생성되며, 레이어를 활용하면 원하는 형태로 이미지를 합성할 수 있습니다. 예제에서는 인물, 배경, 문자, 아이콘을 사용하여 인물 뒤에 문자가 배치된 유튜브 썸네일 이미지를 만들겠습니다.

예제 콘셉트

유튜브 썸네일 이미지는 시청자의 시선을 끌 수 있도록 강렬한 이미지와 눈에 띄는 문자를 조합하여 구성하는 것이 핵심입니다. 캡컷의 AI 이미지 생성 기능을 활용하면 영상 주제에 맞는 고품질 이미지를 쉽고 빠르게 제작할 수 있으며, 텍스트 추가 기능을 통해 원하는 문구를 적절한 위치에 배치할 수 있습니다.

특히 레이어 기능을 활용하면 이미지와 텍스트의 순서를 자유롭게 조정할 수 있어, 인물 뒤에 문자를 배치하거나 문자가 이미지 일부를 가리는 등 다양한 합성 효과를 줄 수 있습니다. 이러한 기능을 통해 더욱 창의적이고 임팩트 있는 썸네일 제작이 가능해 영상 클릭률을 효과적으로 높일 수 있습니다.

작업 패턴

❶ **프롬프트**를 입력하여 빵을 홍보하는 인물 이미지와 제빵점 배경을 생성
❷ **레이어를 복제**하여 인물 이미지를 복제한 다음 배경 삭제 기능으로 배경 제거
❸ **텍스트 추가 기능**으로 썸네일에 사용할 문자 입력과 문자 크기와 색상 지정
❹ **문자 레이어 위치 조정**으로 자연스러운 합성 효과를 적용

01 원본 이미지 생성과 복제하기

빵을 소개하는 유튜브 썸네일 이미지를 규격에 맞게 생성하고 인물 이미지의 앞이나 뒤에 자유롭게 홍보 문구를 배치하기 위해 레이어를 복제해 보겠습니다.

01 | 웹브라우저에 'dreamina.capcut.com'을 입력하여 드리미나 캡컷 사이트에 접속하고 이미지 수정 작업을 실시간으로 확인하며 진행하기 위해 왼쪽 [캔버스] 메뉴를 클릭합니다.

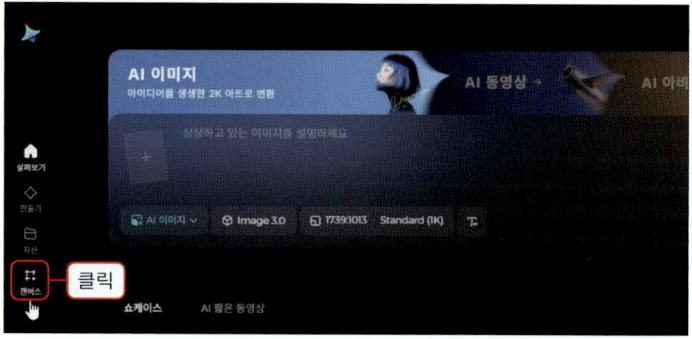

02 | 유튜브 썸네일 이미지 크기를 설정하려면 [캔버스 크기]의 가로 세로 비율을 [16:9]로 선택한 후, 이미지 크기를 'W: 1280, H: 720'으로 입력합니다.

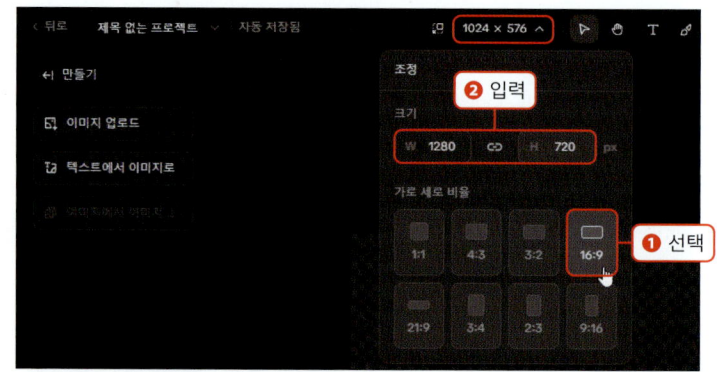

03 | 프롬프트를 입력하여 인물과 빵이 있는 배경 이미지를 생성하기 위해 [텍스트에서 이미지로]를 클릭합니다.

04 유튜브 썸네일 주제는 '빵지 순례'라는 키워드로 이미지를 생성합니다. 빵집에서 빵을 맛있게 먹는 인물을 묘사하는 텍스트를 프롬프트 입력창에 입력한 후 〈생성〉 버튼을 클릭합니다.

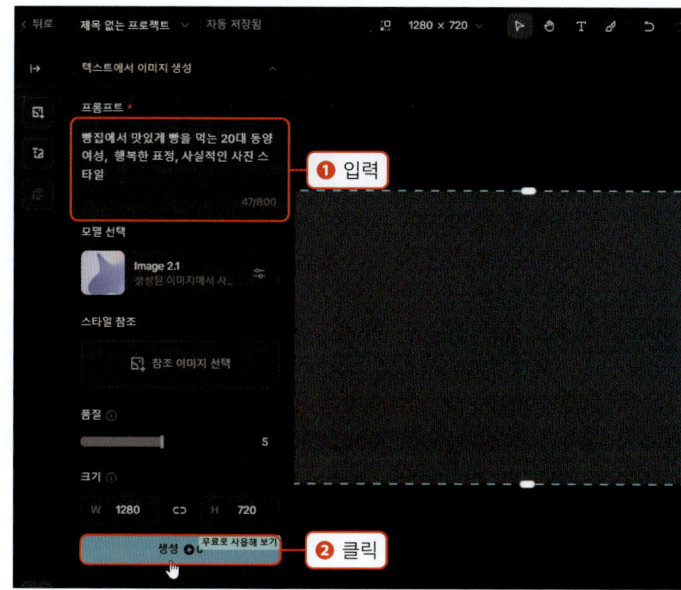

프롬프트
빵집에서 맛있게 빵을 먹는 20대 동양 여성, 행복한 표정, 사실적인 사진 스타일

05 이미지가 4개씩 생성되면 원하는 이미지를 클릭하여 레이어로 지정합니다. 예제에서는 '레이어 1'이 생성된 것을 확인할 수 있습니다.

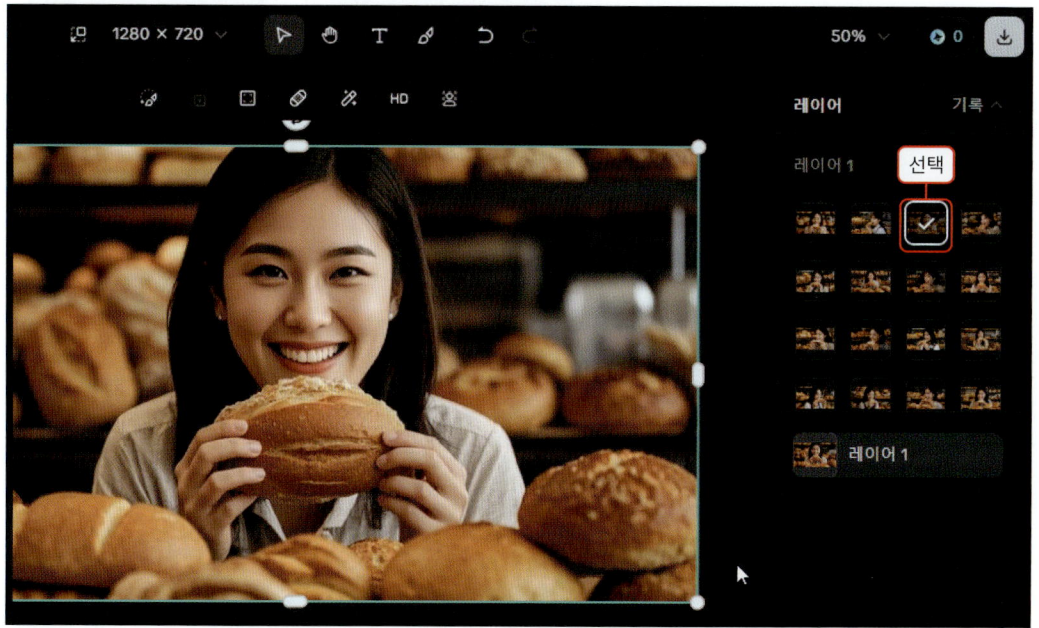

 Tip 이미지가 마음에 들지 않으면 <다시 생성> 버튼을 클릭하여 이미지를 생성합니다.

06 | 레이어를 복제하기 위해 '레이어 1'에서 마우스 오른쪽 버튼을 클릭하여 표시되는 메뉴에서 [복제]를 선택합니다. 복제된 '레이어 1(1)'이 생성됩니다.

> **Tip** 캡컷의 레이어 기능은 이미지 편집에서 이미지를 겹겹이 쌓아 구성할 수 있도록 도와주는 핵심 기능입니다. 포토샵의 레이어와 유사한 구조로, 시각 요소들을 독립적으로 배치하고 조작할 수 있어, 복잡한 편집 작업을 보다 유연하게 진행할 수 있습니다.
>
> **❶ 이미지 순서 변경**
> 캡컷에서는 레이어의 순서를 드래그 앤 드롭으로 자유롭게 바꿀 수 있으며, 위쪽에 위치한 레이어일수록 화면에서 더 앞에 보이도록 설정되어 있어, 시각적 우선순위를 직관적으로 조절할 수 있습니다.
>
>
>
> **❷ 레이어 잠금 및 숨김**
> 캡컷에서는 특정 레이어를 숨김(toggle) 기능을 통해 해당 레이어를 일시적으로 화면에서 가려 작업 중 시야를 정리하거나 비교 편집을 할 수 있습니다.
>
>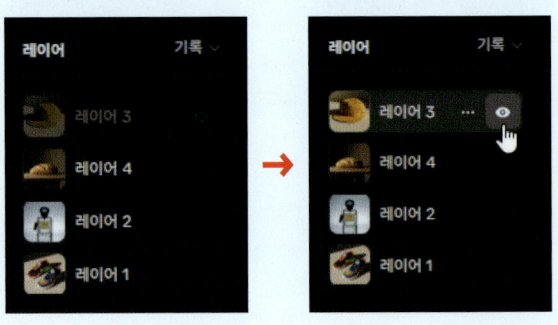

02 복제된 이미지 배경 삭제하고 문자 입력하기

복제된 이미지에서 인물을 제외한 배경을 삭제한 후 문자를 원하는 위치에 배치하여 합성 효과를 만들 수 있습니다. 예제에서는 위쪽에 서브 문자와 가운데에 메인 타이틀 문자를 입력하겠습니다.

07 | 원본 이미지(레이어 1)는 그대로 유지되며, 동일한 이미지가 복제되어 생성되었습니다. 복제된 이미지의 배경을 삭제하려면 '배경 삭제' 아이콘을 클릭합니다.

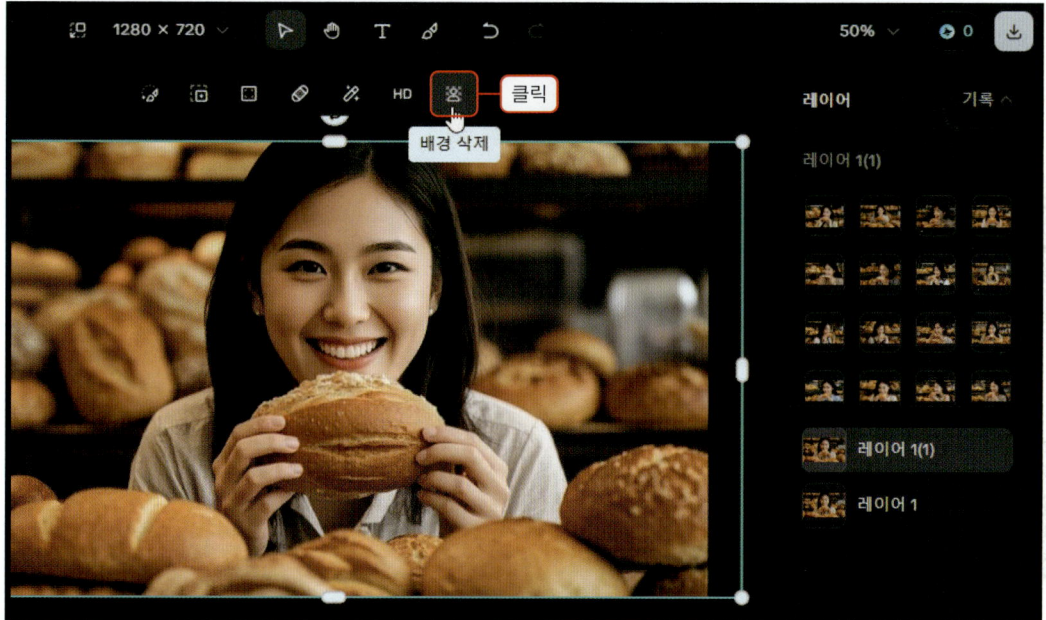

08 | 삭제할 배경을 제외한 부분이 그림과 같이 격자 형태로 표시되면, 〈배경 삭제〉 버튼을 클릭합니다.

09 | 배경이 삭제된 '레이어 1(1)' 이미지를 확인한 후 문제가 없다면 〈완료〉 버튼을 클릭합니다.

10 | 위쪽에 배치할 문자를 입력하려면 '텍스트 추가' 아이콘(T)을 클릭합니다. 텍스트 입력 박스가 표시되면 샘플 문자인 '텍스트 입력'을 더블클릭합니다.

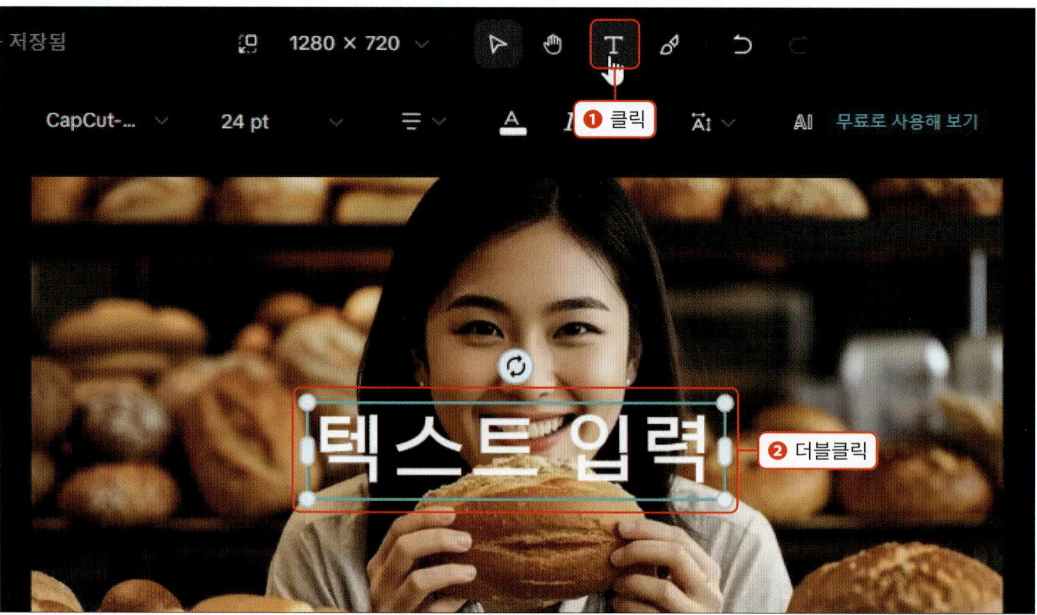

11 그림과 같이 '전국빵맛집베스트필수코스' 문자를 입력한 다음 글꼴 크기를 '14pt'로 지정하여 문자 크기를 작게 조정합니다.

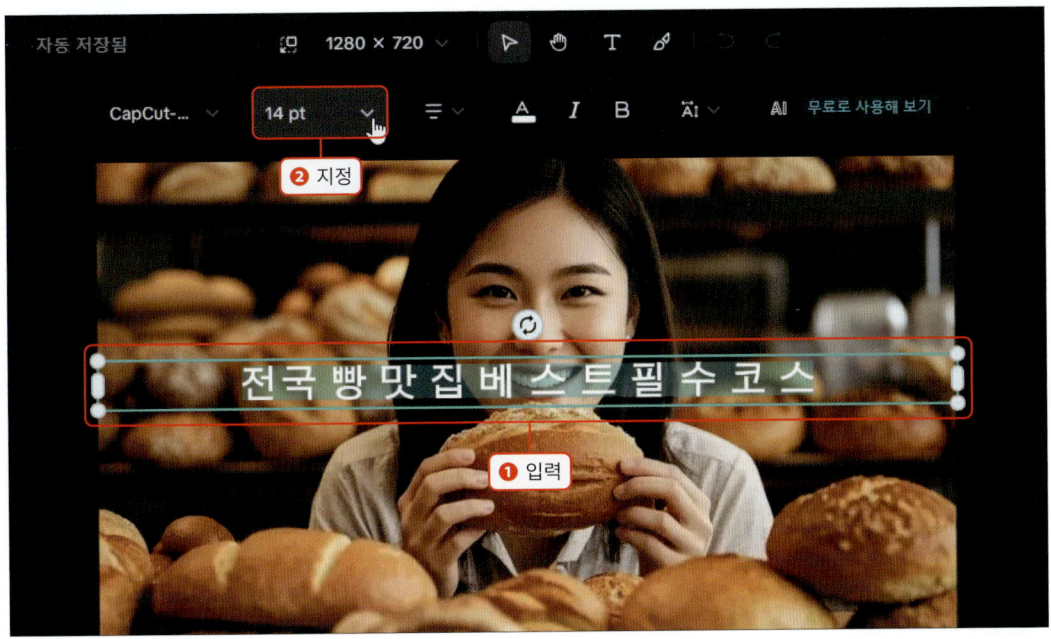

12 입력한 문자를 이미지 위쪽으로 드래그하여 위치시킵니다.

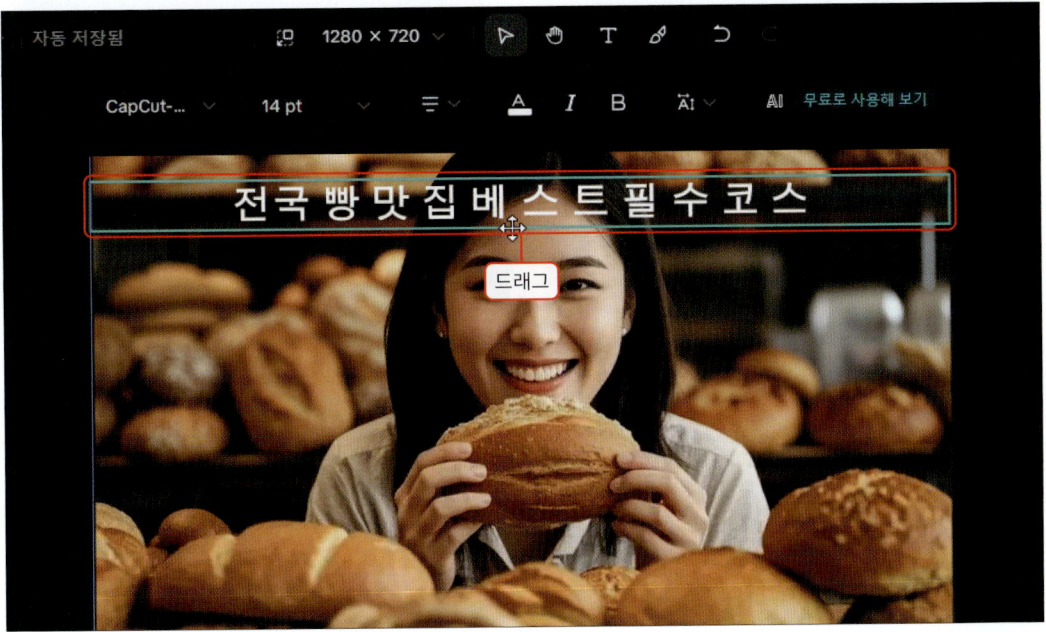

13 위쪽의 문자 색상을 지정하기 위해 '텍스트 색상' 아이콘(A)을 클릭한 다음, 사전 설정 색상에서 '노란색'을 선택합니다. 문자 색상이 노란색으로 변경되었습니다.

14 원본 레이어인 '레이어 1'의 '👁' 아이콘을 클릭하고, 문자를 추가하기 위해 '텍스트 추가' 아이콘(T)을 클릭하여 텍스트 입력 박스가 표시되면 샘플 문자인 '텍스트 입력'을 더블클릭합니다.

✦ **Tip** 레이어의 '👁' 아이콘을 클릭하면 해당 레이어가 숨겨집니다. 필요에 따라 활용해 보세요.

15 | '빵지 순례'를 입력하고 글꼴을 '티몬체', 문자 크기를 '50pt'로 지정합니다. 단어 중앙에 인물이 보이도록 Spacebar를 눌러 사이 간격을 넓힙니다.

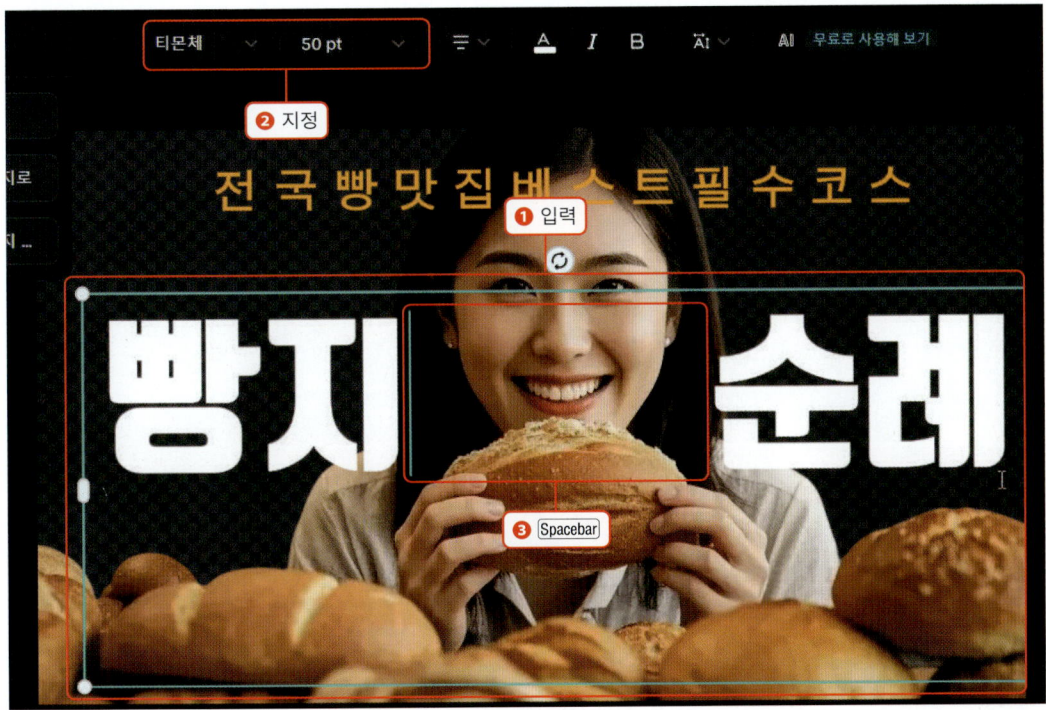

16 | 원본 이미지인 '레이어 1'의 '👁' 아이콘을 클릭하면 원본 배경 이미지가 표시됩니다. 이때 '빵지 순례' 문자가 인물보다 앞에 위치한 것을 확인할 수 있습니다.

03 레이어 이동과 아이콘 이미지 구성하여 완성하기

레이어 기능을 이용해 입력한 메인 타이틀을 인물 뒤로 이동시켜, 마치 인물 뒤에 배경 문자가 표시되는 것처럼 이미지를 구성합니다. 모든 작업이 완료되면 작업 프로젝트 이름을 입력하고 이미지를 저장합니다.

17 | '빵지 순례' 문자 레이어를 배경이 삭제된 '레이어 1(1)' 아래로 드래그합니다. 인물 뒤에 문자가 배치된 효과를 얻을 수 있습니다.

18 | 빵이나 케이크 모양의 아이콘을 캔버스에 장식하기 위해 [이미지 업로드]를 클릭합니다. 열기 대화상자의 source 폴더에서 AI 기능으로 생성한 '빵1.png' 파일을 선택하고 〈열기(O)〉 버튼을 클릭합니다. 불러온 아이콘 이미지는 이미지 조절점을 드래그해 크기를 조정하고, 적절한 위치로 이동합니다.

19 | 같은 방법으로 [이미지 업로드]를 클릭해 빵 아이콘 이미지를 불러옵니다. 아이콘 크기를 조정하고 적절한 위치로 이동시켜 유튜브 썸네일 이미지를 완성합니다.

20 | 작업한 이미지를 파일로 저장하기 위해 '내보내기' 아이콘( )을 클릭한 다음, 파일 유형을 'Jpg'로 지정하고, [이 캔버스]를 선택한 후 〈다운로드〉 버튼을 클릭합니다. 작업이 완료되면 프로젝트 이름을 지정하겠습니다. 왼쪽 상단에 프로젝트명을 클릭하고 '빵지순례2'를 입력하여 마무리합니다.

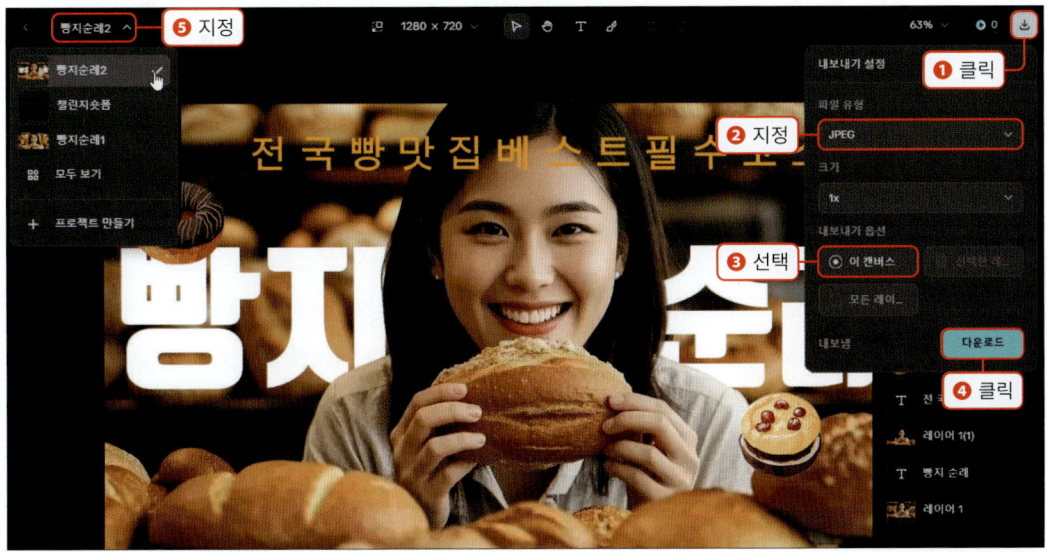

Tip 프로젝트명 옆에 ' ' 아이콘을 클릭하면 저장된 프로젝트를 확인할 수 있습니다. 완성 후 작업을 수정하려면 저장한 프로젝트를 불러와 추가로 편집할 수 있습니다.

PART 3

세상에 이런 일이! 캡컷으로 한 번에 영상 생성하기

동영상 생성 파트에서는 누구나 쉽게 전문가 수준의 콘텐츠를 제작할 수 있도록 다양한 기능과 흐름을 제공합니다. 영상 생성의 핵심 요소인 조명과 구도, 무빙을 반영한 프롬프트 작성법부터 시작해, 정보 전달에 최적화된 구성으로 영상을 빠르게 생성하는 방법을 안내합니다. 또한 웹용보다 더 전문적인 데스크톱용 캡컷을 활용하여, AI 기능으로 이미지를 첨부하고 이를 기반으로 영상으로 확장하는 과정과 실전 활용 중심의 전반적인 영상 생성 노하우를 폭넓게 담고 있습니다.

LESSON 01

동영상 생성의 핵심,
조명 구성 프롬프트

AI로 동영상을 만들 때 조명 구성은 시각적 완성도를 높이고 강한 인상을 주는 핵심 요소입니다. 이를 잘 활용하면 영상 품질이 크게 향상되며, 다음은 생성 전 꼭 고려해야 할 빛의 위치에 따른 조명의 역할을 살펴보겠습니다.

01 주광(Key Light)

주광은 피사체를 가장 강하게 밝히는 주요 빛으로, 영상에서 중요한 역할을 합니다. 주광은 피사체의 전반적인 밝기와 분위기를 결정하며, 그 강도와 방향에 따라 영상의 분위기가 크게 달라지며, 피사체를 밝히는 동시에 그림자나 입체감을 만들어내는 역할을 합니다. 주광의 위치나 강도를 적절히 조절하면 인물이나 객체가 어떻게 보일지, 또는 장면의 분위기가 어떻게 전달될지에 큰 영향을 미칩니다. 예를 들어, 주광이 위에서 아래로 비추면 얼굴의 특징을 강조하고, 얼굴 아래에 어두운 그림자가 생겨 긴장감이나 신비로운 느낌을 줄 수 있습니다.

프롬프트 도서관에서 책을 읽는 학생, 창가에서 인물을 비추는 주광

02 보조광(Fill Light)

보조광은 주광으로 생긴 그림자를 부드럽게 하고, 영상의 균형을 맞추는 역할을 합니다. 강한 그림자가 피사체를 어둡게 만들 때 보조광이 필요하며 주광의 그림자를 부드럽게 해 피사체의 세부 사항이 잘 보이도록 돕습니다. 그러나 보조광이 너무 강하면 장면이 평면적이고 평범하게 보일 수 있으므로 주광의 강도에 맞게 세밀한 조정이 필요합니다. 보조광이 너무 약하면 강한 그림자 때문에 피사체의 중요한 부분이 가려지거나 어두운 느낌이 강화될 수 있습니다.

프롬프트 유튜브를 촬영하는 10대 소녀, 어두운 환경, 인물을 밝히는 보조광

03 배경광(Back Light)

배경광은 피사체 뒤에서 비추어 피사체를 돋보이게 하고, 배경과 분리하여 입체감을 줍니다. 이미지 생성 시 배경광을 사용하면 피사체의 실루엣을 강조하고, 배경과 피사체를 구별하여 입체감을 강화할 수 있습니다. 드라마틱한 효과를 줄 수 있지만, 너무 강하면 피사체의 세부 사항이 사라질 수 있으므로 강도를 조절해야 합니다.

프롬프트 무대에서 공연하는 인물, 그래피티 배경을 비추는 배경광

04 정면광(Frontal Lighting)

정면광은 카메라와 반대 방향에서 빛을 비추어 피사체를 고르게 밝히는 방식으로, 부드럽고 자연스러운 느낌을 줍니다. 이 방식은 얼굴이나 피사체를 고르게 밝히고, 그림자 없이 부드러운 느낌을 만들어냅니다. 주로 친근함과 편안함을 전달할 때 사용됩니다. 그러나 과도한 정면광은 깊이나 입체감을 줄여 피사체가 평면적으로 보일 수 있습니다. 텔레비전 인터뷰나 뉴스 방송에서 자주 사용되며, 인물의 얼굴을 자연스럽고 고르게 밝히는 데 적합해 시청자가 인물을 더 친근하게 느끼게 만듭니다.

프롬프트 남녀 인물이 야외 카페에서 얘기하는 장면, 부드러운 조명, 정면광

05 측면광(Side Lighting)

측면광은 피사체의 한쪽에서 비추어 텍스처와 입체감을 강조하는 방식입니다. 이 빛은 피사체에 깊이와 세부적인 입체감을 부여하며, 얼굴이나 물체의 윤곽을 부각시켜 강렬한 텍스처와 입체감을 표현할 수 있습니다. 측면광은 영화나 사진에서 자주 사용되며, 분위기나 감정을 강조할 때 매우 효과적입니다.

프롬프트 해변가에서 버스킹하는 여성, 클로즈업 샷, 측면광

06 역광(Backlighting)

역광은 피사체 뒤에서 빛을 비추어 실루엣 효과를 만들고 신비로운 분위기를 전달할 수 있습니다. 역광을 사용하면 실루엣을 강조해 미스터리하거나 드라마틱한 분위기를 연출할 수 있습니다. 그러나 역광만 사용하면 피사체의 세부 사항이 보이지 않으므로 보통 다른 보조 빛과 함께 사용됩니다.

프롬프트 도로 위에 서 있는 남성, 자동차 헤드라이트 불빛, 역광

07 강한 빛(High Key)

밝고 깨끗한 느낌을 주며, 화면 전체에 고르게 퍼진 빛으로 부드럽고 긍정적인 인상을 전달합니다. 보통 따뜻하고 경쾌한 분위기를 연출하거나, 안정감과 편안함을 주고자 할 때 사용됩니다. 주로 애니메이션 영화, 로맨틱 코미디, 광고 영상 등에서 밝고 기분 좋은 이미지를 강조하기 위해 활용되며, 인물의 표정과 색감을 더욱 선명하게 드러내기에 효과적입니다.

프롬프트 등산 배낭을 메고 산길을 걷는 남성, 밝고 강한 빛

08 약한 빛(Low Key)

어두운 그림자와 강렬한 대비를 만들어 긴장감과 드라마틱한 분위기를 강조해 주로 공포 영화, 범죄 영화, 스릴러에서 긴장감을 높이는 데 자주 사용됩니다. 인물의 감정선을 깊이 표현하거나 미묘한 표정과 세부 디테일을 부각시켜 관객의 몰입도를 높일 수 있습니다.

프롬프트 산에서 텐트를 치고 캠핑하는 여성과 개, 약한 빛

09 정오 빛(Midday Light)

정오 빛은 태양이 지평선에서 가장 높이 떠 있는 한낮, 특히 정오(오전 11시에서 오후 1시 사이)의 시간대에 관찰되는 햇빛의 특성을 말합니다. 그림자는 가장 짧고 선명하게 형성되고 풍경이나 사물을 명확하게 드러내는 특징이 있으며, 색감이 매우 맑고 선명하게 느껴집니다. 자연광 중에서도 가장 강렬하고 깨끗한 인상을 주어 장면에 또렷함과 생기를 더해주는 요소로 인식됩니다.

프롬프트 서핑보드 상점에서 다양한 보드를 배경으로 홍보하는 여성, 정오 빛

10 따뜻한 빛(Warm Light)

노란색과 주황색을 띠는 빛은 따뜻하고 부드러운 색 온도를 지니고 있어, 보는 이에게 편안하고 친근한 느낌을 전달합니다. 이러한 색조의 빛은 감정적으로 안정감을 유도하며, 따사롭고 포근한 분위기를 자아내기 때문에 주로 일몰 장면이나 실내 공간에서 많이 사용됩니다. 이런 따뜻한 계열의 조명은 영상, 사진에서 인간 중심의 감성적 연출을 할 때 매우 유용한 요소입니다.

프롬프트 음식점 안의 털실로 짠 모자를 쓴 소녀, 따뜻한 빛

11 차가운 빛(Cool Light)

푸른색을 띠는 빛은 차갑고 현대적인 느낌을 전달합니다. 이 차가운 빛은 신선하고 깨끗한 이미지를 주며, 겨울철이나 차가운 장소의 조명으로 자주 사용됩니다. 또한 금속, 유리, 얼음과 같은 소재의 질감을 강조해 차분하면서도 세련된 분위기를 연출할 수 있습니다.

프롬프트 스노보드를 타고 내려오는 남성, 푸른 빛 조명

LESSON 02

CAPCUT AI

AI 영상 제작 시 꼭 알아야 할 영상 무빙

AI 영상 제작에서 영상 무빙(Camera Movements)은 감정과 스토리 전달, 시선 유도에 중요한 역할을 합니다. 카메라의 이동 방식이나 고정된 상태에서의 촬영 기법에 따라 영상의 몰입감과 완성도가 달라집니다. 다양한 무빙을 적절히 활용하면 AI로도 더욱 생동감 있고 전문적인 영상을 만들 수 있습니다. 이제 꼭 알아야 할 주요 무빙 기법을 살펴보겠습니다.

01 팬(Pan) 무빙

팬은 카메라를 고정한 상태에서 좌우로 회전시키는 가장 기본적인 영상 무빙 기법 중 하나로, 장면의 수평적인 확장을 보여주거나 피사체 주변의 환경을 자연스럽게 드러낼 때 자주 사용됩니다. 특히 넓은 풍경, 도시 전경, 실내 공간 구성 등을 효과적으로 전달할 수 있으며, 정적인 프레임에 리듬과 흐름을 부여하는 데 유리합니다. AI 생성 이미지나 정지된 장면을 영상화할 때 특히 유용하게 활용되며, 배경을 천천히 이동시켜 보여줌으로써 공간의 넓이, 그리고 장면 안의 관계성을 강조할 수 있습니다.

이러한 무빙은 프레젠테이션용 영상이나 슬라이드 기반 콘텐츠를 보다 동적이고 시각적으로 몰입감 있게 구성하고자 할 때, 이미지 간의 전환을 부드럽게 연결하거나 정적인 구도에 시각적 움직임을 부여함으로써, 단순한 정보 전달 이상의 감각적 연출이 가능합니다.

프롬프트 트랙터와 말, 오리가 초원에 있는 농장 전경, 팬 무빙

02 틸트(Tilt) 무빙

틸트는 카메라를 수직 방향으로 움직이는 기법으로, 주로 카메라를 위아래로 기울여 위쪽이나 아래쪽을 바라보게 만듭니다. AI로 생성된 캐릭터나 객체가 있을 때 틸트 무빙을 활용하면 캐릭터의 전체 모습을 강조하거나, 스케일과 비율을 더욱 효과적으로 보여줄 수 있습니다.

프롬프트 나무 위에 올라가 책을 읽는 소년, 틸트 무빙

03 줌(Zoom) 무빙

줌은 카메라 렌즈를 조정해 촬영 범위를 넓히거나 좁히는 기법입니다. 줌인(Zoom In)은 피사체에 가까워지며, 줌아웃(Zoom Out)은 멀어집니다. 줌을 활용하면 디테일을 강조하고, 시청자의 시선을 특정 객체에 집중시킬 수 있습니다

프롬프트 행글라이더를 타는 사람, 줌인 무빙

04 트래킹(Tracking) 무빙

트래킹은 카메라가 피사체를 따라 움직이는 기법입니다. 카메라는 피사체와 함께 이동하거나 일정한 거리를 두고 피사체를 추적합니다. 주인공이 걷거나 달릴 때 뒤를 따라가는 트래킹 샷이나 움직이는 차량이나 동물을 추적하는 장면에서 자주 사용됩니다. 트래킹 기법을 활용하면 생성된 객체나 캐릭터의 움직임을 강조할 수 있고, 실시간으로 변화하는 장면을 더 동적으로 표현할 수 있습니다.

프롬프트 마라톤 경기에서 달리는 선수들, 트래킹 무빙

05 크레인(Crane) 무빙

크레인은 카메라를 높은 곳에서 낮은 곳으로, 또는 그 반대로 수직으로 이동하는 기법입니다. 일반적으로 크레인이나 짐벌 시스템을 사용하여 촬영하며, 하늘에서 땅으로 내려오는 장면이나 특정 인물 또는 객체를 강조하며 다가가거나 멀어지는 장면에서 자주 활용됩니다.

프롬프트 요리사가 주방에서 요리하는 장면, 크레인 무빙

06 핸드헬드(Handheld) 무빙

핸드헬드는 카메라를 손으로 직접 들고 촬영하는 기법으로, 불규칙적이고 흔들리는 영상을 만들어 리얼리즘을 강조합니다. 핸드헬드 무빙을 활용하면 AI 영상에서 실제처럼 느껴지는 현장감을 전달할 수 있습니다.

프롬프트 아이들이 축구장에서 축구를 하는 장면, 핸드헬드 무빙

07 버드(Bird) 무빙

버드 무빙은 일반적으로 버드아이 뷰(Bird's-eye view)와 유사하게 사용되며, 높은 고도에서 드론을 이용해 피사체나 공간을 수직 혹은 대각선 방향으로 내려다보며 촬영하는 장면을 의미합니다. 이러한 무빙은 장면 전체의 스케일을 한눈에 전달하거나, 공간의 구조적 특성을 시각적으로 극대화할 때 자주 활용되며, 특히 광고, 영화, 다큐멘터리 등에서 극적인 효과를 연출하는 데 효과적인 기법입니다.

프롬프트 야외 공연장에서 공연을 하는 장면, 앉아있는 관중들, 버드 무빙

LESSON 03

CAPCUT AI

쉽고 빠르게, 정보형 구성 영상 생성하기

캡컷의 Instant AI Video 기능은 이미지 기반 장면과 자막, 그리고 간단한 카메라 이동 효과를 조합해 짧고 임팩트 있는 영상을 빠르게 제작할 수 있는 도구입니다. 이 기능은 전문적인 편집 기술 없이도 누구나 콘텐츠를 만들 수 있도록 설계되어 있어, 영상 제작 경험이 없는 사용자도 손쉽게 접근할 수 있다는 강점이 있습니다.

01 Instant AI Video 기능

이 기능은 무엇보다도 이 기능이 가장 효과적으로 활용될 수 있는 분야는 SNS 콘텐츠 제작입니다. 예를 들어 인스타그램 릴스나 유튜브 쇼츠, 틱톡과 같이 빠르게 소비되는 짧은 형식의 영상에서는 시각적 자극과 핵심 메시지 전달이 중요하기 때문에, 이미지에 간단한 카메라 모션을 더한 슬라이드 형태의 영상 구성만으로도 충분한 임팩트를 줄 수 있습니다. 특히 '하루 한 줄 명언', '3초 안에 끝내는 제품 소개' 같은 콘텐츠는 Instant AI Video의 속도와 간결함을 그대로 살릴 수 있는 대표적인 예시입니다.

또한, 제품 홍보나 간단한 광고 영상을 만들 때에도 유용하게 사용할 수 있습니다. 복잡한 제품 설명보다 핵심 기능이나 강점을 시각적으로 요약해 보여줄 수 있기 때문에, 네이버 스마트스토어나 쿠팡 판매 페이지에 삽입할 짧은 소개 영상, 혹은 SNS용 프로모션 영상에 적합합니다. 자동 생성되는 자막과 TTS 음성을 활용하면, 텍스트만으로도 충분히 정보를 전달하는 영상이 완성됩니다.

이미지에서 영상 제작, 자동 자막, TTS까지 한 번에 완성하는 Instant AI Video 기능

이 기능은 정보성 콘텐츠를 영상으로 변환하고자 할 때에도 특히 유용합니다. 블로그 글이나 뉴스, 리서치 보고서의 내용을 요약해 입력하면, AI가 그에 맞는 이미지와 구성을 자동으로 조합해 인포그래픽 스타일의 영상으로 바꿔주기 때문에, 유튜브나 블로그에 올릴 짧은 지식 영상 콘텐츠를 만들 때 매우 효율적입니다. 이는 특히 자동화된 콘텐츠 채널이나 정보 큐레이션 플랫폼을 운영하는 사용자에게 실질적인 시간 절약 효과를 제공합니다.

또한, 간단한 교육 영상이나 강의 요약 영상 제작에도 활용할 수 있습니다. 예를 들어, 중고등학생을 위한 핵심 개념 정리, 직장인을 위한 인사이트 요약, 기업 내부 교육 자료의 시각화 등에서 자막 중심의 구성은 집중도를 높이는 데 효과적이며, 화면을 복잡하게 편집하지 않아도 메시지를 분명하게 전달할 수 있습니다.

이 외에도 행사 스케치나 브이로그 요약 영상처럼 정적인 이미지를 영상화하고 싶을 때, Instant AI Video는 유용한 도구가 될 수 있습니다. 기존에 촬영된 사진들을 연결하고, 그 위에 슬라이드 효과와 자막을 입히는 방식만으로도 마치 다큐멘터리 하이라이트 같은 분위기를 연출할 수 있기 때문입니다.

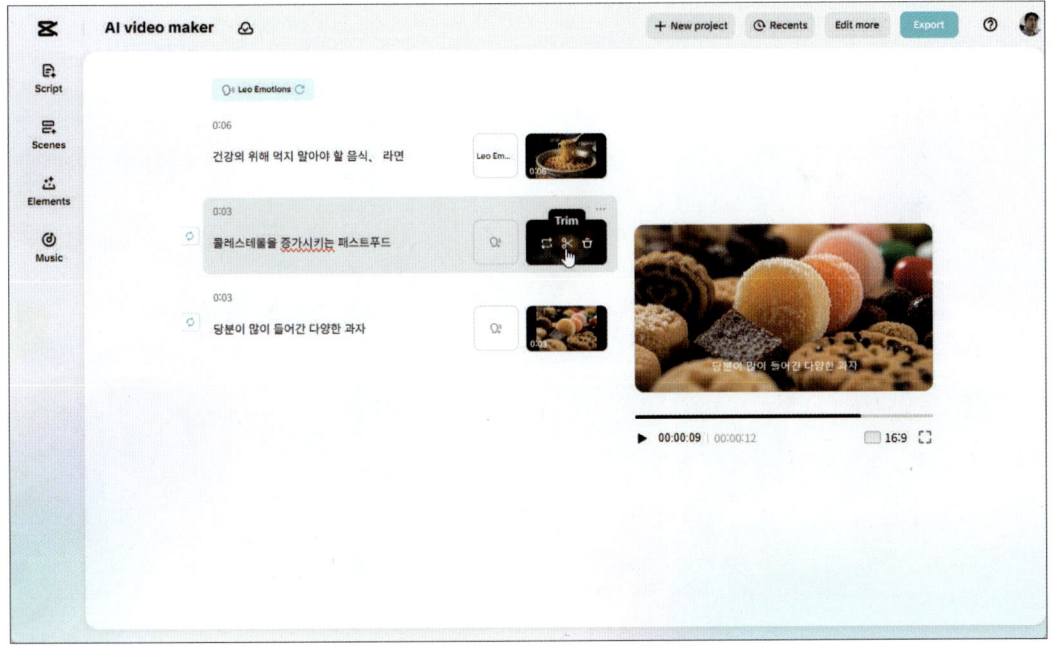

AI video maker 화면

LESSON 04

즉석에서 바로 가게를 홍보하는 영상 제작하기

CAPCUT AI

완성파일 : source\꽃가게홍보_완성.mp4

AI 기능을 활용하면 사용자가 간단히 주제만 입력하는 것만으로, 해당 주제에 맞는 스토리 구성부터 자막, 배경 음악, 영상 소스까지 자동으로 생성되어 즉석에서 영상 제작이 가능합니다. 이번 예제에서는 '꽃가게 홍보'를 주제로 한 영상을 직접 제작해 보겠습니다.

예제 콘셉트

소상공인의 경우 직접 영상을 촬영하고 편집하는 과정은 시간과 기술, 장비 면에서 큰 부담이 될 수 있습니다. 이런 상황에서 단순히 홍보하고 싶은 주제나 키워드만 입력하면, AI가 자동으로 홍보 문구를 작성하고, 이에 맞는 영상 소스와 자막을 조합하여 완성도 높은 영상 콘텐츠를 만들어 줍니다.

여기에 AI 성우를 활용한 내레이션까지 자동으로 삽입되기 때문에 별도의 녹음 작업 없이도 전문적인 영상을 제작할 수 있습니다. 또한, 사용자는 생성된 결과물을 원하는 스타일이나 문구로 손쉽게 수정하거나 교체할 수 있어, 브랜드에 맞는 맞춤형 영상 제작이 가능합니다.

작업 패턴

❶ 생성하려는 영상 프롬프트 입력, 영상 비율, 영상 길이 선택하기
❷ 스토리보드에 맞게 영상 대체하기
❸ 영상에 맞는 성우를 선택하여 내레이션 생성하기
❹ 배경 음악을 선택하여 영상 완성하기

01 스토리보드 구성과 영상 생성하기

Instant AI video 기능을 이용하여 꽃가게를 홍보하는 프롬프트를 입력하여 홍보 스토리와 영상을 생성해 보겠습니다.

01 | 웹브라우저에 'capcut. com'을 입력하여 캡컷 사이트에 접속하고 AI 기능을 이용하여 동영상을 생성하기 위해 [무료 AI 동영상 메이커]를 클릭합니다.

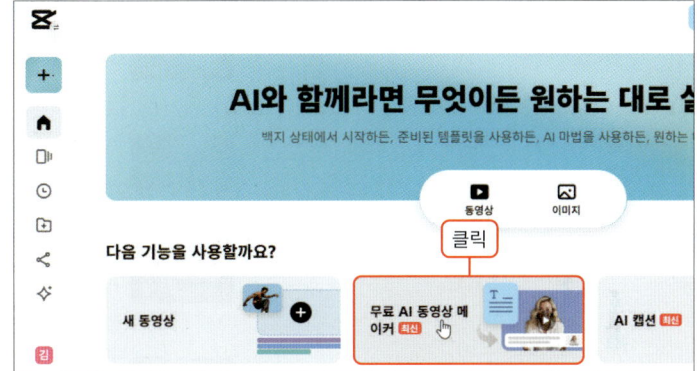

02 | 간단하고 빠르게 구성 영상을 생성하기 위해 Instant AI video의 〈Try it〉 버튼을 클릭합니다. Style에서 [Realistic Film]를 선택한 다음 유튜브 영상 비율로 지정하기 위해 [16:9]을 클릭합니다. 프롬프트 입력창에 꽃 가게를 홍보하는 프롬프트를 입력하고 〈Creatre〉 버튼을 클릭합니다.

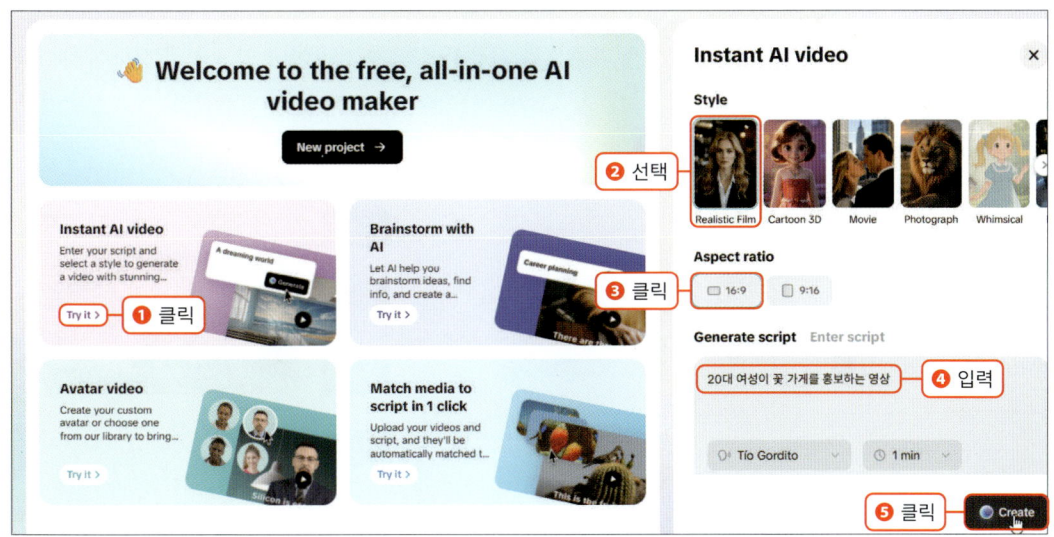

프롬프트 20대 여성이 꽃 가게를 홍보하는 영상

Tip 프롬프트 입력창은 [Generate script]로 선택해야 시간을 지정할 수 있습니다.

03 그림과 같이 꽃 가게를 소개하는 스토리보드와 스토리에 맞는 영상과 자막을 1분 길이로 생성된 것을 확인할 수 있습니다. 미리보기 화면에서 영상을 재생해 확인할 수 있습니다.

02 원하는 영상으로 대체하고 내레이션 생성하기

AI가 자동으로 생성한 프롬프트와 영상을 기준으로 사용자에 맞게 자막이나 영상을 수정하여 대체합니다.

04 스토리보드에서 변경시킬 영상을 대체하려는 영상이 있다면 변경하려는 영상의 썸네일에 마우스 커서를 위치시킨 다음 'Replace' 아이콘(⬚)을 클릭합니다.

05 | 장미꽃만 생성된 영상을 장미와 백합, 튤립 꽃으로 생성하기 위해 프롬프트 입력창에 [장미]를 [장미, 백합, 튤립]으로 수정하고 〈Generate〉 버튼을 클릭합니다. 영상이 재생성되었다면 원하는 영상에 마우스를 위치하고 하단의 [Add to scene]을 클릭한 다음 창을 닫습니다.

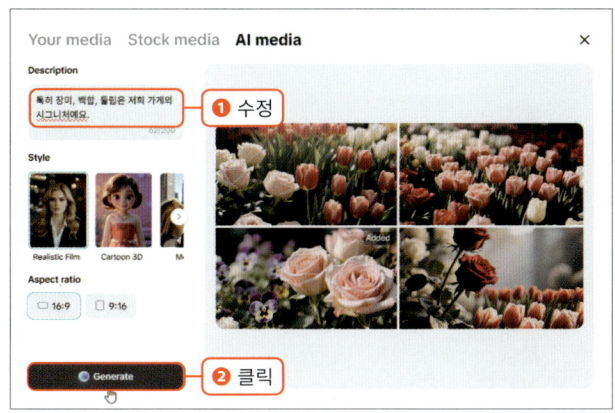
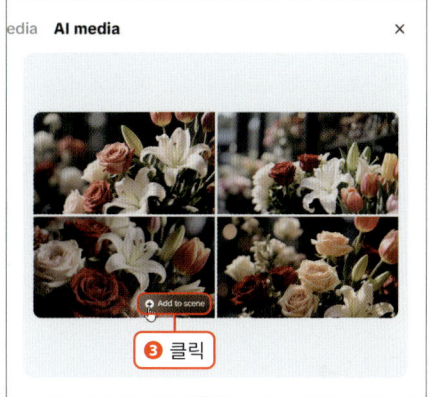

`프롬프트` 특히 장미, 백합, 튤립은 저희 가게의 시그니처예요.

06 | 영상이 대체된 것을 확인할 수 있습니다. 스토리보드의 프롬프트는 자막으로 사용되기 때문에, 문장을 클릭하여 동일하게 '장미'를 '장미, 백합, 튤립'으로 수정합니다.

03 배경 음악과 내레이션 생성하여 완성하기

생성한 영상에 어울리는 배경 음악과 AI 성우를 선택하여 자막과 음성 내레이션을 추가해 보겠습니다.

07 | 자막에 맞게 배경 음악을 추가하기 위해 [Music]을 클릭합니다. 예제에서는 다음의 음악을 선택했습니다. 선택한 음악을 배경 음악으로 지정하기 위해 '추가' 아이콘(➕)을 클릭합니다.

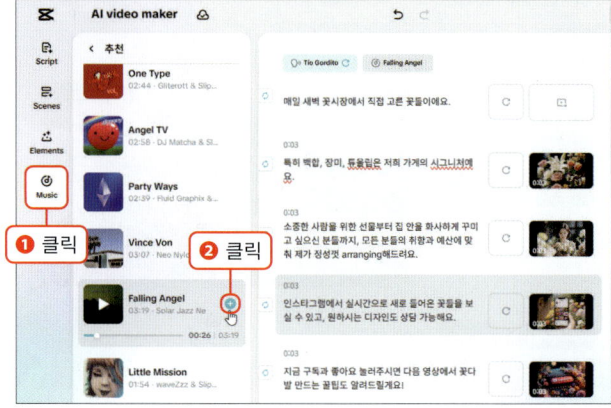

08 | AI 성우의 내레이션을 적용하기 위해 [Scenes] 메뉴를 클릭한 다음 [Voice over]를 선택합니다. AI 여성 성우를 선택하기 위해 [Female]을 클릭합니다. 예제에서는 [Young Korean Woman]을 선택하고 〈Replace for all scenes〉 버튼을 클릭합니다.

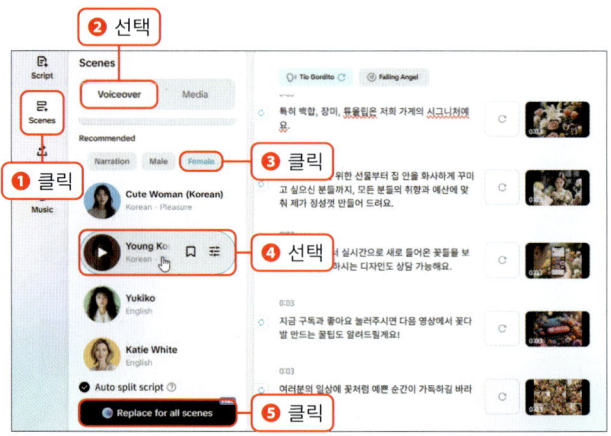

09 | 스토리보드의 모든 프롬프트가 선택한 성우로 적용되면 하나의 연결된 영상으로 저장하기 위해 상단 〈Export〉 버튼을 클릭하고 File name에 '꽃가게홍보'를 입력한 다음 〈Export〉 버튼을 클릭해 저장합니다. 저장된 영상을 확인해 보면 자막과 성우의 내레이션, 영상이 재생되는 것을 확인할 수 있습니다.

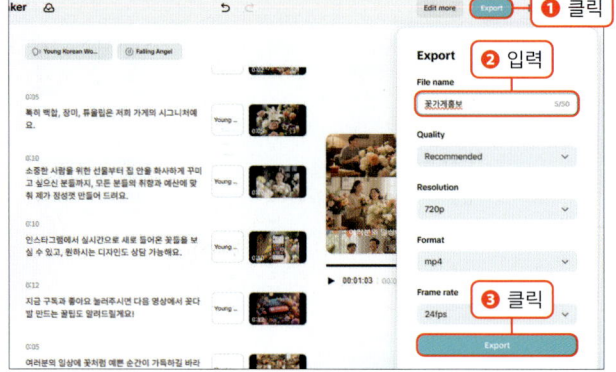

LESSON 05

웹용 캡컷보다 전문적인 데스크톱용 캡컷 사용하기

CAPCUT AI

데스크톱용 캡컷은 고급 편집 기능과 GPU 가속을 지원해 4K 이상의 영상도 안정적으로 처리할 수 있는 전문 영상 편집 도구입니다. 키프레임, 색보정, 다중 트랙 편집 등 정밀한 작업이 가능하며, 로컬 저장소와의 연동으로 대용량 파일 관리에도 유리합니다. 초보자용인 웹 버전과 달리, 상업용 콘텐츠나 팀 단위의 고급 프로젝트에 적합한 완성도 높은 소프트웨어입니다.

01 데스크톱용 캡컷을 사용해야 하는 이유

웹용 캡컷(CapCut Web)은 별도의 프로그램 설치 없이 웹브라우저만 있으면 즉시 사용할 수 있는 클라우드 기반 영상 편집 도구입니다. 사용자는 크롬, 사파리, 엣지 등 대부분의 최신 브라우저에서 로그인만 하면 바로 프로젝트를 시작할 수 있으며, 장치 종류나 운영체제에 관계없이 언제 어디서든 접근할 수 있다는 점이 큰 장점입니다. 이러한 높은 접근성 덕분에 별도의 세팅 없이 빠르게 콘텐츠를 제작하거나, 외부 장소에서 급히 편집할 일이 있을 때 매우 유용하게 활용됩니다. 특히 인터넷만 연결되어 있다면, 사무실뿐 아니라 카페나 출장지 등에서도 동일한 환경에서 프로젝트를 이어서 작업할 수 있습니다.

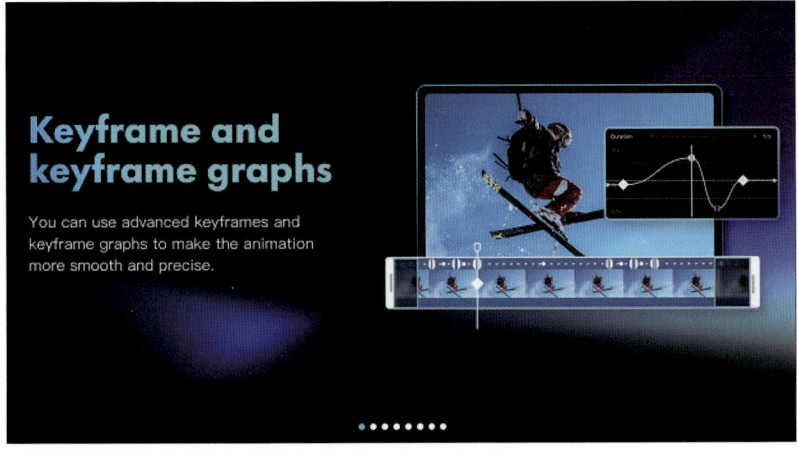

데스크톱용 캡컷

웹 기반 캡컷은 편리하지만, 모든 편집 데이터와 미디어 파일이 클라우드 서버를 통해 처리되므로 민감한 콘텐츠나 저작권이 중요한 자료를 다룰 땐 주의가 필요합니다. 글로벌 서비스 기업인 ByteDance가 운영하는 만큼 기본적인 보안 체계는 갖추고 있지만, 기업 내부 자료나 비공개 프로젝트에는 위험 요소가 존재하며, 인터넷 연결 상태에 따라 작업 안정성도 영향을 받을 수 있습니다.

반면 데스크톱용 캡컷(CapCut Desktop)은 설치형 소프트웨어로, 인터넷 없이도 대부분의 기능을 사용할 수 있어 보안성과 안정성 면에서 유리합니다. 모든 데이터가 로컬에 저장되며, 기업 보안 정책에 따라 별도 네트워크나 암호화 저장소를 통해 관리할 수도 있어 외부 유출이 치명적인 콘텐츠에 적합합니다.

또한 데스크톱 버전은 시스템 자원을 직접 활용하므로, 고해상도 영상이나 복잡한 프로젝트에서도 안정적이며 빠른 성능을 제공합니다. 전문성과 효율성을 모두 고려해야 하는 작업 환경에서는 데스크톱용 캡컷이 더 적합합니다.

02 웹용 캡컷, 누구나 쉽게 시작할 수 있는 직관적인 영상 편집 도구

웹용 캡컷은 영상 편집 경험이 전혀 없는 초보자도 부담 없이 사용할 수 있도록 설계된 매우 직관적이고 사용자 친화적인 인터페이스를 갖춘 웹 기반 영상 편집 플랫폼입니다. 별도의 프로그램 설치나 복잡한 초기 설정 과정 없이, 단순히 브라우저에서 캡컷 웹사이트에 접속한 후 계정에 로그인하면 즉시 편집 환경이 열립니다. 편집 화면은 기능별로 직관적으로 구분되어 있어 메뉴 구성이 매우 명확하며, 처음 접하는 사용자도 자연스럽게 기능을 탐색하고 사용할 수 있습니다.

예를 들어 자막, 오디오, 효과 등 각 기능이 아이콘과 함께 표시되어 있어 버튼의 역할이 쉽게 이해되고, 영상 타임라인과 미리보기 화면이 기본적으로 연동되어 있어 실시간으로 작업 결과를 확인할 수 있습니다. 전체적인 UI는 복잡한 전문 편집 프로그램과 달리 단순하면서도 목적 중심적으로 설계되어 있어, 영상 편집의 기본 구조를 빠르게 이해하고 실행할 수 있도록 돕습니다.

기본적인 기능으로는 컷 편집, 자막 삽입, 배경 음악 추가, 전환 효과, 필터 적용, 속도 조절 등의 필수 편집 기능이 모두 포함되어 있으며, 특히 유튜브 쇼츠, 인스타그램 릴스, 틱톡과 같은 숏폼 콘텐츠 제작에 적합한 비율, 효과, 템플릿이 다양하게 제공됩니다. 이러한 기능들은 클릭 몇 번만으로 적용할 수 있어 영상 편집 경험이 없는 사용자도 손쉽게 짧고 임팩트 있는 영상을 완성할 수 있습니다.

또한, 웹용 캡컷은 기본적인 AI 기반 편집 도구도 함께 제공하고 있어 사용 편의성을 더욱 높여 줍니다. 자동 자막 생성 기능은 음성을 인식해 자막을 자동으로 삽입하며, 텍스트 애니메이션 기능은 시각적으로 풍부한 자막 연출을 가능하게 합니다. 배경 제거 기능 역시 인물 중심의 콘텐츠 제작 시 유용하며, 별도의 크로마키 없이도 깔끔한 배경 처리를 지원합니다. 이러한 AI 기능은 초보자들에게 영상의 완성도를 간단하게 높일 수 있는 강력한 도구로 작용합니다.

하지만 이러한 장점에도 불구하고, 웹용 캡컷은 기능적인 한계도 분명히 존재합니다. 특히 멀티 트랙 편집 기능이 제한적이기 때문에, 영상과 오디오를 여러 레이어로 구성해 세밀하게 조정하거나, 트랙마다 다른 효과를 적용하는 고급 편집은 어려울 수 있습니다. 키프레임을 이용한 정밀한 애니메이션 조정이나, LUT를 이용한 전문적인 색보정 역시 지원이 미흡해, 복잡한 스토리텔링을 요구하는 장편 콘텐츠나 시네마틱 스타일의 영상 제작에는 적합하지 않습니다.

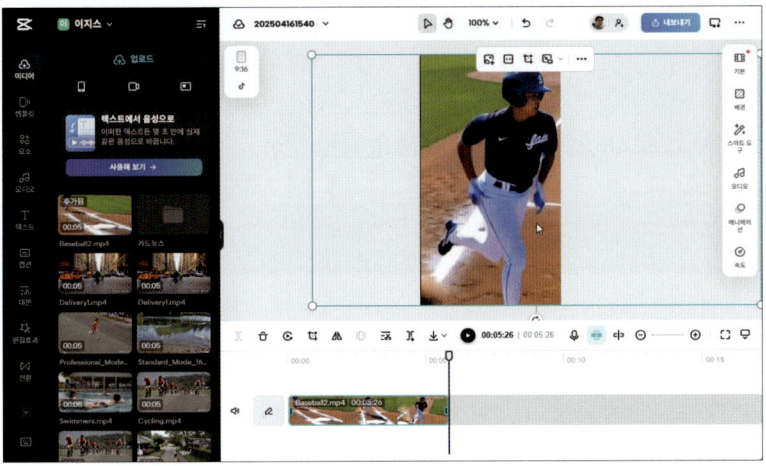

직관적인 웹용 캡컷 인터페이스

03 데스크톱용 캡컷, 전문가용 편집 기능을 갖춘 영상 제작 도구

데스크톱용 캡컷은 영상 제작에 경험이 있는 중급 이상의 사용자, 혹은 전문 편집자를 위한 기능들이 대거 포함되어 있는 완성도 높은 소프트웨어입니다. 브라우저 환경이 아닌 로컬 애플리케이션이기 때문에 프로젝트 처리 속도가 빠르고, 영상 렌더링이나 실시간 미리보기에서도 훨씬 안정적인 성능을 보입니다. 고사양의 PC에서는 4K, 6K 영상까지 무리 없이 다룰 수 있으며, GPU 가속을 통해 렌더링 속도 또한 매우 빠릅니다.

기능적으로 가장 큰 차이는 키프레임 조작, 색보정, 다중 트랙 편집, 오디오 믹싱, 마스킹과 트랜지션 커스터마이징 등 고급 편집 기술을 모두 지원한다는 점입니다. 예를 들어, 클립마다 키프레임을 자유롭게 추가해 자연스러운 패닝이나 줌 효과를 줄 수 있고, 자막이나 그래픽 요소에도 타이밍에 맞춘 세밀한 움직임을 부여할 수 있습니다.

디테일한 영상 편집을 위한 데스크톱용 캡컷 인터페이스

캡컷은 색보정 기능으로 RGB 커브, 색온도, 채도, 노출·대비 조절 등을 제공해 시네마틱 무드를 연출할 수 있어 브이로그, 뮤직비디오, 단편 영화 제작에 적합합니다. 영상과 오디오를 여러 트랙에 나눠 배치하고 다양한 타이밍과 효과로 조합할 수 있어 복잡한 시퀀스 편집도 가능합니다.

파일 관리 측면에서도 로컬 폴더, 외장 SSD, NAS 등 다양한 경로에서 대용량 파일을 안정적으로 불러올 수 있어 고화질 영상이나 무압축 오디오 편집에도 유리합니다. 이는 브이로그부터 브랜드 광고, 다큐멘터리까지 폭넓은 프로젝트에 대응할 수 있는 기반이 됩니다.

웹용 캡컷은 진입 장벽이 낮고 빠르게 결과물을 만들 수 있어 초보자나 1인 크리에이터에게 적합하지만, 정밀한 작업이나 보안, 확장성 면에서는 제한이 있습니다. 반면 데스크톱용 캡컷은 고급 색보정, 세밀한 편집, 안정적인 퍼포먼스를 갖춘 다목적 툴로, 팀 작업이나 상업용 콘텐츠, 영화 수준의 프로젝트에 더 적합합니다.

04 데스크톱용 캡컷의 핵심 강점인 AI 생성 기능

데스크톱용 캡컷은 AI 기술을 적극적으로 도입하여 단순한 영상 편집 도구를 넘어 실질적인 콘텐츠 제작 파트너로 진화하고 있습니다. 특히 프롬프트 기반 영상 생성 기능은 텍스트나 이미지를 입력하는 것만으로 AI가 자동으로 영상의 콘셉트와 구성 요소를 해석해 완성도 높은 영상 콘텐츠를 만들어 내는 혁신적인 기술입니다. 이 기능은 상품 홍보 마케팅 영상 제작에 매우 강력한 도구로 활용됩니다.

예를 들어, '젊은 여성이 옷을 홍보하는 영상'이라는 텍스트를 입력하면, 캡컷은 키워드와 문맥을 분석해 영상 스타일, 전환 효과, 애니메이션, 배경 음악 등을 자동 추천하고 배치해 감각적인 영상 초안을 빠르게 완성해 줍니다.

인물 이미지에 동작과 표정, 대사를 넣어 영상 생성(194쪽 참고)

또한 사용자가 제품 사진이나 로고를 업로드하면, AI가 색상과 구도, 질감 등을 분석해 어울리는 영상 컷과 배경 스타일을 생성합니다. 예를 들어, 하얀 배경의 핸드크림 사진과 '자연스럽고 산뜻한 광고 영상'이라는 문장을 함께 입력하면, 클로즈업이나 손동작 장면 등을 포함한 시나리오를 자동 구성해 타임라인에 배치해 줍니다. 정적인 이미지를 동적인 영상으로 전환해 제품의 매력을 효과적으로 전달할 수 있습니다.

05 기획부터 제작까지 시간과 비용 절감

데스크톱용 캡컷의 AI 영상 생성 기능은 영상 편집에 대한 전문 지식이 없는 기획자, 마케터, 콘텐츠 담당자도 손쉽게 고품질의 영상 콘텐츠를 제작할 수 있도록 지원하는 혁신적인 도구입니다. 사용자는 별도의 편집 스킬 없이도 텍스트 기반의 대본, 이미지, 혹은 키워드만 준비하면 되고, 나머지 과정은 AI가 자동으로 처리합니다. 예를 들어, 사용자가 상품 설명 문구와 관련 이미지를 입력하면, AI는 이를 분석해 시각적으로 구성된 스토리라인을 생성하고, 자동 자막, 전환 효과, 배경 음악까지 조합해 완성도 있는 영상을 제작합니다.

이러한 자동화 기능은 영상 기획부터 제작, 편집까지의 전 과정을 획기적으로 단축합니다. 실제로 영상 한 편을 완성하는 데 수 시간에서 수일이 걸리던 기존의 제작 흐름을, 단 몇 분 내에 완성할 수 있어, 제작 시간과 인건비, 외주 비용까지 절감할 수 있는 강력한 솔루션으로 자리매김하고 있습니다. 특히 빠르게 콘텐츠를 기획하고 제작해야 하는 디지털 마케팅 환경에서는 이러한 속도와 효율성이 매우 큰 경쟁력이 됩니다.

06 사용자에 따른 작업 환경의 차이

웹용 캡컷은 모바일 앱에서 익숙한 사용자 경험(UX)을 그대로 웹 환경에 옮겨온 듯한 직관적이고 간편한 인터페이스를 제공하여, 영상 편집이 처음인 초보자나 빠르게 SNS용 콘텐츠를 제작해야 하는 크리에이터에게 최적화된 도구입니다. 별도의 설치 과정 없이 웹 브라우저에서 바로 접속해 사용할 수 있으며, 불필요한 복잡한 기능을 배제하고 기본적인 컷 편집, 자막 삽입, 배경음악 추가, 간단한 전환 효과 적용 등 필수적인 편집 기능에 집중해 빠른 시간 내에 영상 완성본을 만들어낼 수 있도록 설계되어 있습니다. 이처럼 웹용 캡컷은 간편하고 접근성이 뛰어나, 바쁜 일정 속에서도 손쉽게 콘텐츠를 제작하거나 급하게 편집 작업이 필요할 때 매우 유용하게 활용할 수 있습니다.

반면 데스크톱용 캡컷은 영상 제작에 이미 익숙하거나 보다 세밀하고 전문적인 편집이 필요한 사용자들을 위해 설계된 강력한 편집 플랫폼입니다. 유튜브 영상, 브이로그, 광고, 단편 영화, 브랜드 프로모션 영상 등 고품질 콘텐츠 제작을 목표로 하는 영상 전문가와 크리에이터에게 적합하며, 고해상도 영상 편집과 다중 트랙 관리, 세밀한 키프레임 조정, 정교한 색 보정 등 복잡한 편집 작업을 안정적이고 효율적으로 수행할 수 있도록 다양한 고급 기능을 지원합니다. 특히, 최근 데스크톱용 캡컷은 AI 기술을 적극적으로 접목하여 영상 제작의 효율성과 창의성이 크게 향상하고 있습니다. AI 기반 자동 자막 생성, 음성 인식에 따른 타이밍 조절, 배경 자동 제거, 입모양과 표정 동기화 같은 기능은 기존 반복 작업에 소요되던 시간을 대폭 줄여주며, 사용자가 입력한 텍스트나 이미지 프롬프트를 바탕으로 자동으로 영상 클립과 전환, 자막 스타일을 추천하거나 타임라인을 구성하는 AI 영상 생성 기능은 영상 제작의 초기 기획부터 최종 결과물 산출까지의 전 과정을 혁신적으로 단축시킵니다.

프롬프트를 입력하여 영상을 생성하고 편집이 가능한 데스크톱용 캡컷(190쪽 참고)

요약하자면, 웹용 캡컷은 접근성과 간편함을 가장 큰 장점으로 내세워 영상 편집 초보자나 빠른 SNS 콘텐츠 제작에 매우 적합한 도구이며, 데스크톱용 캡컷은 AI 기능을 중심으로 전문가 수준의 정교한 영상 제작과 자동화 편집을 지원하는 강력한 플랫폼입니다. 특히 데스크톱 캡컷은 단순한 편집 프로그램을 넘어, AI를 활용한 영상 생성과 자동 편집, 음성 기반 콘텐츠 제작에 이르기까지 영상 프로덕션의 창의적인 중심 도구로서의 가능성을 명확히 보여주고 있어, 본격적인 마케팅 영상, 브랜드 콘텐츠, 그리고 전문 크리에이터의 고급 프로젝트에 최적화된 솔루션이라 할 수 있습니다.

CAPCUT AI

LESSON 06
전문적인 편집을 위한 데스크톱용 캡컷 설치하기

웹용 캡컷에 접속하여 데스크톱 버전 캡컷을 간단하게 설치하는 방법과 계정 로그인 방법까지 알아보겠습니다.

01 | 캡컷 홈 화면에서 데스크톱 버전을 설치하기 위해 오른쪽 상단에 위치한 '🖳'에 마우스를 위치하여 표시되는 〈데스크톱 버전 다운로드〉 버튼을 클릭합니다.

Tip 이후 예제는 데스크톱 캡컷으로 진행됩니다.

02 | 캡컷 설치 파일이 다운로드되면, 설치 파일을 더블클릭하여 실행합니다. CapCut 데스크톱 설치 프로그램 화면이 표시되며, PC용 캡컷이 설치됩니다.

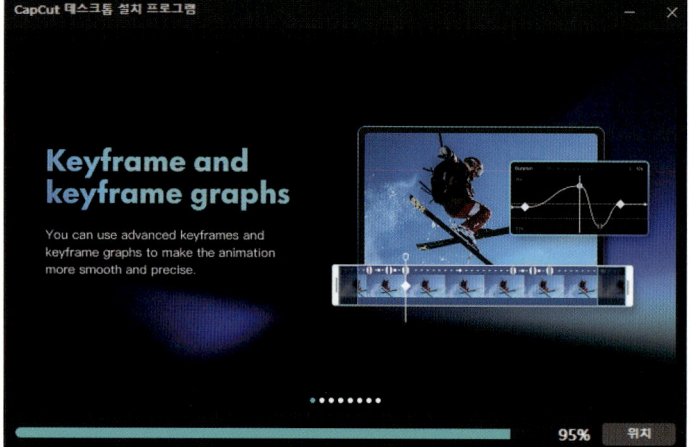

Tip 데스크톱용 캡컷을 원활하게 이용하기 위해 공식 웹사이트(capcut.com)에서 최소 사양을 충족하는지 확인해 주세요.

03 | 캡컷이 설치되면 초기 화면이 표시됩니다. [로그인]을 클릭하여 계정 설정을 진행합니다.

04 | 캡컷 로그인 화면이 표시되면 로그인 방법을 선택합니다. 예제에서는 〈Google 로그인하기〉 버튼을 클릭한 다음 구글 계정을 선택하였습니다.

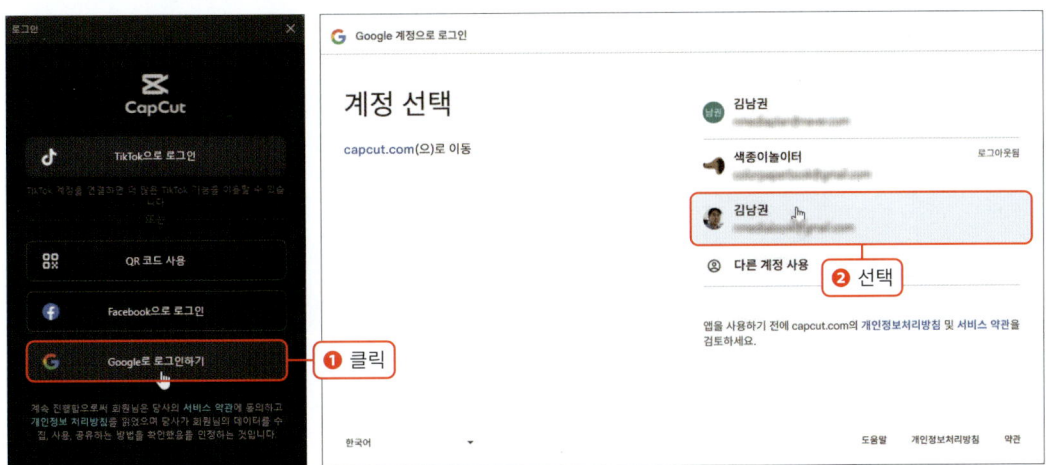

05 | Google 계정으로 로그인 화면이 표시됩니다. 개인정보처리방침 및 서비스 약관 확인이 표시되면 〈계속〉 버튼을 클릭합니다.

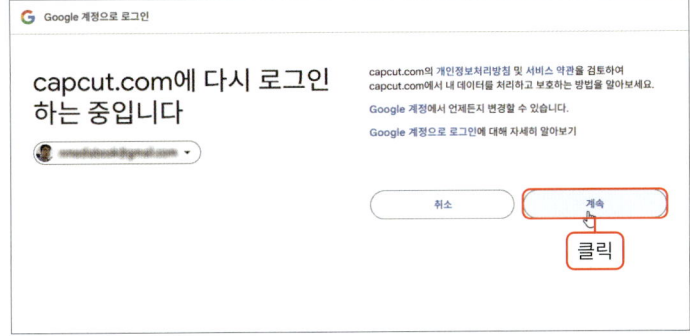

LESSON 07

데스크톱용 캡컷 인터페이스 알아보기

데스크톱용 캡컷의 전체 인터페이스 구성은 영상 편집 흐름을 직관적으로 설계할 수 있도록 구성되어 있습니다. 각 영역은 제작자의 역할에 따라 기능이 분담되어 있으며, 미디어 불러오기부터 내보내기까지 효율적인 작업 동선으로 구성되어 있습니다.

01 데스크톱용 캡컷 인터페이스 구성

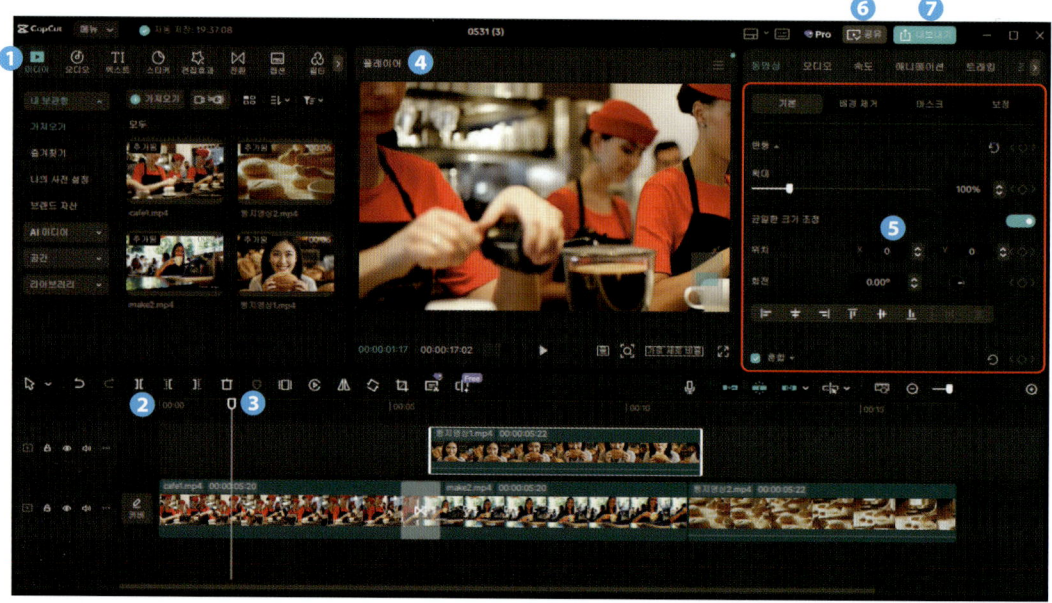

① **미디어 라이브러리 영역**: 영상, 이미지, 오디오, 템플릿 등 다양한 소스 파일을 불러오는 공간입니다. 사용자는 편집에 필요한 파일을 드래그하여 쉽게 가져올 수 있으며, 폴더를 생성해 항목별로 정리할 수 있습니다. 또한 AI 아바타, 스톡 영상, 배경음악(BGM), 사운드 효과 등도 이 영역을 통해 추가할 수 있습니다.

❷ **타임라인**: 시간의 흐름을 기준으로 영상 구성 요소(영상, 자막, 오디오, 효과 등)를 배치하고 편집하는 공간입니다. 각 요소는 좌우 방향으로 흐르는 시간축에 따라 배열되며, 위아래로는 트랙(또는 레이어)으로 구분됩니다.

❸ **재생 헤드**: 현재 보고 있는 영상의 지점을 가리키는 세로선입니다. 재생 시 이 헤드가 왼쪽에서 오른쪽으로 이동하며 실시간 미리보기가 가능합니다. 자르기, 전환 넣기, 분할 삭제 등 대부분의 작업이 이 재생 헤드 기준으로 이루어집니다.

❹ **미리보기 창**: 플레이어 화면은 타임라인에 편집된 결과물을 실시간으로 확인하는 창입니다. 영상 클립, 자막, 효과, 필터 등이 어떻게 조합되어 보이는지를 미리보기 형태로 시각화해 주며, 대부분의 영상 편집 판단은 이 창을 기반으로 이루어집니다.

❺ **속성 및 설정 패널**: 미리보기 창의 하단 또는 우측에 위치하며, 선택한 요소(영상, 텍스트, 이미지 등)의 세부 속성을 조정하는 공간입니다. 이 패널에서는 요소의 위치, 크기, 회전, 투명도는 물론 애니메이션 효과, 블렌딩 모드, 색보정 등 다양한 시각적 속성을 정밀하게 설정할 수 있습니다.

❻ **공유**: 내보낸 영상 또는 프로젝트를 클라우드나 타인과 연결하여 공유하는 기능입니다. 캡컷 클라우드 계정 기반으로 작동하며, 특정 플랫폼에 직접 게시하거나, 링크를 통한 협업 공유가 가능합니다.

❼ **내보내기**: 집한 프로젝트를 하나의 완성된 동영상 파일로 렌더링(Rendering)하여 PC에 저장하거나, 플랫폼에 맞는 포맷으로 변환하는 기능입니다. 영상 품질, 파일 크기, 형식 등을 설정할 수 있습니다.

02 기능 메뉴 알아보기

기능 메뉴는 영상 편집에 필요한 주요 도구들을 항목별로 구분해 제공하는 영역으로, 편집자의 목적에 따라 필요한 기능을 빠르게 선택하고 적용할 수 있도록 구성되어 있습니다. 이 메뉴는 상단 또는 좌측에 위치하며, 미디어, 오디오, 텍스트, 스티커, 전환, 효과, 필터, 조정, 캡션, 템플릿, AI 아바타 등으로 나뉘어 있어 각 항목별로 전문적인 편집 도구를 제공합니다. 기능 메뉴는 전체 편집의 흐름을 이끄는 중심 역할을 하며, 창의적인 연출과 효율적인 제작을 동시에 지원합니다.

❶ **미디어**: 편집에 사용할 모든 소스를 관리하는 공간으로, 영상, 이미지, 오디오 등 다양한 형식의 파일을 가져올 수 있습니다. 타임라인에 드래그 앤 드롭으로 바로 배치도 가능합니다.

❷ **오디오**: 음악과 효과음을 관리하고 편집할 수 있는 메뉴입니다. 카테고리별 음원 제공하며, 배경음악(BGM), 분위기별 효과음(SFX)을 수록하고 있습니다.

❸ **텍스트**: 영상에 삽입할 자막 및 타이틀을 생성합니다.

❹ **스티커**: 영상에 감성이나 정보 요소를 추가하는 그래픽 이미지 또는 이모티콘을 적용합니다.

❺ **편집 효과**: 영상의 분위기를 바꾸는 다양한 시각 효과를 제공합니다.

❻ **전환**: 두 영상 클립 사이에 시각적인 변화를 주는 기능입니다. 영상 컷 전환 시 매끄러운 슬라이드 전환을 반복 적용하면 전문적인 느낌을 줍니다.

❼ **캡션**: AI 음성 인식 기반 자막 자동 생성 메뉴입니다. 오디오 자동 분석 후 자막이 생성되며, 단어별 수정, 타이밍 조절, 폰트 변경이 가능합니다.

❽ **필터**: 영상 전체 또는 특정 구간의 색상/톤 분위기를 바꿔주는 기능입니다. 따뜻한 느낌, 시원한 색감, 시네마 룩 등 인기 필터 다수가 포함되어 있습니다.

❾ **조정**: 영상 색보정을 수동으로 조절할 수 있는 메뉴로, 영상의 밝기, 대비, 채도, 색온도, 명암 조절이 가능합니다.

❿ **템플릿**: 자막 스타일, 트랜지션, 음악, 효과, 애니메이션이 모두 포함되어 있어, 사용자는 영상과 텍스트만 교체하면 완성도 높은 영상을 만들 수 있습니다.

⓫ **AI 아바타**: 이미지 기반 또는 3D 캐릭터 기반의 AI 인물을 생성해 대사에 맞춰 말하는 영상 콘텐츠를 제작할 수 있는 기능입니다.

03 편집 도구 알아보기

편집 기능은 영상 제작의 가장 핵심이 되는 작업으로, 타임라인에 배치된 클립을 자유롭게 자르고 이어붙이며 원하는 흐름으로 구성할 수 있도록 도와줍니다. 이 기능에는 선택, 실행 취소, 초기화, 분할, 왼쪽 삭제, 오른쪽 삭제, 삭제 등의 주요 도구가 포함됩니다.

❶ **선택( )**: 타임라인에서 클립(영상, 오디오, 텍스트 등)을 클릭하여 활성화하는 기본 동작입니다. 여러 개의 자막 클립을 동시에 위치 조정하거나 삭제할 때 사용합니다.

❷ **실행 취소( )**: 직전 작업을 취소합니다. 자막이나 효과 삽입 후 예상 결과가 다를 때 즉시 복구할 수 있습니다.

❸ **초기화( )**: 선택한 클립의 속성(크기, 위치, 색상, 조정 값 등)을 원래 상태로 되돌립니다.

❹ **분할( )**: 타임라인에서 클립을 현재 재생 헤드 위치 기준으로 두 개로 나누는 기능입니다. 불필요한 부분을 잘라내거나, 클립별로 효과나 자막을 다르게 적용할 때 사용합니다.

❺ **왼쪽 삭제( )**: 선택한 클립 기준으로 왼쪽 구간 전체를 삭제합니다(재생 헤드보다 앞부분 삭제).

❻ **오른쪽 삭제( )**: 선택한 클립 기준으로 오른쪽 구간 전체를 삭제합니다(재생 헤드 이후 삭제).

❼ **삭제( )**: 선택한 클립(또는 복수 클립)을 타임라인에서 제거합니다.

❽ **마커 추가( )**: 타임라인에 특정 지점을 표시하는 기능입니다. 마커는 편집 중 중요한 위치(컷 변경 시점, 자막 삽입, 효과 추가 타이밍 등)를 표시하는 데 사용되며, 협업 시에도 의사소통 도구로 유용합니다.

❾ **자르기( )**: 영상 프레임의 가장자리를 잘라내 원하는 화면 비율이나 구도를 만들 수 있습니다.

❿ **회전( )**: 영상이나 이미지 클립을 시계방향 또는 반시계방향으로 회전시킬 수 있는 기능입니다.

⓫ **대본( )**: AI가 영상 내 음성을 자동으로 인식해 대본을 생성하는 기능입니다.

⓬ **장면 분할( )**: AI가 영상의 장면 전환을 자동으로 감지하여 클립을 구간별로 나누는 기능입니다.

⓭ **배경 삭제( )**: 영상 또는 이미지에서 인물이나 주요 피사체만 남기고 배경을 제거하는 기능입니다.

⓮ **자동 조정( )**: 영상의 색상, 밝기, 대비, 채도 등을 AI가 자동으로 최적화해 주는 기능입니다.

⓯ **비주얼 보정( )**: 노출, 화이트 밸런스, 명도, 콘트라스트, 색조 등 세부적인 영상 색감 보정을 수동으로 조정할 수 있는 기능입니다.

⓰ **오디오 추출( )**: 영상에서 오디오 트랙을 분리하여 개별 오디오 클립으로 타임라인에 배치하는 기능입니다. 예를 들어, 영상에서 특정 음성만 따로 편집하거나, 내레이션을 교체하고 싶을 때 사용됩니다.

⓱ **오디오 보정( )**: 녹음된 오디오의 잡음을 줄이고, 음질을 개선하는 기능입니다.

CAPCUT AI

LESSON 08

AI 기능으로 이미지를 첨부하여 영상 생성하기

예제파일 : source\기차.jpg 완성파일 : source\셀카.mp4

미디어 리소스(Media Resources) 기능을 활용하여 사용자가 불러온 이미지 파일을 이용하여 영상 제작이 가능합니다. 불러온 이미지를 분석하여 자동으로 영상을 생성할 수 있으며, 추가로 프롬프트를 입력하여 원하는 영상을 생성할 수도 있습니다.

예제 콘셉트

캡컷의 [AI 동영상] 기능을 활용하면 단순한 정지 이미지를 기반으로 생동감 있는 동영상 콘텐츠를 제작할 수 있습니다. 사용자는 원하는 이미지 파일을 업로드한 후, 해당 이미지에 어울리는 프롬프트를 추가로 입력함으로써 이미지의 움직임, 배경, 전환 효과 등을 자동으로 생성할 수 있습니다.

이를 통해 이미지에 생명을 불어넣는 듯한 영상 제작이 가능하며, 복잡한 애니메이션 기술 없이도 짧은 시간 내에 고퀄리티의 모션 비디오를 완성할 수 있는 것이 큰 장점입니다. 별도의 복잡한 편집 작업 없이도 누구나 직관적으로 사용할 수 있어, SNS 콘텐츠나 홍보 영상 등 다양한 용도로 활용하기에 적합한 기능입니다.

JPG 이미지 파일   MP4 동영상 파일

작업 패턴

❶ AI 미디어 기능에서 이미지의 움직임을 구체적으로 설명하는 프롬프트 입력
❷ 모델 옵션을 현실과 가까운 영상을 생성시키는 비디오 버전 선택

01 움직임을 설명하는 프롬프트 입력하기

AI 미디어 기능에서 외부 이미지를 업로드한 다음 프롬프트 입력창에 해당 이미지의 움직임을 구체적으로 설명하는 텍스트를 입력하여 다이내믹한 영상으로 생성할 수 있습니다.

01 | 데스크톱 캡컷을 실행하고 원하는 영상의 장면을 생성하기 위해 [프로젝트 만들기]를 클릭합니다.

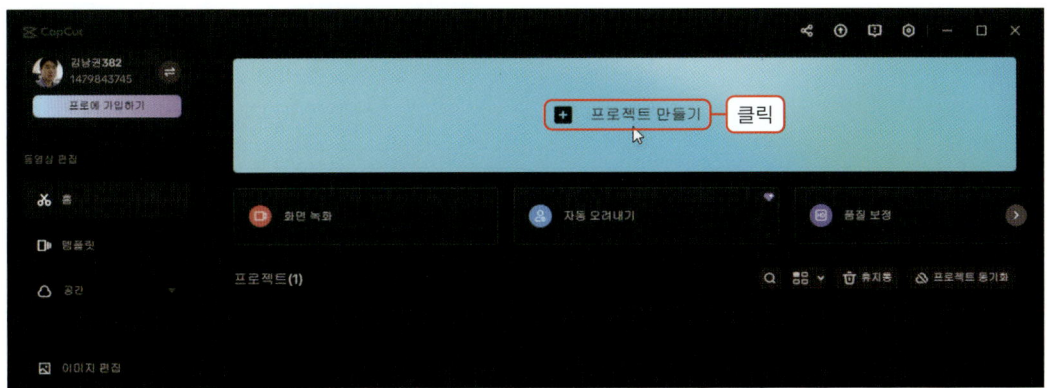

02 | 오른쪽에 위치한 [AI 미디어]를 클릭합니다. 예제에서는 이미지를 불러와 해당 이미지를 기준으로 동영상을 생성하기 위해 [AI 동영상]을 클릭한 다음 [이미지 가져오기]를 클릭합니다.

✦ **Tip** AI 미디어 기능은 AI를 이용하여 이미지나 영상을 생성할 수 있는 기능으로, 원하는 이미지나 영상을 프롬프트를 입력하여 생성이 가능합니다.

03 미디어 리소스 선택 대화상자가 표시되면 source 폴더에서 '기차.jpg' 파일을 선택한 다음 〈열기(O)〉 버튼을 클릭합니다.

04 기차 옆에서 셀카를 찍는 인물 이미지가 표시됩니다. 아래에 프롬프트 입력창에 '달리는 기차'를 입력하고, 모델 옵션을 현실과 가까운 영상을 생성시키는 [Video G3.0]을 선택한 다음 〈생성〉 버튼을 클릭합니다.

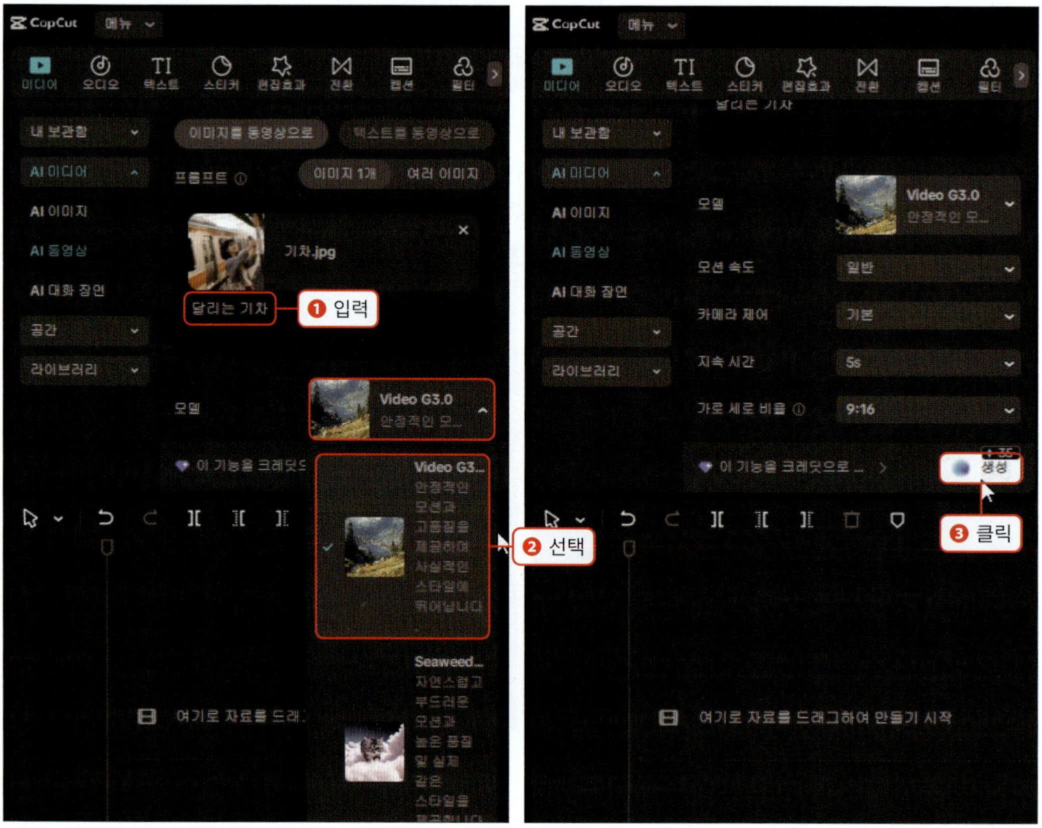

프롬프트 달리는 기차

05 그림과 같이 영상이 생성되어 미리보기 창에 표시되면 영상을 재생하여 확인할 수 있습니다.

06 첨부한 이미지를 기준으로 기차역에 기차가 지나가면서 인물이 셀카를 촬영하는 영상으로 생성되었습니다.

LESSON 09

동작과 표정, 대사까지, 쇼핑 호스트 영상 만들기

CAPCUT AI

예제파일 : source\호스트.jpeg   완성파일 : source\호스트_완성.mp4

캡컷의 AI 대화 장면 기능을 활용하면, 이미지를 불러온 후 대사를 입력하고 음성을 선택하는 것만으로도 인물의 동작, 얼굴 표정, 대사까지 자동으로 생성된 완성도 높은 영상을 만들 수 있습니다. 예제로는 쇼핑 호스트 캐릭터가 의상을 홍보하는 영상을 제작해 보겠습니다.

예제 콘셉트

상품을 소개하고 판매하는 쇼핑 호스트 스타일의 영상을 제작할 때는, 캡컷의 AI 대화 장면 기능을 활용하면 매우 효율적입니다. 먼저 제품과 어울리는 인물 이미지를 업로드한 후, 해당 인물이 말할 대사를 텍스트로 입력합니다. 이어서 원하는 성우 스타일의 음성을 선택하면, 단순히 얼굴만 움직이는 것이 아닌, 실제 쇼핑 호스트처럼 자연스러운 입 모양, 그리고 손짓을 포함한 상반신의 동작까지 함께 생성됩니다.

이 기능은 실제 사람을 촬영하지 않아도 전문적인 영상 제작이 가능하다는 장점이 있습니다. 특히 제품의 기능, 장점, 사용법 등을 대화 형식으로 설명하거나, 고객 질문에 답하는 구성으로도 활용할 수 있어, 단일 프레젠터 중심의 영상뿐 아니라 인터뷰 형식의 콘텐츠도 제작 가능합니다. 최종 결과물은 MP4 포맷으로 출력되어 유튜브, 인스타그램, 스마트스토어 등 다양한 채널에 손쉽게 업로드할 수 있습니다.

작업 패턴

❶ AI 미디어의 AI 대화 장면 기능에서 쇼핑 홍보 인물 이미지 업로드
❷ 프롬프트 입력창에 상품을 홍보하는 대본 입력
❸ 음성 선택 옵션에서 쇼핑 홍보 인물에 어울리는 성우의 음성 선택

01 홍보 대사 프롬프트 입력하기

쇼핑 호스트 역할을 할 인물 이미지를 업로드한 다음 인물이 의상을 홍보하는 문장을 프롬프트 입력 창에 입력합니다.

01 | 왼쪽에 [AI 미디어]를 클릭하고 [AI 대화 장면]을 선택합니다. [캐릭터 사진 업로드]를 클릭해 File Dialog 대화 상자가 표시되면 source 폴더에서 '호스트.jpg' 파일을 선택하고 〈열기(O)〉 버튼을 클릭합니다.

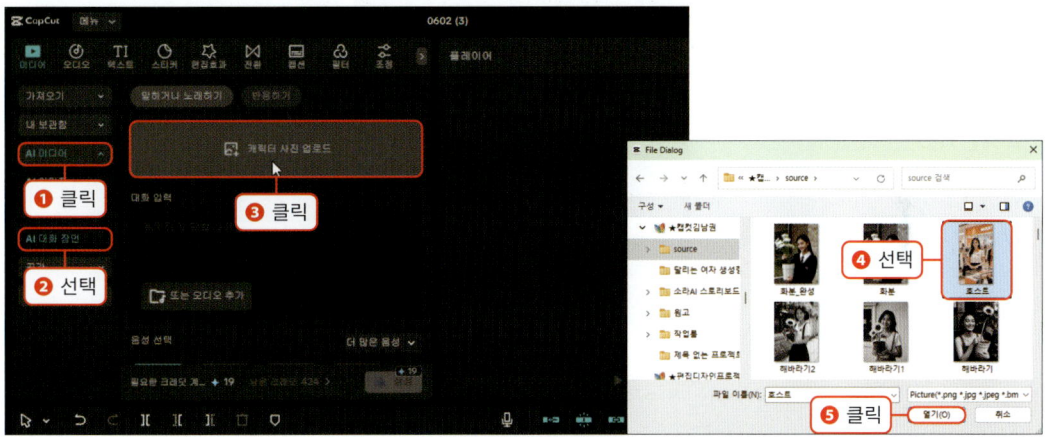

02 | 호스트 인물이 업로드되면 인물이 대화할 문장을 프롬프트 창에 입력합니다. 예제에서는 쇼핑 호스트가 의상을 홍보하는 대사를 입력합니다.

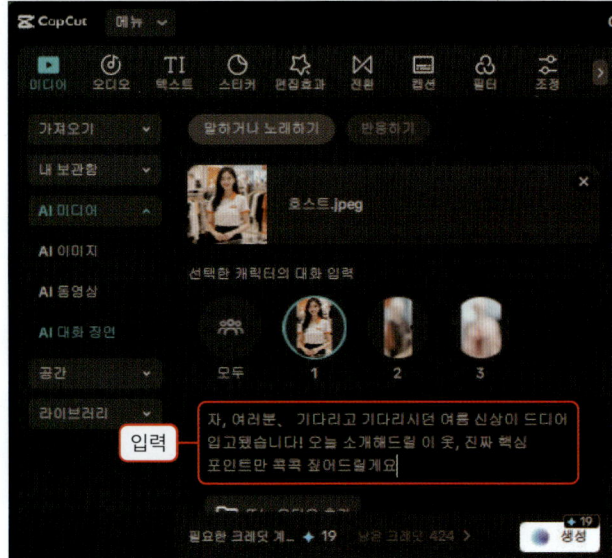

> **프롬프트**
> 자, 여러분. 기다리고 기다리시던 여름 신상이 드디어 입고되었습니다! 오늘 소개해드릴 이 옷, 진짜 핵심 포인트만 콕콕 짚어 드릴께요.

02 한국어 지원하는 성우 지정하기

음성 선택 옵션에서 쇼핑 호스트 인물과 잘 어울리는 한국어를 지원하는 성우를 선택한 다음 영상을 내보내기하여 완성합니다.

03 프롬프트 입력창 아래에 [더 많은 음성]을 클릭하고 음성 선택창이 표시되면 한국어 항목에 [스윗한 언니]를 선택하고 〈확인〉 버튼을 클릭합니다. 인물과 음성 선택이 완료되면 〈생성〉 버튼을 클릭합니다.

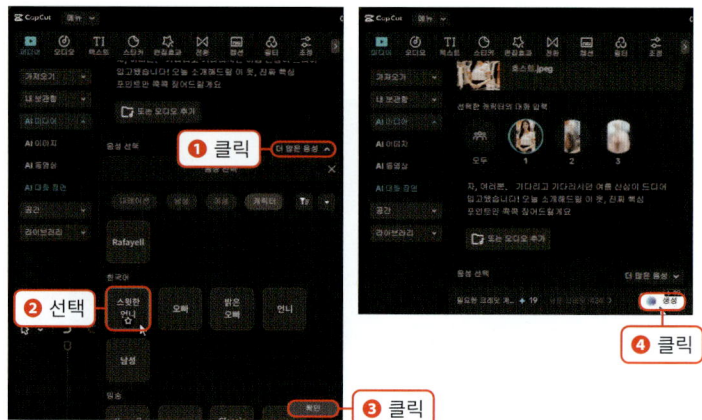

04 그림과 같이 의상을 소개하는 인물 동영상이 생성되었습니다. 영상을 재생해 보면 대사에 맞게 입을 움직이는 영상을 확인할 수 있습니다.

05 오른쪽 패널에서 음성 선택을 변경하여 재생성이 가능하며, 생성된 영상을 다운로드하기 위해 〈내보내기〉 버튼을 클릭합니다.

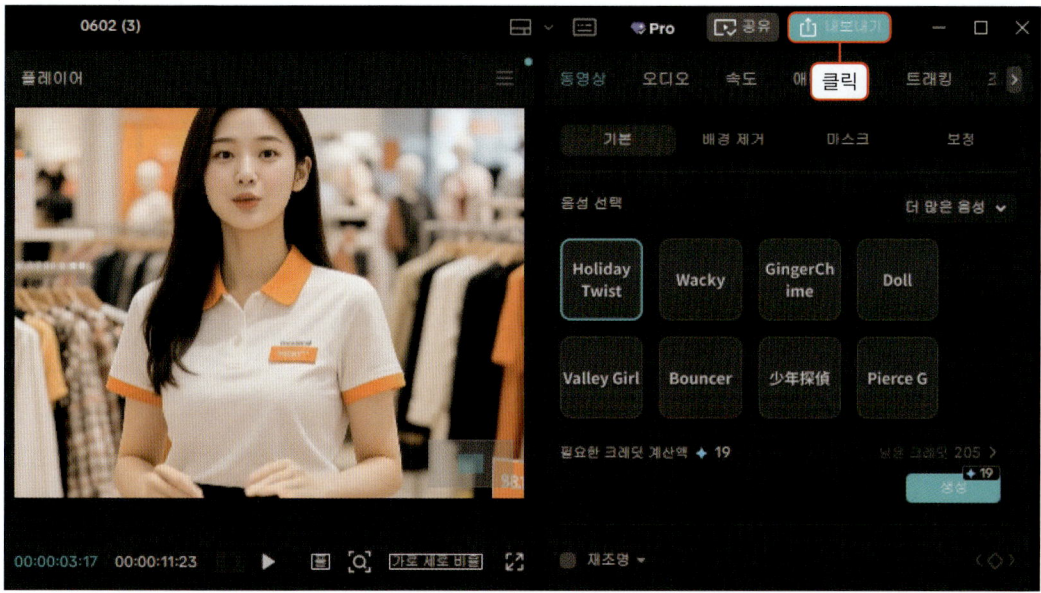

06 영상을 재생해 보면 손 동작과 얼굴 표정, 대사까지 자동으로 생성된 쇼핑 호스트 영상을 확인 할 수 있습니다.

LESSON 10

프롬프트로 디테일한 영상 생성하기

CAPCUT AI

예제파일 : source\공항, 이륙, 셀카.mp4   **완성파일** : source\여행_완성.mp4

데스크톱용 캡컷에서는 프롬프트를 입력하여 영상 생성이 가능한 AI 기능을 제공하며, 사용자가 입력한 문장을 기반으로 움직임이 디테일한 영상을 생성할 수 있습니다. 예제에서는 여행을 주제로 프롬프트를 이용하여 영상을 생성해 보겠습니다.

예제 콘셉트

데스크톱용 캡컷에서는 사용자가 입력한 프롬프트를 기반으로 이미지뿐 아니라 움직임이 자연스럽고 디테일한 영상을 자동으로 생성하는 AI 동영상 생성 기능을 제공합니다. 이 기능은 복잡한 영상 편집 기술 없이도, 누구나 간단한 문장 입력만으로 고퀄리티의 영상을 제작할 수 있도록 지원합니다.

프롬프트를 입력하면 AI는 장면에 맞는 구도와 색감, 자연스러운 인물 동작, 카메라 워크까지 포함된 영상 클립을 생성합니다. 특히 데스크톱 버전에서는 인물의 움직임, 배경 요소까지 디테일하게 반영되므로, 마케팅 영상, 여행 브이로그, 인트로 영상 등 다양한 용도로 활용할 수 있습니다.

작업 패턴

❶ **프롬프트**로 생성할 영상을 묘사하여 영상 생성과 동시에 타임라인에 배치
❷ 하나의 영상으로 만들기 위해 **가져오기 패널**에서 영상 클립을 순차적으로 배치

01 프롬프트로 영상 생성하기

프롬프트 입력창에 여행을 주제로 문장을 입력하여 영상을 생성하면 생성된 영상은 자동으로 타임라인에 위치합니다.

01 텍스트를 입력하여 영상을 생성하기 위해 [텍스트를 동영상으로]를 선택하고 프롬프트 입력창에 다음의 프롬프트를 입력합니다. 장면을 묘사하는 문장을 입력하고 〈생성〉 버튼을 클릭합니다.

 비행기 공항에서 여행가방을 끌고 여행을 가는 20대 여성

> **Tip** 마음에 들지 않은 영상이 생성되면 [다시 생성]을 클릭하여 동일한 프롬프트로 영상을 생성합니다.

02 그림과 같이 공항에서 여행가방을 끌고 걸어가는 여성 영상을 확인할 수 있습니다.

03 같은 방법으로 프롬프트 입력창에 다음의 프롬프트를 입력합니다. 여객기가 이륙하는 장면을 묘사하는 문장을 입력하고 〈생성〉 버튼을 클릭합니다.

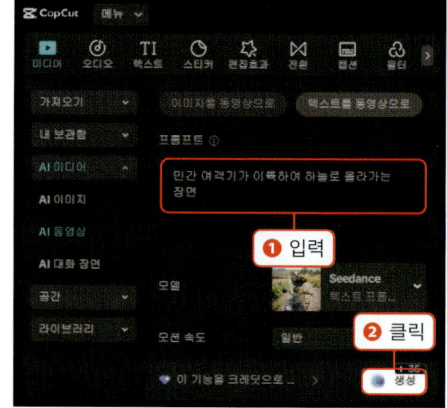

프롬프트 민간 여객기가 이륙하여 하늘로 올라가는 장면

04 그림과 같이 여객기가 이륙하여 하늘로 올라가는 영상을 확인할 수 있습니다.

05 생성된 영상을 내 PC에 저장하기 위해 AI 동영상 패널의 영상 썸네일을 마우스 오른쪽 클릭하고 팝업 메뉴에서 [다운로드]를 선택하여 저장합니다.

Tip 예제에서는 생성한 영상의 이름을 이륙.mp4, 공항.mp4로 지정해 저장하였습니다.

02 생성된 영상들을 하나의 영상으로 만들기

AI 기능으로 생성한 여러 개의 영상을 타임라인에 순차적으로 배치하거나 원하는 순서로 조정하여 하나의 완성된 동영상으로 제작할 수 있습니다.

06 | 캡컷을 실행한 다음 이미지를 불러오기 위해 [가져오기]를 클릭합니다. 미디어 리소스 선택 대화상자가 표시되면 source 폴더에서 '공항, 이륙, 셀카.mp4' 파일을 선택하고 〈열기(O)〉 버튼을 클릭합니다.

Tip 저장된 파일을 직접 [가져오기] 영역으로 드래그하여 불러올 수 있습니다.

07 | 그림과 같이 왼쪽의 가져오기 패널에는 불러온 영상이 썸네일 형식으로 표시됩니다. 먼저 '셀카.mp4' 파일을 타임라인으로 드래그합니다.

08 | 같은 방법으로 '공항.mp4'와 '이륙.mp4' 파일을 순서대로 드래그하여 위치시킵니다. 3개의 영상 클립이 배치되면 하나의 영상파일로 만들기 위해 〈내보내기〉 버튼을 클릭합니다.

09 | 내보내기 대화상자가 표시되면 저장할 영상의 이름과 저장 경로, 해상도, 형식 등을 설정할 수 있습니다. 기본값으로 저장하기 위해 〈내보내기〉를 클릭합니다.

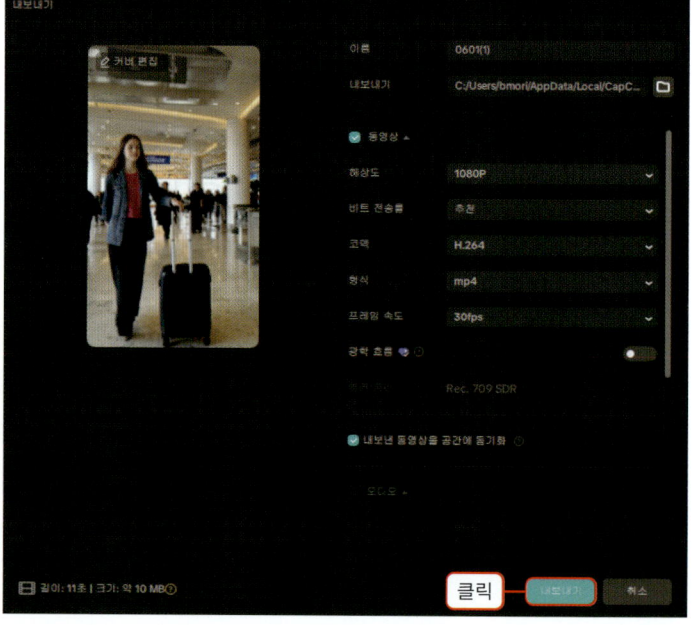

Tip 해상도(Resolution)는 영상의 가로와 세로 픽셀 수를 의미하며, 화면에 표시되는 디테일의 선명도를 결정짓는 중요한 요소입니다. 예를 들어, 720p(1280×720)는 HD급 화질로 모바일 환경이나 빠른 업로드에 적합하며, 1080p(1920×1080)는 Full HD 해상도로 유튜브나 SNS와 같은 콘텐츠 제작에 가장 널리 사용됩니다. 일반적으로 해상도가 높을수록 영상은 더욱 선명해지지만, 그만큼 파일 용량이 커집니다.

10 하나의 동영상 파일로 생성됩니다. 내 PC에 저장된 동영상 파일을 확인하기 위해서는 〈폴더 열기〉를 클릭하여 동영상을 확인합니다.

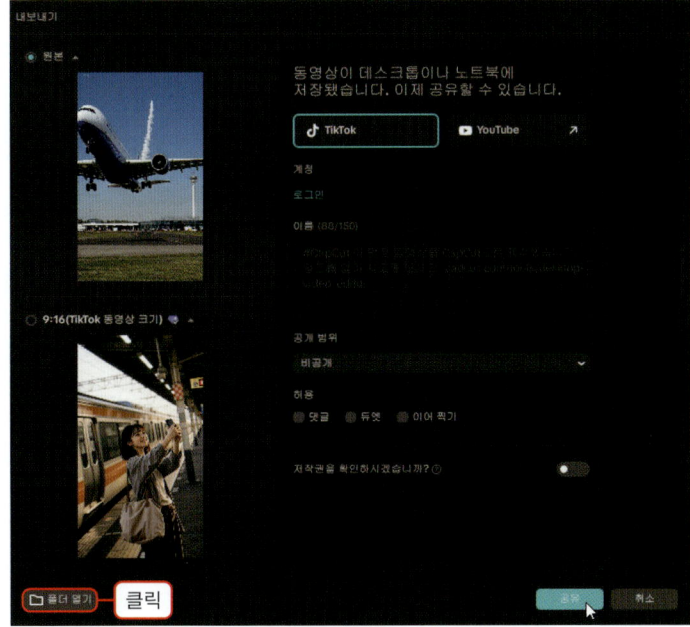

Tip 틱톡 또는 유튜브 직접 공유

① **틱톡 연동**: 캡컷 계정과 틱톡 계정을 연동하면, 영상을 저장한 뒤 별도 업로드 과정을 거치지 않고 바로 틱톡 계정으로 업로드할 수 있습니다.
② **유튜브 연동**: 유튜브 계정 연동 후 영상 제목, 설명, 공개 범위 등을 입력하면 캡컷에서 직접 유튜브 영상으로 업로드가 가능하며, 썸네일도 선택적으로 지정할 수 있습니다.
③ **이름**: 영상의 핵심 주제를 명확하게 전달하는 제목입니다.
④ **설명**: 영상에 대한 추가 정보를 제공하는 공간으로, 영상 내용 요약, 링크, 타임코드, 해시태그, 출처 표기 등을 포함할 수 있습니다.
⑤ **재생 목록**: 업로드된 영상을 특정 주제나 카테고리별로 묶어 관리할 수 있는 기능입니다.
⑥ **카테고리**: 유튜브의 분류 기준에 따라 영상을 지정하는 기능입니다.
⑦ **공개 범위**: 누구나 볼 수 있는 공개(Public), 링크를 가진 사람만 볼 수 있는 미등록(Unlisted), 업로더 본인만 볼 수 있으며, 유튜브에 공개되지 않는 비공개(Private)로 구분됩니다.

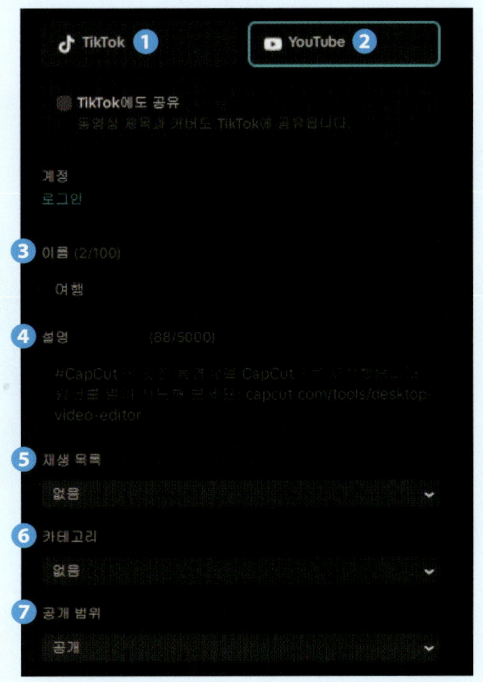

LESSON 11

CAPCUT AI

AI 아바타와 텍스트
애니메이션 숏폼 영상 만들기

예제파일 : source\스쿼트, 아령.mp4 **완성파일** : source\운동_완성.mp4

데스크톱용 캡컷의 AI 아바타 기능을 활용하면, 대본만 입력해도 캐릭터가 자연스럽게 말하는 영상을 만들 수 있습니다. 프롬프트로 추가 장면을 생성하고, 텍스트 애니메이션이나 말풍선으로 핵심 문장을 강조할 수 있습니다. 배경 음악 삽입과 편집까지 지원되어, AI 아바타가 설명하는 숏츠용 운동 영상을 쉽게 제작할 수 있습니다.

예제 콘셉트

AI 아바타 기능을 활용하면, 사용자가 입력한 대본을 바탕으로 실제 사람처럼 자연스럽게 말하는 아바타 영상을 손쉽게 생성할 수 있습니다. 이 기능은 특히 정보형 숏폼 콘텐츠 제작에 효과적이며, 제품 소개, 튜토리얼, 안내 영상 등 다양한 목적에 적합합니다.

정보형 콘텐츠는 명확한 메시지 전달이 중요한데, 단순한 텍스트 삽입만으로는 배경과 겹치거나 시각적 주목도가 낮아 가독성에 한계가 있을 수 있습니다. 이를 보완하기 위해 캡컷은 다양한 텍스트 애니메이션과 말풍선 스타일을 제공하여 주요 문장을 강조하고 시청자의 몰입도를 높일 수 있습니다.

작업 패턴

❶ AI 아바타 기능에서 사용하려는 아바타를 선택한 다음 프롬프트 입력창에 대본 입력
❷ 운동하는 인물들을 AI 동영상 기능으로 영상 생성
❸ 영상에 문자 입력과 애니메이션 효과 기능으로 가독성 있는 문자 추가
❹ 전환 효과를 적용하여 영상의 연결을 자연스럽게 설정
❺ 오디오 메뉴에서 영상에 어울리는 음악을 선택한 다음 영상 길이에 맞게 편집

01 대본을 따라 말하는 AI 아바타 캐릭터 만들기

AI 아바타 기능에서 원하는 형태의 아바타를 선택한 다음 프롬프트 입력창에 대사를 입력하여 말하는 아바타 캐릭터를 생성합니다.

01 | 데스크톱 캡컷을 실행한 다음 새 프로젝트를 만들기 위해 [프로젝트 만들기]를 클릭합니다.

02 | 상단 메뉴에서 [AI 아바타]를 클릭합니다. 화면에 아바타로 사용할 인물이 표시되면 마음에 드는 인물을 클릭합니다. 예제에서는 [Jun-Marketing] 남성 아바타를 선택하고 〈다음〉 버튼을 클릭합니다.

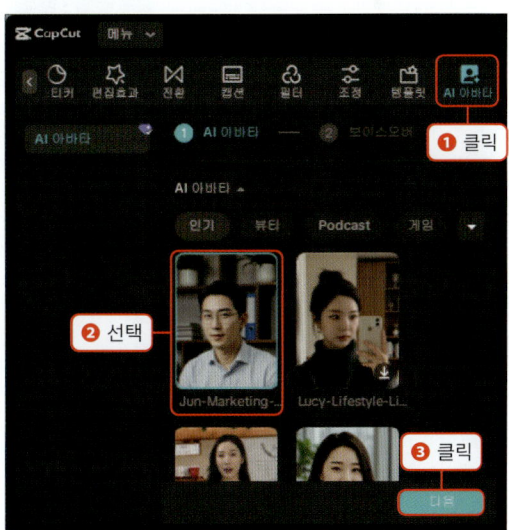

03 프롬프트 입력창이 표시되면 AI 아바타가 말할 대사를 입력합니다. 예제에서는 다음과 같이 프롬프트를 입력하고 〈생성〉 버튼을 클릭합니다.

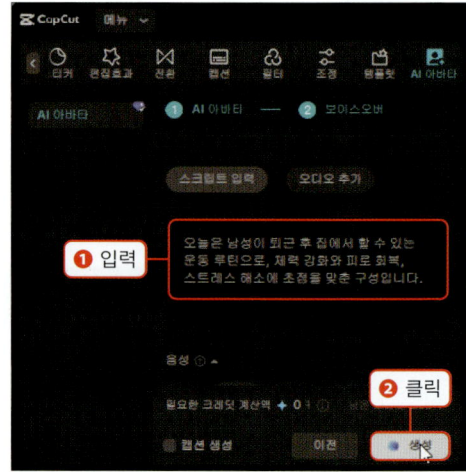

프롬프트
오늘은 남성이 퇴근 후 집에서 할 수 있는 운동 루틴으로, 체력 강화와 피로 회복, 스트레스 해소에 초점을 맞춘 구성입니다.

04 타임라인에 영상 클립이 표시됩니다. 미리보기 화면의 재생 버튼을 클릭하면 대사에 맞게 AI 캐릭터가 말하는 영상을 확인할 수 있습니다.

Tip [화면 확대/축소]를 클릭한 다음 드래그하는 방식으로 미리보기 화면을 확대하여 입 모양을 자세히 확인할 수 있습니다.

02 운동하는 인물 영상 생성하기

AI 동영상 기능을 이용하여 운동하는 인물을 생성합니다. 한 번 생성할 때마다 4개의 동영상을 생성하므로 마음에 드는 영상을 선택하여 편집에 사용합니다.

05 | 동영상을 추가로 생성하기 위해 [미디어] 메뉴를 클릭한 다음 [AI 미디어] – [AI 동영상]을 클릭하고 [텍스트를 동영상으로]를 선택합니다.

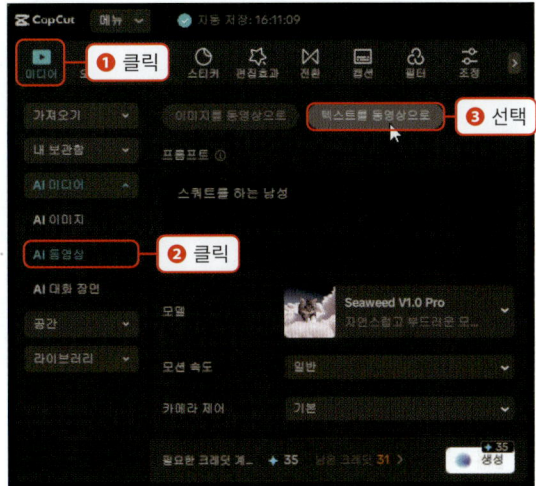

06 | 프롬프트 입력창에는 '스쿼트를 하는 남성'을 입력한 다음 가로 세로 비율을 [9:16]으로 지정하고 〈생성〉 버튼을 클릭합니다.

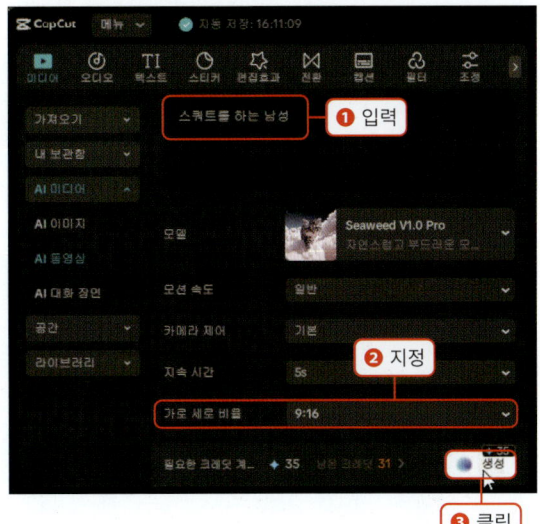

`프롬프트` 스쿼트를 하는 남성

07 스쿼트를 하는 남성 영상 클립이 생성되었습니다.

08 생성한 스쿼트 영상 클립을 AI 아바타 클립 다음으로 드래그하여 위치시킵니다.

 Tip 생성된 영상이 마음에 들지 않는 경우에는 오른쪽 AI 미디어 패널에서 다른 형태의 영상을 선택할 수도 있습니다.

09 동영상을 추가로 생성하기 위해 프롬프트 입력창에 '양손에 아령을 들고 운동하는 남성'을 입력하고 〈생성〉 버튼을 클릭합니다.

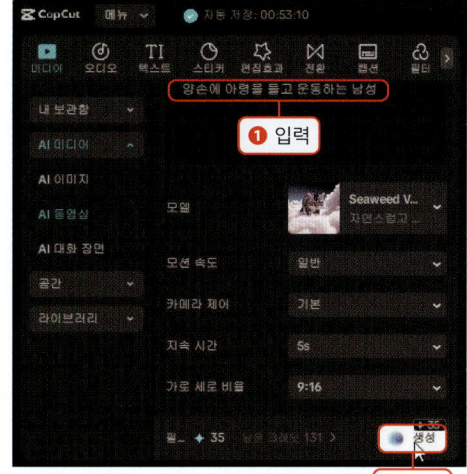

프롬프트 양손에 아령을 들고 운동하는 남성

10 아령을 들고 운동하는 남성 영상이 생성됩니다.

11 아령으로 운동하는 영상 클립을 스쿼트 영상 클립 다음으로 재생되도록 드래그하여 위치시킵니다.

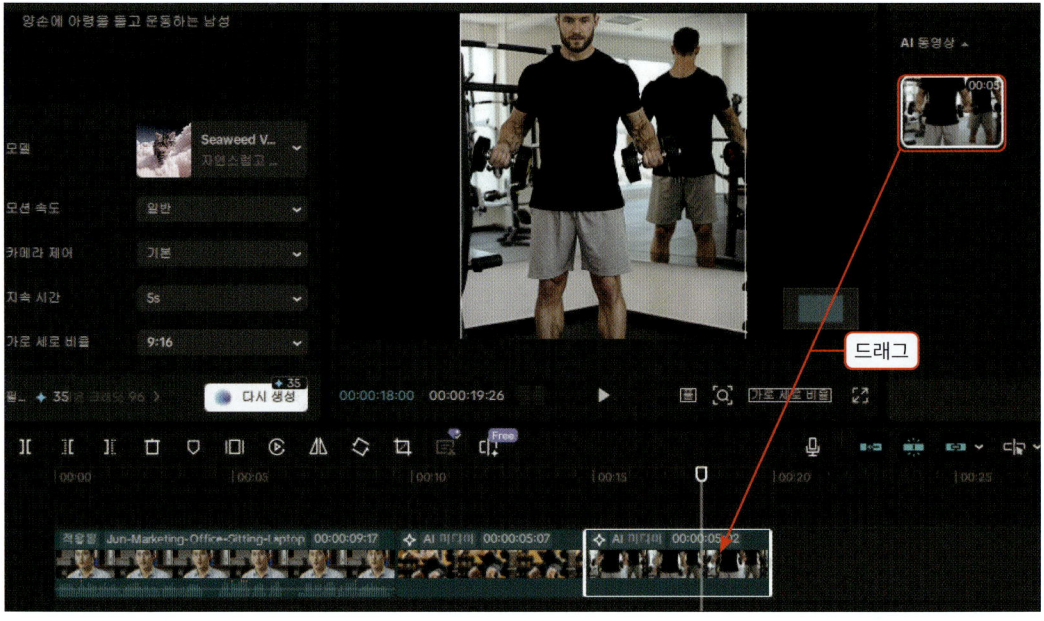

03 문자 입력과 애니메이션 효과 적용하기

영상 위에 가독성 있는 정보 문자를 추가하기 위해 입력한 문자에 다양한 애니메이션 효과를 적용합니다. 적용한 문자 애니메이션 효과는 영상에 맞게 길이를 조정합니다.

12 재생 헤드를 2번 영상 클립으로 이동하고 상단 [텍스트] 메뉴에서 [텍스트 추가]를 클릭합니다. [기본 텍스트]의 '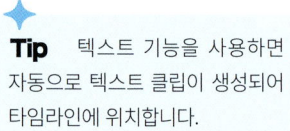' 아이콘을 클릭하면 미리보기 화면에 기본 텍스트가 표시됩니다.

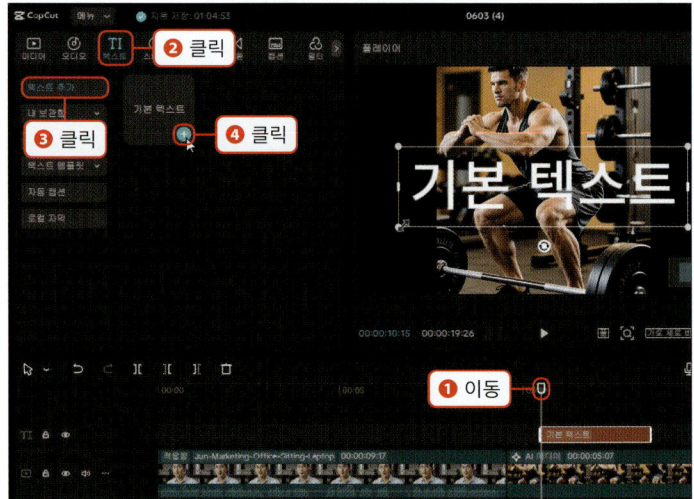

Tip 텍스트 기능을 사용하면 자동으로 텍스트 클립이 생성되어 타임라인에 위치합니다.

13 | 왼쪽 텍스트 입력창에 '스쿼트 1분 3세트'를 입력하고 영상 안에 텍스트가 위치할 수 있도록 텍스트 상자의 크기를 조정합니다.

`프롬프트` 스쿼트 1분 3세트

14 | 입력한 문자에 애니메이션 효과를 적용하기 위해 오른쪽 상단 [애니메이션]을 클릭하고 문자를 강조하기 위해 [글로우] 효과를 선택합니다.

15 그림과 같이 문자에서 빛이 발광하는 글로우 애니메이션 효과가 적용된 것을 확인할 수 있습니다.

16 효과가 적용 되었다면 타임라인에서 텍스트 클립의 양쪽 끝부분을 드래그하여 2번 영상 길이와 동일하게 조정합니다.

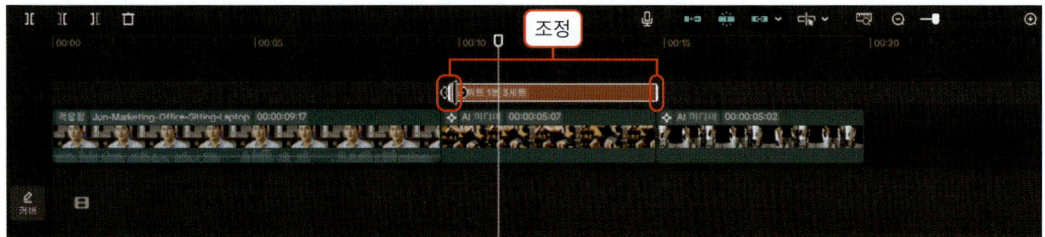

17 아령 운동을 하는 3번 영상 클립으로 재생 헤드를 이동하고 상단 [텍스트] – [텍스트 추가]를 클릭하고 '⊕' 아이콘을 클릭합니다. 오른쪽 텍스트 입력창에 '아령 서킷 6종'을 입력하고 텍스트 상자를 조정합니다.

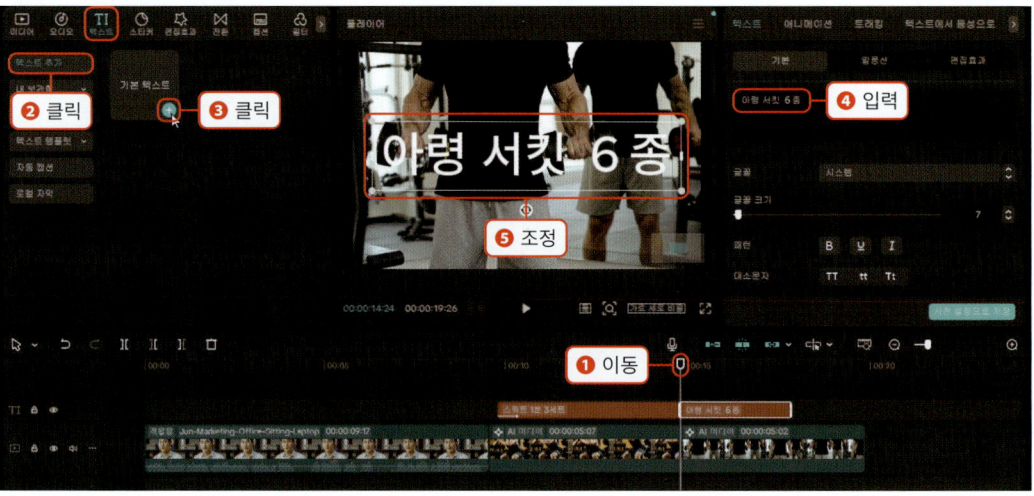

프롬프트 아령 서킷 6종

18 | 텍스트에 효과를 적용해 보겠습니다. 오른쪽 상단 [텍스트]를 클릭하고 [말풍선]을 선택합니다. 예제에서는 컬러 배경이 들어간 다음의 효과를 선택하고 타임라인에서 텍스트 클립을 3번 영상 길이에 맞게 조정하였습니다.

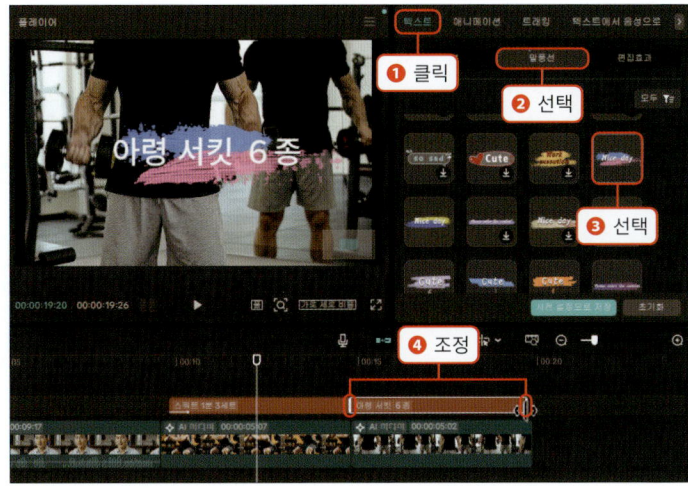

04 장면 전환 효과와 오디오 효과 적용하기

연결된 영상이 자연스럽게 전환될 수 있도록 장면 전환 효과를 적용한 다음 배경 음악을 적용하여 정보형 숏폼 영상을 완성합니다.

19 | 영상이 넘어가는 구간에 전환 효과를 적용하기 위해 상단에 [전환] 메뉴를 클릭하고 [흐릿한 렌즈]를 2번 영상과 3번 영상 사이로 드래그합니다.

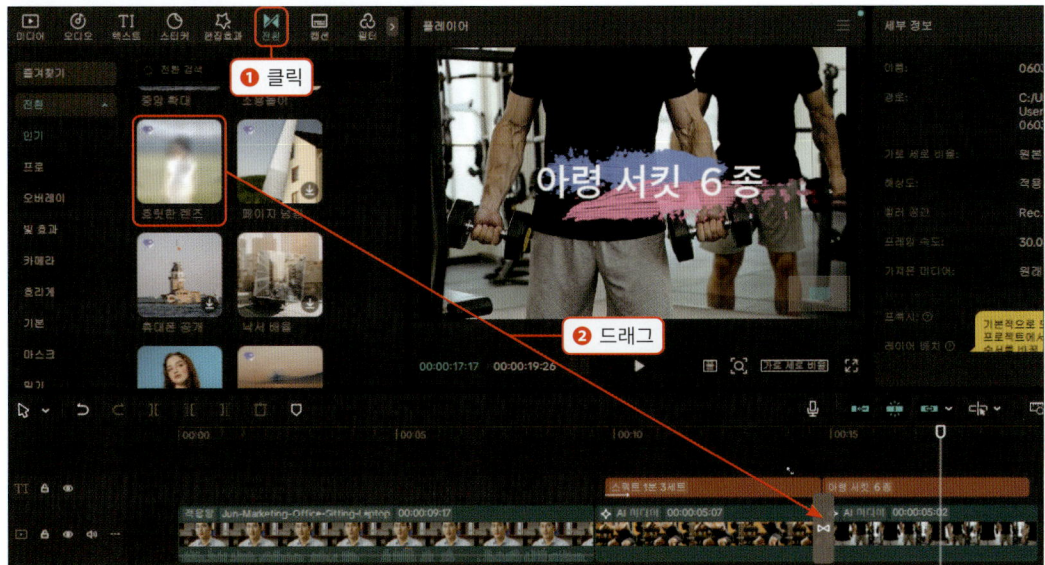

20 | 타임라인에서 전환 효과가 적용된 부분을 클릭한 다음 전환 설정에서 영상이 전환되는 시간을 설정합니다. 예제에서는 전환 시간을 1초로 지정하기 위해 [1.0s]로 지정하였습니다.

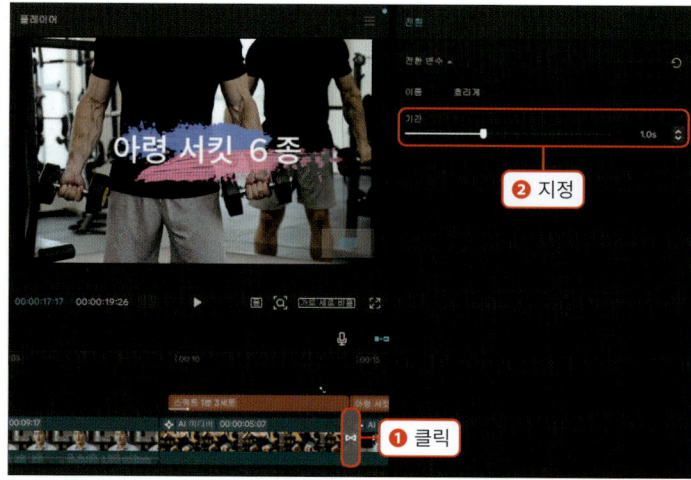

21 | 배경 음악을 삽입하기 위해 상단 [오디오] 메뉴를 클릭하고 [음악]을 클릭합니다. 목록이 표시되면 원하는 음원을 선택하고 '⊕' 아이콘을 클릭합니다.

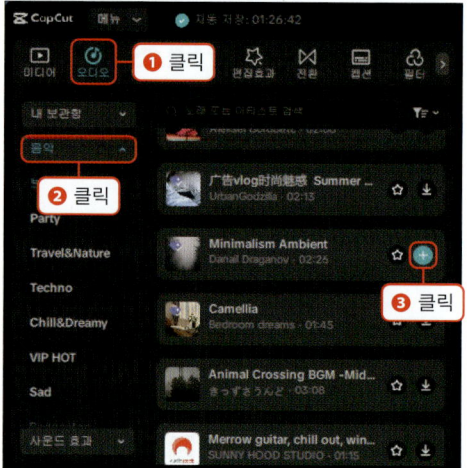

Tip 표시된 음원을 클릭하여 들어보고 배경 음악을 선택할 수 있습니다.

22 | 전체 영상 길이와 배경 음악 길이를 동일하게 맞추기 위해 재생 헤드를 영상 클립 끝부분에 위치시킵니다. 오디오 클립이 선택된 상태에서 '오른쪽 삭제' 아이콘(▮)을 클릭합니다.

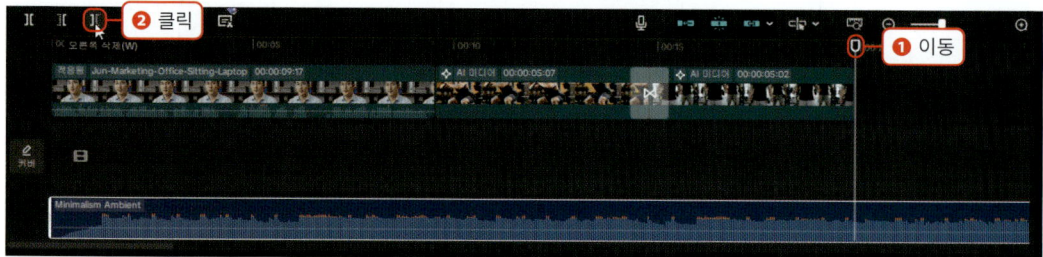

23 | 배경 음악을 자른 다음에는 음량이 서서히 줄어들도록 조정하기 위해 페이드 아웃 값을 조정합니다. 예제에서는 '2.7s'로, 전체 배경 음악의 볼륨을 줄이기 위해 볼륨 슬라이더를 '-12.0dB'로 조정하고 〈내보내기〉 버튼을 클릭합니다.

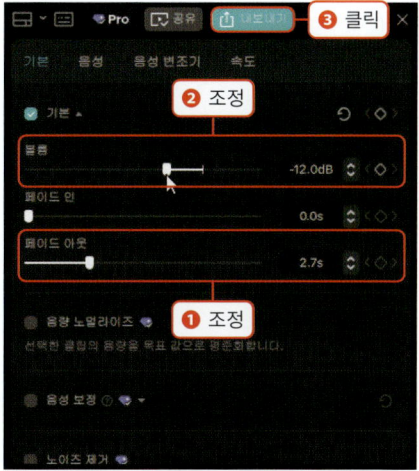

24 | 영상 설정은 기본으로 하고 하단 〈내보내기〉 버튼을 클릭하여 최종 영상을 다운로드합니다.

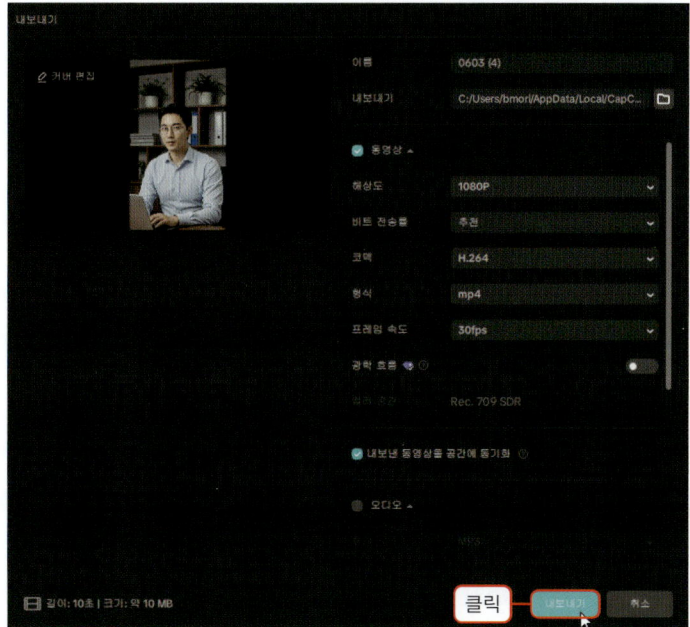

PART 4
편집이 영상을 완성한다!
AI 기능으로
영상 편집하기

AI 기술이 접목된 영상 편집 환경에서는 이제 복잡한 장비나 고가의 소프트웨어 없이도 누구나 고품질의 영상을 제작할 수 있습니다. 이 파트에서는 캡컷의 AI 기능을 활용해 영상 편집의 핵심부터 실전 활용까지 다룹니다. 특히, 캡컷의 영상 편집 기능들을 활용해 영상, 사운드 클립, 커버까지 포함된 하나의 완성된 홍보 영상을 제작하는 흐름을 단계별로 설명하며, AI 기반 편집의 실질적인 가능성과 활용 방안을 실습 중심으로 제시합니다.

LESSON 01

영상 편집을 위한
캡컷 인터페이스

CAPCUT AI

캡컷은 직관적인 인터페이스와 다양한 편집 도구를 제공하여 초보자부터 전문가까지 쉽게 고품질 영상을 제작할 수 있는 영상 편집 도구입니다. 캡컷을 활용하면 자막, 전환 효과, 배경 음악 삽입 등 모바일 환경에서도 손쉽게 작업할 수 있어 SNS용 숏폼 영상 제작에 최적화된 편집 기능을 제공합니다.

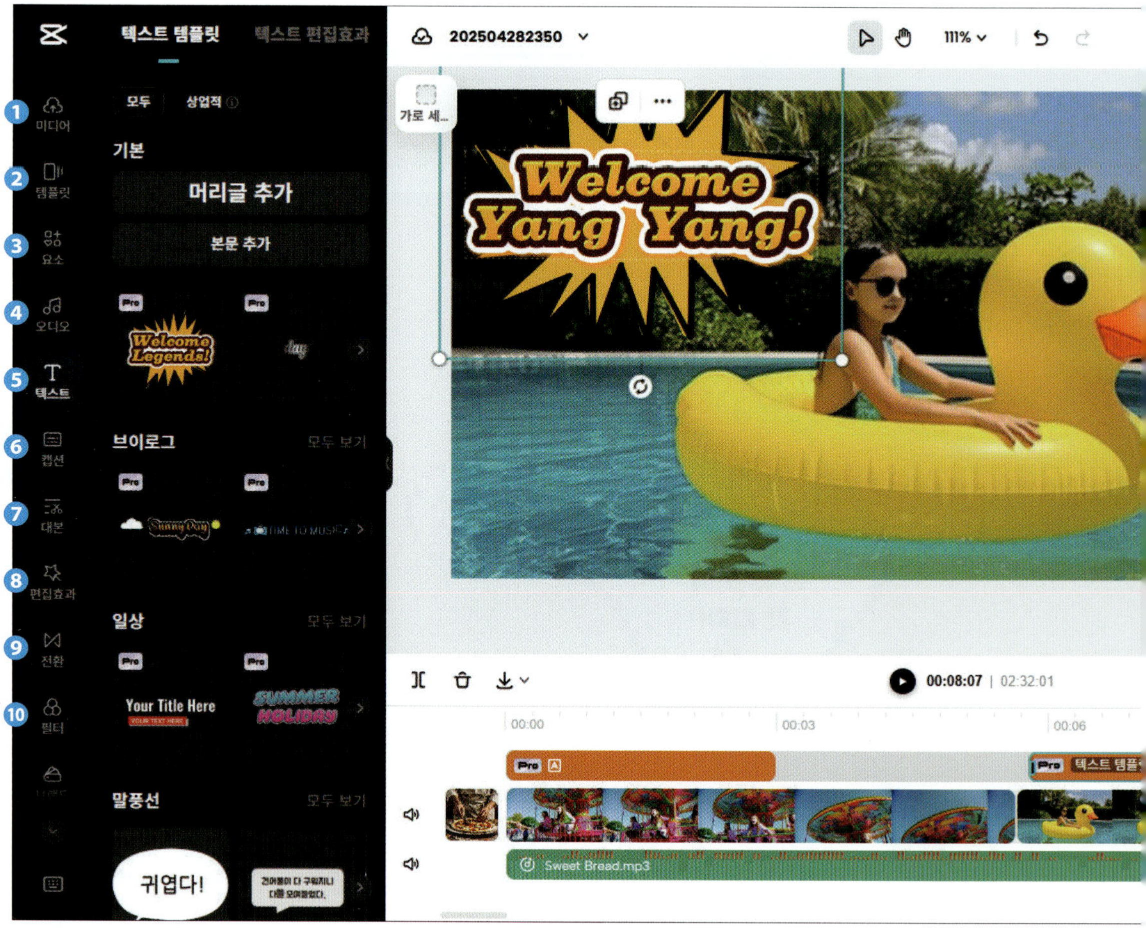

01 캡컷 영상 편집 화면 메뉴 알아보기

캡컷에서 영상을 편집하려면 먼저 캡컷 사이트(capcut.com)에 접속한 후, [새 동영상]을 클릭하여 표시되는 영상 편집 화면에서 다양한 디자인 요소를 활용해 편집할 수 있습니다. 캡컷은 고품질 영상 제작을 위한 다양한 편집 기능을 제공합니다.

❶ **미디어**: 사용자가 직접 촬영하거나 다운로드한 영상, 이미지, 오디오 파일 등을 불러와 타임라인에 배치할 수 있도록 도와줍니다. 이 기능을 통해 클립을 미리 확인하고, 필요한 구간만 잘라내어 사용할 수 있습니다.

❷ **템플릿**: 브이로그, 광고, SNS 숏폼 영상 등 다양한 스타일의 편집 구성이 미리 세팅되어 있어 편집에 익숙하지 않은 사람들도 빠르고 손쉽게 완성도 높은 영상을 제작할 수 있습니다.

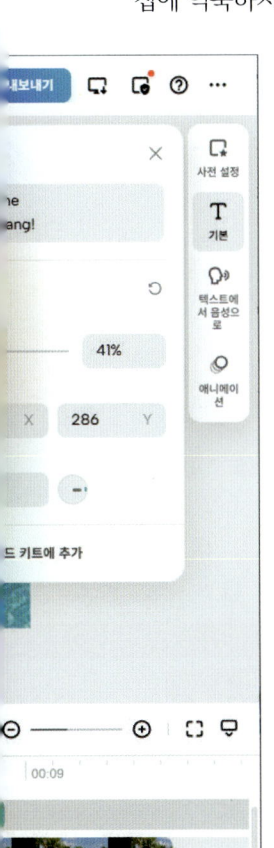

❸ **요소**: 영상 위에 삽입할 수 있는 스티커, 애니메이션, 도형 등의 그래픽을 포함하고 있어 화면을 꾸미거나 시각적인 포인트를 줄 때 유용하게 사용할 수 있습니다.

❹ **오디오**: 배경 음악, 효과음, 내레이션 등을 추가할 수 있으며, 캡컷에서 제공하는 음원 라이브러리를 이용하거나 직접 보유한 오디오 파일을 불러올 수도 있습니다.

❺ **텍스트**: 자막이나 타이틀 삽입에 활용되며, 글꼴, 색상, 크기, 애니메이션 효과 등을 다양하게 조절할 수 있어 영상 스타일에 맞는 표현을 할 수 있습니다.

❻ **캡션**: 영상 속 대사나 음성을 자동으로 텍스트로 변환해 자막으로 삽입하는 기능으로, 시간 절약에 효과적이며 정확도도 비교적 높은 편입니다.

❼ **대본**: 음성 기반의 영상 콘텐츠를 제작할 때 유용한 도구로, 미리 작성한 텍스트를 기반으로 TTS(Text-To-Speech) 기능을 통해 자연스럽게 음성 영상을 만들 수 있습니다.

❽ **편집효과**: 영상에 트렌디한 시각 효과를 추가하는 기능으로, 화면 흔들림, 줌인/아웃, 파티클 효과 등 다양한 효과를 연출할 수 있습니다.

❾ **전환**: 서로 다른 장면 사이에 자연스럽게 연결감을 주는 효과를 적용할 수 있으며, 컷 간의 흐름을 매끄럽게 만듭니다.

❿ **필터**: 영상의 색감과 분위기를 조정할 수 있는 기능으로, 따뜻한 느낌, 영화톤, 빈티지 스타일 등 원하는 감성을 쉽게 연출할 수 있습니다.

02 캡컷에서 편집 기능 알아보기

영상 편집의 기초이자 핵심은 장면을 자유자재로 다루는 능력에서 출발합니다. 캡컷은 직관적인 UI와 다양한 편집 툴을 제공해 초보자부터 숙련자까지 손쉽게 작업할 수 있도록 설계되어 있으며, 특히 타임라인 기반의 세밀한 클립 제어 기능이 돋보입니다. 자주 활용되는 대표적인 편집 기능들을 소개합니다.

① **가로 세로 비율**: 화면 비율이 맞지 않는 클립을 가로 화면이나 세로 화면으로 적합하게 바꾸는 기능으로, 단순한 비율 조정뿐 아니라 영상의 크기와 위치도 자동으로 맞추기 때문에 더 안정적인 영상으로 구성할 수 있습니다.

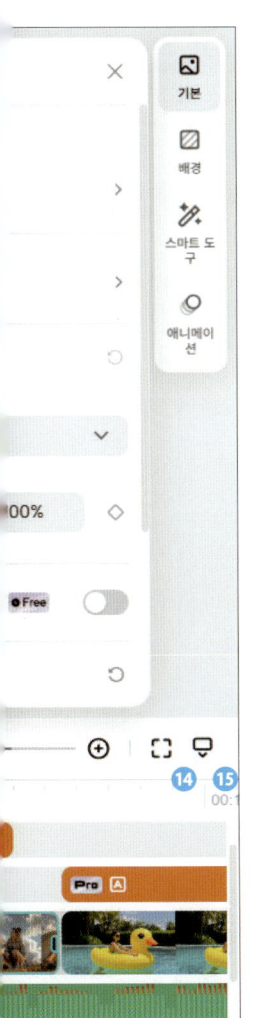

원본 3:4 비율   4:3 비율

② **분할(I)**: 영상 클립을 원하는 지점에서 나누는 기능으로, 특정 장면을 구분하거나 효과를 삽입할 위치를 조정할 때 자주 사용됩니다. 타임라인에서 정확한 위치에 재생 헤드를 위치시키고 분할을 적용하면 클립이 두 개로 나눕니다.

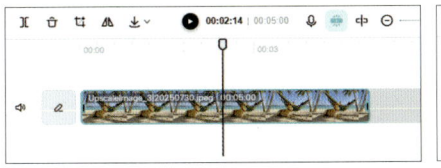

클립을 선택한 상태에서 [재생 헤드] 이동   [분할]을 클릭하여 나눠진 클립

③ **삭제(⌫)**: 선택한 클립이나 오디오, 텍스트 등의 요소를 타임라인에서 제거하는 기능입니다. 불필요한 장면이나 수정이 필요한 부분을 간단하게 삭제할 수 있어 작업의 효율성을 높입니다.

④ **역방향(G)**: 선택한 영상 클립을 거꾸로 재생되도록 설정합니다.

❺ **자르기(□)**: 클립의 시작 또는 끝부분을 잘라내어 원하는 구간만 남기는 데 사용되며, 영상의 길이를 조절하거나 핵심 장면만 남기고자 할 때 매우 유용합니다.

❻ **가로 전환(□)**: 영상 화면을 거울처럼 뒤집는 기능으로, 좌우로 대칭시켜 영상의 좌우 방향을 반대로 바꾸는 효과를 의미합니다.

원본 화면

[가로 전환] 화면

❼ **프리즈(□)**: 선택한 지점의 정지 화면을 새로운 클립처럼 삽입하여, 몇 초간 화면이 고정됩니다. 일반적으로 2~3초의 정지 화면이 자동으로 생성되며, 길이는 자유롭게 조절 가능합니다.

❽ **대본 기반 편집(□)**: 동영상의 음성을 분석해 대본으로 생성하여 수정할 부분의 대본을 삭제하는 등 대본을 이용한 영상 편집이 가능합니다.

❾ **장면 분할(□)**: 동영상에서 자동으로 장면을 찾고 여러개의 클립으로 분할합니다.

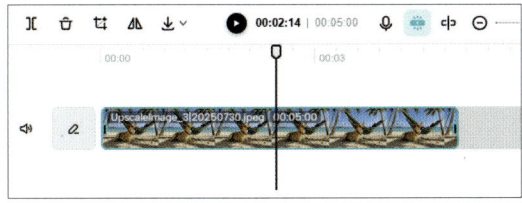
하나의 클립으로 구성된 원본 영상(야구경기.mp4)

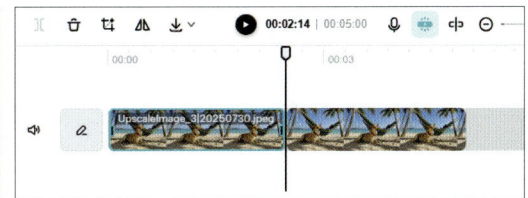
다른 장면의 영상을 자동으로 분할

⑩ **클립 다운로드(⬇)**: 클라우드 기반으로 불러온 미디어 파일을 로컬로 저장하여 안정적인 편집 환경을 제공하는 기능입니다. 네트워크 연결이 불안정한 상황에서도 영상을 안정적으로 편집할 수 있습니다.

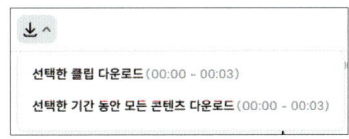

⑪ **오디오 녹음(🎤)**: 직접 음성을 녹음하여 내레이션을 추가하거나 설명을 삽입할 수 있도록 하는 기능으로, 교육 콘텐츠나 브이로그, ASMR 영상 등에서 자주 활용됩니다.

⑫ **첨부끄기(✥)**: 영상에 붙어 있는 오디오나 자막 등을 클립에서 분리하여, 각각 독립적으로 이동하거나 편집할 수 있습니다. 클립 삭제 시 함께 사라지는 것을 방지하고 싶을 때 유용합니다.

⑬ **미리보기축 켜기(✢)**: 활성화하면, 화면 중앙에 수평·수직 기준선이 표시되어 요소를 정렬할 때 정확한 위치를 쉽게 확인할 수 있습니다. 텍스트나 그래픽을 화면 중앙에 배치하거나, 정렬 기준이 필요할 때 활용하면 좋습니다.

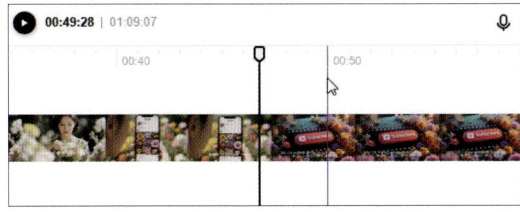
미리보기축 켜기

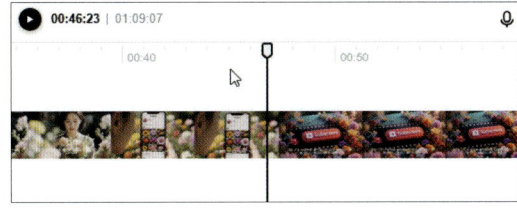
미리보기축 끄기

⑭ **전체 화면(⛶)**: 영상만 확대해 확인할 수 있어 세밀한 미리보기에 유용합니다.

⑮ **타임라인 숨기기(🖥)**: 화면 하단을 간단히 접어 더 넓은 작업 공간을 확보할 수 있습니다. 두 기능 모두 정렬이나 프리뷰 작업 시 활용하면 효율적입니다.

LESSON 02

정밀한 편집을 위한
영상 검색과 미리보기 재생하기

CAPCUT AI

예제파일 : source\휴가1.mp4

영상 편집의 첫 번째 단계는 작업할 영상을 업로드한 후 타임라인에 클립 형태로 배치하는 것입니다. 이후 클립을 확대하거나 축소하여 작업 화면에 맞게 조정할 수 있습니다. 재생 헤드를 이용해 클립 내에서 세밀하게 영상을 검색할 수 있으며, 미리보기 화면을 통해 영상을 재생하면서 확인할 수도 있습니다.

예제 콘셉트

영상 편집의 기초 단계에서 클립을 정확하게 배치하고, 원하는 지점에서 정밀하게 편집하기 위해서는 타임라인의 구성 방식에 대한 이해와 클립 조정 기능의 활용이 매우 중요합니다. 특히 타임라인은 각 영상, 오디오, 자막 요소들을 시간 순서에 따라 시각적으로 배열할 수 있는 공간으로, 편집자의 의도에 따라 콘텐츠를 세밀하게 제어할 수 있는 핵심 영역입니다.

이러한 기능들은 전체 편집 흐름의 정확성과 효율성을 높이는 데 결정적인 역할을 하며, 영상의 주제나 콘셉트에 맞는 시각적 리듬과 감정을 조율하는 데 필수적입니다. 영상 편집을 시작하는 사용자라면 타임라인 조작, 클립 조정, 재생 헤드와 미리보기 화면의 연계 활용 능력을 우선적으로 익히는 것이 매우 중요합니다.

작업 패턴

❶ 업로드 기능으로 영상 클립을 불러온 다음 타임라인에 위치하기
❷ 재생 헤드로 영상 검색하기
❸ 미리보기 영상을 확대하거나 축소하여 영상 확인하기

01 타임라인에 영상 클립 위치시키기

편집할 영상을 업로드한 후 불러온 영상 파일을 클립 형태로 타임라인에 배치합니다. 영상 클립은 작업 화면에 맞게 확대하거나 축소할 수 있습니다.

01 | 웹브라우저에 'capcut.com'를 입력하여 캡컷 사이트에 접속하고 새로운 동영상을 만들기 위해 [동영상]을 클릭한 다음 [새 동영상]을 클릭합니다.

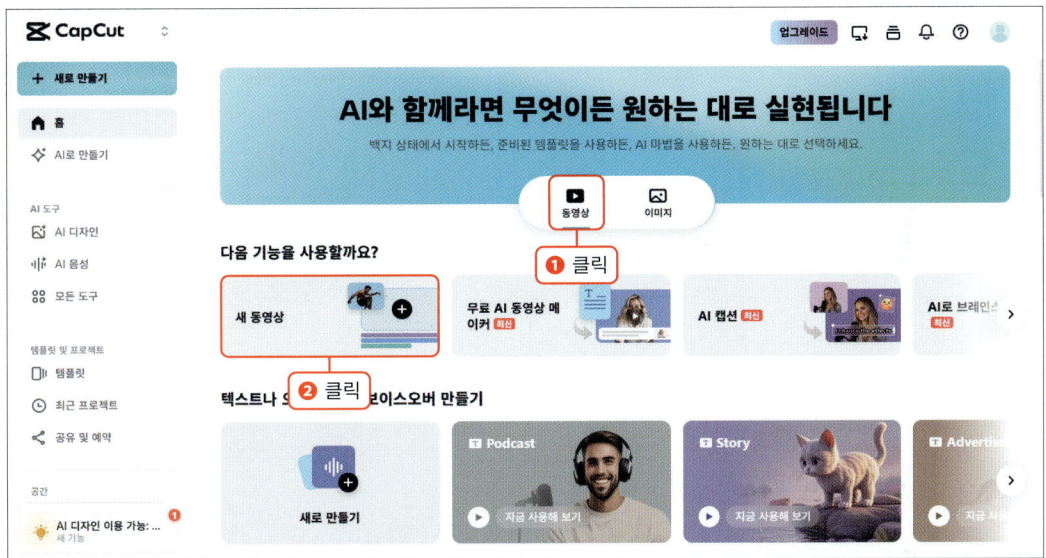

02 | 영상 편집 화면이 표시되면 동영상 파일을 업로드하기 위해 〈업로드〉 버튼을 클릭하고 [파일 업로드]를 클릭합니다. 열기 대화상자의 source 폴더에서 '휴가1.mp4' 파일을 선택한 다음 〈열기(O)〉 버튼을 클릭합니다.

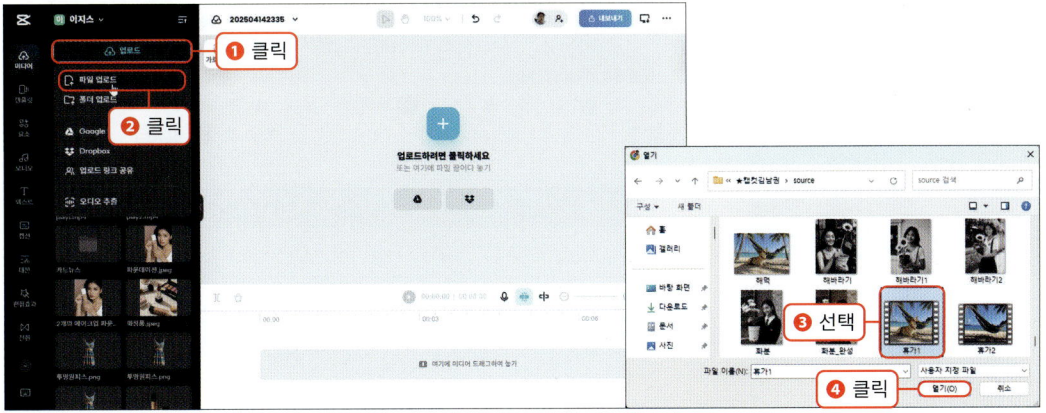

03 왼쪽에 업로드된 '휴가 1.mp4' 파일을 클릭합니다. 미리보기 화면에 영상이 표시되며, 아래쪽 타임라인에 클립 형태로 영상이 위치됩니다.

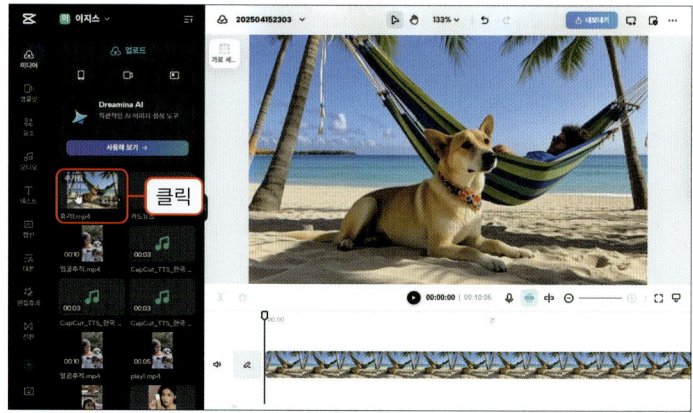

> **Tip** 썸네일을 타임라인으로 직접 드래그하여 영상 클립을 위치시킬 수도 있습니다.

04 타임라인에 위치한 클립이 확대되어 보일 경우 화면에 맞게 조정할 수 있습니다. 예제에서는 '축소' 아이콘을 클릭하여 영상 클립이 한눈에 보이도록 축소합니다.

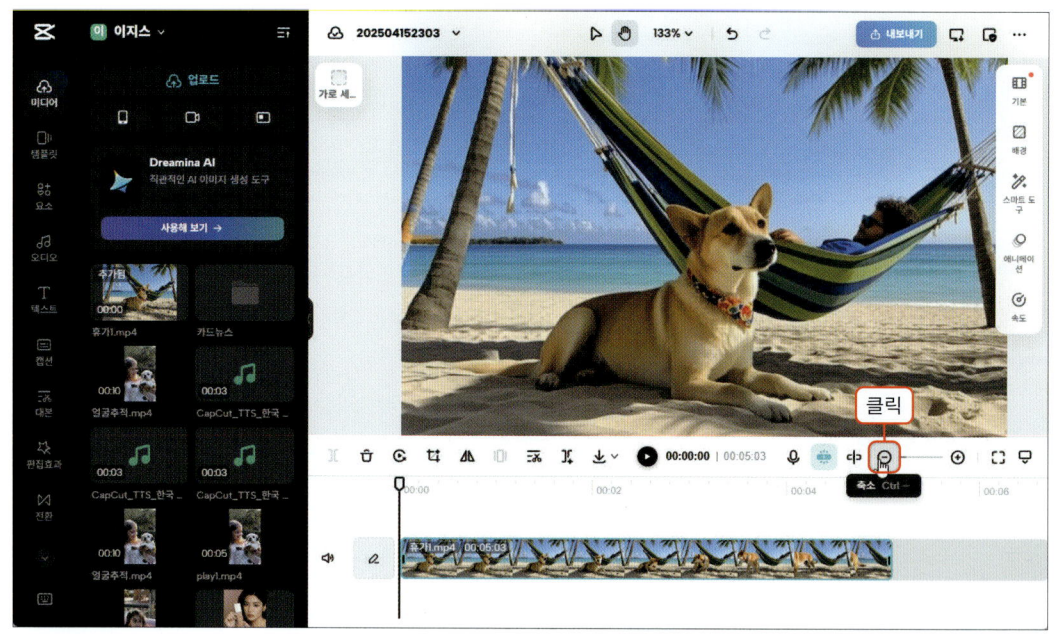

> **Tip** 슬라이더 바를 왼쪽으로 드래그하면 클립이 축소되고, 오른쪽으로 드래그할수록 클립이 확대되어 표시됩니다.

02 재생 헤드로 세밀하게 영상 검색하기

재생 헤드는 영상 편집 시 디테일하게 영상을 탐색하고 편집 시점을 지정하는 데 사용됩니다. 재생 헤드를 드래그하여 미리보기 화면을 확인할 수 있으며, 재생 헤드가 위치한 부분을 기준으로 영상을 편집할 수 있습니다.

05 | 영상을 자세히 검색하기 위해 재생 헤드를 오른쪽으로 드래그합니다. 영상 클립의 위치에 따라 미리보기 창에서 영상이 재생되는 것을 확인할 수 있습니다.

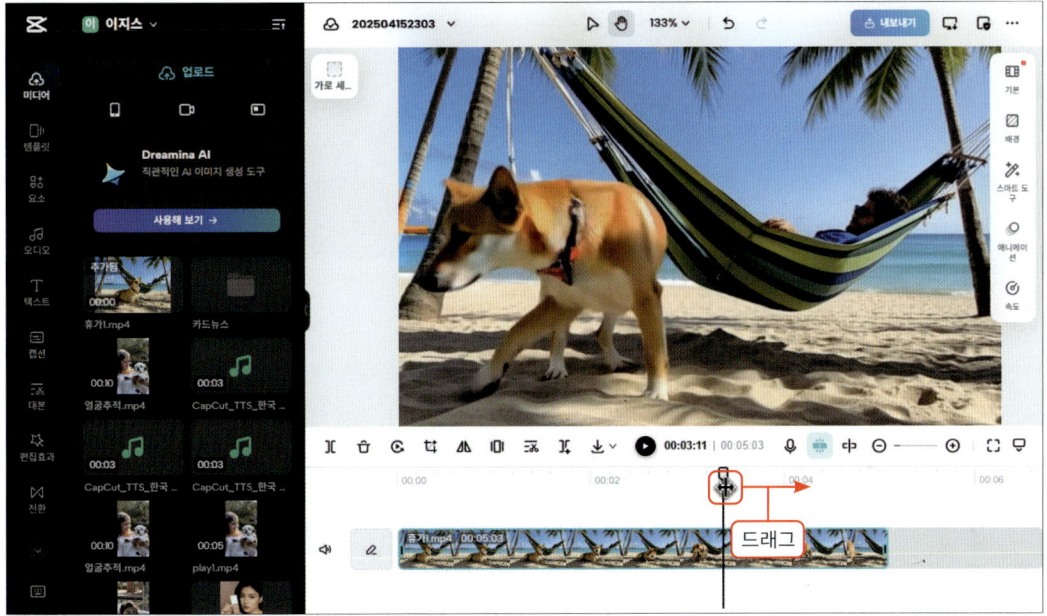

06 | 흔들리는 해먹 옆에 앉아 있던 개가 자리에 일어나 화면 밖으로 사라지는 장면을 확인할 수 있습니다. '재생' 아이콘(▶)을 클릭하면 영상이 끊김 없이 재생됩니다.

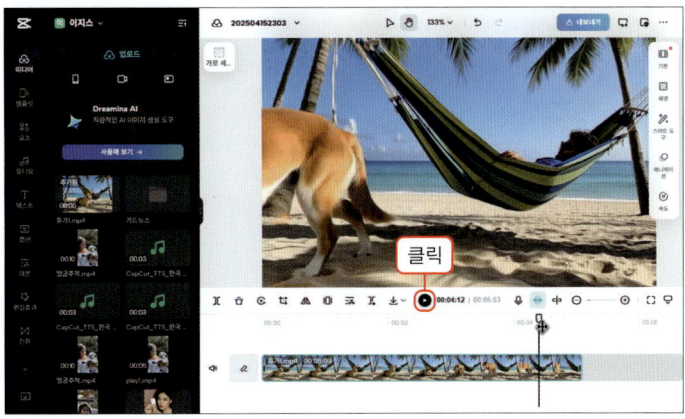

03 미리보기 영상 확대하기

미리보기 화면에서 재생 헤드 위치에 맞는 영상을 확인하거나 영상 재생 화면을 표시할 수 있습니다. 또한, 이 미리보기 영상을 확대하거나 축소하여 재생할 수 있습니다.

07 미리보기 영상은 확대/축소 슬라이더를 드래그하여 영상을 크게 또는 작게 조정할 수 있습니다. [확대 팝업]을 클릭한 후, 슬라이더 바를 오른쪽으로 드래그하여 영상을 확대합니다.

08 영상이 확대되어 미리보기 영역 밖으로 벗어나면 '손으로 조작' 아이콘( )을 선택한 후, 미리보기 화면을 드래그하여 영상을 이동할 수 있습니다. 이렇게 하면 영상의 세밀한 부분을 확대하여 살펴볼 수 있습니다.

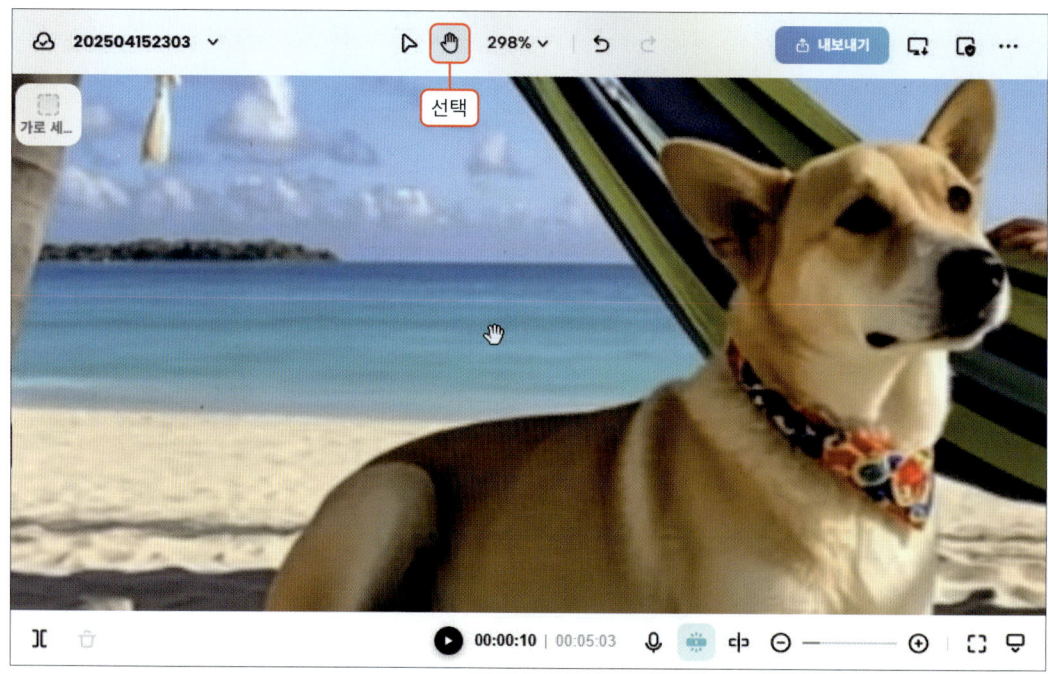

LESSON 03

원하는 영상 비율에 맞게
영상 불러오기

예제파일 : source\baseball2.mp4　　**완성파일** : source\비율_완성.mp4

영상을 작업 화면에 불러오려면 업로드 기능을 사용하거나, 영상 파일을 드래그하여 업로드할 수 있습니다. 원본 영상을 캡컷 편집 화면에 불러올 때 영상 비율을 설정하여 원하는 비율로 변경할 수 있습니다. 예제에서는 원본 영상 비율을 그대로 유지한 채 불러오는 방법과 비율을 변경하여 불러오는 방법을 알아보겠습니다.

예제 콘셉트

영상 비율 조정은 원본 영상을 캡컷 편집 화면에 불러올 때 가장 먼저 고려해야 할 핵심 단계 중 하나로, 콘텐츠의 용도나 게시할 플랫폼에 따라 화면 구성을 최적화할 수 있다는 점에서 매우 중요합니다. 예를 들어, 유튜브나 일반적인 웹 영상은 16:9 가로 비율이 기본이지만, 인스타그램 릴스, 유튜브 쇼츠, 틱톡과 같은 숏폼 콘텐츠 플랫폼에서는 세로형 9:16 비율이 표준으로 요구됩니다.

비율 조정은 단순한 사이즈 변경을 넘어, 영상의 주요 피사체를 중심에 배치하거나 여백을 활용한 그래픽 요소 삽입 등 전체 레이아웃을 새롭게 설계하는 과정으로 이어집니다. 이러한 설정은 영상의 시각적 집중도와 전달력을 높이고, 콘텐츠의 활용 목적에 따라 예제 콘셉트를 보다 명확하고 효과적으로 표현할 수 있는 기반이 됩니다.

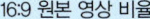
16:9 원본 영상 비율

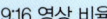
9:16 영상 비율

작업 패턴

❶ 업로드한 영상을 <u>원본 비율로 불러오기</u>
❷ 비율 조정 기능으로 숏폼 비율인 <u>9:16 영상 비율로 불러오기</u>

01 업로드 기능을 이용해 원본 비율로 영상 불러오기

캡컷의 업로드 기능을 사용하여 원본 영상 비율인 16:9 그대로 작업 화면에 영상을 불러오는 방법을 알아보겠습니다.

01 | 웹브라우저에 'capcut.com'를 입력하여 캡컷 사이트에 접속한 다음 [동영상]을 클릭하고 [새 동영상]을 클릭합니다.

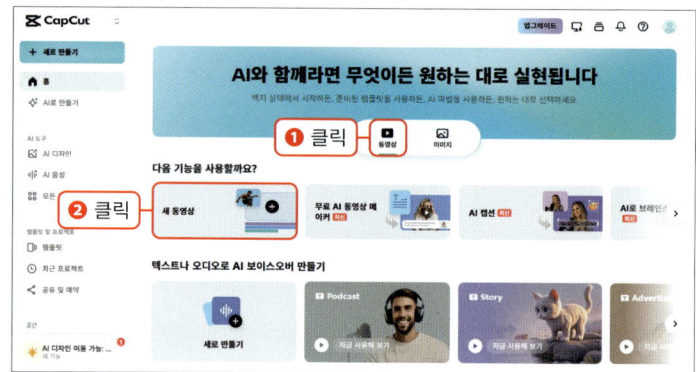

02 | 영상 편집 화면이 표시되면 작업 영역을 설정하기 위해 [화면 비율]을 클릭한 후 [원본 가로 세로 비율]을 선택합니다.

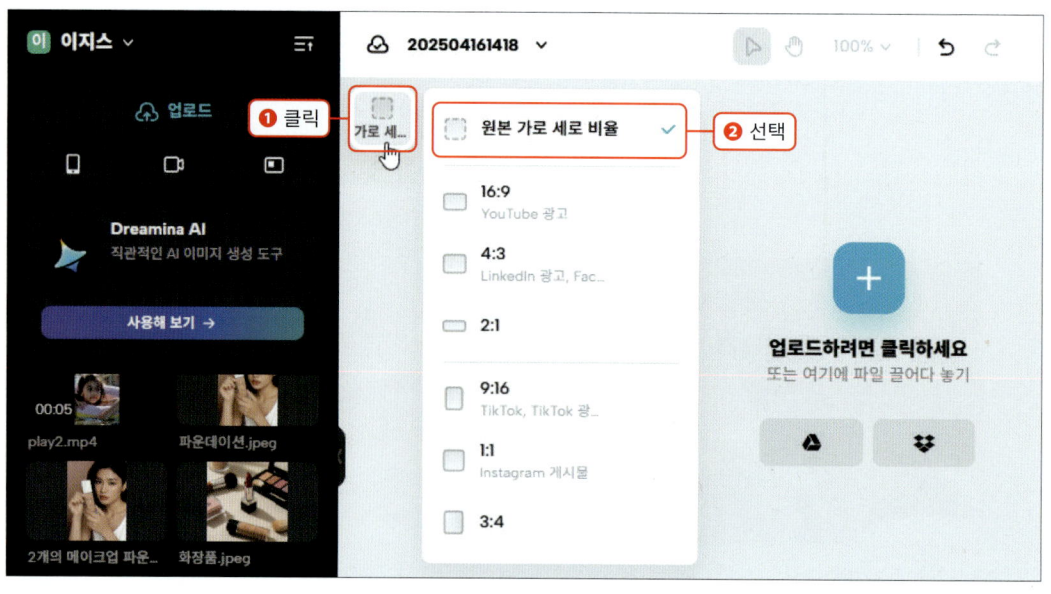

Tip [원본 가로 세로 비율]을 선택하면 불러온 원본 영상과 동일한 비율의 작업 영역이 생성됩니다.

03 | 동영상 파일을 업로드하기 위해 〈업로드〉 버튼을 클릭하고 [파일 업로드]를 클릭합니다. 열기 대화상자의 source 폴더에서 'baseball2.mp4' 파일을 선택하고 〈열기(o)〉 버튼을 클릭합니다.

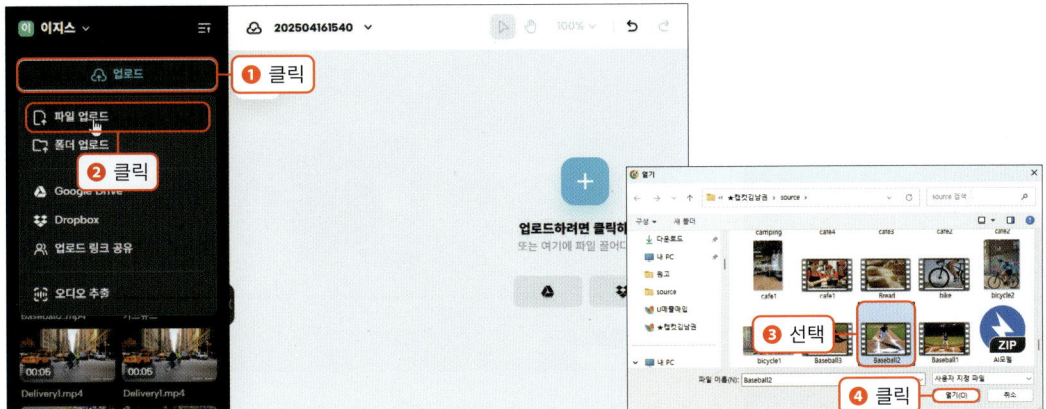

04 | 왼쪽에 영상 파일이 표시되면 'baseball2.mp4' 파일을 타임라인에 드래그합니다.

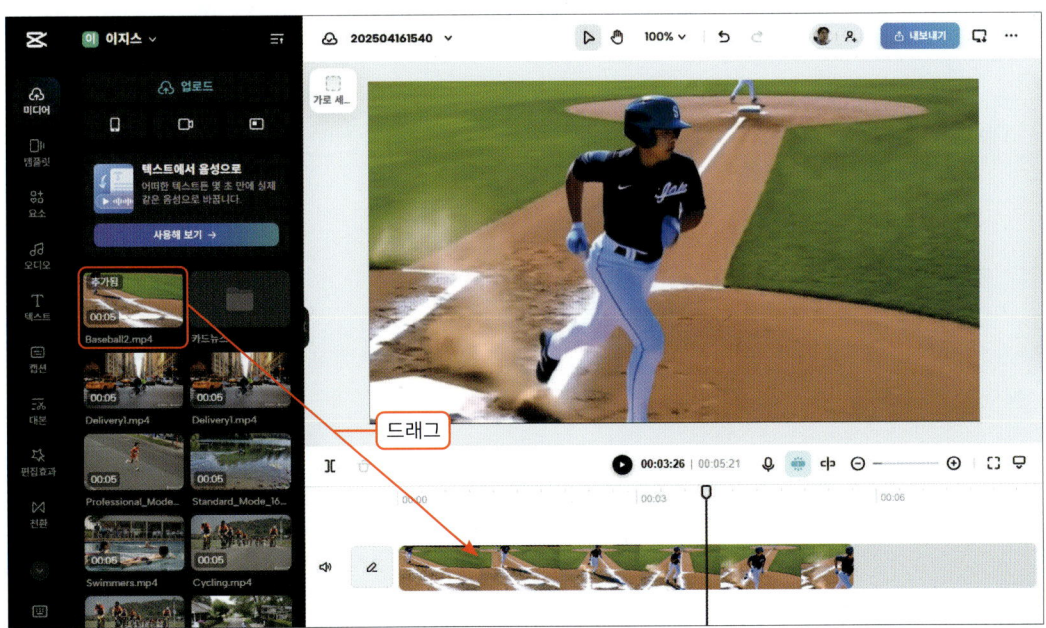

Tip 미리보기 화면의 왼쪽에 [화면 비율]을 클릭하면 [16:9]로, 원본 영상의 비율 그대로 불러온 것을 확인할 수 있습니다.

05 작업 영역에 불러온 영상을 제거하기 위해 미리보기 화면을 클릭한 다음 Delete 을 누릅니다.

Tip 타임라인에 있는 영상 클립을 클릭한 뒤 Delete 을 눌러도 영상을 제거할 수 있습니다.

02 숏폼 비율인 9:16 영상 비율로 영상 불러오기

16:9 영상을 스마트폰에서 주로 시청하는 짧은 형태의 콘텐츠 비율인 9:16으로 변경하는 방법에 대해 알아보겠습니다.

06 원본 비율이 16:9인 영상을 9:16 비율로 불러오기 위해 [화면 비율]을 클릭한 다음 [9:16]을 선택합니다.

07 파일 탐색기의 source 폴더에서 'baseball2.mp4' 파일을 타임라인으로 직접 드래그합니다.

08 16:9 비율의 원본 영상이 그림과 같이 타임라인에 위치합니다. 9:16 비율의 작업 화면에 원본 영상이 표시되면서 화면 위와 아래에 검은색 영역이 생깁니다.

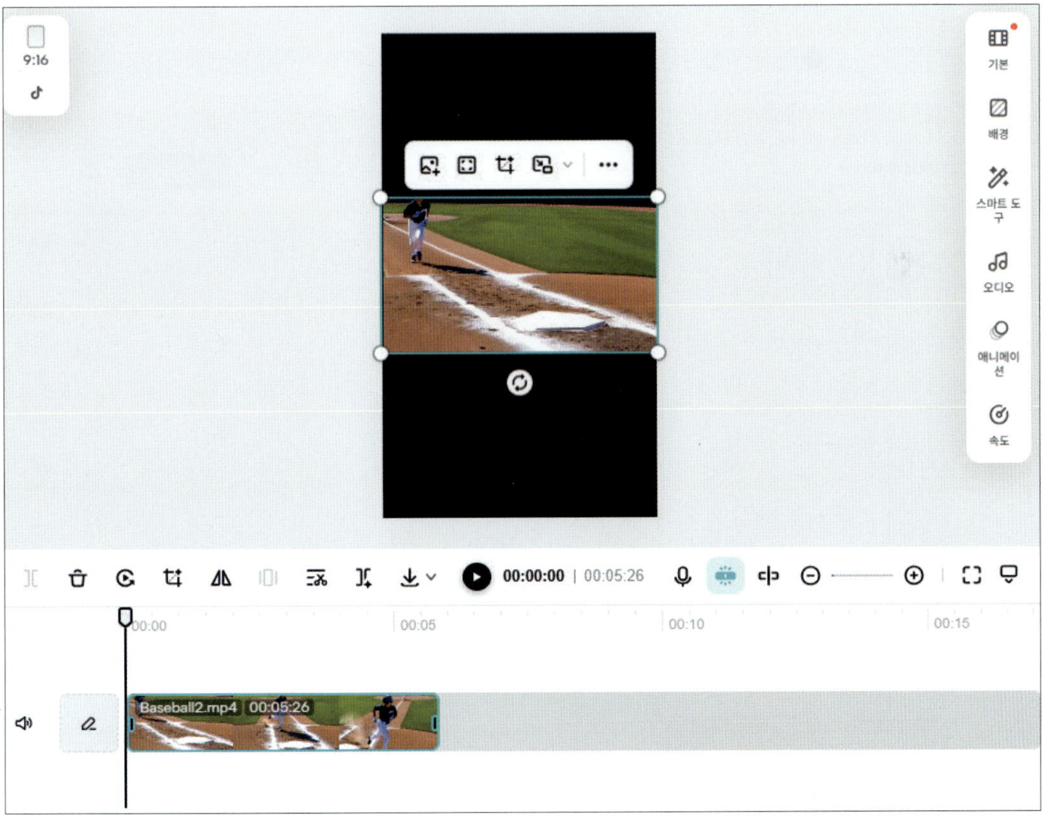

09 미리보기 화면에서 원본 영상을 선택한 상태로 모서리의 조절점을 드래그해 9:16 비율에 맞게 확대합니다.

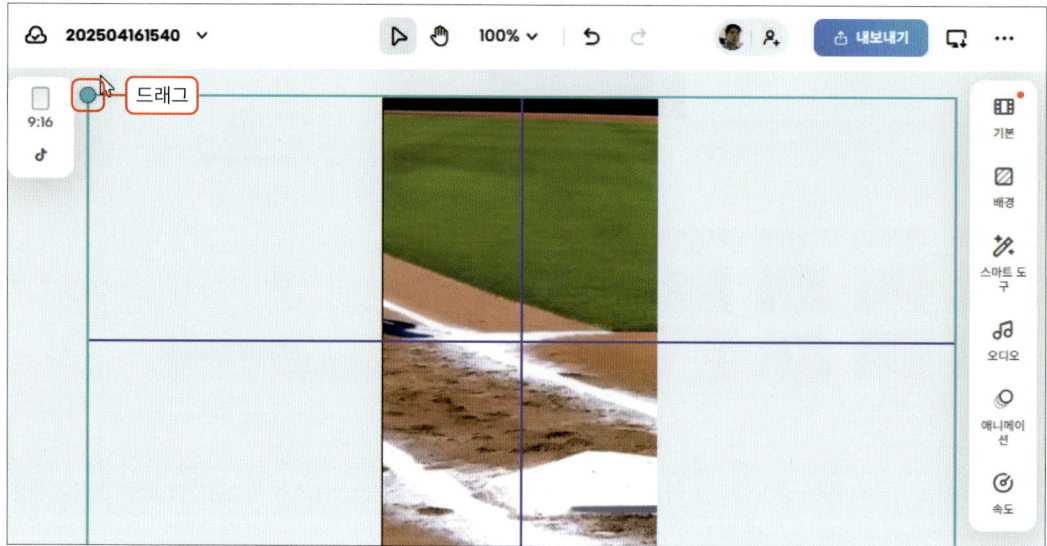

10 '재생' 아이콘(▶)을 클릭하여 영상을 재생하면 16:9 비율의 영상이 9:16 작업 화면에 맞게 재생되는 것을 확인할 수 있습니다. 영상 속 인물이 제대로 표시되도록 영상을 드래그해 위치를 조정합니다.

LESSON 04

간단한 방법으로 영상 순서 변경하기

예제파일 : source\story 폴더   완성파일 : source\story_완성.mp4

여러 개의 영상을 폴더별로 한 번에 불러온 후 타임라인에 배치해 편집할 때, 영상 순서를 바꾸고 싶다면 클립을 드래그해 원하는 위치로 쉽게 이동할 수 있습니다. 이때, 클립이 다른 영상과 겹치지 않도록 자동 조정되며 효율적으로 원하는 순서대로 배열할 수 있습니다.

예제 콘셉트

폴더별로 영상을 업로드한 후 클립을 원하는 순서대로 배열하는 것은 영상의 흐름과 스토리 전개를 자연스럽게 구성하기 위해 중요합니다. 배열 순서에 따라 시청자의 이해도와 몰입도가 달라지며, 효과적인 메시지 전달과 편집의 완성도를 높일 수 있습니다.

캡컷에서는 이러한 배열 작업이 드래그 앤 드롭 방식으로 직관적으로 이루어지며, 타임라인을 통해 각 클립의 길이와 위치를 시각적으로 조정할 수 있어 편집의 효율성이 높습니다.

실사 영상 story1

애니메이션 영상 story2

실사 영상 story3

애니메이션 영상 story4

작업 패턴

❶ 폴더별로 한 번에 영상 업로드하기
❷ 타임라인에서 영상 클립 위치 변경하기

01 폴더별로 정리하여 업로드하기

여러 개의 영상을 편집할 때 폴더별로 분류해 두면 전체 폴더를 한 번에 업로드할 수 있어 작업이 훨씬 효율적입니다. 개별 영상을 하나씩 불러오는 번거로움이 없고, 영상 관리도 훨씬 편리해집니다.

01 폴더별로 저장된 영상을 한 번에 불러오기 위해 〈업로드〉 버튼을 클릭한 후 [파일 업로드]를 클릭합니다. 업로드할 폴더 선택 대화상자에서 'story' 폴더를 선택하고 〈업로드〉 버튼을 클릭합니다.

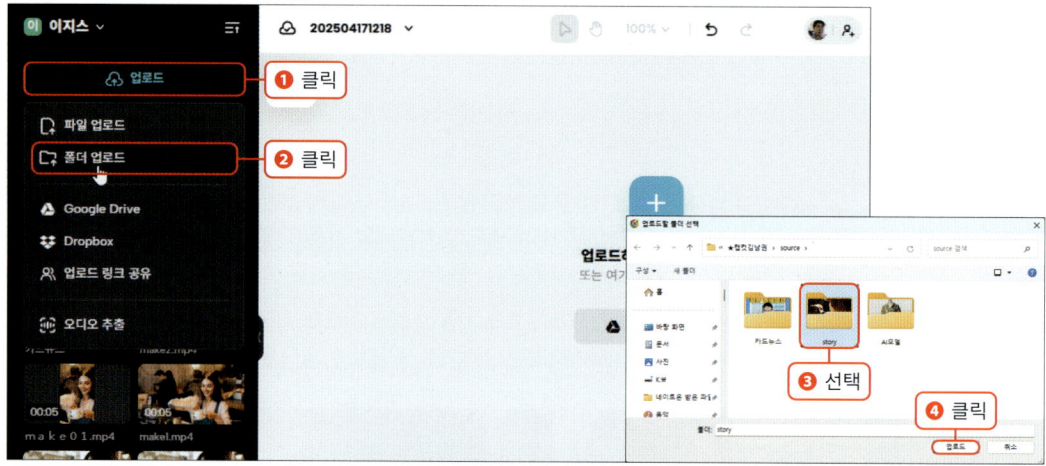

02 파일 4개를 이 사이트에 업로드할 것인지 묻는 대화상자가 표시되면 〈업로드〉 버튼을 클릭합니다. 'story1' 썸네일을 타임라인으로 드래그하여 영상 클립 형태로 위치시킵니다.

Tip 타임라인에 클립을 드래그하면 마치 자석처럼 다음 클립으로 정확하게 연결됩니다.

03 | 같은 방법으로 'story2~4.mp4' 파일을 순서에 맞게 타임라인으로 드래그합니다.

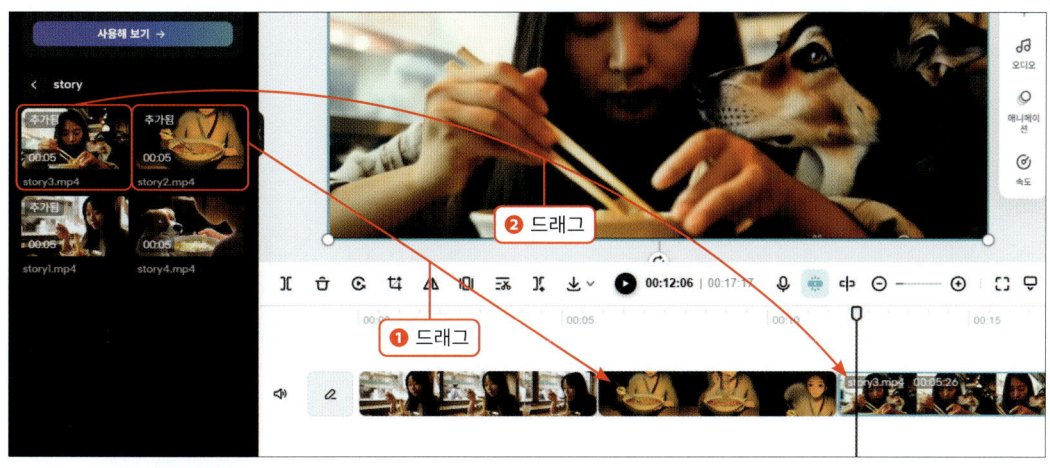

> **Tip** 연결 순서는 'story1', 'story2', 'story3', 'story4' 순으로 진행됩니다.

04 | 타임라인에 연결된 클립이 모두 보이도록 한 화면에 연결된 클립을 모두 볼 수 있도록 축소/확대 슬라이더를 왼쪽으로 드래그하거나 '축소' 아이콘을 클릭하여 4개의 클립이 보이도록 조정합니다.

02 클립 위치 변경하기

타임라인에 배치된 영상 클립은 드래그하여 순서를 변경할 수 있습니다. 예제에서는 story2 클립을 story3 클립 뒤로 이동시켜 영상 순서를 조정합니다.

05 │ story2는 애니메이션 영상이므로, 애니메이션 영상인 story4와 연결하기 위해 'story2' 클립을 'story3' 과 'story4' 사이로 드래그하여 이동합니다.

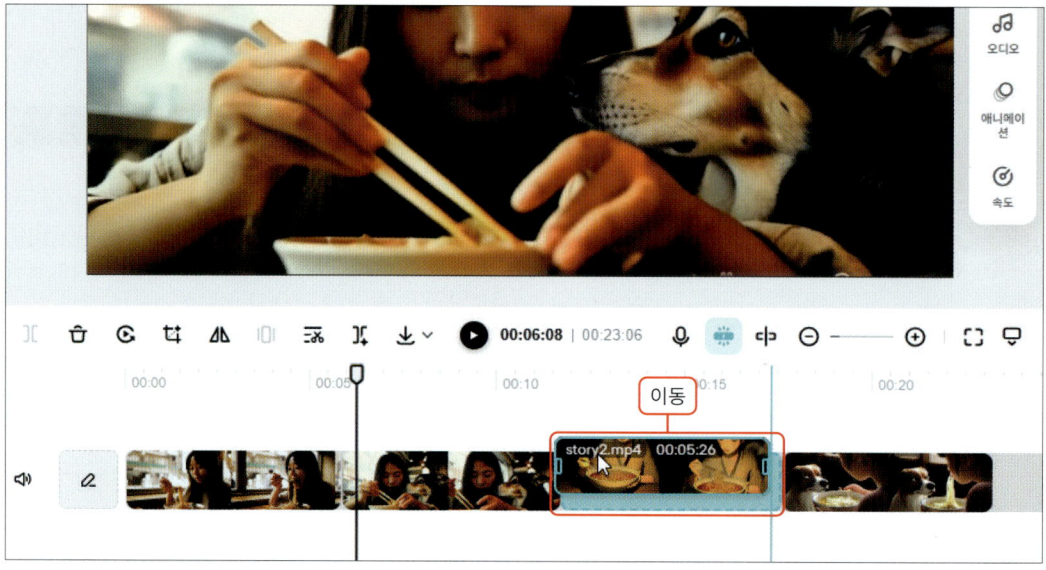

06 │ 영상 클립의 순서가 그림과 같이 변경된 것을 확인할 수 있습니다.

LESSON 05

얼굴 추적 가리기 기능 사용하기

예제파일 : source\play1~2.mp4 완성파일 : source\얼굴추적.mp4

얼굴 공개를 꺼리는 사람들을 위해 얼굴 추적 모자이크 기능의 중요성이 점점 커지고 있습니다. 이 기능은 영상 속 인물의 얼굴을 자동으로 인식하고 실시간으로 모자이크 처리하여 프라이버시를 보호합니다. 예제에서는 얼굴 추적 기능을 활용해 움직이는 인물의 얼굴을 따라 모자이크나 시선 감추기 효과를 적용해 봅니다.

예제 콘셉트

최근 딥페이크 문제나 개인 프라이버시 보호 이슈로 인해, 얼굴을 공개하지 않고 영상을 제작해야 하는 상황이 늘어나면서 캡컷의 얼굴 추적 모자이크 기능의 중요성이 더욱 부각되고 있습니다. 이 기능은 영상 속 움직이는 인물의 얼굴을 AI가 자동으로 인식한 후, 실시간으로 추적하여 모자이크나 블러, 시선 가리기 등의 효과를 정밀하게 적용할 수 있습니다.

특히, 예제에서는 인물이 자유롭게 움직이는 상황에서도 얼굴을 놓치지 않고 따라가는 얼굴 추적 기능을 활용해, 자연스럽고 안정적인 모자이크 처리를 구현했습니다. 이를 통해 개인 정보를 보호하면서도 영상의 흐름을 해치지 않는 고품질 콘텐츠 제작이 가능합니다.

   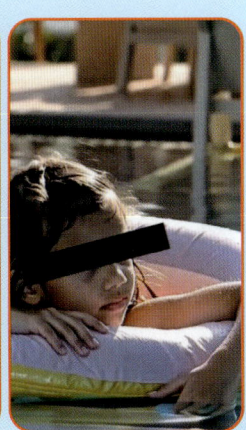

모자이크 효과   시선 감추기 효과

작업 패턴

❶ **업로드 기능**으로 인물 영상을 타임라인으로 위치
❷ **동영상 효과**에서 **신체 효과**를 선택하여 인물의 얼굴이 가려지는 스타일을 선택

01 타임라인에 영상 배치하기

신체 가리기 편집 효과인 모자이크 효과와 시선 감추기 효과를 적용할 두 개의 영상을 업로드한 후 타임라인에 배치합니다.

01 웹브라우저에 'capcut.com'를 입력하여 캡컷 사이트에 접속한 다음 [동영상]을 클릭하고 [새 동영상]을 클릭합니다.

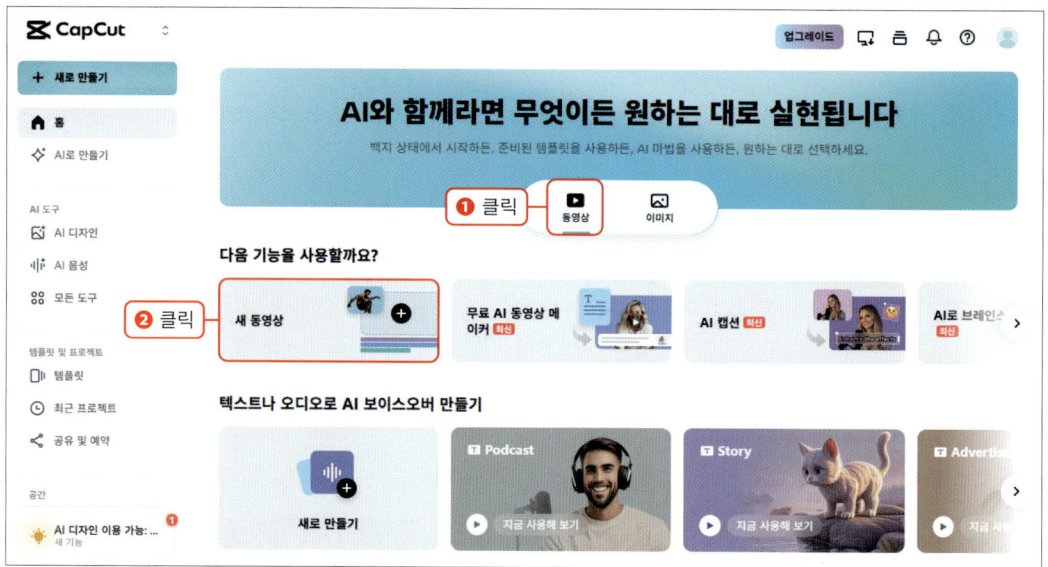

02 영상 편집 화면이 표시되면 동영상 파일을 업로드하기 위해 〈업로드〉 버튼을 클릭하고 [파일 업로드]를 선택합니다. 열기 대화상자의 source 폴더에서 'play1~2.mp4' 파일을 선택한 후 〈열기(O)〉 버튼을 클릭합니다.

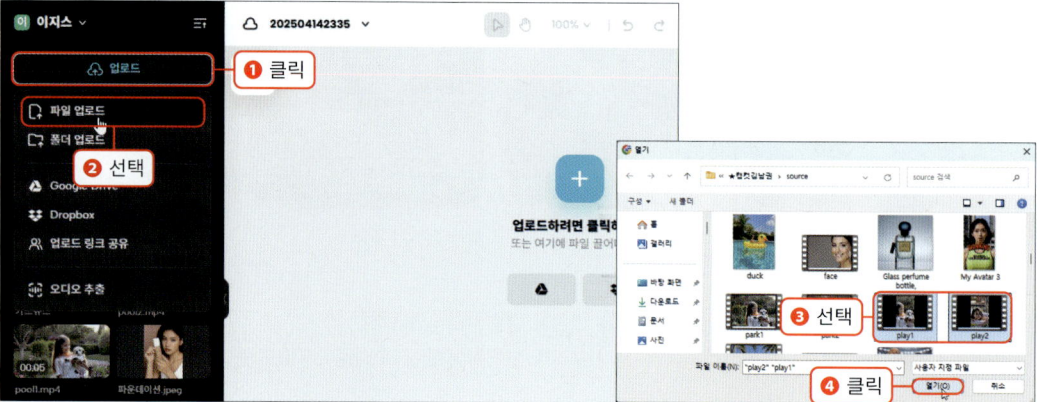

03 | 업로드된 동영상 파일이 그림과 같이 썸네일 형식으로 표시되면 'play1' 영상을 타임라인으로 드래그하여 위치시킵니다.

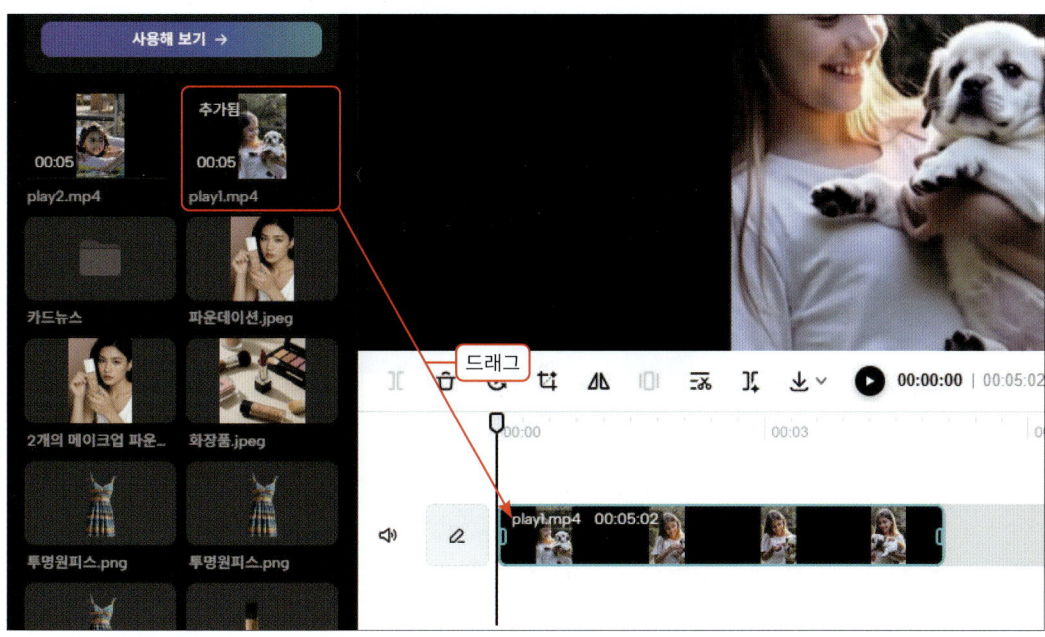

04 | 같은 방법으로 'play2' 영상을 타임라인에 위치한 'play1' 클립 오른쪽으로 드래그하여 위치시킵니다.

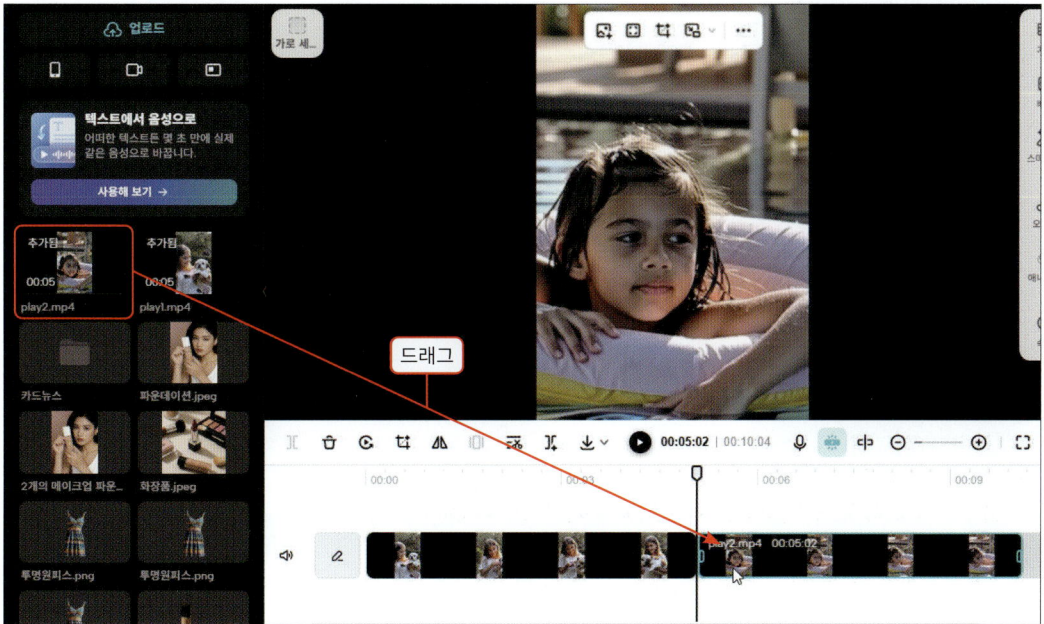

02 신체 가리기 편집 효과 적용하기

신체 가리기 편집 효과 중 가장 많이 사용되는 모자이크 효과와 시선 감추기 효과를 인물의 움직임에 맞게 적용해 봅니다.

05 타임라인에서 'play1' 클립을 클릭한 다음 [편집효과]를 클릭합니다. 영상에 적용할 수 있는 다양한 동영상 효과가 표시됩니다.

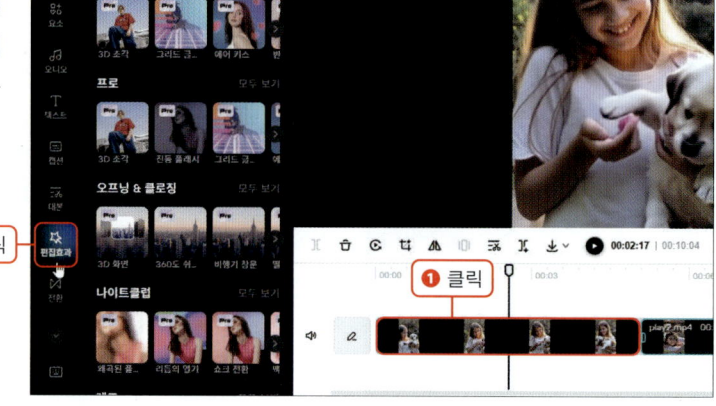

06 [신체 효과] 탭을 선택한 다음 가리기 옵션에서 [얼굴 모자이크]를 클릭합니다. 타임라인에 얼굴 모자이크 클립이 표시되며, 재생 헤드가 해당 구간에 위치하면 인물 얼굴에 모자이크 처리가 된 것을 확인할 수 있습니다.

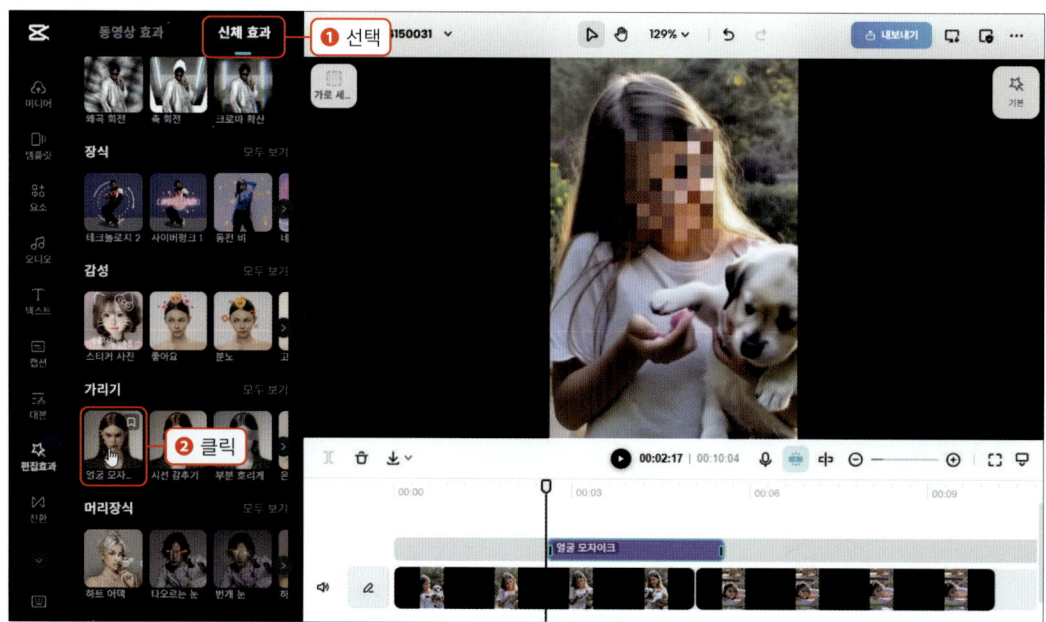

07 | 얼굴 모자이크 클립의 왼쪽과 오른쪽 끝을 드래그하여 'play1' 영상 클립의 길이에 맞게 조정합니다. '재생' 아이콘(▶)을 클릭하면 인물의 얼굴 움직임에 맞춰 모자이크 효과가 얼굴을 추적하며 적용되는 것을 확인할 수 있습니다.

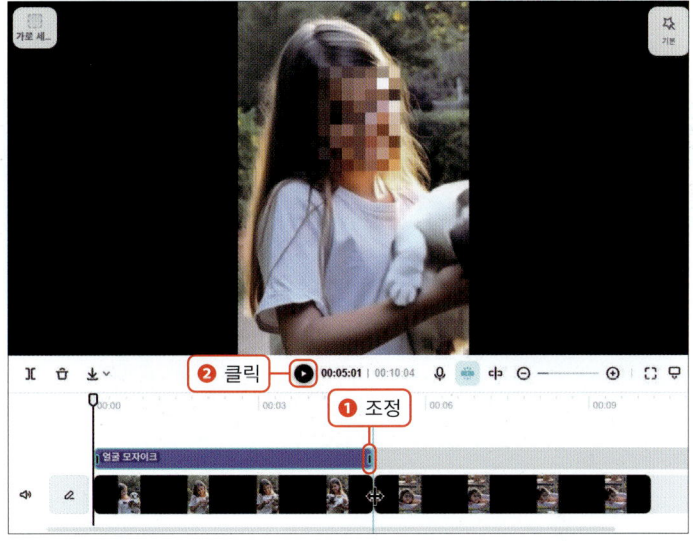

08 | 이어서 'play2' 영상 클립을 클릭한 다음 (신체 효과) 탭의 가리기 옵션에서 [시선 감추기]를 클릭합니다. 타임라인에 시선 감추기 클립이 표시됩니다.

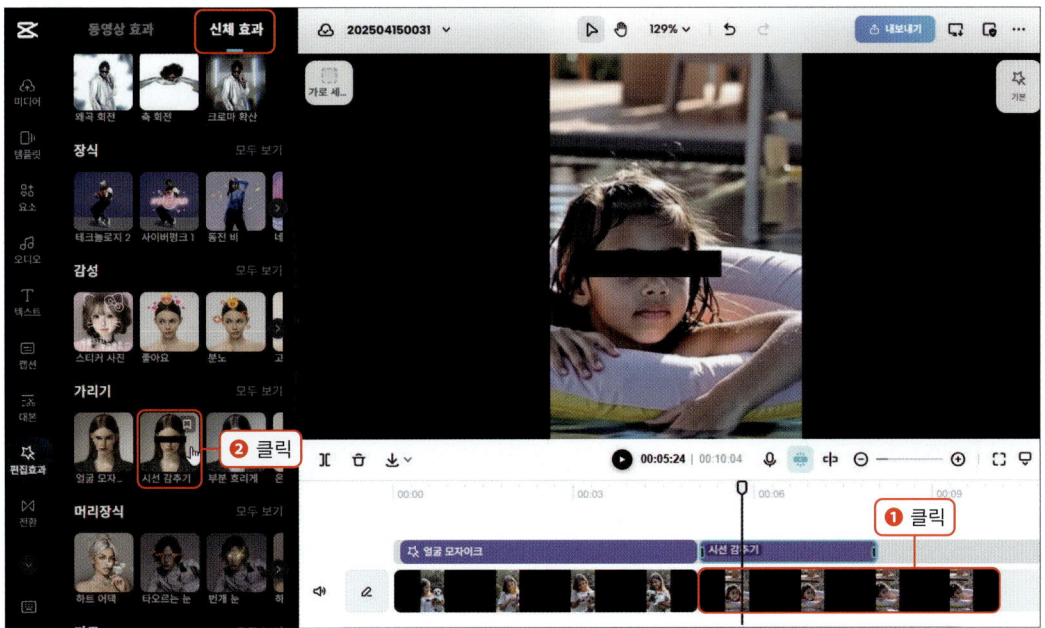

09 시선 감추기 클립을 'play2' 영상 클립의 길이에 맞게 조정합니다. '재생' 아이콘(▶)을 클릭하면 인물의 얼굴 움직임에 맞춰 시선 감추기 효과가 얼굴을 추적하며 검은색 바로 처리되는 것을 확인할 수 있습니다.

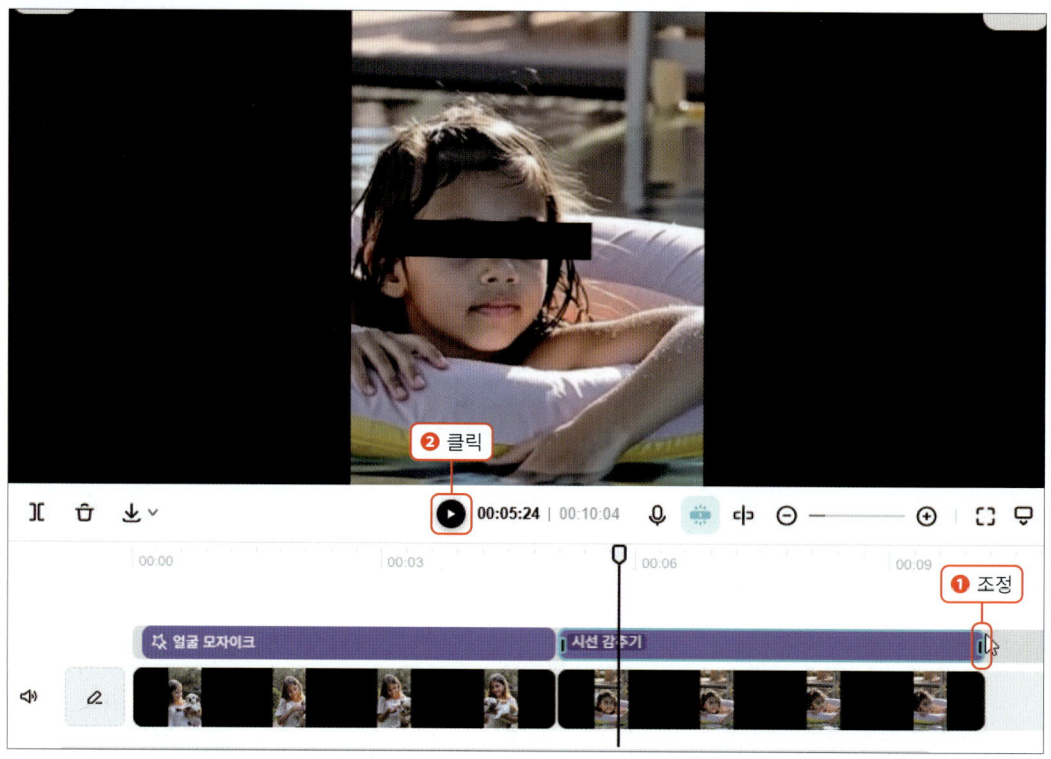

10 영상을 다운로드하기 위해 〈내보내기〉 버튼을 클릭한 다음 내보내기 화면이 표시되면 〈다운로드〉 버튼을 클릭합니다. 내보내기 설정 화면이 표시되면 영상 이름을 입력하고 해상도와 형식의 기본값을 확인한 다음 〈내보내기〉 버튼을 클릭하여 영상을 다운로드합니다.

LESSON 06

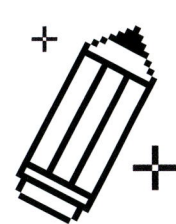

AI 인물 내레이션을 이용한
정보형 숏폼 영상 만들기

CAPCUT AI

예제파일 : source\러닝맨1.jpg, 챗GPT스크립트.txt   **완성파일** : source\러닝맨_완성.mp4

캡컷의 AI 아바타 기능을 활용하면 직접 촬영한 사진이나 AI로 생성한 인물 이미지를 사용해 원하는 음성을 지정할 수 있습니다. 이를 통해 대본에 맞춰 말하는 아바타를 만들고, 자동 캡션 기능을 이용해 자막이 포함된 정보형 숏폼 영상을 제작할 수 있습니다.

예제 콘셉트

캡컷의 AI 아바타 기능을 활용하면, 사용자가 직접 업로드한 사진이나 AI로 생성한 가상의 인물을 기반으로 입력한 대본에 맞춰 자연스럽게 말하는 영상을 자동으로 생성할 수 있습니다. 이 기능은 복잡한 촬영 없이도 실제 인물이 등장하는 듯한 영상 콘텐츠 제작을 가능하게 해주며, 마케팅 영상, 교육 콘텐츠, 설명 영상 등에 효과적으로 활용됩니다.

또한, 영상 생성과 함께 제공되는 자동 캡션 기능을 통해 음성을 인식하여 자막을 자동으로 생성할 수 있어, 후반 편집 작업의 효율성을 높이고 시청자 접근성을 높일 수 있습니다.

작업 패턴

❶ **프롬프트**로 인물의 얼굴과 상반신이 잘 보이는 캐릭터 생성
❷ AI 캐릭터의 **아바타 동영상 기능**으로 생성한 이미지 업로드
❸ **음성 변경 기능**으로 AI 캐릭터와 어울리는 음성 선택
❹ **스크립트 편집 기능**으로 스크립트 편집 창에 대본 입력
❺ **캡션 스타일 변경 기능**으로 영상에 표시되는 자막 스타일 지정

01 내레이션 인물 캐릭터 생성하기

내레이션을 위한 인물 캐릭터를 생성하기 위해 인물 이미지를 만듭니다. 입술의 움직임이 잘 보이도록 상반신 샷의 인물을 생성하며, 달리기 운동 정보를 소개하는 숏폼 영상이므로 러닝 운동복을 입은 인물로 설정합니다.

01 | 웹브라우저에 'dreamina.capcut.com'을 입력하여 드리미나 캡컷 사이트에 접속하고 프롬프트 입력창에 생성하려는 프롬프트를 입력합니다. 비율을 [9:16]으로 선택한 다음 '생성' 아이콘(◆)을 클릭합니다.

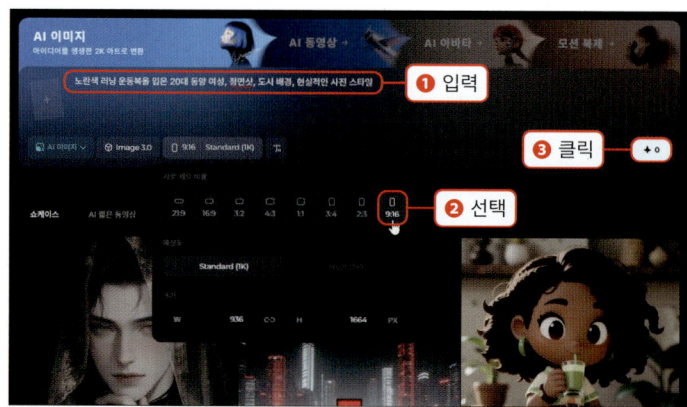

프롬프트 노란색 러닝 운동복을 입은 20대 동양 여성, 정면샷, 도시 배경, 현실적인 사진 스타일

02 | 4개의 이미지가 생성되면 마음에 드는 이미지를 클릭합니다. 예제에서는 두번째 이미지를 선택하였습니다.

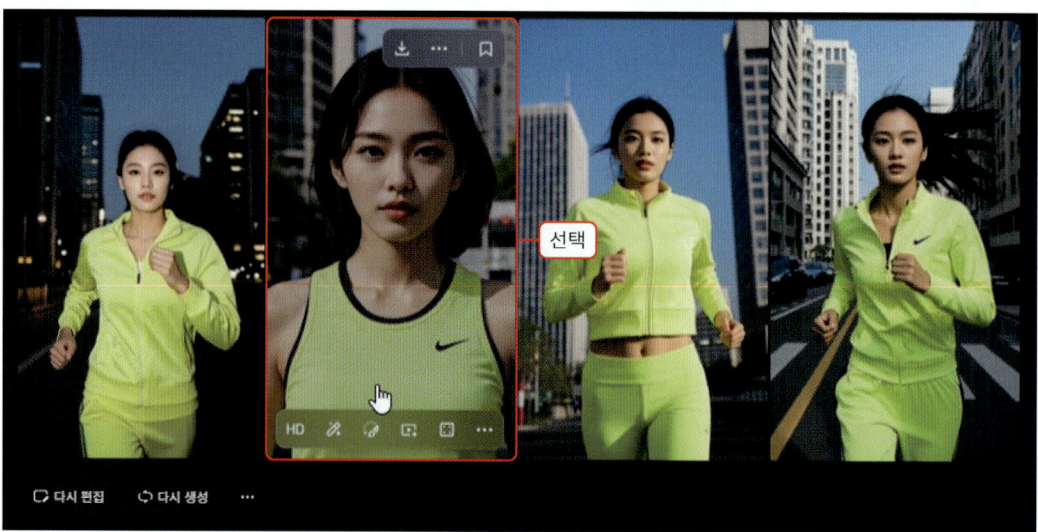

03 이미지가 확대되어 그림과 같이 표시됩니다. 이미지를 내 PC에 다운로드하기 위해 〈다운로드〉 버튼을 클릭합니다.

02 AI 인물 캐릭터 음성 설정하기

인물 이미지를 활용해 영상을 만들기 위한 캐릭터 설정 작업을 진행합니다. 내레이션 영상이므로 인물에 맞는 화면 구성과 음성을 적절히 설정합니다.

04 웹브라우저에 'capcut.com'를 입력하여 캡컷 사이트에 접속한 다음 AI 내레이션 캐릭터를 생성하기 위해 [모든 도구]를 클릭하고 [AI 캐릭터]를 선택합니다.

Tip AI 캐릭터 기능은 자연스럽게 움직이고 말하는 가상의 인물 영상을 생성할 수 있습니다.

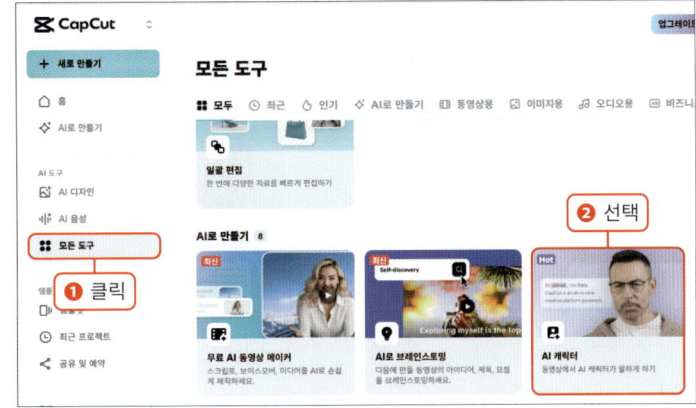

05 라이브러리에서 아바타를 이용해 동영상을 만들 수 있도록 [아바타 동영상]을 클릭합니다.

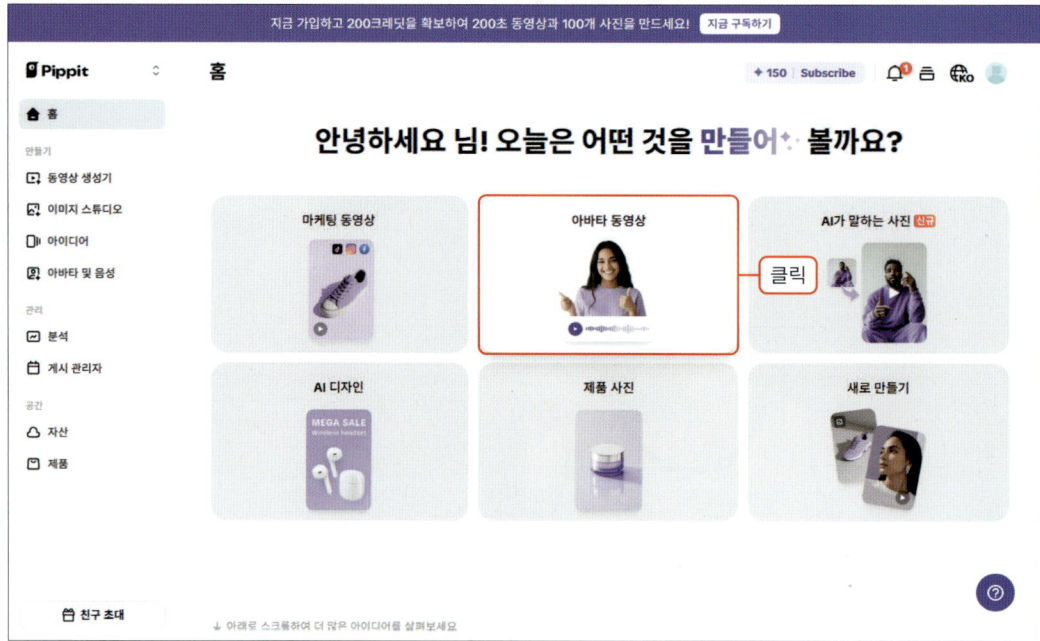

06 빠르게 아바타 동영상 만들기 화면이 표시되면 캡컷에서 기본으로 제공하는 캐릭터 이외에 사용자가 사진 또는 동영상으로 직접 캐릭터를 만들기 위해 내 아바타 항목을 선택한 다음, 〈지금 만들기〉 버튼을 클릭합니다.

07 | 아바타 및 음성 만들기 화면에서 〈새로 만들기〉 버튼을 클릭합니다.

08 | 사진 업로드 창이 표시되면 '+' 아이콘을 클릭하고 캐릭터 이미지를 불러옵니다. 예제에서는 source 폴더에서 '러닝맨1.jpg' 파일을 선택하고 〈열기(O)〉 버튼을 클릭합니다.

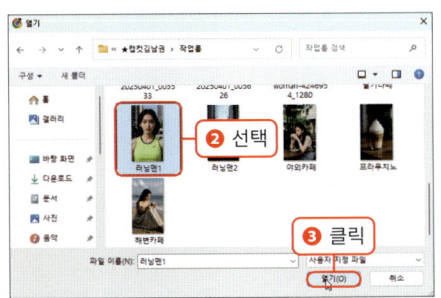

Tip 무료 요금제를 사용 중인 경우, 아바타를 생성할 수 있지만 음성변경이나 음악추가, 미디어 편집 기능은 이용할 수 없습니다.

09 | 불러온 이미지의 특정 부분을 자르려면 자르기 박스를 드래그하여 조절합니다. 예제에서는 기본값을 그대로 사용하기 위해 〈완료〉 버튼을 클릭합니다.

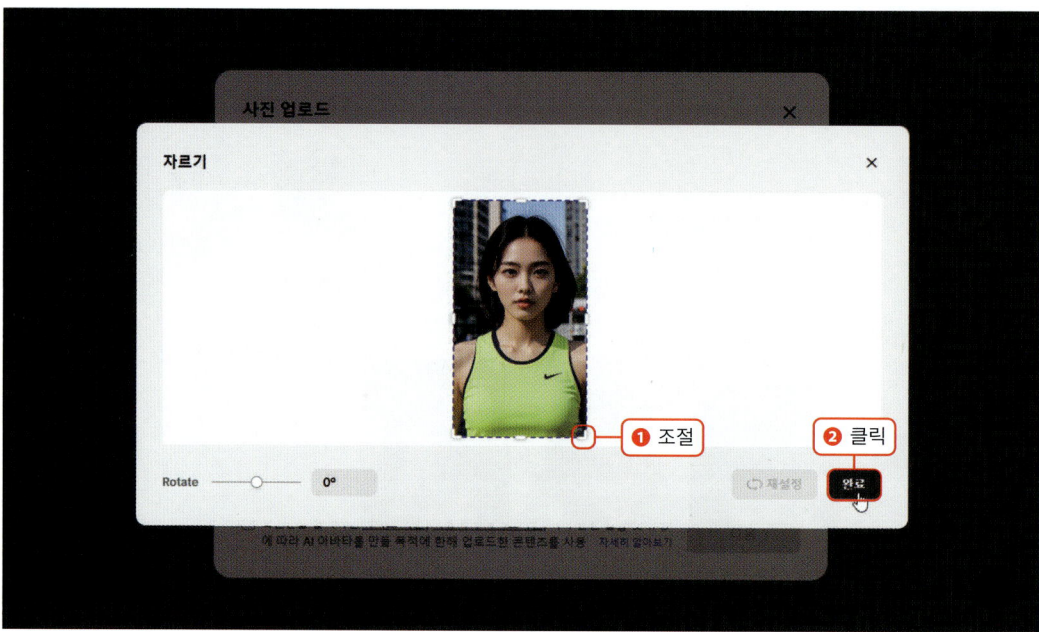

10 | 캐릭터 이미지가 유효하고 규정에 맞는지 인증합니다. 인증이 완료되면 서비스 약관과 커뮤니티 가이드라인 확인란에 체크 표시한 후 〈다음〉 버튼을 클릭합니다.

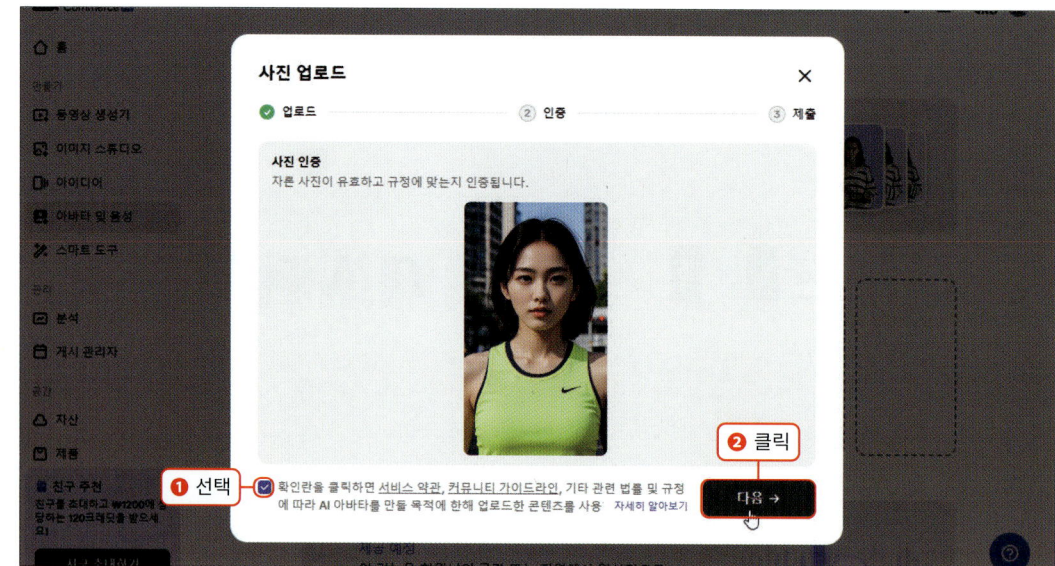

11 아바타 이름 지정과 음성 변경을 위한 옵션이 표시됩니다. 음성을 변경하려면 〈음성 변경〉 버튼을 클릭해 원하는 음성을 선택한 후 〈확인〉 버튼을 클릭합니다. 예제에서는 다음의 음성을 선택하고 〈제출〉 버튼을 클릭해 캐릭터 설정을 완료합니다.

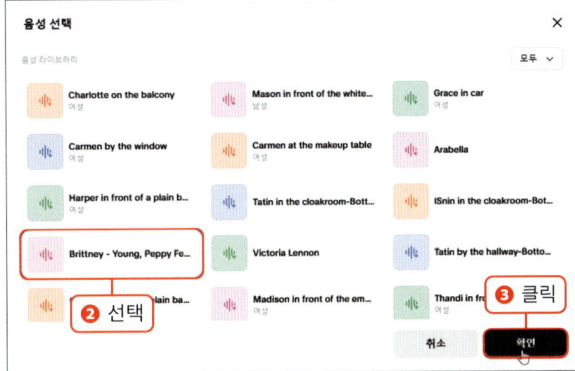

03 대본 스크립트 작성과 캡션 스타일 지정하기

인물 아바타가 내레이션할 스크립트를 작성하겠습니다. 캡컷은 한글을 인식하므로 한글 프롬프트를 작성한 다음 음성과 함께 화면 아래에 자막이 표시되도록 캡션 스타일로 구성합니다.

12 아바타 생성이 완료되면 사진에서 아바타 생성 항목에서 아바타 썸네일 이미지의 〈적용〉 버튼을 클릭합니다.

13 챗GPT에 다음과 같은 질문을 입력해 달리기를 해야하는 이유가 들어간 스크립트를 복사하겠습니다.

> **사용자** 30대에 달리기 운동을 해야 하는 이유에 대해 SNS에 사용하는 문장체로 작성해 줘.

챗GPT 30대부터는 기초대사량이 줄어들고 근육도 감소하기 쉬운데, 달리기는 체중 조절과 근육 유지에 좋아. 심폐 기능도 강화돼서 혈액순환이 좋아지고, 심장 건강에도 도움이 되지. 달리면 스트레스가 풀리고 기분이 좋아지는 호르몬이 나와서 정신 건강에도 긍정적인 영향을 줘. 꾸준히 하면 체력이 올라가서 일상에서도 덜 피곤하고, 면역력도 강해져서 감기 같은 것도 잘 안 걸려. 40~50대 이후에도 건강한 몸을 유지하려면 지금부터 미리 달리기를 시작하는 게 좋아. 처음엔 무리하지 말고, 가볍게 조깅부터 시작하는 게 포인트야!

Tip 예제와 같은 스크립트를 사용하신다면 다운로드한 source 폴더의 '챗GPT스크립트.txt'를 활용하세요.

14 다시 캡컷으로 돌아와 [스크립트 편집]을 선택하고 복사한 프롬프트를 붙여넣은 다음 〈저장〉 버튼을 클릭합니다.

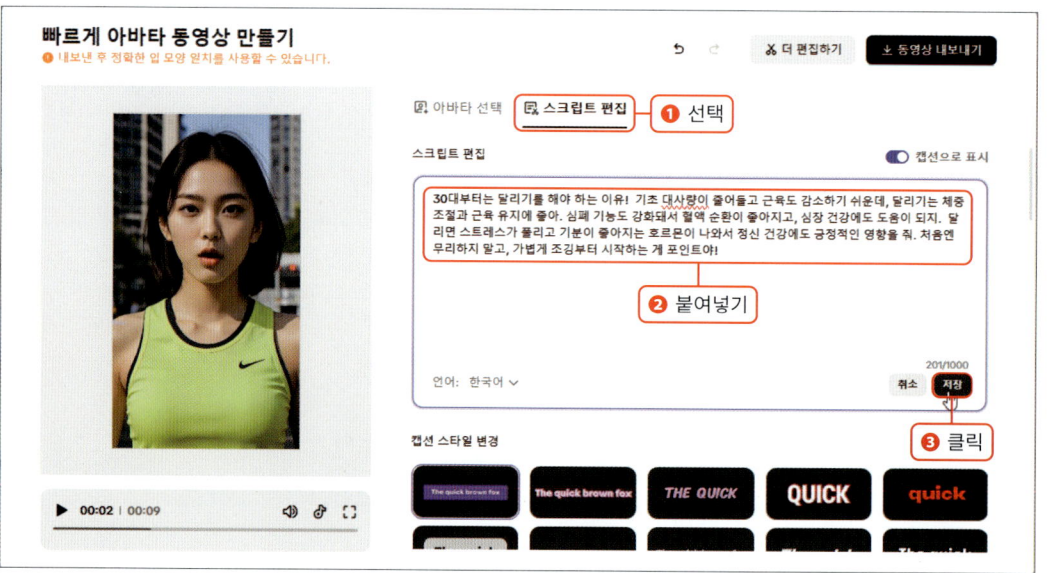

15 입력한 대본의 자막 스타일을 설정하는 캡션 스타일 변경 화면에서 원하는 자막 스타일을 선택합니다. 예제에서는 말하는 속도에 맞춰 문장이 초록색으로 강조되는 자막효과를 선택하고 〈더 편집하기〉 버튼을 클릭합니다.

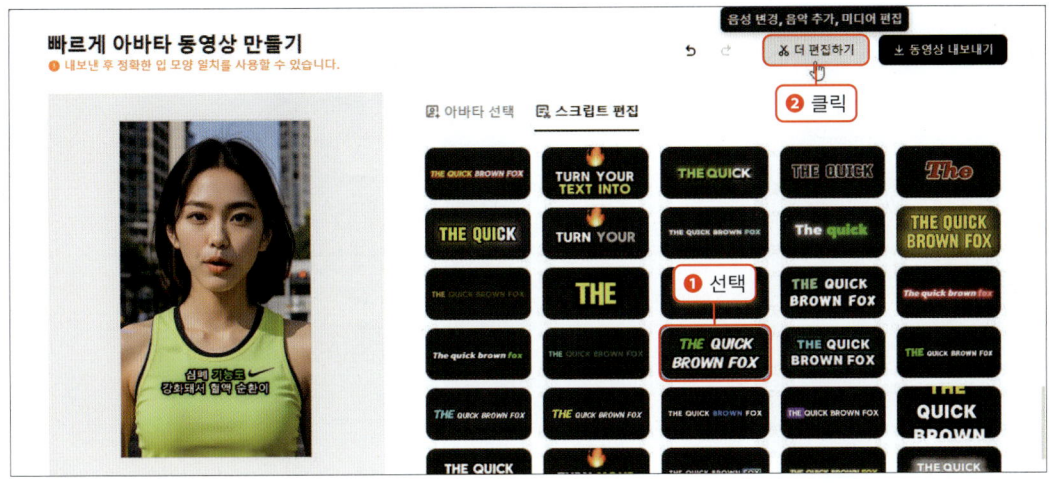

> **Tip** 아바타의 내레이션과 자막이 제대로 재생되는지 확인하고 〈동영상 내보내기〉 버튼을 클릭하여 바로 동영상 파일로 저장할 수 있습니다.

04 타이틀 구성하여 숏폼 영상 완성하기

화면 중앙에 영상의 메인 타이틀을 넣기 위해 타이틀 템플릿을 사용합니다. 별도의 디자인 작업 없이 원하는 타이틀 스타일을 선택한 뒤 문자를 교체하는 방식으로 쉽고 빠르게 타이틀을 생성합니다.

16 타임라인에 아바타 캐릭터와 자막 형식의 캡션이 표시된 것을 확인할 수 있습니다. 메인 타이틀을 입력하기 위해 [Text] 메뉴를 클릭합니다.

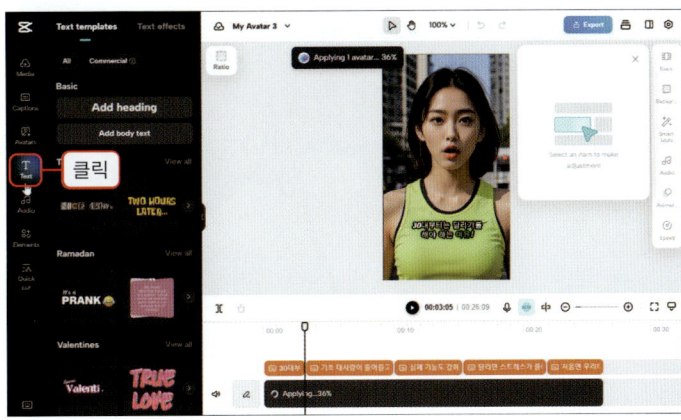

17 Title 항목에서 원하는 형태의 타이틀 템플릿을 선택합니다. 예제에서는 손글씨 형태의 그림자가 있는 타이틀 템플릿을 선택한 다음 작업 화면에서 바운딩 박스의 조절점을 드래그하여 타이틀 문자를 확대합니다.

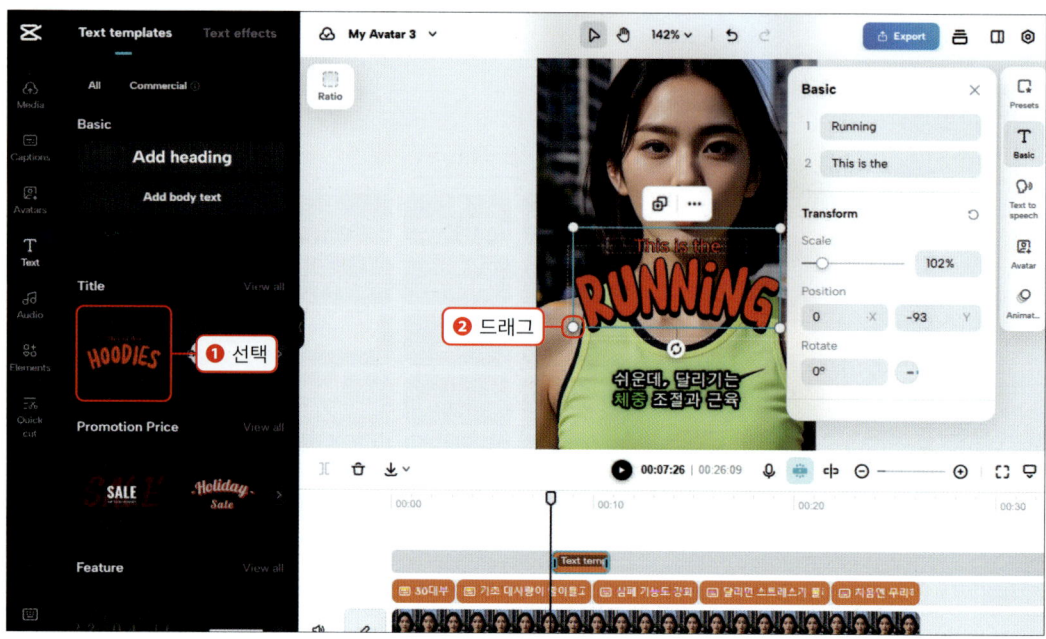

18 템플릿 문자를 주제에 맞게 변경하기 위해 1, 2줄의 문자를 각각 'Running'과 'at 30'으로 입력합니다. 문자의 형태와 크기는 그대로 유지되며, 단어만 변경된 것을 확인할 수 있습니다.

19 타이틀 클립의 양쪽 끝을 드래그하여 영상 클립의 시작점과 끝점에 맞춰 길이를 동일하게 조정합니다.

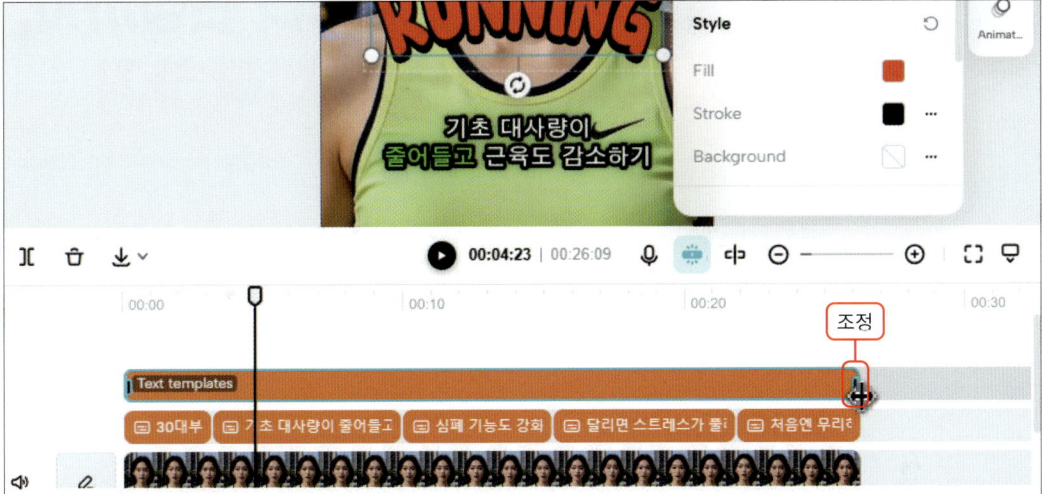

20 '재생' 아이콘(▶)을 클릭해 확인하고 영상을 저장하기 위해 〈Export〉 버튼을 클릭합니다. Resolution을 기본값인 '720p'로, Format을 'MP4'로 설정했는지 확인하고 〈Download〉 버튼을 클릭합니다.

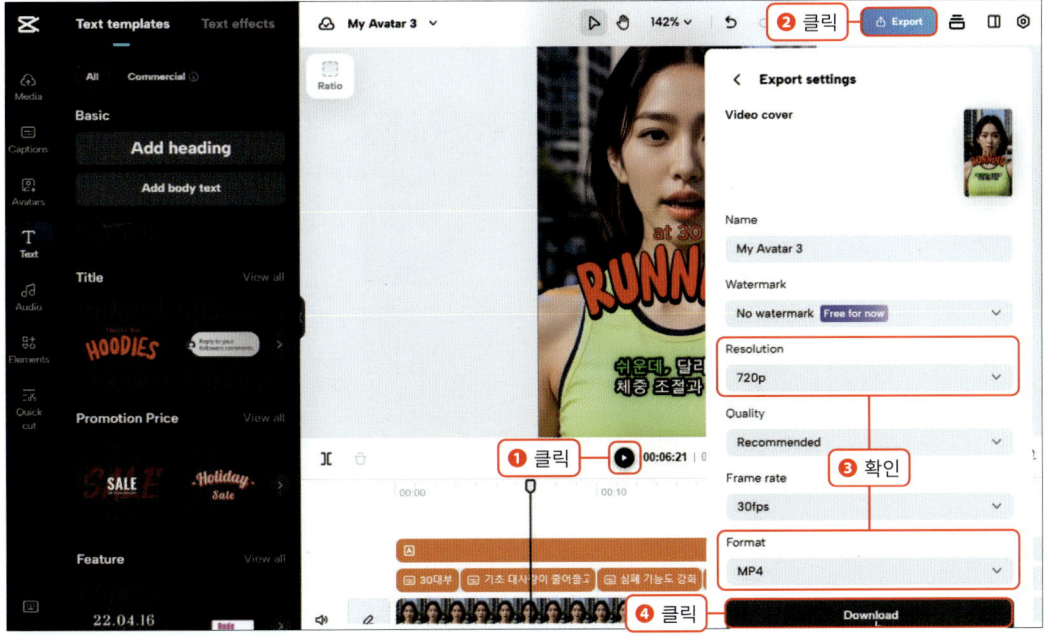

Tip Resolutiond은 영상의 해상도를, Format은 저장 형식을 의미합니다.

LESSON 07

CAPCUT AI

AI 이미지 생성부터 편집까지, 제품 홍보 영상 제작하기

예제파일 : source\패션홍보 폴더　　완성파일 : source\패션홍보_완성.mp4

캡컷에서는 AI 이미지 생성 기능부터 스타일과 테마를 활용한 일괄 편집, 타임라인을 이용한 영상 편집까지 제공하여 손쉽게 이미지와 영상을 편집할 수 있습니다. 예제에서는 원하는 상품 이미지를 프롬프트를 입력해 생성한 후 스타일과 톤을 맞춰 상품 페이지를 일괄 편집하고, 이를 영상으로 제작해 보겠습니다.

예제 콘셉트

상품을 소개하는 이미지나 영상을 제작할 때, 수십에서 수백 장에 이르는 이미지를 하나하나 편집하는 데에는 많은 시간과 비용이 소요됩니다. 이럴 경우 일괄 편집 기능을 활용하면, 여러 장의 상품 사진을 한 번에 배경 제거 처리하여 상품 상세 이미지 형태로 손쉽게 제작할 수 있습니다. 또한 테마를 선택해 디자인 요소를 일괄 적용할 수 있어 브랜드 일관성을 유지하면서도 작업 효율을 크게 높일 수 있습니다.

작업 패턴

❶ **일괄 편집 기능**에서 상품 사진 이미지들을 자동으로 배경 삭제
❷ **사전 설정 화면**에서 상품에 적용될 테마 선택
❸ 생성된 이미지에서 상품 내용에 맞게 **문자 수정 작업**
❹ 타임라인에 상품 이미지를 배열하고 **오디오 기능**으로 배경 음악 추가

01 AI 이미지 생성 기능으로 상세 상품 이미지 생성하기

캡컷의 AI 이미지 생성 기능을 이용하면 원하는 이미지를 묘사하는 프롬프트를 입력해 이미지를 생성할 수 있습니다. 여기서는 상품 홍보용 이미지를 직접 생성하겠습니다.

01 | 웹브라우저에 'dreamina.capcut.com'을 입력하여 드리미나 캡컷 사이트로 이동한 다음 만들기 옵션을 [AI 이미지]로, 가로 세로 비율을 [1:1]로 선택합니다. 프롬프트 입력창에 펜던트 목걸이를 영문으로 입력한 다음 '생성' 아이콘(⬆)을 클릭합니다.

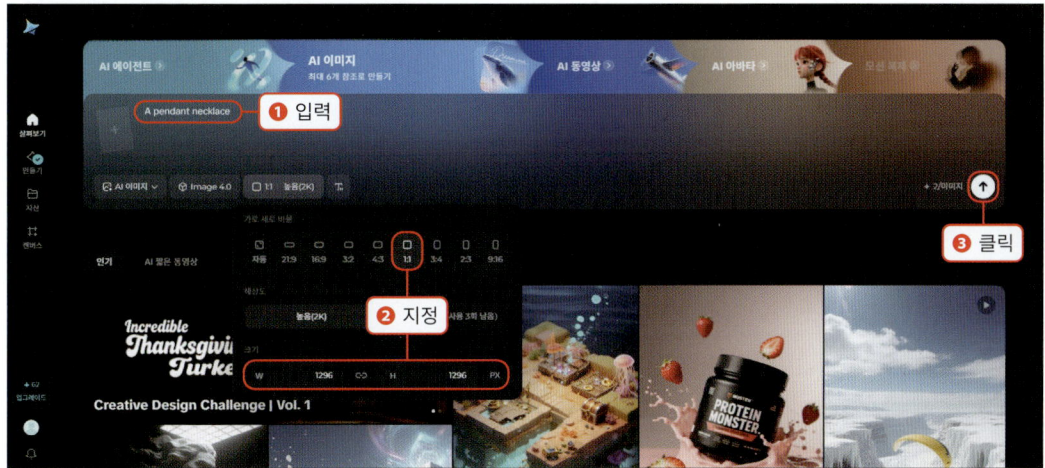

프롬프트 A pendant necklace

02 | 생성된 이미지 표시창에서 그림과 같이 4개의 이미지가 생성된 것을 확인할 수 있습니다. 원하는 이미지를 클릭합니다. 예제에서는 1번 이미지를 선택했습니다.

03 | 생성된 이미지를 확대할 수 있으며, 마음에 드는 이미지가 있다면 〈다운로드〉 버튼을 클릭하여 이미지를 다운로드합니다. '닫기' 아이콘(✕)을 클릭해 이전 화면으로 돌아갑니다.

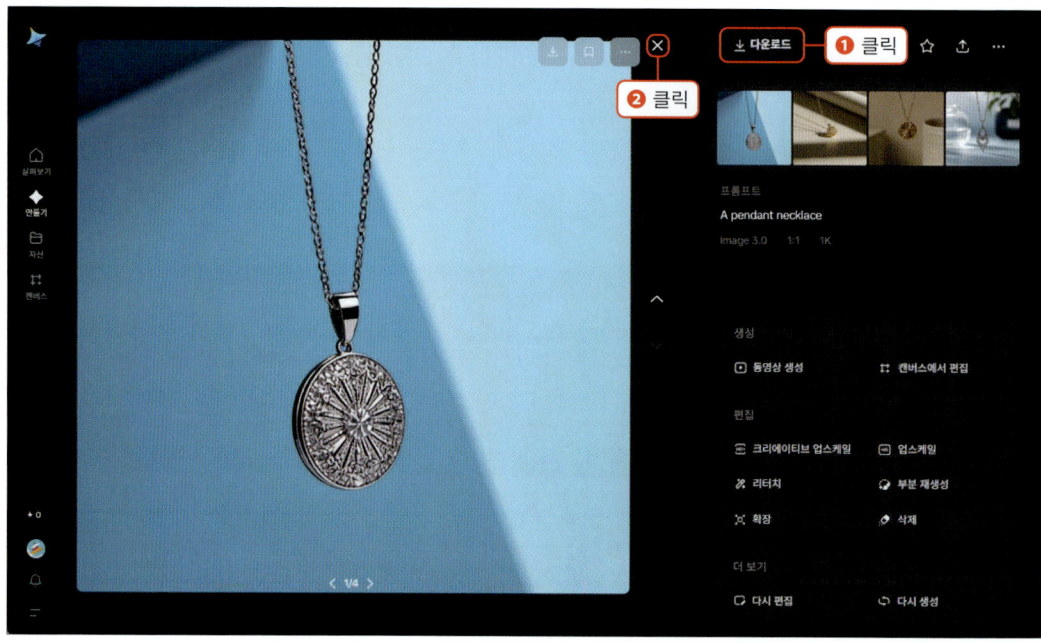

04 | 같은 방법으로 스니커즈 이미지를 생성하기 위해 이미지 생성 프롬프트 입력창에 프롬프트를 입력하고 '생성' 아이콘(↑)을 클릭합니다. 마음에 드는 생성된 이미지를 선택하여 다운로드합니다. 예제에서는 4번 이미지를 선택했습니다.

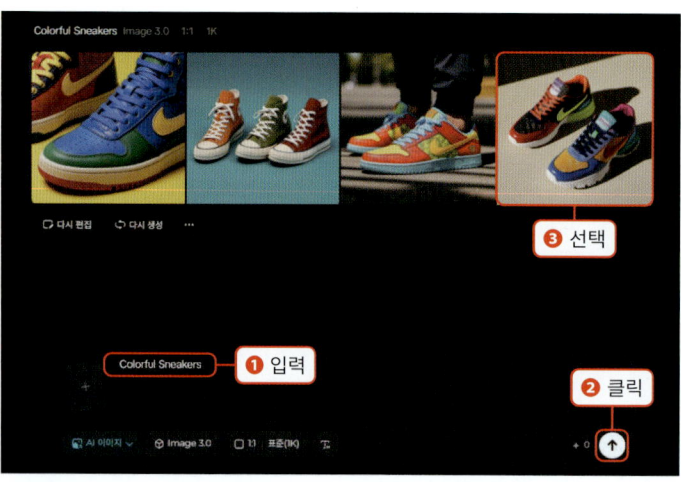 

프롬프트 Colorful Sneakers

05 선글라스를 쓴 인물을 생성하기 위해 이미지 생성 프롬프트 입력창에 프롬프트를 입력하고 '생성' 아이콘(⬆)을 클릭합니다. 마음에 드는 생성된 이미지를 선택하여 다운로드합니다.

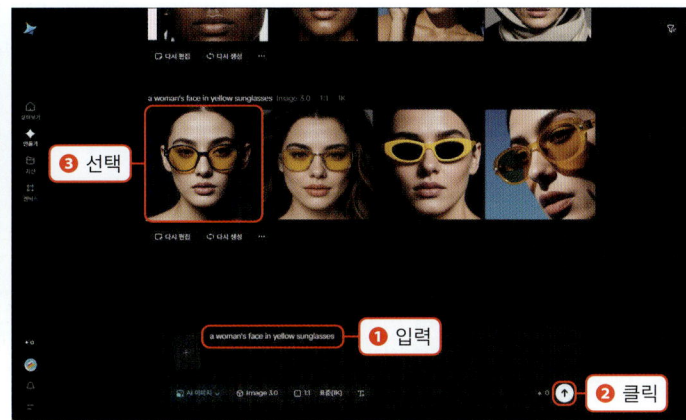

`프롬프트` a woman's face in yellow sunglasses

06 같은 방법으로 프롬프트 입력창에 다음의 프롬프트를 입력하여 유리병 향수, 자수 장식의 노란색 챙모자, 여행 캐리어 이미지를 생성하여 다운로드합니다.

`프롬프트` Glass bottle perfume   `프롬프트` Yellow embroidered flat brim hat   `프롬프트` Travel carrier

 Tip 예제와 같은 파일을 사용하시려면 다운로드한 source폴더의 '패션홍보' 폴더에서 찾을 수 있습니다.

02 AI 도구의 일괄 편집 기능으로 상품 소개 페이지 만들기

일괄 편집 기능을 사용하면 여러 장의 생성된 이미지를 동일한 스타일로 한 번에 편집할 수 있습니다. 일괄 변경으로 배경을 삭제한 상품 이미지를 활용하여 상품 소개 페이지를 제작해 보겠습니다.

07 | 생성된 이미지를 일괄적으로 편집하기 위해 [모든 도구]를 클릭하고 [일괄 편집]을 클릭합니다.

08 | 다운로드한 source → 패션홍보 폴더에서 6개의 이미지를 선택한 후, '여기에 파일 끌어다 놓기' 화면에 파일을 드래그하여 업로드합니다.

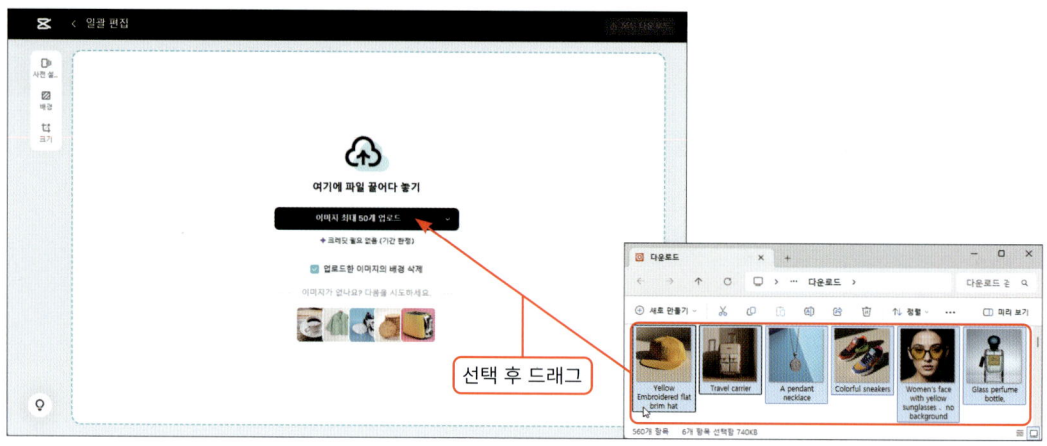

09 업로드한 이미지의 배경을 일괄 삭제하여 다음과 같이 표시해 줍니다.

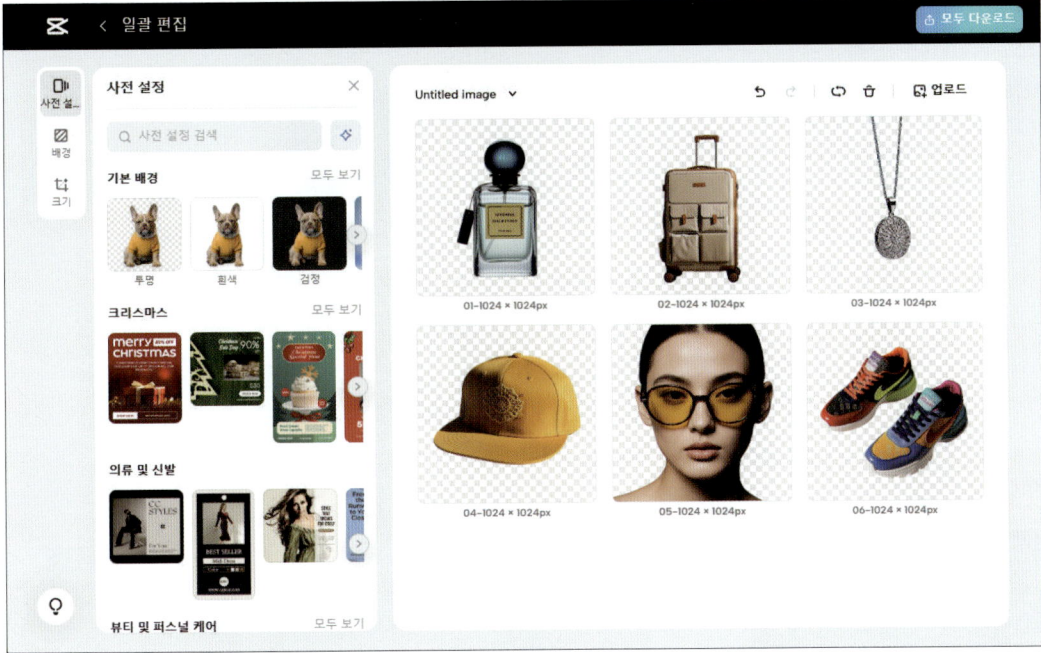

10 사전 설정 화면에서 원하는 테마를 선택합니다. 예제에서는 의류 및 신발 항목의 테마를 선택하여 그림과 같이 인물과 타이포그래피 위주의 상품 소개 이미지로 변경하고 텍스트를 수정할 이미지를 클릭합니다.

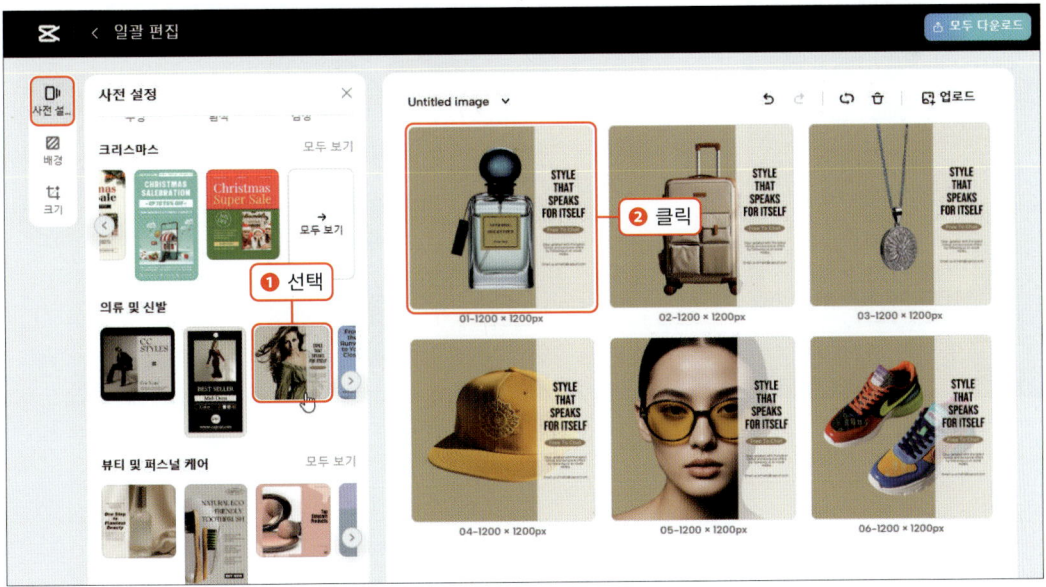

11 이미지가 확대되면 수정할 문자 부분을 클릭하고 원하는 내용을 입력합니다. 문자 수정이 끝나면 〈완료〉 버튼을 클릭합니다.

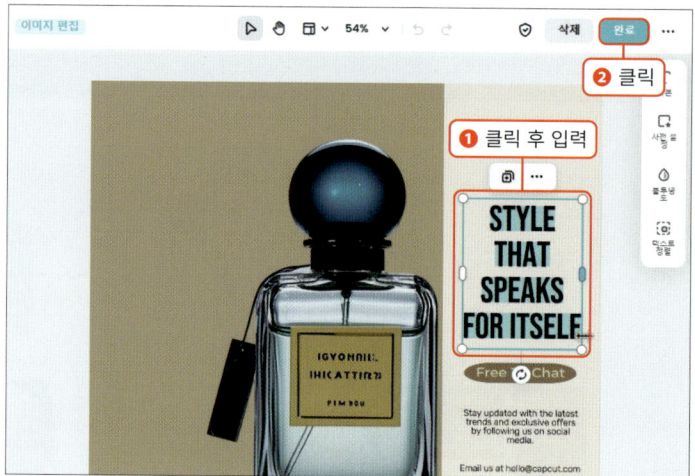

12 다른 문구도 각각 클릭하여 일괄 편집된 구성을 수정합니다.

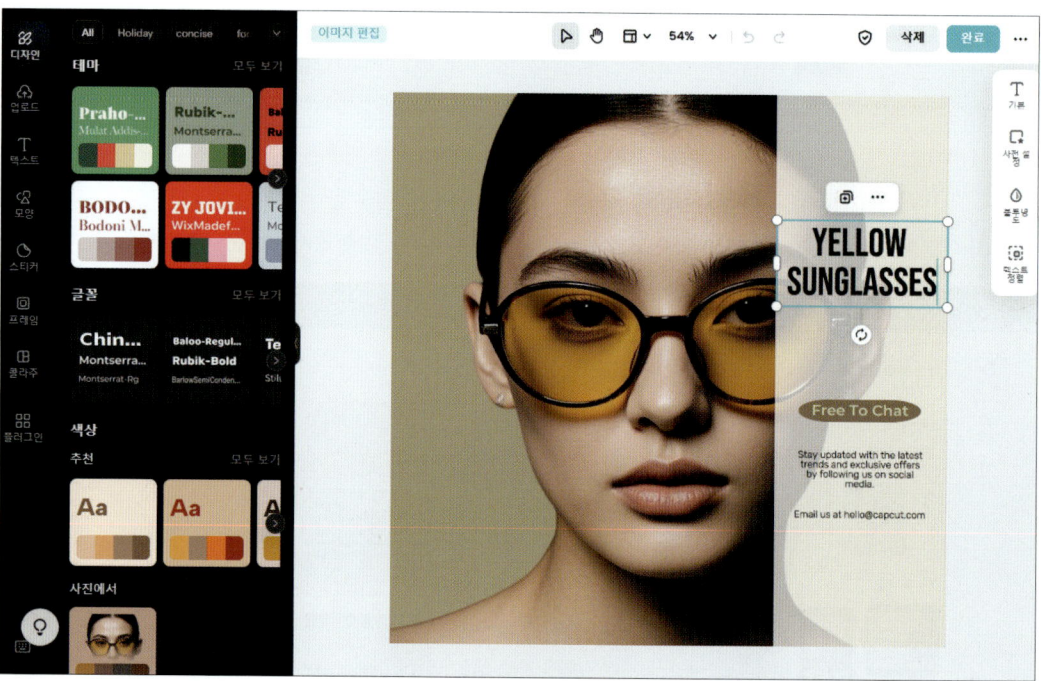

13 | 문자 수정이 완료되면 편집된 이미지를 다운로드하기 위해 〈모두 다운로드〉 버튼을 클릭한 후 [다운로드]를 클릭합니다.

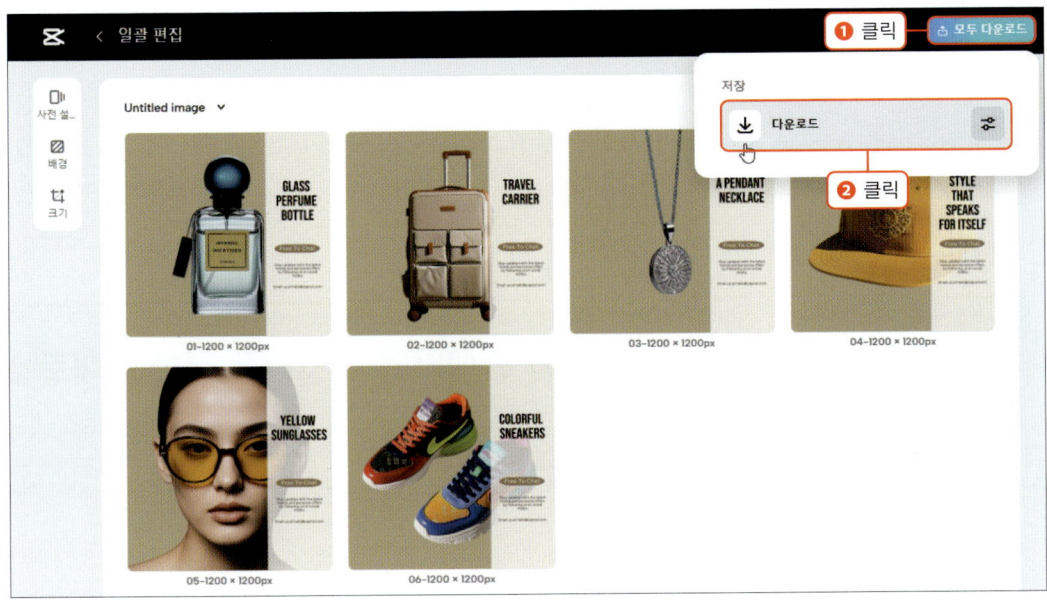

14 | 내보내기를 원하는 페이지와 파일 형식, 크기, 품질을 선택하는 내보내기 설정에서 기본값을 선택한 후 〈다운로드〉 버튼을 클릭합니다.

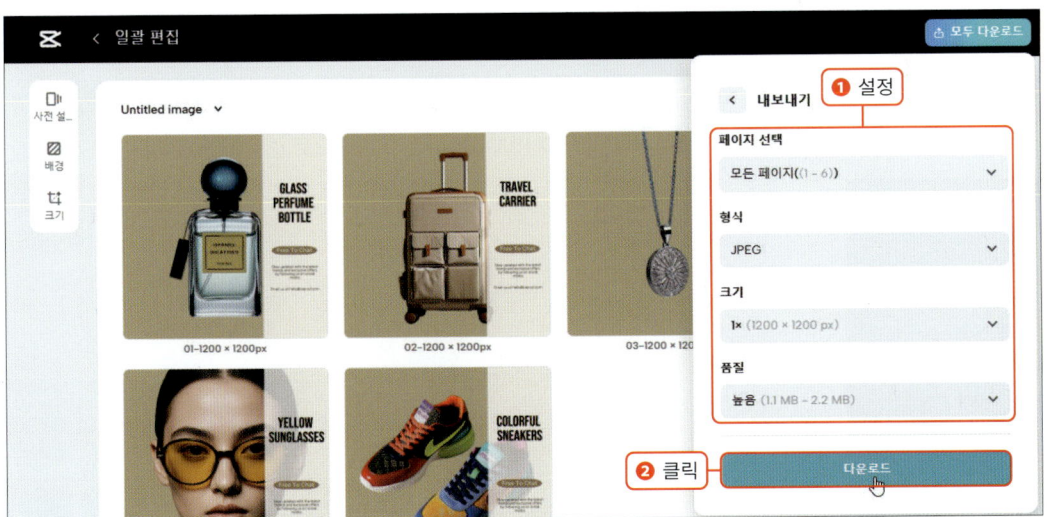

Tip 내보내기 기본값은 '모든 페이지', 형식은 'Jpg', 크기는 '1x (1200 x 1200 px)', 품질은 '높음'으로 설정되어 있습니다. 일괄 편집 후 다운로드된 이미지들은 압축 파일로 저장됩니다. 이미지를 사용하려면 압축을 풀고 사용하세요.

03 타임라인을 이용한 홍보 영상 편집하기

타임라인 기능을 활용해 상품 홍보 페이지를 하나의 영상 클립으로 만든 다음, 상품 특성에 맞는 배경 음악을 추가하여 홍보 영상을 제작해 보겠습니다.

15 웹브라우저에 'capcut.com'를 입력하여 캡컷 사이트에 접속한 다음 [동영상]을 클릭하고 [새 동영상]을 클릭합니다.

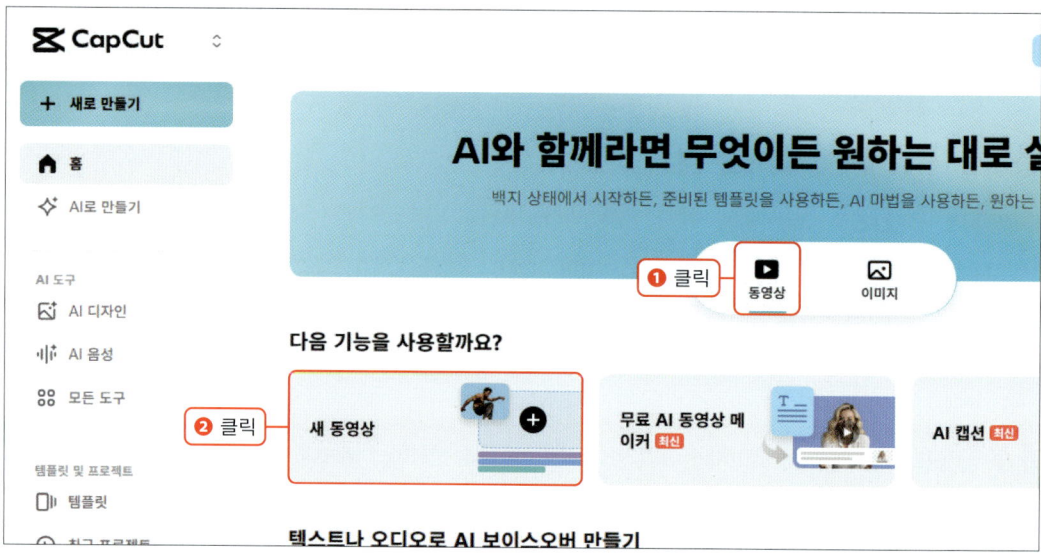

16 영상 편집 화면이 표시되면 상품 편집 이미지를 전체 선택한 후 작업 영역으로 드래그하거나 '업로드' 아이콘(+)을 클릭하여 상품 편집 이미지를 선택합니다. 예제에서는 드래그 방식으로 업로드하겠습니다.

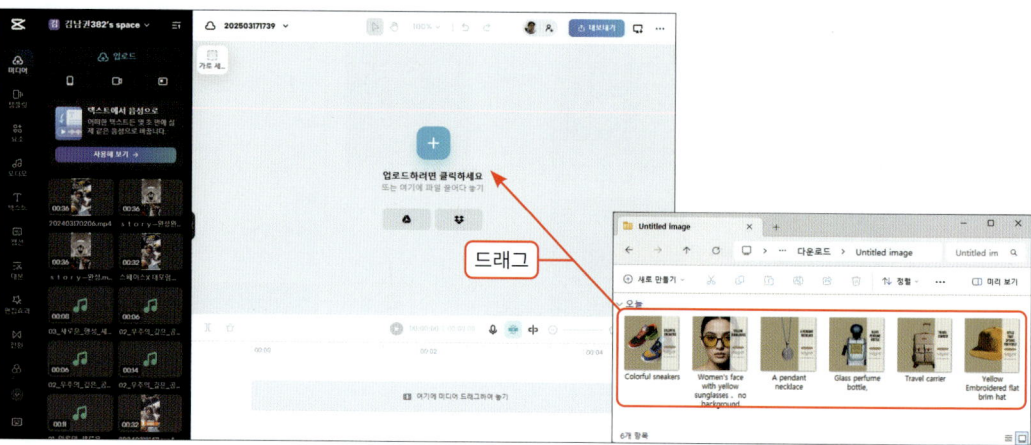

17 이미지 소스가 그림과 같이 화면 아래쪽 타임라인에 순차적으로 배치된 것을 확인할 수 있습니다.

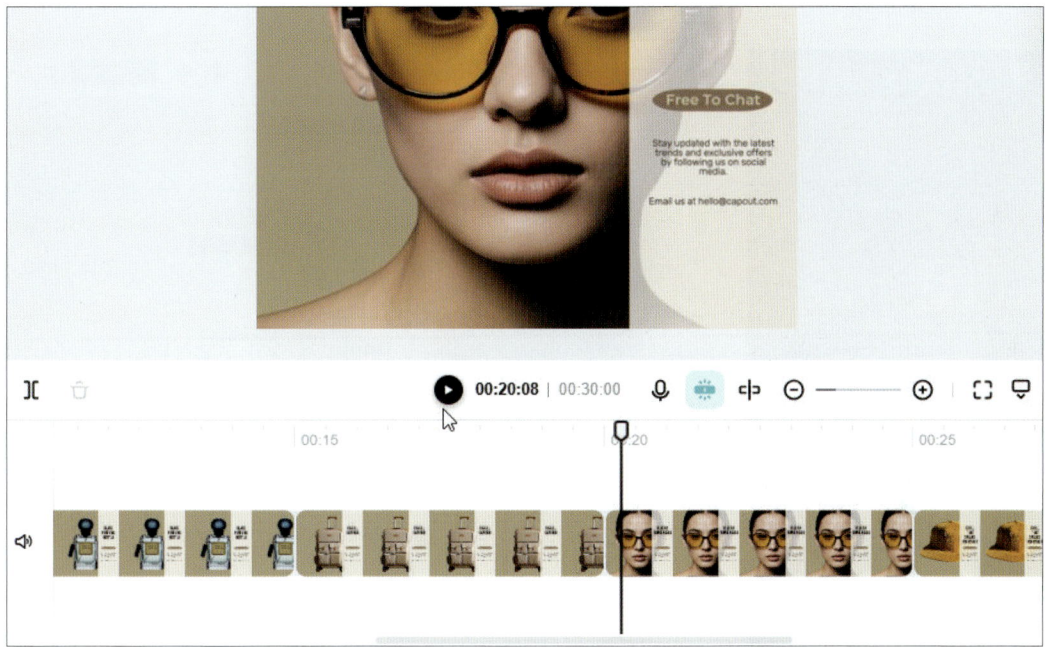

18 배경 음악을 넣기 위해 [오디오] 메뉴를 클릭하고 (음악) 탭에서 영상에 어울리는 음악 키워드를 입력합니다. 예제에서는 고급스러운 느낌을 살리기 위해 'Luxurious'를 입력하고 Enter를 누릅니다. 미리 듣기로 배경 음악을 확인합니다.

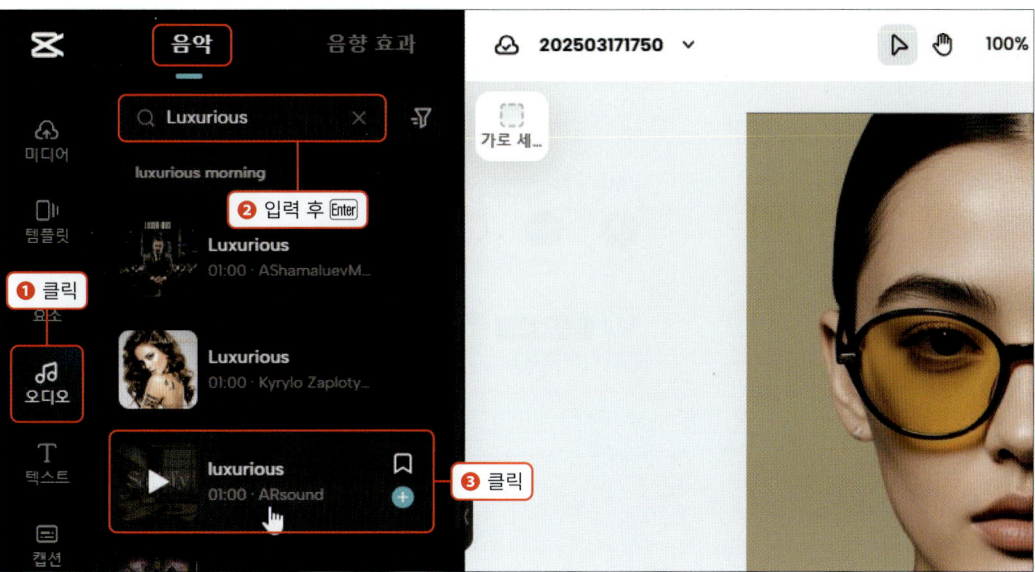

19 선택한 음악을 타임라인으로 드래그하면 음악 클립이 표시됩니다. 음악 클립을 트랙의 시작점으로 위치시킵니다. 음악 클립의 오른쪽 끝을 왼쪽으로 드래그하여 영상 클립 아래쪽 길이에 맞게 조정합니다.

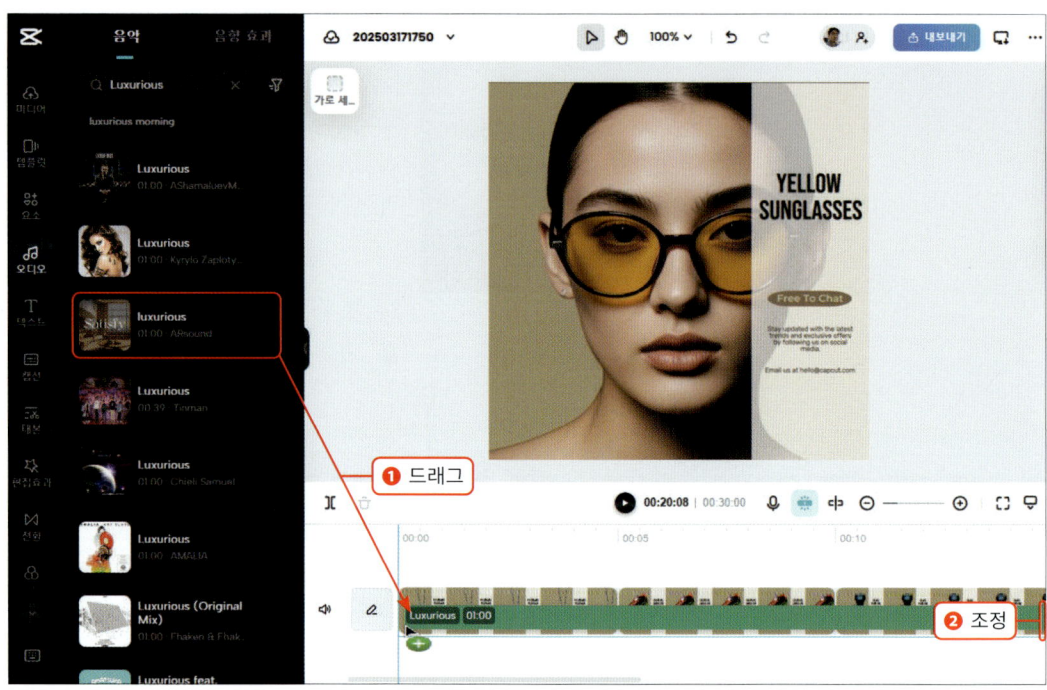

20 영상이 완성되면 〈내보내기〉 버튼을 클릭하고 아래쪽에 위치한 [다운로드]를 클릭합니다. 예제에서는 내보내기 설정을 기본값으로 하고 〈내보내기〉 버튼을 클릭합니다.

> **Tip** 내보내기 기본 설정값은 해상도는 '720p', 품질은 '추천 품질', 프레임 속도는 '30fps', 형식은 'MP4'로 지정됩니다.

LESSON 08

AI가 사이트를 분석하여 홍보 영상 만들기

CAPCUT AI

예제파일 : source\cafe1~4.png   완성파일 : source\하드보일드카페_홍보1~2.mp4

캡컷의 AI 기능을 활용하면 웹사이트를 분석해 인물과 자막이 포함된 마케팅 광고 영상을 손쉽게 제작할 수 있습니다. AI가 사이트 내용을 바탕으로 스크립트, 영상 클립, 자막을 자동으로 구성해 별도의 편집 기술 없이도 완성도 높은 광고 영상을 만들 수 있습니다. 예제에서는 인스타그램의 카페 주소를 기반으로 카페 홍보 영상을 제작해 봅니다.

예제 콘셉트

제품 URL로 광고를 생성하는 기능은 사용자의 콘텐츠 제작 부담을 줄여주는 강력한 자동화 솔루션입니다. 캡컷의 AI는 입력된 웹사이트 주소를 분석해 텍스트, 이미지, 구조 등에서 핵심 정보를 추출하고, 이를 바탕으로 마케팅에 적합한 톤의 스크립트와 영상 흐름을 자동 구성합니다.

사용자는 제품 이미지, 로고, 슬로건 등을 추가하거나 원하는 대본으로 자유롭게 편집할 수 있습니다.

홍보할 인스타그램 카페
(www.instagram.com/hardboiled.coffee)

작업 패턴

❶ 제품 URL로 광고 생성 기능으로 홍보하려는 카페 주소 확인
❷ 홍보 영상에 사용될 미디어 파일 업로드
❸ 추가 정보 항목에서 AI가 뽑아낸 키워드 외에 추가로 입력할 문구를 선택
❹ 광고 영상이 생성되면 마음에 드는 영상을 선택한 다음 PC 파일로 저장

01 홍보 사이트 분석을 위한 URL 연결하기

캡컷 AI가 홍보할 사이트를 분석하려면 해당 사이트 주소를 링크해야 합니다. 또한, 홍보에 필요한 추가 미디어 파일이 있다면 함께 업로드합니다.

01 | 웹브라우저에 'capcut.com'를 입력하여 캡컷 사이트에 접속한 다음 AI 광고 영상 제작을 위해 [모든 도구]를 선택합니다. 도구 항목이 표시되면 제품 링크가 포함된 동영상 광고 생성을 위해 [제품 URL로 광고 생성]을 클릭합니다.

02 | Pippit 사이트로 이동합니다.

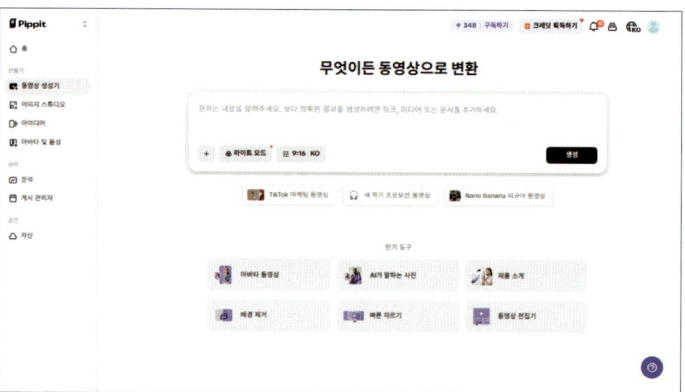

03 홍보하려는 카페의 인스타그램 주소를 확인합니다. 예제에서는 다음의 주소를 이용해 홍보 영상을 제작하기 위해 주소를 복사하겠습니다.

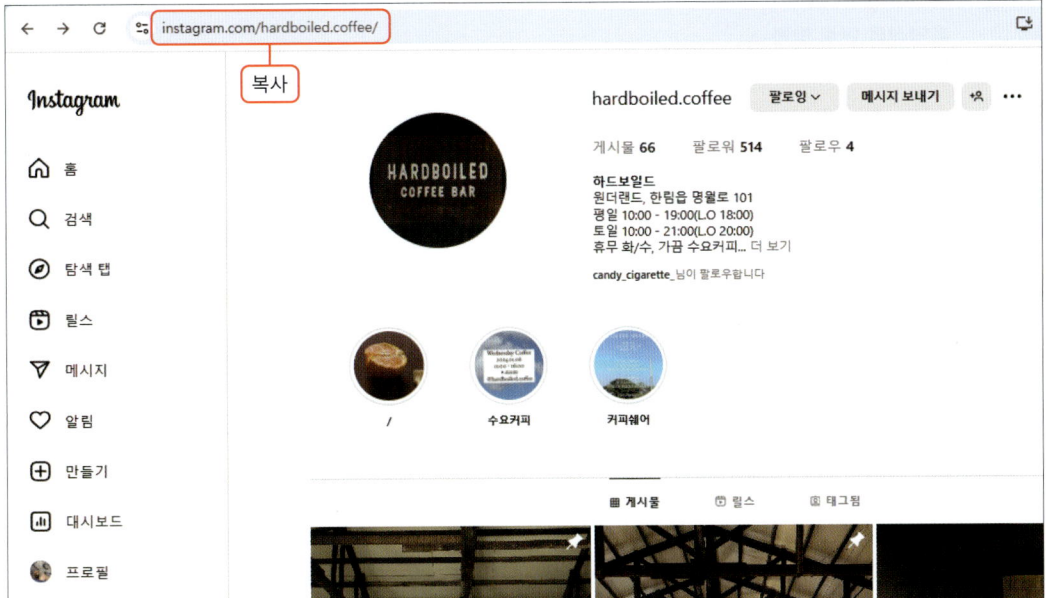

04 입력창 하단에 [링크]를 클릭하고 주소를 붙여 넣은 다음, 〈생성〉 버튼을 클릭합니다. 예제에서는 사용 허락을 받은 카페의 인스타그램 주소를 입력하였습니다.

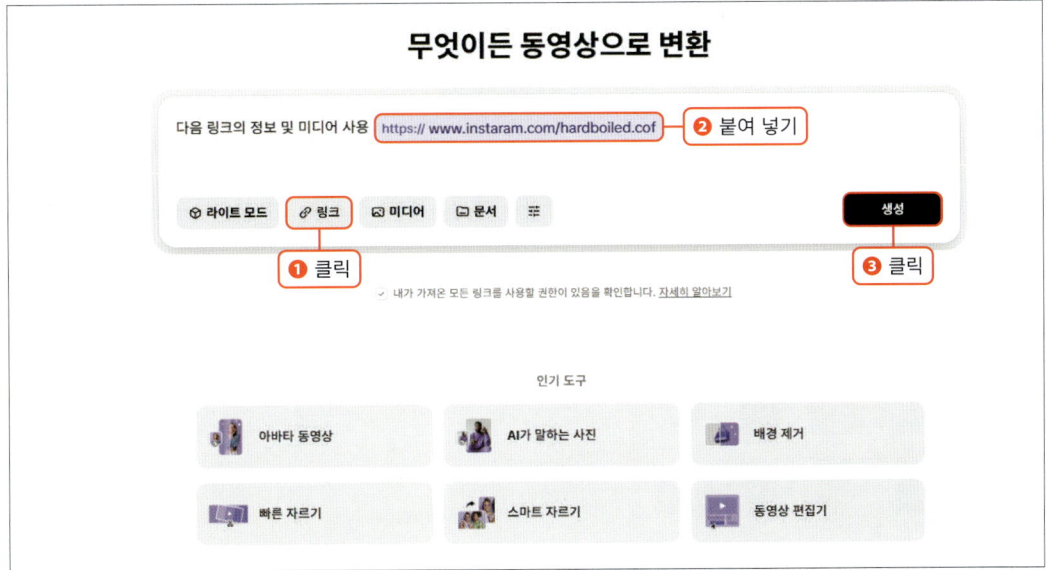

05 링크가 적용되면 매장에 대한 설명과 영상, 이용 대상자까지 분석하여 보여줍니다. 예제에서는 이미지를 넣어 홍보 영상으로 생성하기 위해 추천 영상을 삭제하겠습니다.

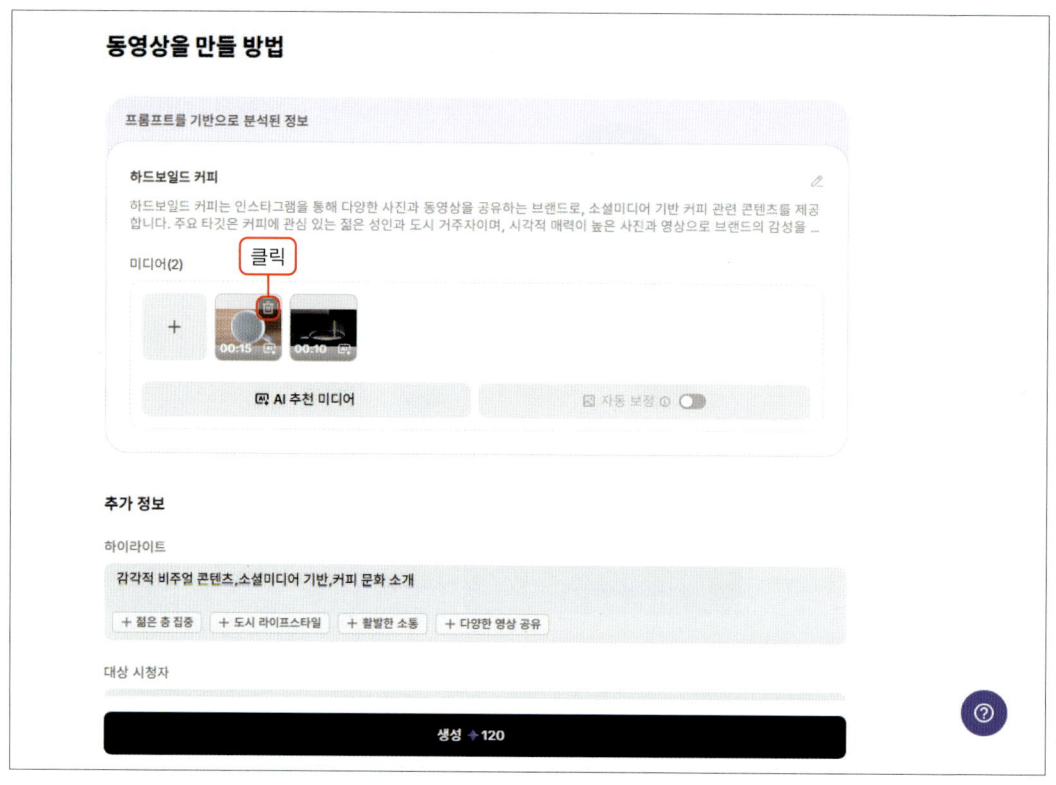

06 홍보 영상에 사용할 이미지를 불러오기 위해 [컴퓨터]를 클릭하고 열기 대화상자가 표시되면 'cafe1~4.png' 파일을 선택한 다음 〈열기(O)〉 버튼을 클릭합니다.

02 키워드 추가와 홍보 영상 미리보기

AI가 제시한 키워드 외에 추가할 키워드가 있다면 선택하여 추가할 수 있습니다. 이후 AI가 링크된 사이트의 정보를 분석한 뒤 자동으로 스크립트를 생성하고, 음성과 아바타를 추가하여 다양한 홍보 영상을 제안합니다.

07 | 추가 정보 항목에서 AI가 뽑아낸 키워드 외에 추가로 입력할 문구를 선택합니다. 예제에서는 추가 정보 아래쪽에 제시하는 키워드를 선택하여 추가합니다.

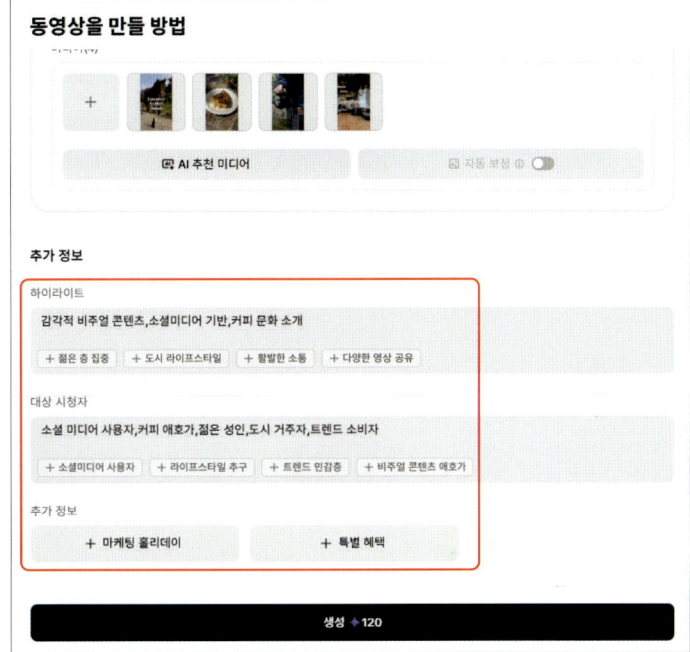

08 | AI 콘텐츠 사용에 대한 책임과 콘텐츠 정확도의 차이를 명시하는 확인 메시지가 표시됩니다. 〈확인〉 버튼을 클릭합니다.

09 동영상 유형이 [자동 매칭], 동영상 설정에서 [스마트 이미지]와 [스마트 음성], [9:16], [한국어]로 설정되어 있는지 확인한 다음 〈생성〉 버튼을 클릭합니다.

10 설정에 따라 광고용 영상이 생성됩니다. 링크 사이트의 정보를 분석한 후 자동으로 스크립트가 생성되며, 음성과 아바타가 추가됩니다.

Tip Pippit의 요금제 알아보기

현재 무료 요금제로 이용 가능하며 매주 150 크레딧을 제공하고 있으나 추가 크레딧과 더 많은 기능을 사용하려면, 요금제를 가입하여 사용할 수 있습니다.

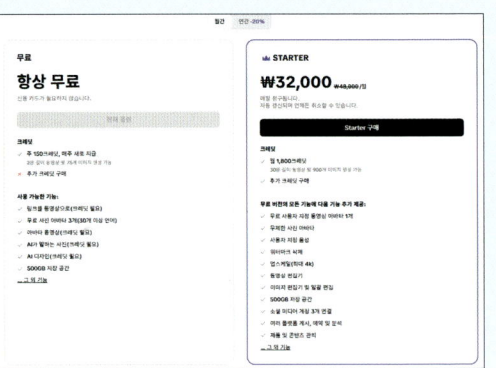

11 동영상 미리보기에서 입 모양 일치가 최종이 아니라는 메시지가 표시되면 〈확인〉 버튼을 클릭합니다.

12 다양한 형태의 광고 영상이 미리보기로 생성되었습니다. 미리보기 이미지의 '재생' 아이콘을 클릭하여 영상을 확인합니다.

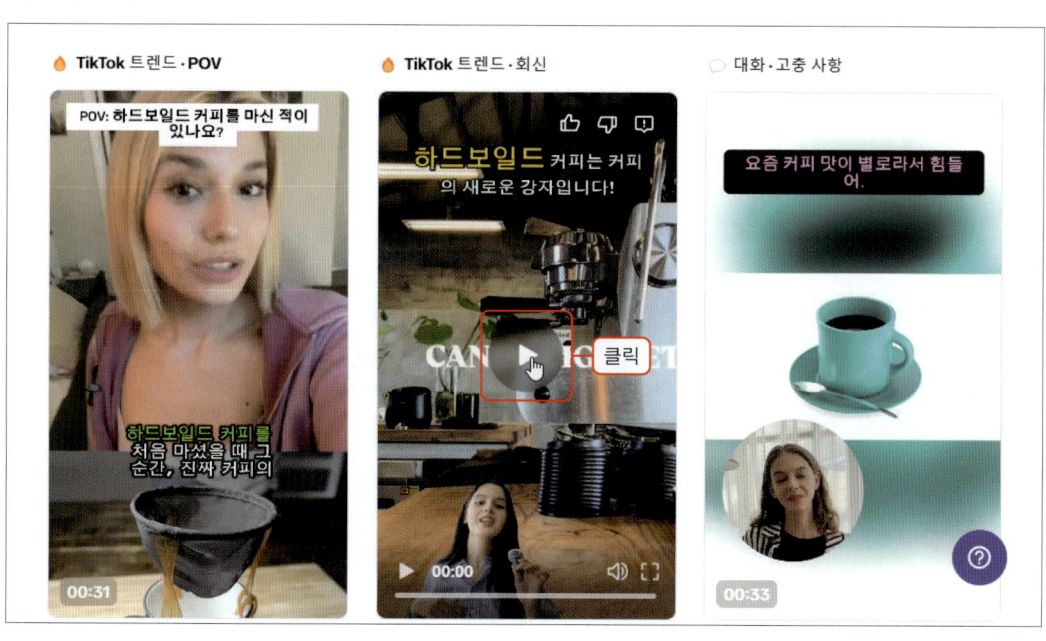

13 마음에 드는 영상이 있다면 PC에 저장하기 위해 미리보기 영상 아래의 〈내보내기〉 버튼을 클릭합니다. 내보내기 설정창이 표시되면 동영상 이름을 확인하고, 해상도를 '720p', 프레임 속도를 '30fps', 형식을 'MP4'로 지정한 다음 〈다운로드〉 버튼을 클릭하여 저장합니다.

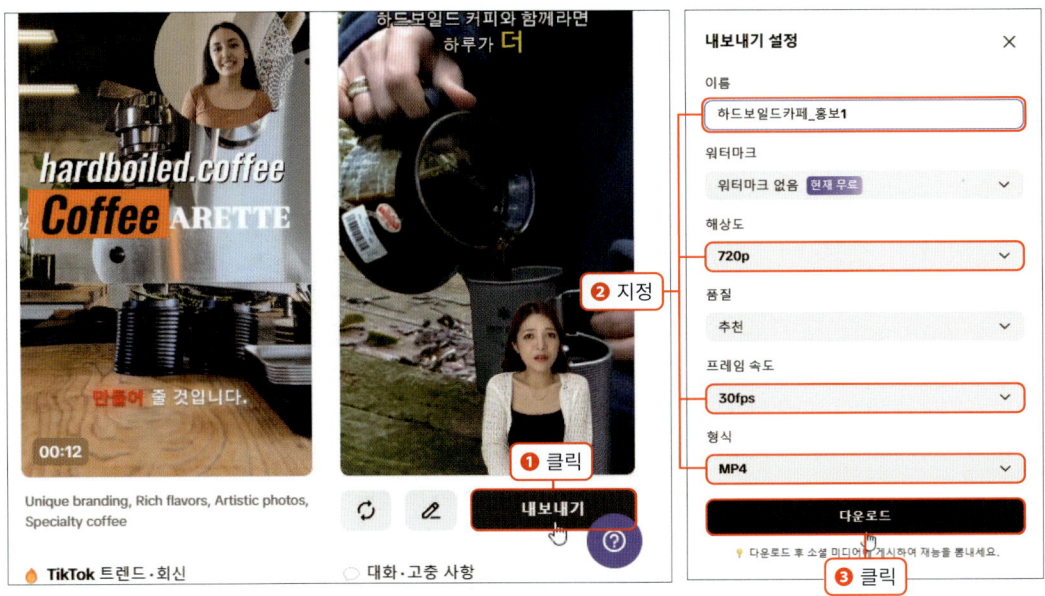

14 다운로드된 영상을 확인하면 홍보 사이트를 분석하여 가상의 인물, 자막, 음성 내레이션이 포함된 광고 영상을 확인할 수 있습니다.

LESSON 09

지브리 스타일로 웹툰 만화 영상 만들기

예제파일 : source\요리사1~6.jpg   완성파일 : source\요리사_완성.mp4

캡컷에서는 이미지를 생성할 때 원하는 스타일을 지정하면 그 스타일에 맞게 이미지가 생성됩니다. 예제에서는 일본 지브리 스튜디오 스타일로 웹툰 만화 이미지를 만든 후 다양한 말풍선을 이용해 문자를 입력하고 이를 하나의 영상으로 재생되도록 만화 영상을 만들어 봅니다.

예제 콘셉트

챗GPT와 캡컷을 활용하면 말풍선이 포함된 웹툰 형식의 만화 영상을 손쉽게 제작할 수 있습니다. 챗GPT로 스토리와 장면별 프롬프트를 작성하고, 이를 바탕으로 AI 이미지 생성 기능을 통해 웹툰 스타일 이미지를 만들 수 있습니다.

캡컷에서는 생성된 이미지를 타임라인에 배치하고, 다양한 스타일의 말풍선을 선택해 삽입할 수 있습니다. 사용자는 말풍선 안에 직접 대사를 입력해 장면에 맞는 대화 구성을 완성할 수 있으며, 말풍선의 위치나 크기, 색상도 자유롭게 조절이 가능합니다.

지브리 스타일

현실적인 사진 스타일

작업 패턴

❶ **챗GPT**로 웹툰 장면 구성과 배경 설명, 대사를 요청
❷ **프롬프트**로 장면 구성별 웹툰 인물 이미지 생성 후 타임라인에 위치
❸ **텍스트 메뉴의 말풍선 항목**으로 웹툰에 어울리는 말풍선 선택
❹ 말풍선 안의 **문자를 입력**하여 웹툰 영상 구성

CAPCUT AI

01 챗GPT로 웹툰 장면 구성하고 이미지 생성하기

웹툰 구성을 위해 챗GPT에 간단한 주제를 입력하고 필요한 컷 수를 지정하면 장면 구성이 생성됩니다. 예제에서는 '요리사로 성장하는 이야기'를 지브리 스타일로 구성해 봅니다. 캡컷 이미지 생성기는 현실적인 이미지뿐 아니라 원하는 스타일의 이미지도 제작할 수 있어, 챗GPT로 만든 장면 정보를 바탕으로 지브리 스타일 이미지를 생성해 봅니다.

01 | 다음 웹툰 장면 구성을 위해 다음과 같은 스토리로 장면 구성을 요청합니다. 6컷 웹툰을 구성하기 위해 6개의 장면과 각 장면의 배경 설명, 대사를 구분하여 보기 쉽게 표 형식으로 작성해 줄 것을 요청했습니다.

> **사용자**
> 지브리 스타일로 웹툰 만화를 작성하려고 해. 어릴 적 친구가 요리사로 성장하면서 같이 음식점을 여는 웹툰 스토리를 6컷 장면을 표로 구성해 줘.

챗GPT

번호	장면 설명	배경/분위기	대사/설명
1컷	여성 요리사가 요리를 하며 완벽을 다짐	따뜻한 조명이 비추는 주방, 정성스러운 재료들	"음식 맛을 위해서는 완벽해질 때까지 노력해야 해!"
2컷	어린 시절, 친구들과 생일 파티에서 음식을 나누는 모습	작은 방, 촛불이 켜진 생일 케이크, 행복한 분위기	"함께 있다면 뭐든 맛있어"
3컷	두 사람이 각자의 길을 걷는 모습	남성: 신선한 재료를 찾아 여행 여성: 주방에서 연구하며 노력	대사 없음(각자의 길을 강조)
4컷	남성 요리사가 시장에서 신선한 재료를 고르는 장면	작은 마을 시장, 신선한 채소와 재료로 가득한 가판대	"역시 이곳은 대단해, 없는 게 없을 정도야!"
5컷	두 사람이 재회하고 함께 가게를 차리기로 결심	새롭게 단장한 가게 앞, 간판을 거는 모습	"이제부터 우린 시작이야!"
6컷	손님들이 음식을 나누며 행복해 하는 장면	야외 테이블, 따뜻한 분위기, 만족스러운 손님들의 미소	대사 없음 (행복한 분위기 강조)

02 | 웹브라우저에 'dreamina.capcut.com'을 입력하여 드리미나 캡컷 사이트로 이동한 다음 만들기 옵션을 [AI 이미지]로, 가로 세로 비율을 [16:9]로 선택합니다. 프롬프트 입력창에 요리사가 요리하는 장면을 묘사하여 입력한 다음 '생성' 아이콘(⬆)을 클릭합니다.

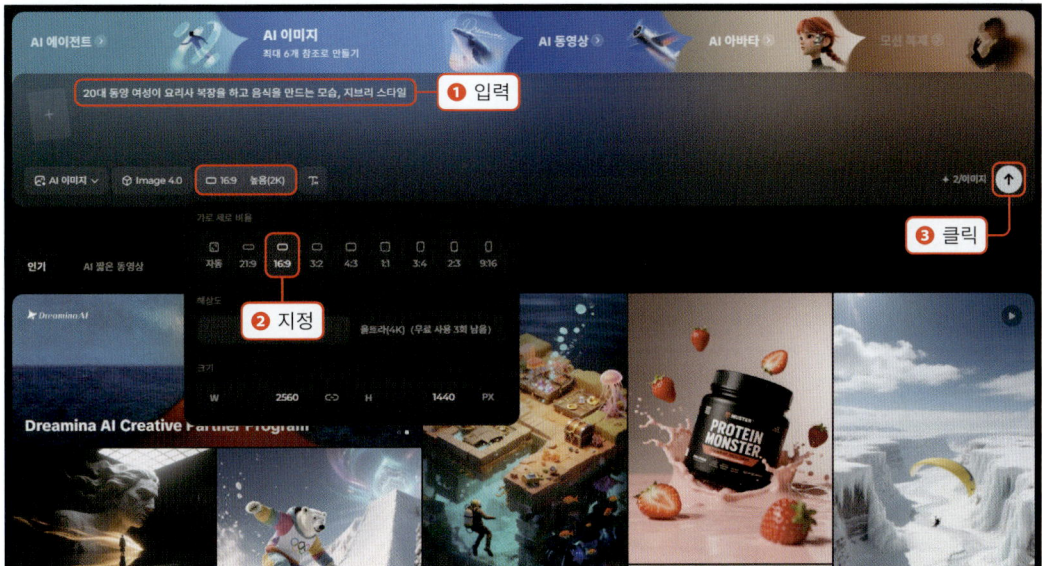

프롬프트 20대 동양 여성이 요리사 복장을 하고 음식을 만드는 모습, 지브리 스타일

03 | 원하는 이미지가 생성되면 이미지를 클릭하여 확인한 다음 〈다운로드〉 버튼을 클릭해 다운로드합니다. '닫기' 아이콘(✕)을 클릭하여 이미지 생성 화면으로 이동합니다.

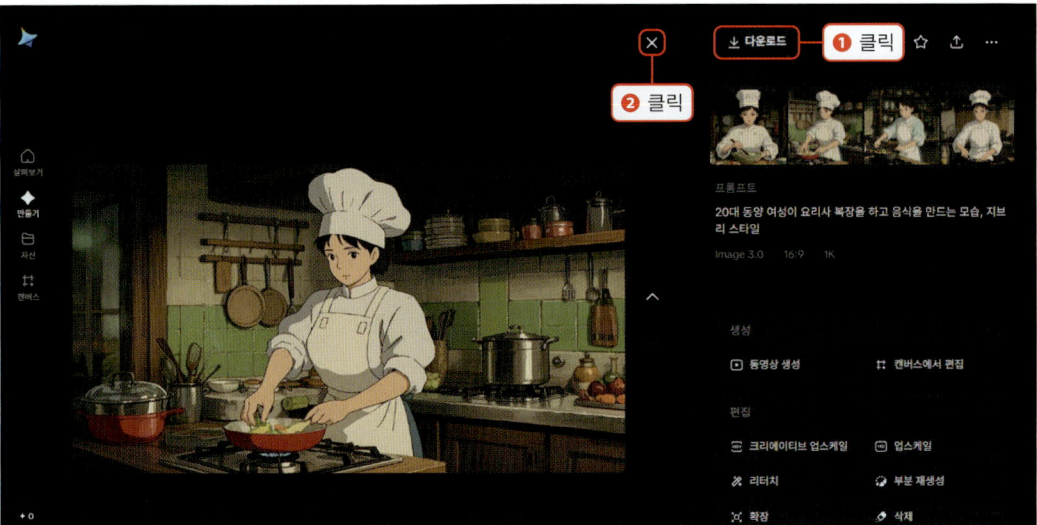

04 스토리 구성에 맞게 이미지를 생성합니다. 이번에는 프롬프트 입력창에 비행장에서 여행 가방을 끌고 걷는 20대 남성을 묘사한 다음 지브리 스타일을 추가로 입력하고 '생성' 아이콘(⬆)을 클릭합니다.

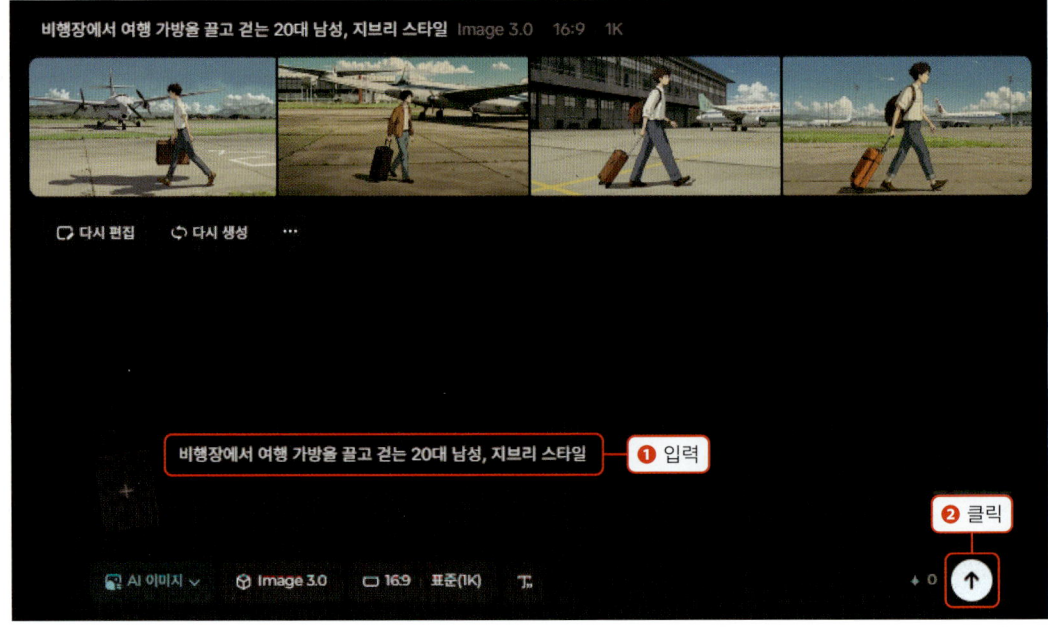

프롬프트 비행장에서 여행 가방을 끌고 걷는 20대 남성, 지브리 스타일

05 원하는 이미지가 생성되면 이미지를 클릭하여 확인한 다음 〈다운로드〉 버튼을 클릭해 다운로드합니다. '닫기' 아이콘(✕)을 클릭하여 이미지 생성 화면으로 이동합니다.

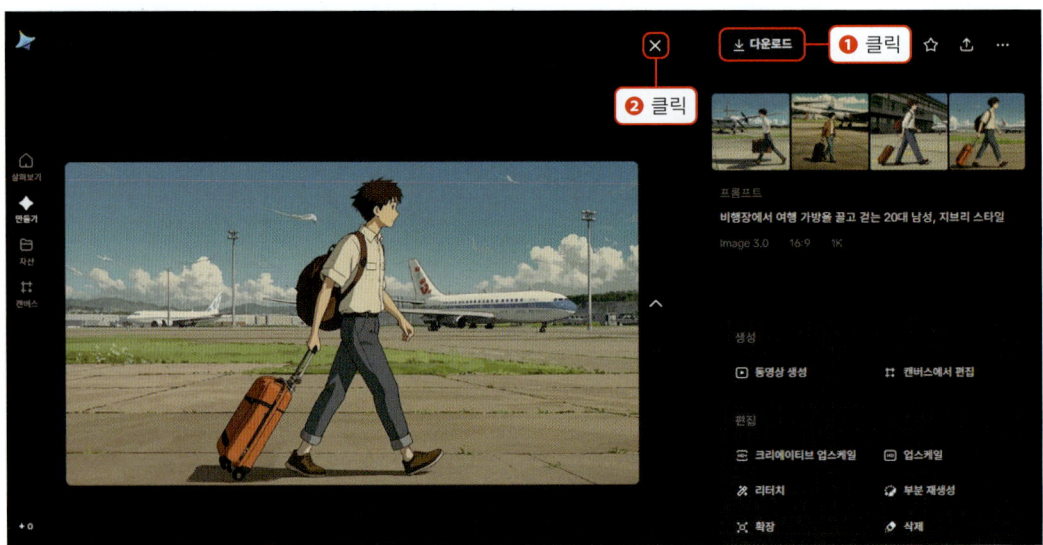

06 같은 방법으로 프롬프트 입력창에 챗GPT로 구성한 장면 묘사를 입력하여 추가 웹툰 컷을 지브리 스타일로 생성합니다. 총 6장의 이미지가 생성되면 다운로드하여 하나의 폴더에 정리합니다.

프롬프트 생일날에 생일 모자를 쓰고 가족들과 라면을 먹는 장면, 지브리 스타일

프롬프트 시장에서 요리 재료를 고르는 20대 남성, 지브리 스타일

프롬프트 음식점 앞에서 기뻐하는 20대 남성과 여성 요리사, 지브리 스타일

프롬프트 야외 테이블에서 음식을 먹는 사람들, 행복한 표정, 지브리 스타일

02 다양한 스타일의 말풍선 생성하기

생성된 이미지 위에 다양한 형태의 말풍선을 추가한 뒤 알맞은 대사를 입력합니다. 이후 이미지와 대사 클립을 타임라인에 배치해 하나의 웹툰 동영상을 완성하겠습니다.

07 말풍선이 있는 영상으로 편집하기 위해 웹브라우저에 'capcut.com'을 입력하여 캡컷 사이트에 접속한 다음 [동영상]을 클릭하고 [새 동영상]을 클릭합니다.

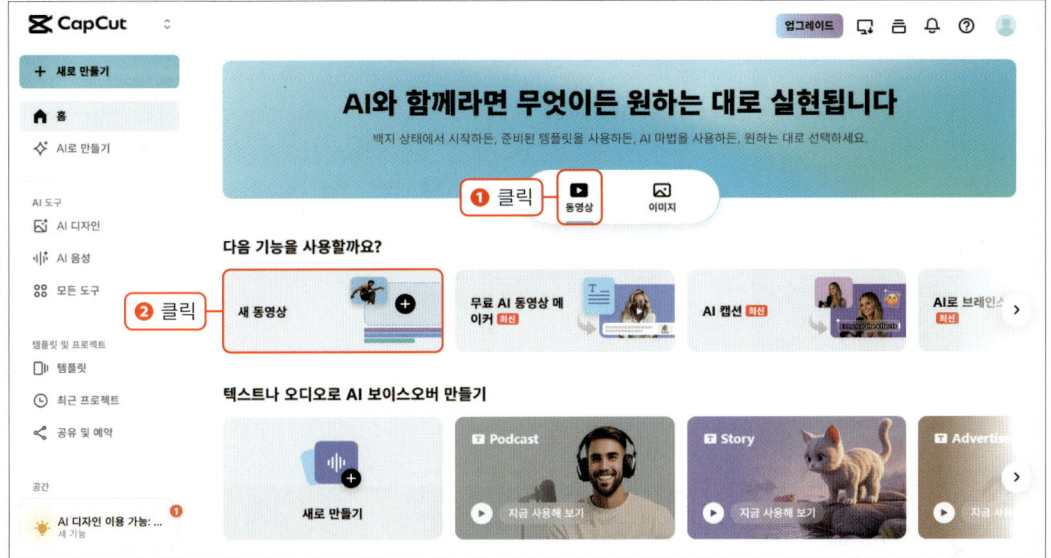

08 생성한 이미지를 불러오기 위해 왼쪽 메뉴에서 〈업로드〉 버튼을 클릭한 다음 [파일 업로드]를 클릭합니다. 열기 대화상자의 source 폴더에서 '요리사1~6.jpg'를 선택한 다음 〈열기(O)〉 버튼을 클릭합니다.

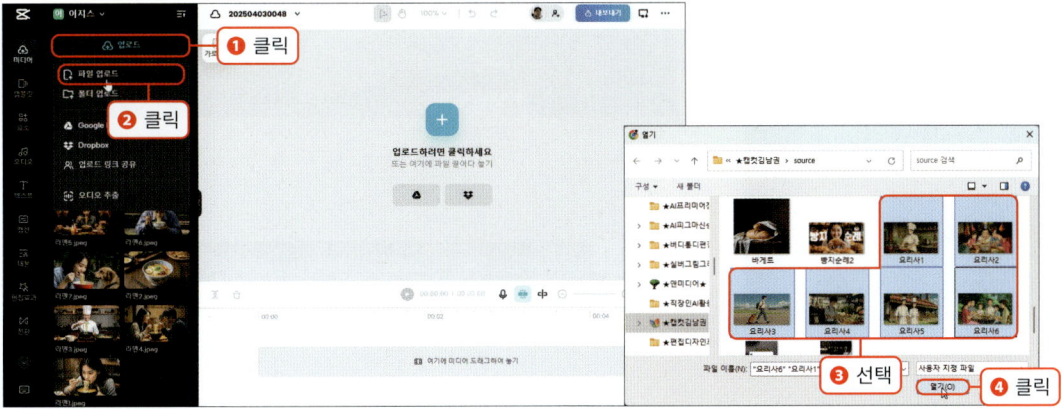

09 왼쪽 화면에 이미지 파일이 표시되면 스토리 순서대로 이미지를 타임라인으로 드래그하여 위치시킵니다. 예제에서는 '요리사1.jpg' 이미지를 타임라인의 왼쪽 시작 부분으로 드래그합니다.

10 같은 방법으로 '요리사2~6.jpg' 파일을 순서대로 연결 되도록 타임라인에 드래그합니다.

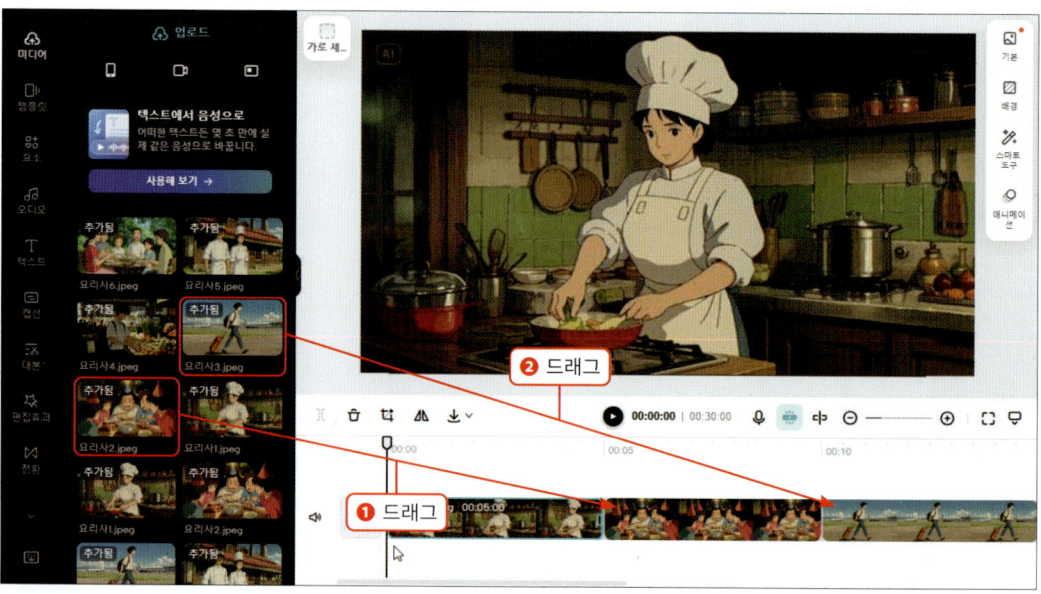

> **Tip** 업로드된 파일을 타임라인에 배치할 때 하나씩 드래그하는 방법도 있지만, 업로드된 이미지를 클릭하면 자동으로 타임라인에 추가됩니다. 단, 클릭한 순서에 따라 클립의 위치가 달라지는 점은 유의해야 합니다.

11 이미지 위에 말풍선을 위치시키기 위해 왼쪽 [텍스트] 메뉴를 클릭한 다음 말풍선 항목을 확인하여 타원형 말풍선을 선택한 다음 바운딩 박스 조절점을 드래그하여 말풍선 위치와 크기를 조정합니다.

Tip 말풍선 항목 오른쪽의 [모두 보기]를 클릭하면 말풍선 항목에서 제공하는 모든 말풍선을 한 번에 볼 수 있습니다.

12 오른쪽 사이드바에 표시된 [기본]에 문구를 변경합니다. 예제에서는 '완벽은 디테일이야!'로 입력하였습니다. 문장 길이에 따라 말풍선의 크기도 변화하는 것을 확인할 수 있습니다.

13 | 재생 헤드를 '요리사2' 클립으로 위치시킨 다음 말풍선 항목에서 둥근 사각 말풍선을 선택합니다. 말풍선 내용을 입력한 다음 글꼴을 '아네모네', 글자 크기를 '17'로 지정합니다.

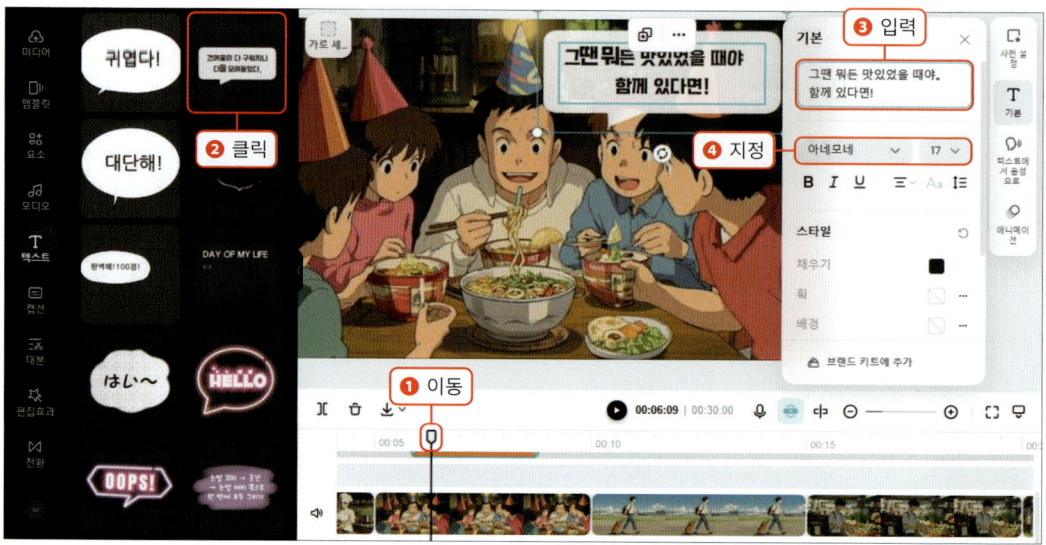

14 | 이어서 '요리사4' 클립에 재생 헤드를 위치시키고, 타원형 말풍선을 선택한 다음 내용으로 '대단해'라고 입력합니다.

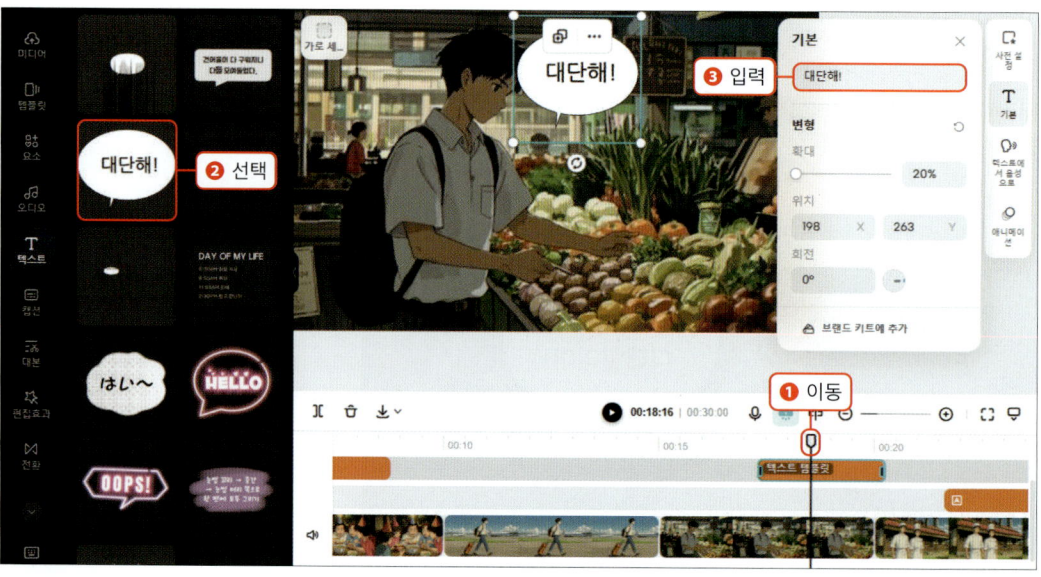

> **Tip** 말풍선이 화면에 표시되는 시간을 조정하려면 주황색으로 표시된 말풍선 클립의 좌우를 드래그해 길거나 짧게 조정합니다.

15 이번에는 '요리사5' 이미지에 재생 헤드를 위치시키고, 구름 말풍선을 선택한 다음 '이제 시작이야'라는 문자를 입력합니다.

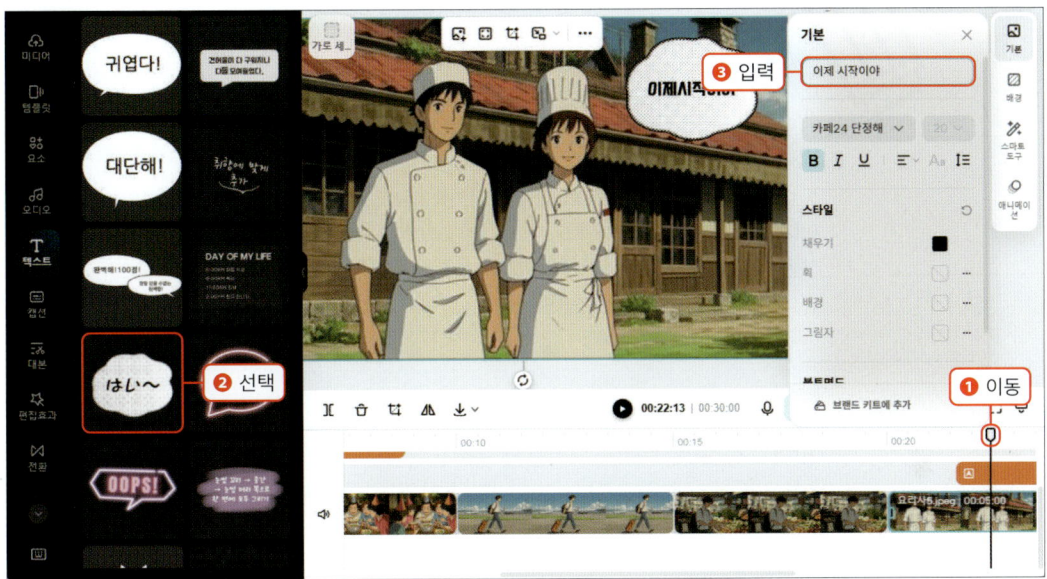

16 말풍선 구성이 완성되면 하나의 동영상으로 만들기 위해 〈내보내기〉 버튼을 클릭합니다. 내보내기 설정에서 이름을 '지브리 스타일'이라고 입력한 다음 해상도를 '720p', 프레임 속도를 '320fps'로 지정하고 〈내보내기〉 버튼을 클릭하여 영상을 완성합니다.

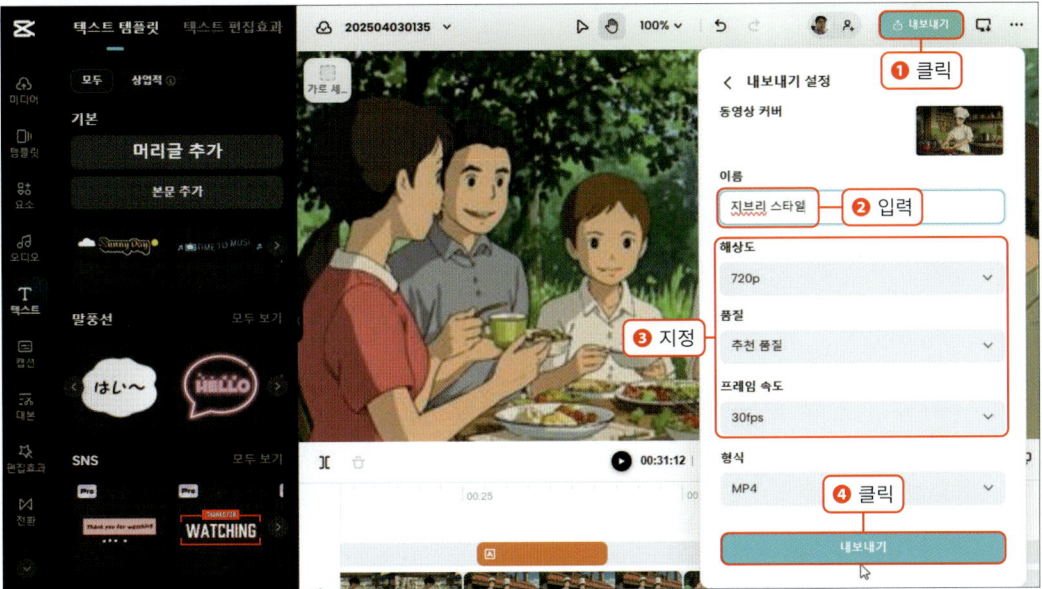

LESSON 10

CAPCUT AI

도형을 이용한 슬라이드 형식의
카드뉴스 영상 만들기

예제파일 : source\카드뉴스1~4.jpg **완성파일** : source\카드뉴스 폴더

카드뉴스는 카드 형태의 이미지 슬라이드를 통해 정보를 시각적으로 전달하는 콘텐츠 형식입니다. 보통 하나의 주제나 메시지를 여러 장의 슬라이드 이미지에 나누어 담아 사용자가 정보를 빠르게 이해할 수 있도록 도와줍니다. 예제에서는 일러스트 스타일의 카드뉴스 생성과 편집, 슬라이드 형식의 영상 제작 방법을 알아보겠습니다.

예제 콘셉트

카드뉴스는 SNS, 블로그, 모바일 앱 등에서 정보를 시각적으로 전달하는 데 매우 효과적인 콘텐츠 형식으로, 특히 홍보·마케팅 분야에서 널리 활용되고 있습니다. 슬라이드 형태로 여러 장의 이미지를 연속적으로 보여줄 수 있어 하나의 주제나 메시지를 단계적으로 전달하고, 사용자의 이해도와 몰입도를 높이는 데 큰 장점이 있습니다.

AI 이미지 생성 기능을 활용하면 필요한 이미지를 별도로 준비하지 않아도, 텍스트 프롬프트만으로 카드뉴스에 적합한 비주얼을 빠르게 생성할 수 있습니다. 홍보할 내용을 바탕으로 각 슬라이드에 어울리는 도형과 텍스트 배치 등을 디자인하거나, 카드뉴스 순서를 설정하여 사용자가 직접 원하는 스타일로 영상 편집을 할 수 있습니다.

작업 패턴

❶ **프롬프트**로 동물병원을 홍보하는 일러스트 이미지 생성
❷ **문자 스타일 기능**을 이용하여 카드뉴스 이미지에 문자 생성
❸ **모양 기능**으로 도형을 생성한 다음 문자 구성하기
❹ **스티커 기능**으로 구성 요소 만들기
❺ **전환 기능**으로 슬라이드 형태의 카드뉴스 완성하기

01 카드뉴스 일러스트 생성하기

캡컷의 AI 이미지 생성 기능을 활용해 동물병원 홍보용 카드뉴스에 사용할 일러스트 스타일 이미지를 생성합니다.

01 웹브라우저에 'dreamina.capcut.com'을 입력하여 드리미나 캡컷 사이트로 이동한 다음 만들기 옵션을 [AI 이미지]로, 가로 세로 비율을 [1:1]로 선택합니다. 프롬프트 입력창에 동물병원을 홍보하기 위한 프롬프트를 입력한 다음 '생성' 아이콘(⬆)을 클릭합니다.

프롬프트 강아지와 고양이 병원 카드뉴스, 일러스트 스타일

02 이미지가 생성되면 마음에 드는 이미지를 선택하여 다운로드합니다. 예제에서는 다음의 4장의 일러스트 이미지를 다운로드합니다.

카드뉴스1.jpg

카드뉴스2.jpg

카드뉴스3.jpg

카드뉴스4.jpg

Tip 예제에 사용된 이미지는 다운로드한 source 폴더 → 카드뉴스 폴더에서 확인하실 수 있습니다.

02 문자 스타일로 카드뉴스 문자 생성하기

카드뉴스에 문자를 입력할 경우 가독성을 높이기 위해 문자 테두리, 색상, 크기 등을 배경에 맞게 조정해야 합니다. 문자 스타일 기능을 활용하면 다양한 형태의 문자를 간편하게 입력할 수 있습니다.

03 카드뉴스를 구성하기 위해 캡컷 사이트(capcut.com)로 이동합니다. 이미지 제작을 위해 [이미지]를 클릭한 다음 [새 이미지]를 클릭합니다.

04 왼쪽 사이드바에서 '업로드' 아이콘(🖼)을 클릭하고 [업로드] → [이 장치에서]를 선택합니다. 열기 대화상자에서 source 폴더의 '카드뉴스1.jpg' 파일을 선택하고 〈열기(O)〉 버튼을 클릭합니다.

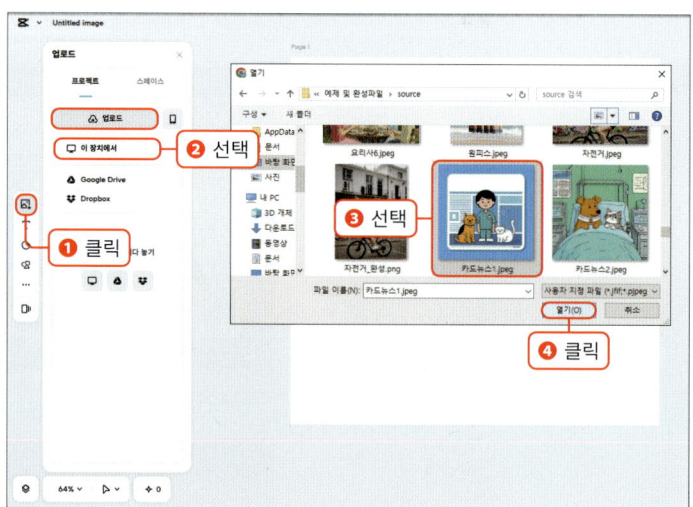

✦ **Tip** 작업창을 넓게 활용하기 위해 사용하지 않는 AI로 디자인 옵션창을 '채팅 숨기기' 아이콘(⇋)을 클릭하여 비활성화합니다.

05 중앙에 표시된 이미지를 선택하고 모서리 조절점을 드래그하여 1:1 비율의 캔버스와 크기를 맞춰줍니다.

06 텍스트를 추가하기 위해 왼쪽 사이드바에 '텍스트' 아이콘(T)을 클릭하고 원하는 폰트 스타일을 선택합니다. 예제에서는 그림과 같은 스타일을 선택하여 문구는 '늘봄 동물병원'을 입력하고 글꼴은 '가석', 크기는 '32'로 설정합니다.

03 도형 생성과 문자 구성하기

도형은 주로 문자의 가독성을 높이기 위해 배경으로 사용됩니다. 도형 기능을 활용하면 쉽게 도형을 생성하고, 원하는 형태로 변형하여 사용할 수 있습니다.

07 | 페이지를 추가하기 위해 화면 아래에 [페이지 추가]를 클릭합니다. 동일한 크기로 흰색 페이지가 추가되면, source 폴더에서 '카드뉴스2.jpg' 파일을 업로드 창으로 드래그합니다.

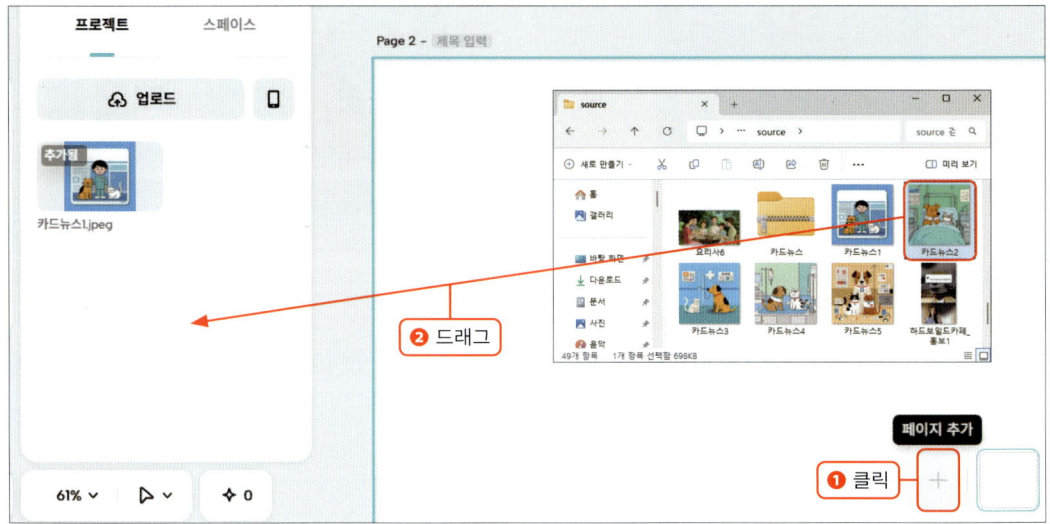

08 | 이전 페이지에 추가된 이미지를 첫 페이지와 동일하게 조절점을 드래그하여 맞춰줍니다.

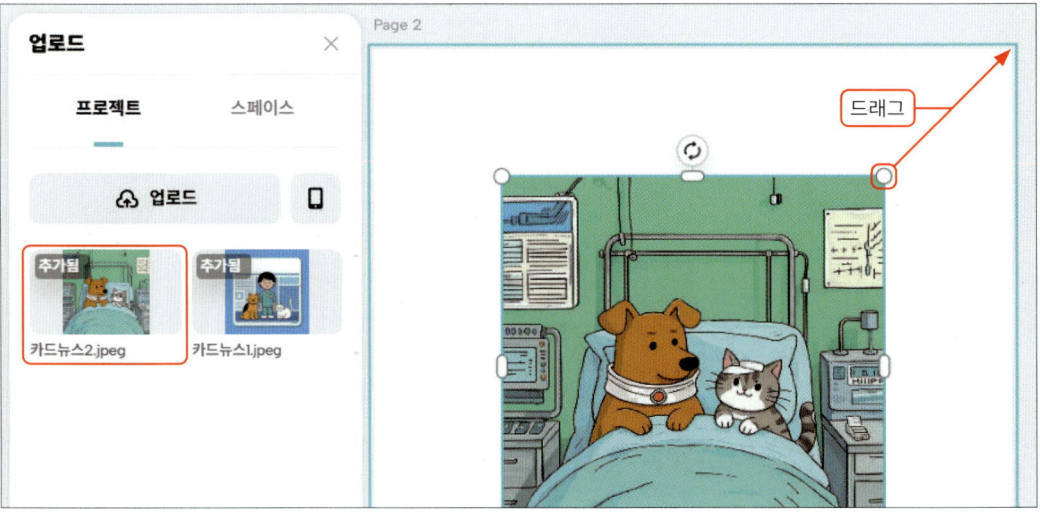

09 | 도형을 생성하기 위해 왼쪽 사이드바에서 '모양' 아이콘(🎨)을 클릭하고 반형 둥근 사각형을 선택합니다. 도형을 카드 이미지의 왼쪽 아래로 드래그하여 위치시킵니다.

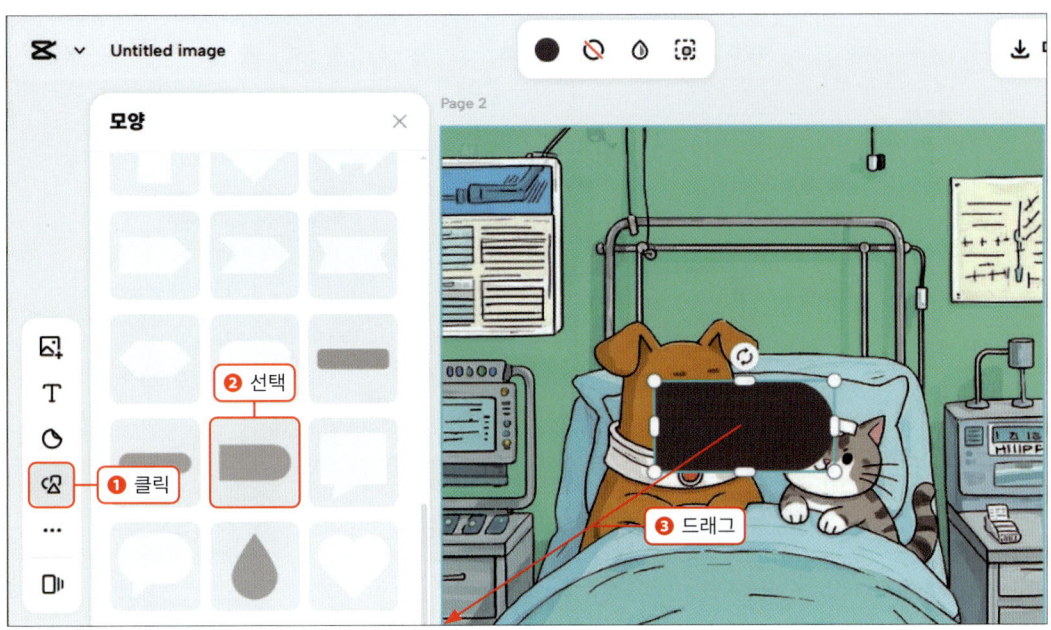

10 | 상단 옵션바에 [색상]을 클릭하고 '흰색'을 선택합니다.

11 텍스트를 추가하기 위해 사이드바에서 '텍스트' 아이콘(T)을 클릭하고 이전 페이지와 동일한 스타일을 선택합니다. 글꼴은 '티몬체', 크기는 '21', 정렬을 '왼쪽 정렬'로 설정하여 위치를 조정합니다.

12 다른 색상으로 변경할 문장을 드래그하고 '텍스트 색상' 아이콘(A)을 클릭한 다음, '다홍색'으로 지정하여 마무리합니다.

04 반투명한 도형 생성과 문자 구성하기

도형을 많이 사용할 경우 배경 이미지가 가려질 수 있으므로 도형을 반투명하게 조정하여 사용합니다. 여기서는 반투명 도형을 만들고 복제한 후 문자를 입력하여 카드뉴스를 구성합니다.

13 페이지를 추가하기 위해 화면 아래에 [페이지 추가]를 클릭합니다. 동일한 크기로 흰색 페이지가 추가되면, source 폴더에서 '카드뉴스3.jpg' 파일을 업로드 창으로 드래그합니다.

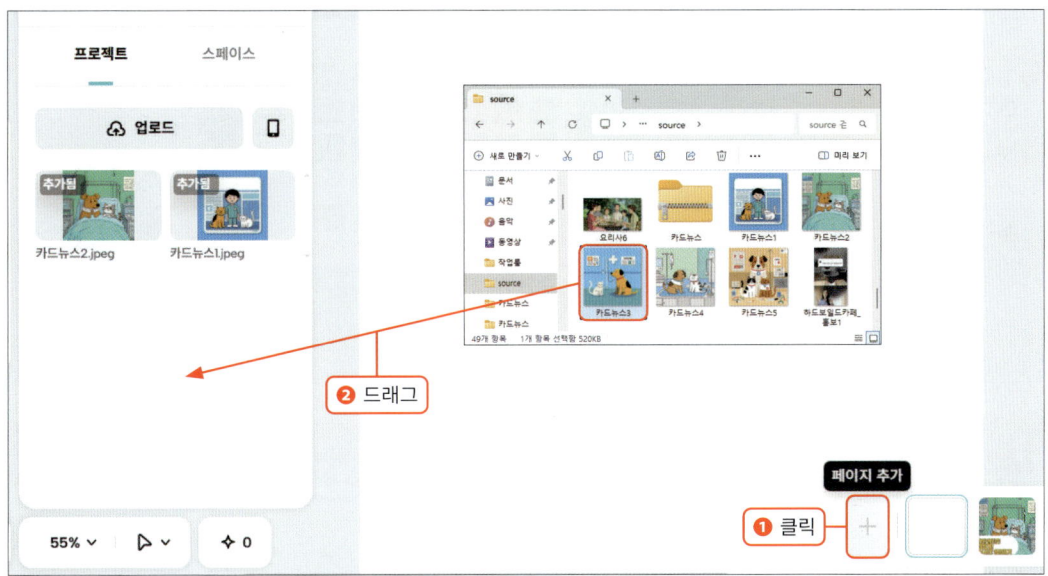

14 이전 페이지에 추가된 이미지와 동일하게 조절점을 드래그하여 맞춰줍니다.

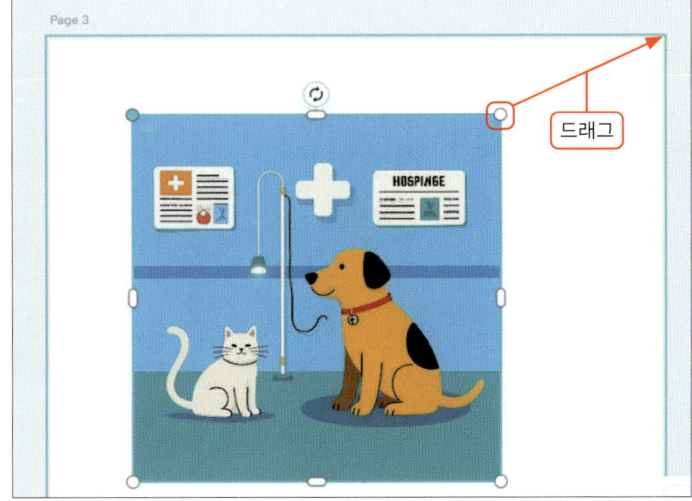

15 도형을 생성하기 위해 왼쪽 사이드바에서 '모양' 아이콘(🅐)을 클릭하고 둥근 사각형을 선택한 다음, 옵션바에서 색상을 '흰색'으로 선택합니다.

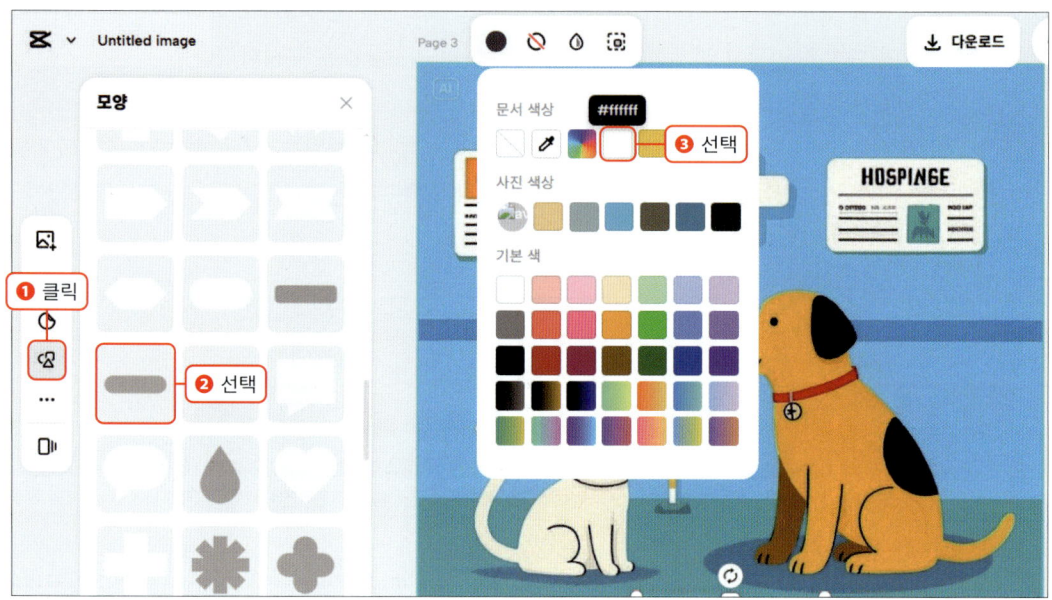

16 조절점을 드래그하여 가로로 길게 조정하고 옵션바에서 '불투명도' 아이콘(🅞)을 클릭한 다음, '70%'로 설정합니다.

✨ **Tip** 도형의 좌우 조절점을 드래그하면 가로 길이가 조정되며, 모서리 조절점을 드래그하면 도형의 전체 크기를 조정할 수 있습니다.

17 둥근 사각형이 선택된 상태에서 Ctrl +C, Ctrl+V를 눌러 둥근 사각형을 2번 복제하여 그림과 같이 위치시킵니다.

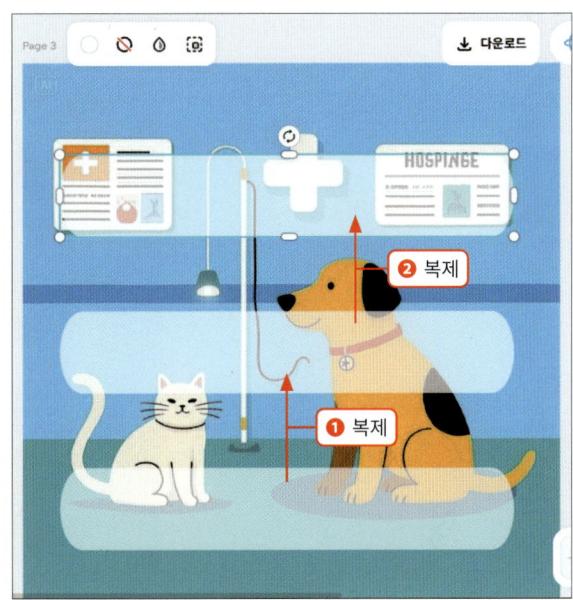

Tip 도형이나 문자를 비슷한 유형으로 여러 개 만들려면 하나씩 새로 만드는 것보다 복제하여 수정하는 방법이 더 편리합니다.

18 텍스트를 추가하기 위해 사이드바에서 '텍스트' 아이콘(T)을 클릭하고 이전 페이지와 동일한 스타일을 선택합니다. 글꼴은 '티몬체'로 설정하여 위치를 조정합니다.

19 | 문자를 선택한 상태에서 Ctrl+C를 눌러 복사한 다음 Ctrl+V를 두 번 눌러 입력한 문자를 복제합니다.

20 | 복제한 문자는 각각 위쪽과 아래쪽으로 드래그하여 조정하고 복제한 문구를 선택해 내용을 다음과 같이 수정하여 마무리합니다.

05 스티커 기능으로 구성 요소 추가하기

주제에 맞는 구성 요소를 추가하려면 스티커 기능에서 원하는 구성 요소의 이름이나 키워드를 입력해 검색한 후 알맞은 스티커를 사용합니다.

21 페이지를 추가하기 위해 화면 아래에 [페이지 추가]를 클릭합니다. [업로드] → [이 장치에서]를 선택하고 열기 대화상자에서 source 폴더의 '카드뉴스4.jpg'를 선택하고 〈열기(O)〉 버튼을 클릭합니다.

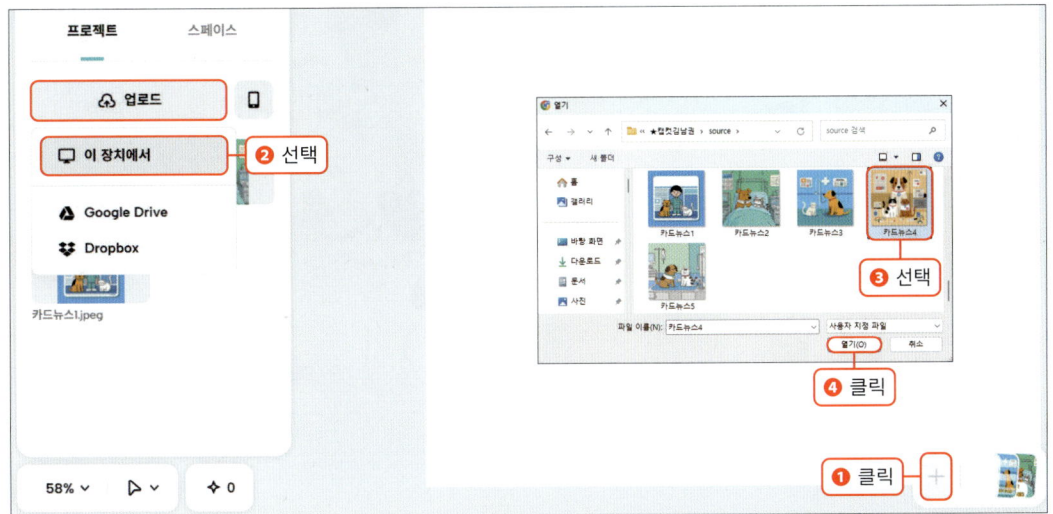

22 이미지가 표시되면 이미지를 작업 영역으로 드래그한 다음 이미지 모서리 부분을 드래그하여 작업 영역과 동일한 크기로 조정합니다.

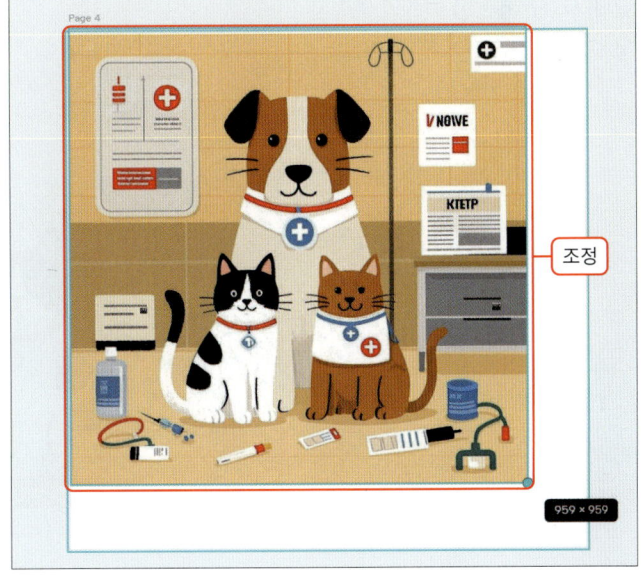

23 사이드바에서 '스티커' 아이콘( )을 클릭한 다음, 검색창에 원하는 형태의 스티커를 검색하기 위해 단어를 입력하고 Enter 를 누릅니다. 검색된 스티커 중 마음에 드는 동물 얼굴 스티커를 선택합니다.

프롬프트 개 고양이

24 작업 영역에 강아지 얼굴이 표시되면 바운딩 박스의 조절점을 드래그하여 알맞게 위치시킵니다.

Tip 같은 방법으로 고양이와 강아지 얼굴을 스티커로 꾸며 카드뉴스 이미지를 완성합니다.

25 이미지를 저장하기 위해 〈다운로드〉 버튼을 클릭하고 [다운로드]를 클릭합니다. 작업한 이미지를 다운로드하면 압축된 폴더 형태로 저장됩니다. 압축을 풀면 작업한 카드뉴스 이미지를 확인할 수 있습니다.

1페이지

2페이지

3페이지

4페이지

06 슬라이드 형태의 카드뉴스 영상 만들기

완성된 카드뉴스 이미지를 슬라이드 형식으로 다음 페이지로 전환되는 카드뉴스 영상을 만듭니다. 타임라인에 카드뉴스 이미지를 순차적으로 배치하고 연결 부분에 전환 효과를 적용합니다.

26 | 완성된 카드뉴스 이미지를 이용하여 하나의 영상으로 제작하기 위해 캡컷 홈 화면에서 [동영상]을 클릭한 다음 [새 동영상]을 클릭합니다. 〈업로드〉 버튼을 클릭하고 [파일 업로드]를 선택한 다음 업로드할 폴더 선택 대화상자가 표시되면 source 폴더에서 '카드뉴스' 폴더를 선택하고 〈업로드〉 버튼을 클릭합니다.

27 | 파일을 업로드 할 것인지 묻는 대화상자가 표시되면 〈업로드〉 버튼을 클릭하고 '카드뉴스' 폴더가 업로드되면 해당 카드뉴스 이미지를 1페이지 → 2페이지 → 3페이지 → 4페이지 순으로 타임라인에 드래그하여 위치시킵니다.

28 | 자동으로 다음 카드뉴스로 전환되도록 1페이지와 2페이지 카드뉴스 클립이 연결된 부분에 재생 헤드를 위치시킵니다. [전환] 메뉴를 클릭한 다음 기본 항목에서 [왼쪽]을 선택합니다.

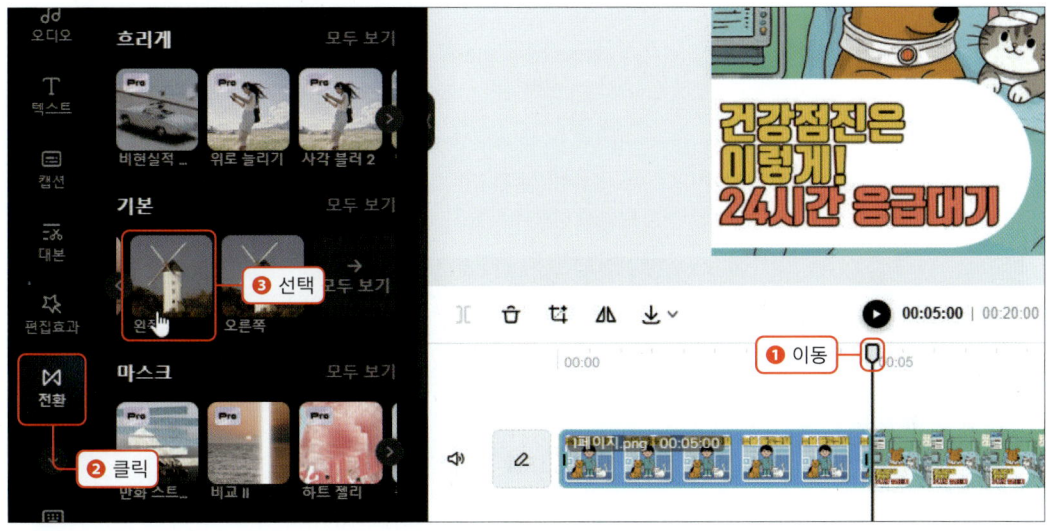

Tip 같은 전환 효과를 2페이지와 3페이지 사이, 3페이지와 4페이지 사이에 동일하게 추가합니다.

29 | 전환 효과가 적용되면 하나의 동영상으로 만들기 위해 〈내보내기〉 버튼을 클릭하고 [다운로드]를 클릭합니다. 내보내기 설정에서 영상의 이름을 '카드뉴스'로, 해상도와 형식을 기본 값으로 확인한 다음 〈내보내기〉 버튼을 클릭하여 완성된 슬라이드 형식의 카드뉴스 영상을 저장합니다.

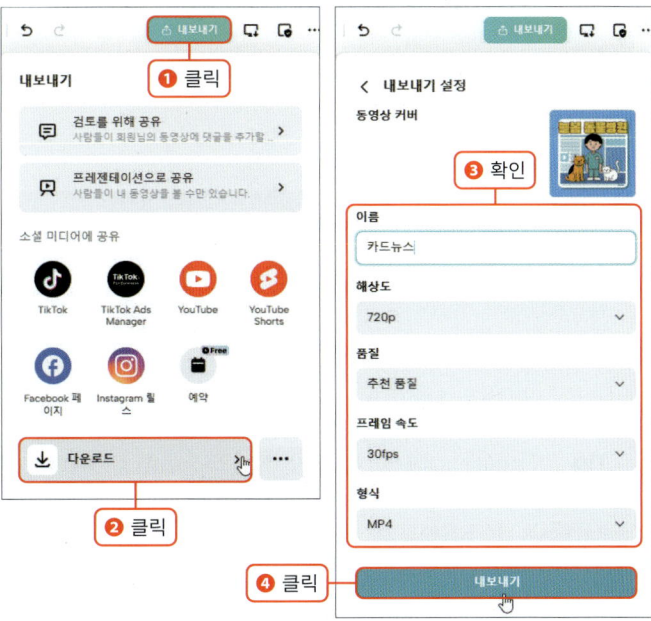

 ## 무료 배경 음악 만들기

영상의 배경 음악을 만들기 위해 수노 AI(Suno AI)를 활용하면 원하는 분위기에 딱 맞는 고품질 음악을 손쉽게 제작할 수 있습니다. 주제나 분위기를 프롬프트에 입력하기만 하면 AI가 이를 해석하여 자동으로 완성도 높은 배경 음악을 생성합니다.

❶ 웹브라우저에 'suno.com'를 입력하여 수노 사이트에 접속한 다음 생성하려는 사운드 프롬프트를 입력하고 <Create> 버튼을 클릭합니다. 예제에서는 빵을 주제로 배경 음악을 생성하겠습니다.

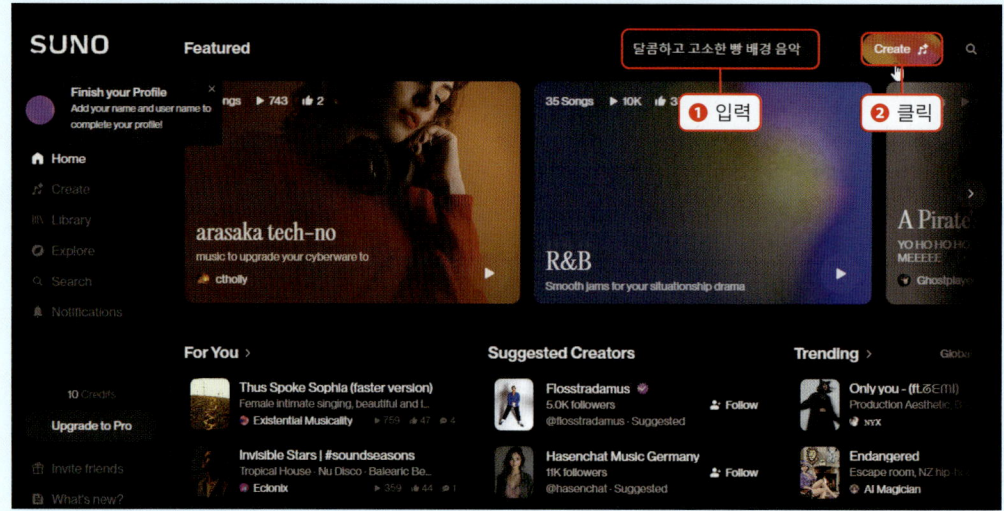

프롬프트 달콤하고 고소한 빵 배경 음악

❷ 기본 악기를 이용한 배경 음악을 만들 예정이므로 'Instrumental'을 클릭하여 활성화한 다음 <Create> 버튼을 클릭합니다.

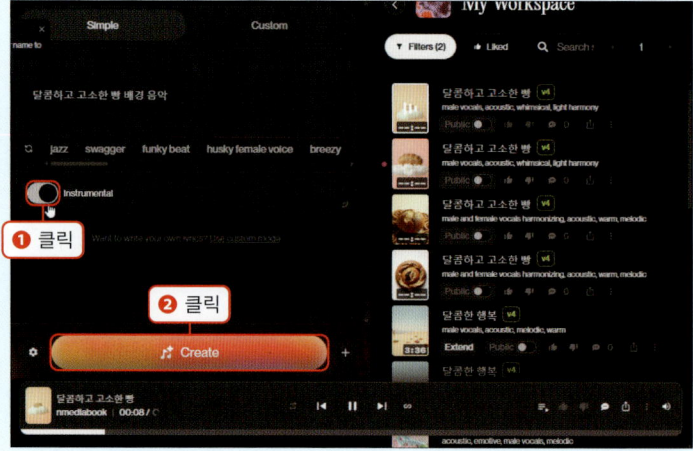

Tip Instrumental를 활성화하면 수노 AI는 텍스트 프롬프트나 업로드된 보컬 멜로디를 바탕으로, 보컬 없이 음악만 생성합니다.

❸ 오른쪽에 동일한 프롬프트로 2개의 사운드가 생성되면, 썸네일을 클릭해 재생합니다.

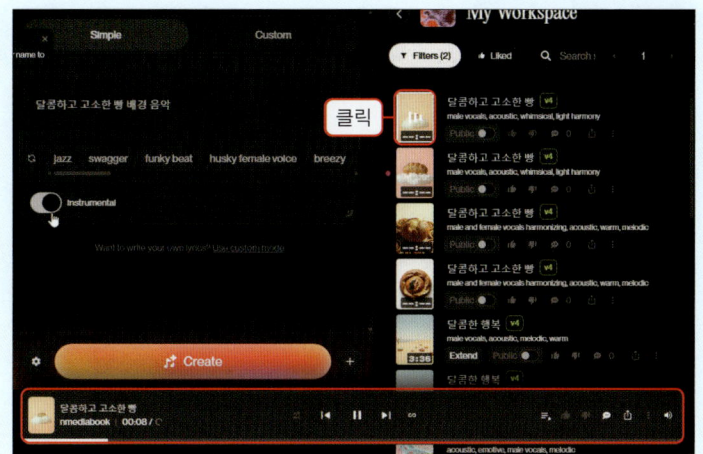

> **Tip** Suno AI는 특히 감정의 흐름을 담은 연출용 BGM, 악기 중심의 잔잔한 음악, 또는 콘셉트에 맞는 가사와 보컬이 포함된 완성도 높은 곡까지 제작할 수 있어 영상 제작자에게 강력한 도구입니다.

❹ 마음에 드는 배경 음악을 다운로드하기 위해 생성된 사운드 항목의 '추가 옵션' 아이콘(🔘)을 클릭한 다음 [Download] → [MP3 Audio]를 선택합니다.

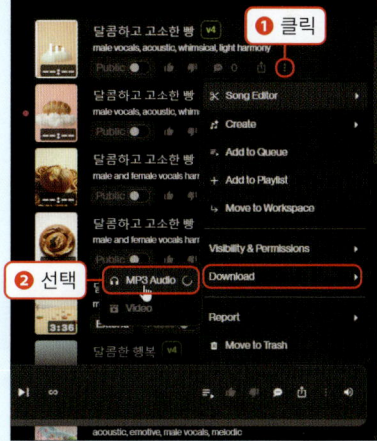

> **Tip** 예제에서 생성한 음원은 296쪽의 예제파일로 활용합니다.

❺ 사용자가 만든 노래를 상업적으로 사용하려면 유료 플랜(Pro 또는 Premier)으로 업그레이드해야 한다는 메시지가 표시됩니다. 비상업적인 용도로 다운로드하기 위해 <Download Anyway> 버튼을 클릭합니다. MP3 파일로 저장되는 것을 확인할 수 있습니다.

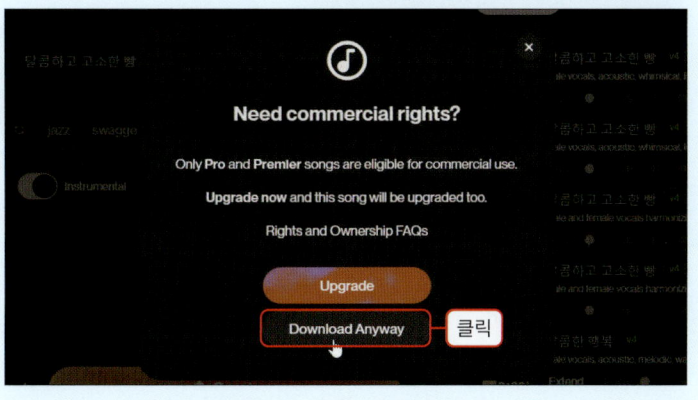

LESSON 11

CAPCUT AI

영상, 사운드 클립부터 커버까지 홍보 영상 만들기

예제파일 : source\빵지영상1~2.mp4, Sweet Bread.mp3, 빵지순례2.jpeg   **완성파일** : source\빵지영상_완성.mp4

영상 편집은 다양한 미디어를 클립으로 나눈 뒤 타임라인에 배치하고 컷 편집으로 길이를 조정하거나 연결해 구성하는 과정입니다. 영상, 사운드, 이미지까지 함께 편집해 완성도를 높일 수 있으며, 예제에서는 이 소스들을 활용한 편집과 영상 커버 제작 방법까지 알아봅니다.

예제 콘셉트

홍보 영상 제작을 위해 먼저 캡컷의 AI 기능을 활용해 주제에 맞게 생성한 영상 클립을 타임라인에 순서대로 배치합니다. 이후 영상의 분위기와 메시지 전달력을 높이기 위해 사운드 파일을 삽입하고, 전체 영상의 길이에 맞게 오디오를 분할하거나 페이드 인·아웃 등의 음향 효과를 추가하여 사운드 품질을 향상시킵니다.

다음 단계에서는 영상의 대표 이미지로 활용될 커버 이미지를 설정합니다. 커버는 시청자의 첫인상을 좌우하는 요소로, 브랜드 이미지나 핵심 메시지를 효과적으로 전달할 수 있는 이미지를 선택한 뒤, 캡컷의 커버 프레임 편집 기능을 통해 영상의 시작 또는 썸네일 위치에 정확하게 삽입하여 홍보 영상을 완성합니다.

작업 패턴

❶ 생성된 영상 클립을 타임라인에 적절히 배열한 다음 영상 길이 조정
❷ 삽입할 사운드 파일을 영상 길이에 맞춰 분할하거나 페이드 아웃 효과 적용
❸ 영상의 대표 이미지로 사용할 커버를 커버 프레임에 삽입
❹ 설정을 확인한 후 영상 파일로 내보내기

01 광고 영상의 전체 길이 조정하기

부분적으로 나누어 생성한 영상을 하나의 영상으로 편집하기 위해 캡컷 타임라인에 영상 클립을 배치한 다음 재생시간을 생각하며 전체 영상 길이를 조절해 보겠습니다.

01 | 웹브라우저에 'capcut.com'를 입력하여 캡컷 사이트에 접속하고 동영상과 사운드를 편집하기 위해 [동영상]을 클릭하고 [새 동영상]을 클릭합니다.

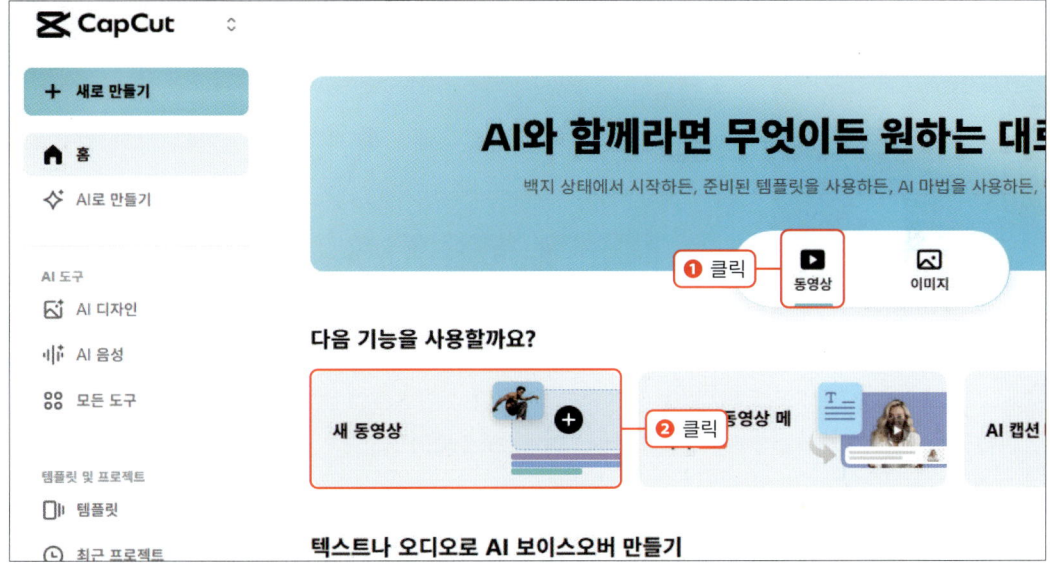

02 | 〈업로드〉 버튼을 클릭하고 [파일 업로드]를 선택합니다. 열기 대화상자의 source 폴더에서 '빵지영상 1~2.mp4'를 선택하고 〈열기(O)〉 버튼을 클릭합니다.

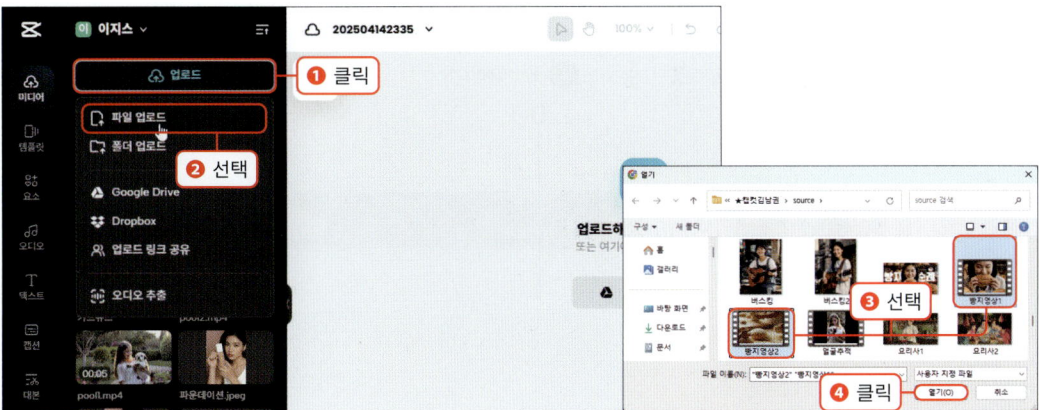

03 '빵지영상1~2.mp4' 파일을 타임라인으로 순서대로 드래그하여 배치합니다.

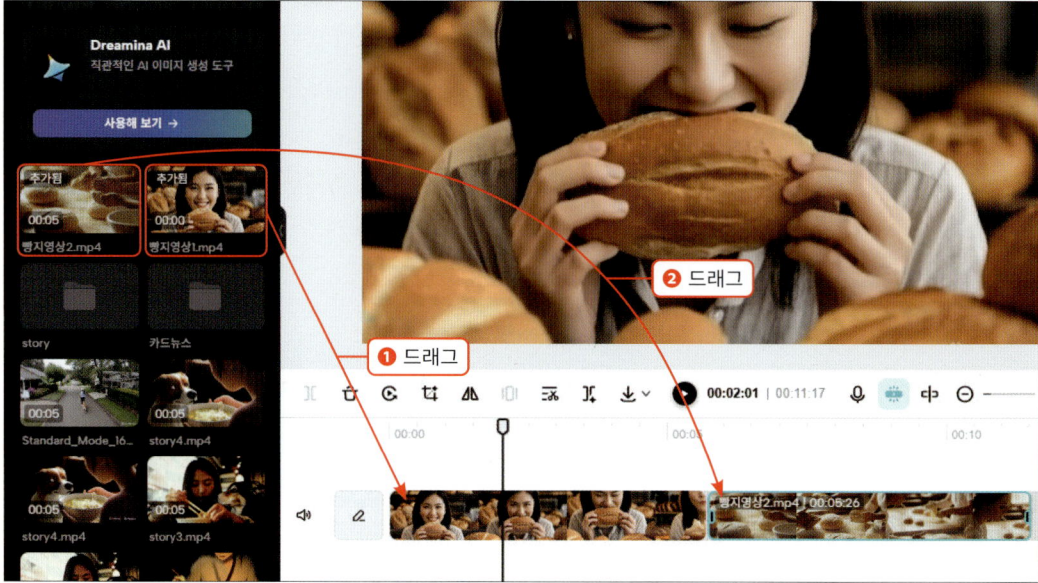

04 재생 헤드를 영상 끝에 위치하여 전체 영상의 길이를 확인해 보면 00:11:12로 표시됩니다. 예제에서는 두 번째 영상 클립의 오른쪽 끝부분을 드래그하여 00:10:00으로 줄이겠습니다.

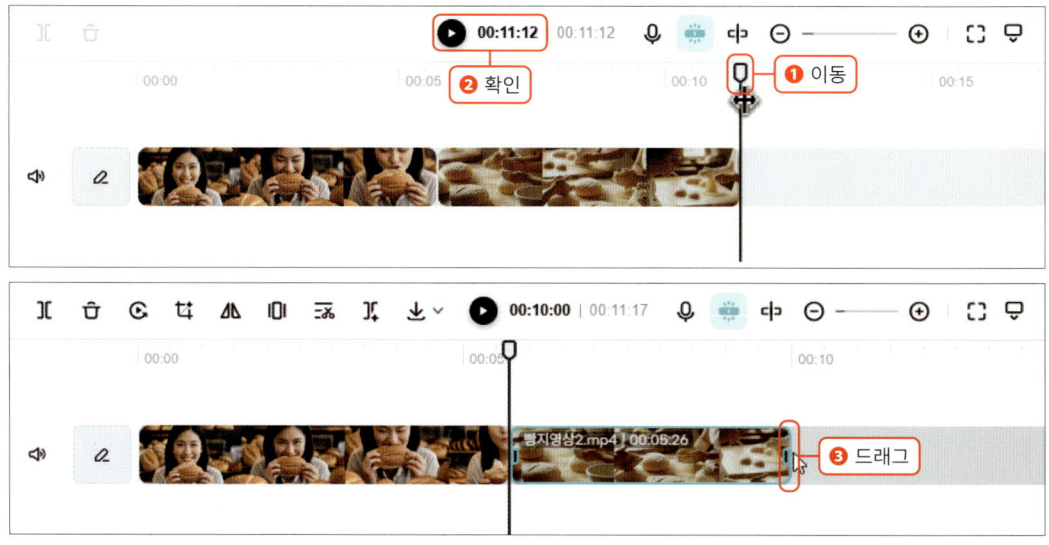

02 사운드 분할하여 길이 조정하기

배경 음악 등의 사운드 클립은 영상을 돋보이게 해주는 보조적인 미디어 요소입니다. 영상 길이에 맞춰 사운드 클립을 분할하고 조정하는 방법을 알아봅니다.

05 | 사운드 파일을 불러오기 위해 〈업로드〉 버튼을 클릭하고 [파일 업로드]를 선택합니다. 열기 대화상자의 source 폴더에서 'sweet bread.mp3' 파일을 선택하고 〈열기(O)〉 버튼을 클릭합니다. 업로드된 'sweet bread. mp3' 파일을 클릭하여 타임라인 앞쪽에 위치시킵니다.

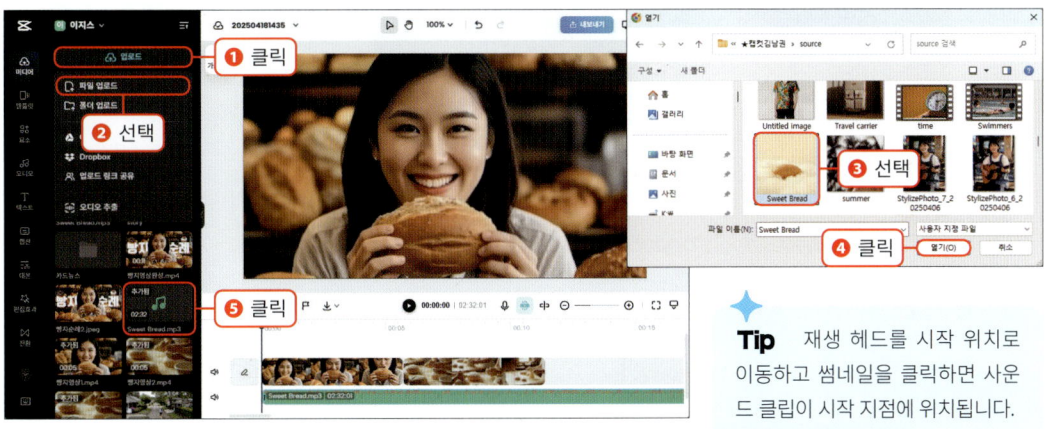

Tip 재생 헤드를 시작 위치로 이동하고 썸네일을 클릭하면 사운드 클립이 시작 지점에 위치됩니다.

06 | 영상 클립과 사운드 클립의 길이를 동일하게 하기 위해 재생 헤드를 영상의 끝에 위치하고 사운드 클립을 선택한 채 '분할' 아이콘(⌶)을 클릭합니다. 사운드 클립에서 분할된 오른쪽 클립을 클릭한 다음 Delete 을 눌러 삭제합니다.

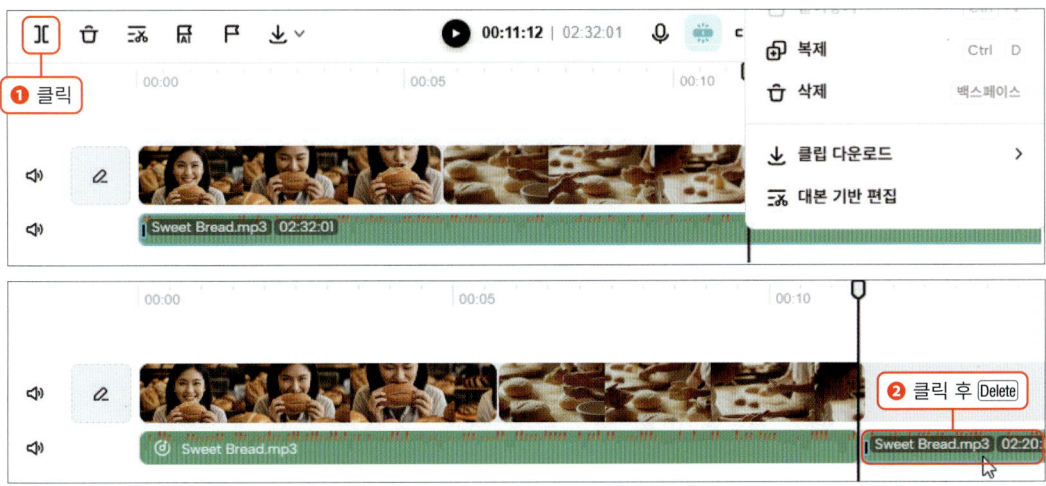

07 영상의 끝부분에 배경 음악이 점점 작게 줄어들도록 설정하기 위해 사운드 클립을 더블클릭합니다. 페이드 아웃 슬라이더를 오른쪽으로 드래그하여 '2.5s'로 조정합니다.

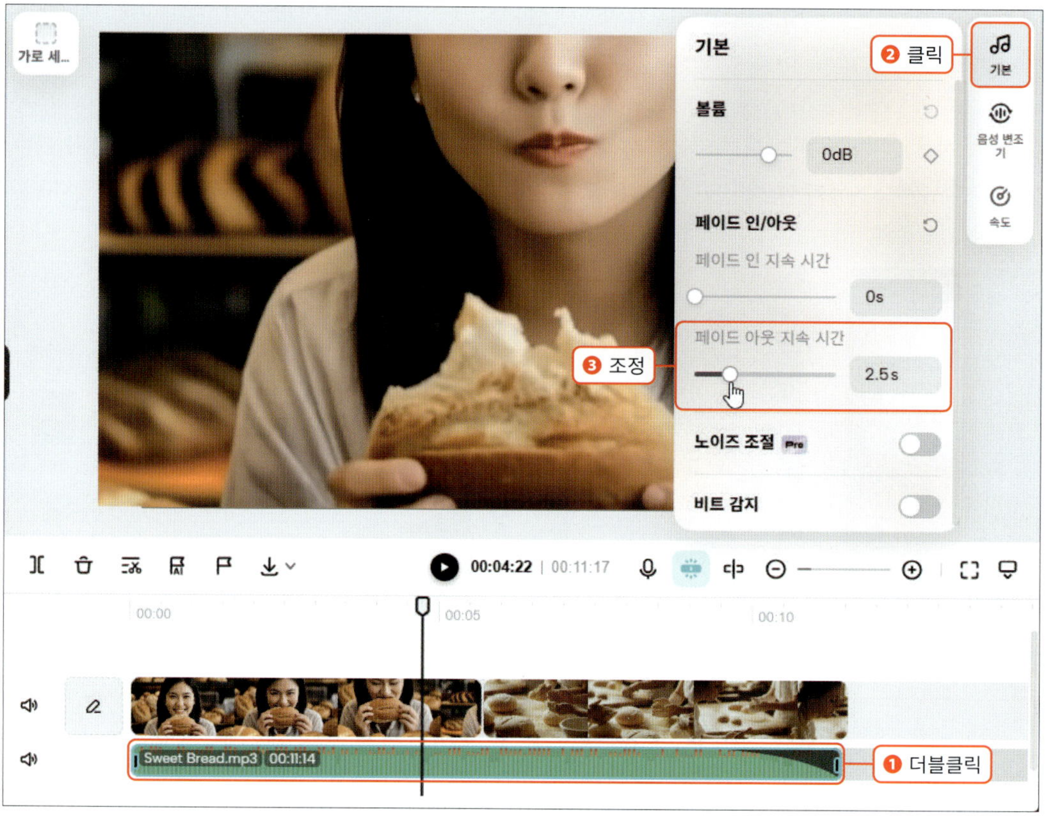

08 '재생' 아이콘(▶)을 클릭하면 영상과 배경 음악이 동시에 재생되는 것을 확인할 수 있으며, 영상의 끝부분에는 배경 음악이 점점 줄어드는 페이드 아웃 효과가 적용되었습니다.

03 이미지 소스로 커버 프레임 만들기

영상은 이미지, 동영상, 사운드가 결합된 복합 매체입니다. 이 중 이미지 소스는 주로 영상 커버로 활용되며, 영상의 주제를 명확히 전달하는 데 중요한 역할을 합니다. 이번에는 영상에 커버 이미지를 추가해 예제를 완성해봅니다.

09 커버를 추가하기 위해 타임라인에 위치한 '커버 추가' 아이콘(✏️)을 클릭합니다.

10 커버 추가 화면에 표시되면 〈업로드〉 버튼을 클릭합니다. 열기 대화상자의 source 폴더에서 '빵지순례2.jpg' 파일을 선택하고 〈열기(O)〉 버튼을 클릭합니다.

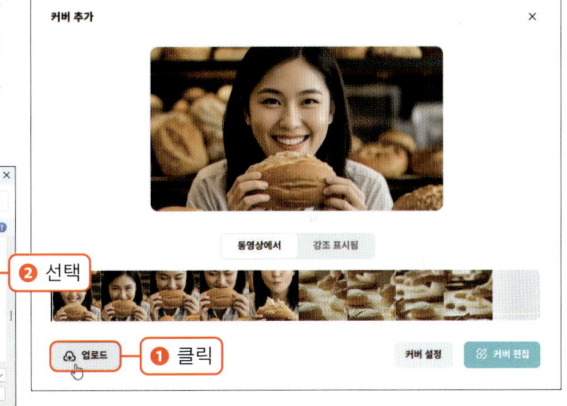

11 커버 이미지가 적용되면 〈커버 설정〉 버튼을 클릭합니다.

✨ **Tip** 영상 속 한 프레임을 전체 영상의 커버로 선택할 수도 있습니다. 예제에서는 텍스트가 포함된 커버 이미지를 설정하는 방법으로 진행하였습니다.

12 커버 이미지를 포함하여 영상을 제작하기 위해 〈내보내기〉 버튼을 클릭한 다음 [다운로드]를 클릭합니다. 내보내기 설정 화면에서 파일 이름은 '빵지영상완성', 해상도는 '720p'로 지정한 다음 〈내보내기〉 버튼을 클릭해 영상을 저장합니다.

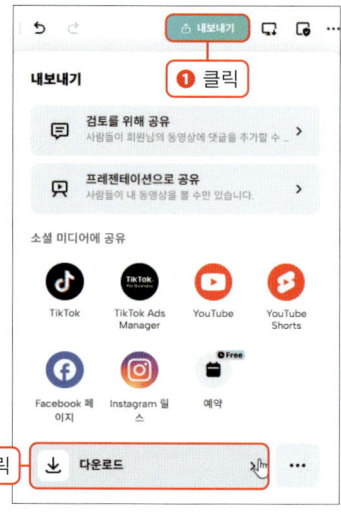
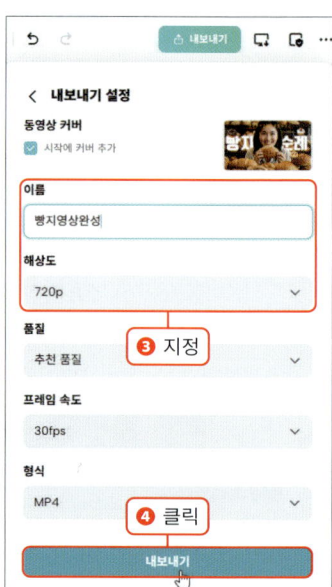

13 영상의 시작 프레임에는 영상을 소개하는 커버 이미지가 표시되고, 영상과 배경 음악이 재생됩니다.

Tip 유튜브 시청의 대부분은 모바일을 통해 이루어지기 때문에, 영상 커버 이미지는 작은 화면에서도 잘 보이도록 선명한 이미지와 간결한 텍스트로 구성되어야 합니다. 인물의 얼굴 클로즈업, 대비가 강한 색감, 명확한 메시지 문구 등이 효과적입니다.

LESSON 12

음성 내레이션과 자막이 있는 영상 만들기

CAPCUT AI

예제파일 : source\내레이션.txt, TTS_활기찬 남성.mp3 **완성파일** : source\달리기_완성.mp4

주제에 맞는 영상 소스가 없거나 성우를 활용한 음성 내레이션 작업이 어려운 경우 캡컷의 텍스트 기반 AI 음성 기능을 활용하면 누구나 손쉽게 음성 내레이션이 포함된 영상을 제작할 수 있습니다. 또한, 영상 라이브러리와 자동 자막 기능이 함께 제공되어 별도의 제작 없이 프롬프트 대본만으로도 원하는 주제의 영상을 간편하게 완성할 수 있습니다.

예제 콘셉트

캡컷의 음성 합성, 자동 자막, 영상 편집 기능을 유기적으로 활용하면 별도의 전문 장비나 소프트웨어 없이도, 짧은 시간 안에 고품질의 내레이션 및 자막이 포함된 영상을 효율적으로 제작할 수 있습니다. 자막과 내레이션이 포함된 영상을 제작하려면 먼저 캡컷의 AI 성우 기능에 대본을 프롬프트 형식으로 입력합니다. 입력한 텍스트는 자동으로 음성으로 변환되며, 성별, 연령, 감정 톤에 따라 다양한 스타일의 성우를 선택할 수 있습니다.

생성된 음성은 자동 자막 기능과 연동되어 AI가 실시간으로 음성을 인식하고, 타이밍에 맞춰 자막을 자동 생성합니다. 자막은 문장 또는 단어 단위로 편집할 수 있고, 글꼴, 색상, 애니메이션 등도 자유롭게 설정 가능합니다. 이후 주제에 맞는 영상이나 이미지를 캡컷의 영상 라이브러리 또는 스톡 영상 기능에서 검색해 타임라인에 배치합니다. 자막과 내레이션 길이에 맞춰 클립을 조정하여 예제를 완성합니다.

작업 패턴

❶ 텍스트에서 음성으로 기능에서 대본 프롬프트를 입력한 다음 AI 성우를 선택
❷ 더 편집하기 기능으로 음성 분석으로 자막 생성
❸ 영상 라이브러리로 주제에 맞는 영상을 선택하여 타임라인에 위치
❹ 자막과 영상 클립의 길이를 동일하게 맞춘 다음 내보내기 기능으로 영상 저장

02 대본에 어울리는 AI 성우 선택하기

대본에 맞는 AI 성우를 선택합니다. '달리기'가 주제이므로, 활기찬 목소리로 한국어를 구사하는 AI 성우를 선택합니다.

05 | 문장이 입력되면 오탈자나 문장을 끊어 발음해야 할 부분에 쉼표(,)를 추가합니다. 프롬프트 입력이 완료되면 라이브러리에서 AI 성우를 선택합니다. 예제에서는 [한국인 남성, 활기찬 남성(한국어)]를 선택한 후 〈생성〉 버튼을 클릭합니다.

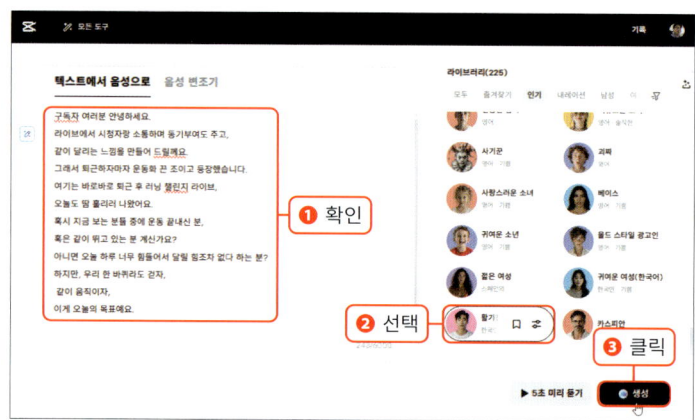

06 | 입력한 프롬프트 대본을 바탕으로 음성이 활기찬 남성 목소리로 생성됩니다. '재생' 아이콘을 클릭하면 생성된 음성을 확인할 수 있습니다.

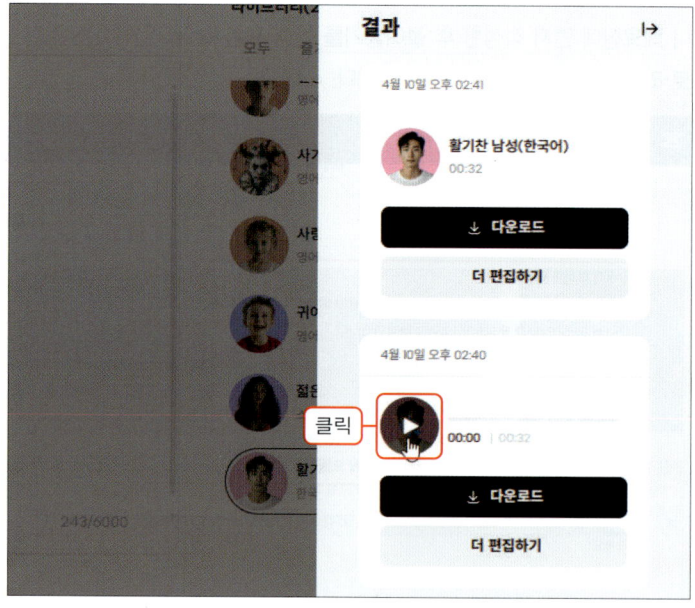

 Tip 예제와 같은 파일을 사용하시려면 다운로드한 source 폴더의 'TTS_활기찬 남성.mp3' 파일을 활용하세요.

07 | 오디오만 파일로 저장하기 위해 〈다운로드〉 버튼을 클릭한 다음 [오디오만]을 선택합니다. 오디오 파일로 저장되면 오디오 파일을 재생하여 확인합니다.

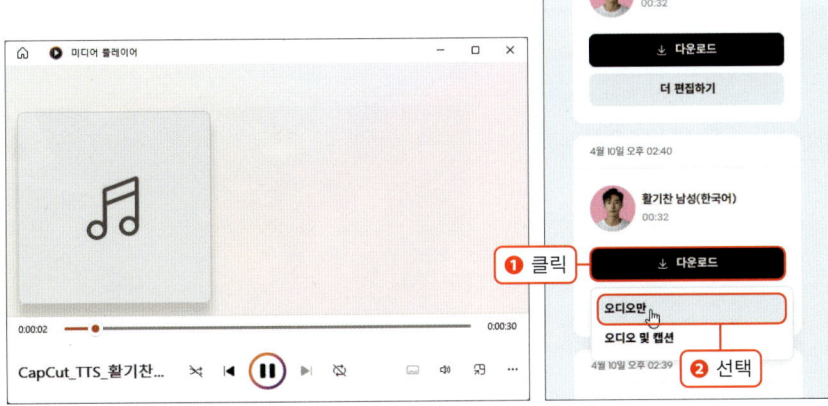

03 AI 자막 생성과 라이브러리 영상 사용하기

캡컷에서 제공하는 라이브러리에서 '달리기'를 키워드로 영상을 검색하여 영상 제작에 활용해 봅니다. 기본으로 프롬프트 대본을 인식하여 자막 클립이 자동으로 생성됩니다.

08 | 생성된 음성을 기준으로 자막과 영상을 만들기 위해 〈더 편집하기〉 버튼을 클릭합니다. 음성을 분석하여 AI 기능으로 자막이 생성되었으며, 타임라인에 자막 클립과 음성 클립이 함께 배치된 것을 확인할 수 있습니다.

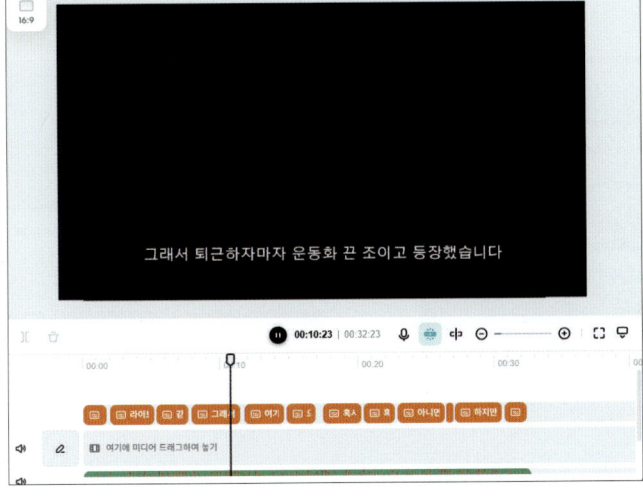

09 음성 내레이션에 맞는 영상을 검색하기 위해 [요소]를 클릭합니다. 검색창에 '달리기'를 입력한 후 Enter를 누르고 (라이브러리 동영상) 탭을 선택합니다. 달리기와 관련된 영상을 클릭하면 선택된 영상 클립이 타임라인에 배치됩니다.

04 미디어 클립 길이를 동일하게 조정하기

음성 내레이션 클립, 자막 클립, 라이브러리에서 검색해 사용한 영상 클립의 길이를 동일하게 맞춘 후, 내보내기 옵션을 설정하여 완성된 동영상 파일로 저장합니다.

10 두 번째 영상도 선택해서 첫 번째 영상클립의 다음으로 드래그합니다. 영상 클립이 자막 길이보다 긴 것을 확인할 수 있습니다. 예제에서는 클립의 오른쪽 끝부분을 드래그하여 자막 클립의 길이에 맞게 조정합니다.

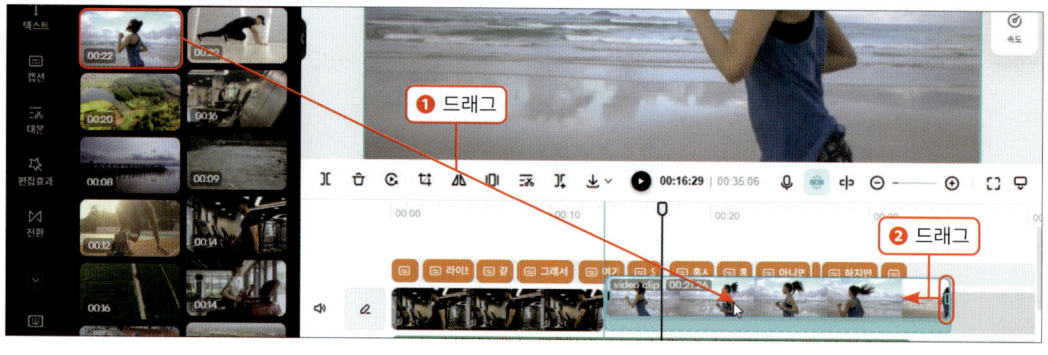

 Tip 두 번째 영상을 클릭하면 타임라인의 첫 번째 위치로 이동하게 되어 영상의 순서가 변경될 수 있습니다.

11 자막 클립과 영상 클립의 길이가 동일하게 조정된 것을 확인할 수 있고, '재생' 아이콘(▶)을 클릭하면 연결된 두 개의 영상과 자막, 음성 내레이션이 결합되어 하나의 영상으로 재생됩니다.

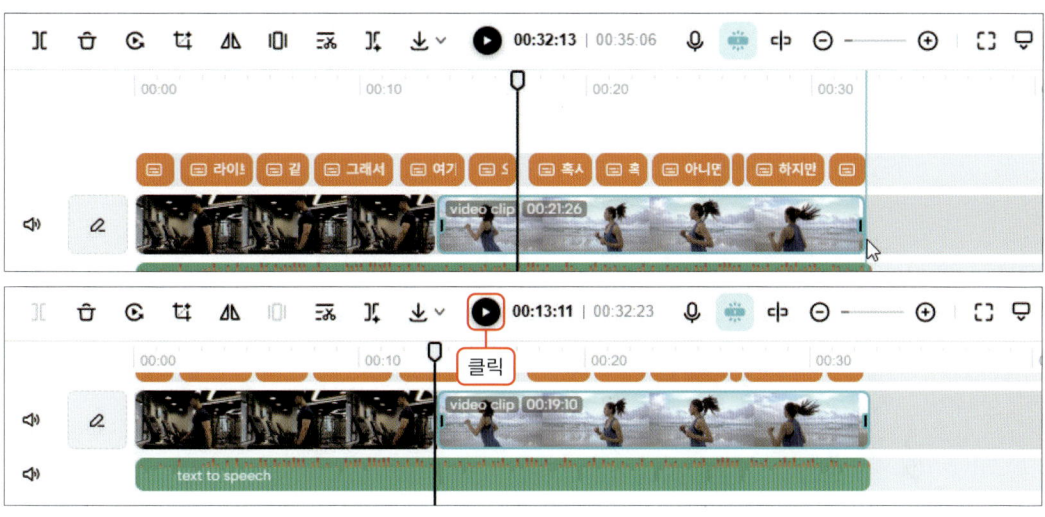

Tip 영상 클립을 자막 클립에 맞추어 드래그하면 마치 자석처럼 클립의 길이가 정확하게 일치합니다.

12 영상 파일을 저장하기 위해 〈내보내기〉 버튼을 클릭한 다음 내보내기 옵션에서 〈다운로드〉 버튼을 클릭합니다. 내보내기 설정에서 영상 파일 이름을 입력한 다음 해상도와 형식을 지정합니다. 예제에서는 해상도를 '720p', 형식을 'MP4'로 지정한 다음 〈내보내기〉 버튼을 클릭합니다.

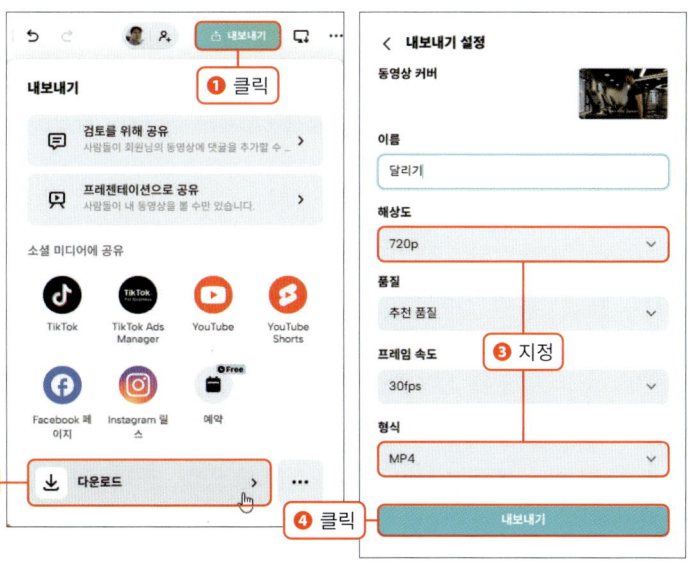

PART 5
손 안에서 완성되는 숏폼 모바일 AI 영상 제작 스튜디오

모바일에서도 손쉽게 고퀄리티 영상 편집이 가능한 캡컷은 직관적인 사용자 인터페이스와 강력한 AI 기반 자동화 기능을 바탕으로, 영상 편집 경험이 전혀 없는 초보자도 손쉽게 숏폼 콘텐츠를 제작할 수 있도록 돕는 모바일 전용 AI 영상 제작 스튜디오입니다. 스마트폰 하나만 있으면 언제 어디서든 영상 촬영부터 편집, 배포까지 모든 과정을 빠르고 간편하게 완성할 수 있어, 크리에이터는 물론 마케터, 일상 브이로거까지 다양한 사용자층이 손쉽게 사용할 수 있습니다.

CAPCUT AI

LESSON 01

모바일 캡컷을 사용하기 위한 기능

모바일 캡컷은 스마트폰 하나만으로도 고퀄리티 영상 제작이 가능한 올인원 앱입니다. AI 기능을 기반으로 한 고급 영상 편집, 템플릿 기반의 숏폼 제작, 음성 및 자막 처리, 이미지/배경 생성 등 강력한 콘텐츠 제작 기능을 제공하며, 특히 이동 중이나 현장에서 촬영한 영상을 즉시 편집하고 배포할 수 있다는 점에서, 현장 중심의 빠른 제작 워크 플로를 필요로 하는 영상 제작자들에게 매우 유용합니다.

01 직관적인 UI와 초보자도 가능한 편집 환경

모바일용 캡컷은 스마트폰 환경에 최적화된 터치 기반 사용자 경험(UX)을 바탕으로 설계되어, 영상 편집에 익숙하지 않은 초보자도 직관적으로 사용할 수 있도록 구성되어 있습니다. 전체 인터페이스는 복잡한 메뉴 없이 기능 중심의 아이콘 구조로 설계되어 있으며, 영상의 흐름을 한눈에 파악할 수 있는 수평 타임라인 편집 방식을 채택하여 편집의 흐름을 자연스럽게 이해할 수 있도록 돕습니다.

영상 클립의 삽입, 이동, 분할, 삭제 등 기본적인 편집 작업은 드래그 앤 드롭 방식으로 간편하게 수행되며, 편집 도중 실시간 미리보기를 통해 결과를 즉시 확인할 수 있습니다. 또한, 장면마다 자막을 추가하거나 이펙트를 적용하는 과정도 각 기능별 섹션으로 명확히 구분되어 있어 메뉴 간 이동이 빠르고 효율적입니다. 초보자도 최소한의 학습만으로 감각적이고 감성적인 편집을 손쉽게 할 수 있도록, 효과 프리셋, 텍스트 스타일, 애니메이션 옵션 등이 미리 구성되어 있어 즉시 활용 가능합니다.

모바일 캡컷의 직관적인 영상 편집 화면

특히 모바일 캡컷은 틱톡, 인스타그램 릴스, 유튜브 쇼츠 등 숏폼 콘텐츠 제작에 최적화된 기능을 기본 제공합니다. 세로 화면(9:16) 기준 편집 환경이 기본값으로 설정되어 있으며, 각 플랫폼에 맞는 해상도, 프레임 비율, 자막 위치, 썸네일 자동 설정 등 숏폼 제작에 필요한 모든 조건을 자동으로 매칭하는 스마트 설정 기능도 탑재되어 있습니다. 이로 인해 사용자는 영상 제작의 복잡한 기술 요소에 대한 고민 없이 콘텐츠의 기획과 구성에만 집중할 수 있으며, 영상 제작의 진입 장벽이 획기적으로 낮아집니다.

02 AI 기반 자동화 기능

대표적으로 자동 자막 생성 기능이 있어, 음성을 인식해 자막을 실시간으로 생성하고 영상에 삽입할 수 있으며, 언어와 스타일, 타이밍 등도 세부 설정이 가능합니다. 또한, AI 음성 합성 기능을 통해 텍스트를 자연스러운 음성으로 변환할 수 있어, 내레이션이 필요한 영상에 유용하며 녹음 없이도 손쉽게 오디오를 삽입할 수 있습니다.

배경 제거 기능은 인물이나 객체를 자동으로 인식해 주변 배경을 깔끔하게 제거하거나 교체할 수 있어, 크로마키 없이도 전문적인 화면 연출이 가능합니다. 리듬 동기화 기능은 영상에 삽입된 음악의 박자를 자동으로 분석하여 영상 클립이나 사진의 전환 타이밍, 효과, 자막 등을 자동 정렬해 주는 기능으로 쇼츠나 릴스 같은 숏폼 콘텐츠 제작에 특히 효과적입니다.

또한, 사용자의 편집 습관과 영상 테마를 분석해 최적의 템플릿을 자동 추천하는 스타일 제안 기능도 탑재되어 있어, 더욱 빠르고 효율적인 작업이 가능합니다.

이처럼 모바일 캡컷은 단순한 편집을 넘어 AI 기반의 창작 보조 시스템으로 진화하고 있으며, 영상 제작자가 더욱 창의적인 작업에 집중할 수 있도록 돕고 결과물의 품질도 높여줍니다.

03 다양한 콘텐츠에 맞춘 포맷과 템플릿 제공

모바일 캡컷은 영상 제작자의 작업 시간을 획기적으로 줄이고, 초보자부터 전문가까지 누구나 손쉽게 고퀄리티 콘텐츠를 제작할 수 있도록 다양한 템플릿을 제공합니다. 수천 가지에 달하는 템플릿은 최신 트렌드와 시청자 반응을 반영해 지속적으로 업데이트되며, 콘텐츠 유형별로 정리된 카테고리 덕분에 원하는 스타일을 쉽게 찾을 수 있습니다.

특히 틱톡, 인스타그램 릴스, 유튜브 쇼츠 등 세로형 숏폼 콘텐츠에 특화된 템플릿이 다양하게 준비되어 있어, 빠르게 변하는 SNS 환경에서도 감각적인 영상을 제작할 수 있습니다. 감성적인 여행 브이로그나 데일리 영상, 상품 리뷰, 언박싱, 브랜드 홍보 콘텐츠 등 다양한 목적에 맞는 템플릿도 갖추고 있으며, 슬라이드 효과, 자막, 색감 톤, 가격 정보 삽입 등 실용적인 요소들이 포함되어 있어 편집 경험이 없어도 자연스럽고 완성도 높은 영상을 만들 수 있습니다.

또한 패션·뷰티 콘텐츠에 적합한 세련된 스타일 프리셋이나, 빠른 컷 전환과 강한 임팩트를 강조한 SNS 광고용 템플릿도 제공되어 메시지 전달력까지 강화할 수 있습니다. 무엇보다 하나의 템플릿을 선택하는 것만으로 전체 구성, 효과, 자막 디자인, 배경 음악까지 자동으로 적용되며, 영상과 텍스트만 교체하면 전문가 수준의 영상이 완성됩니다.

결과적으로 모바일 캡컷의 템플릿 기능은 반복 작업을 줄이고, 콘텐츠의 퀄리티를 일관되게 유지하며, 창작 효율을 크게 향상시키는 핵심 도구로, 마케팅 현장은 물론 일반 사용자에게도 매우 유용한 솔루션입니다.

04 오디오 편집 기능

모바일 캡컷은 영상에서 오디오의 중요성을 고려해, 스마트폰 환경에서도 활용 가능한 강력한 오디오 편집 기능을 제공합니다. 시각 요소뿐 아니라 사운드 디자인까지 함께 고려해야 하는 영상 제작 환경에서, 이 기능은 콘텐츠의 완성도를 높이는 핵심 도구로 작용합니다.

먼저, 감성적인 브이로그부터 에너지 넘치는 쇼츠, 조용한 인터뷰, 유쾌한 튜토리얼까지 다양한 분위기에 맞춘 방대한 배경 음악(BGM) 라이브러리를 제공합니다. 대부분은 상업적 사용이 가능한 트랙으로 구성되어 활용도가 높습니다.

다양한 배경 음악과 손쉬운 첨부 과정(344쪽 참고)

음성 녹음 기능도 제공되어, 직접 녹음한 내레이션을 타임라인에 삽입하고 필요한 부분만 잘라내거나 순서를 바꾸는 등의 세밀한 편집이 가능합니다. 또한 AI 기반 노이즈 제거 기능을 통해 배경 잡음을 줄여 보다 깔끔한 오디오를 연출할 수 있습니다.

기본적인 오디오 편집 도구도 충실히 갖춰져 있어, 음량 조절은 물론, 페이드 인·아웃 효과, 공간감을 살려주는 리버브 효과 등도 간편하게 적용할 수 있습니다. 이를 통해 음악과 음성이 자연스럽게 어우러지는 완성도 높은 사운드를 구현할 수 있습니다.

이처럼 모바일 캡컷은 오디오 편집에서도 전문적인 결과물을 낼 수 있는 기능을 갖추고 있어, 영상과 사운드가 조화를 이루는 고품질 콘텐츠를 손쉽게 제작할 수 있도록 돕습니다.

05 클라우드 연동과 간편 공유

모바일 캡컷은 단순한 영상 편집 앱을 넘어, 클라우드 기반 연동 시스템을 통해 다양한 디바이스 간 유기적인 작업 흐름을 지원합니다. 캡컷 계정으로 프로젝트를 클라우드에 저장하면, 모바일과 데스크톱 간의 연속적인 편집이 가능해집니다.

예를 들어, 현장에서 스마트폰으로 촬영한 영상을 모바일 캡컷에서 간단히 컷 편집한 후, 사무실에서 데스크톱 버전으로 프로젝트를 불러와 자막, 트랜지션, 색보정 등 정밀 편집을 이어갈 수 있습니다. 장소나 장비에 구애받지 않고 유연한 작업이 가능한 것이 큰 장점입니다.

완성된 영상은 TikTok, YouTube, Instagram Reels, Facebook 등 주요 SNS 플랫폼과 직접 연동되어, 별도의 저장·업로드 과정 없이 원클릭으로 공유할 수 있습니다. 각 플랫폼에 맞는 해상도나 비율도 쉽게 설정할 수 있어, 최적화된 콘텐츠 제작이 가능합니다. 또한, 출력 화질은 1080p부터 4K까지 고화질 지원이 가능하며, 상업적 목적이나 고해상도 디스플레이용 콘텐츠 제작에도 적합합니다. 일정 조건을 충족하면 자동 워터마크 제거도 가능해, 브랜드 영상이나 납품용 콘텐츠를 깔끔하게 완성할 수 있습니다.

이처럼 캡컷의 클라우드 연동 및 공유 기능은 단순한 저장을 넘어서, 기기 간 경계를 허물고 콘텐츠 제작 과정을 유기적으로 연결해 주는 핵심 기능입니다. 이를 통해 빠른 피드백, 반복 수정, 다채널 배포가 가능해지며, 제작 속도와 완성도를 동시에 끌어올릴 수 있습니다.

CAPCUT AI

LESSON 02

한눈에 파악하는
모바일 캡컷 인터페이스

모바일 캡컷은 터치 기반 UX 환경에 최적화된 직관적인 인터페이스를 제공하며, 영상 편집의 핵심 요소들을 한눈에 파악하고 조작할 수 있도록 체계적으로 구성되어 있습니다. 각 메뉴는 아이콘과 텍스트로 동시에 표시되기 때문에 초보자도 쉽게 이해할 수 있고, 빈번하게 사용하는 기능들은 빠른 접근이 가능하도록 전면에 배치되어 있습니다.

01 홈 화면 구성 살펴보기

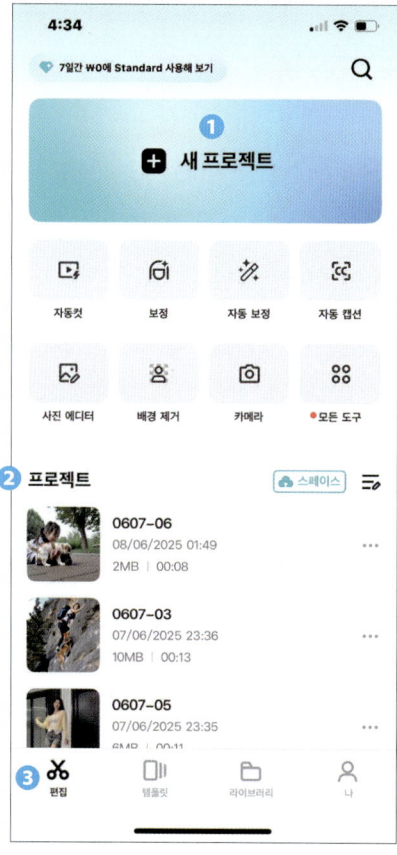

❶ **새 프로젝트(New Project)**: 영상 편집을 시작할 수 있는 기본 입구로, 사진, 영상, 음성 등을 가져와 새 프로젝트를 생성합니다.

❷ **프로젝트**: 저장 중인 프로젝트 목록을 불러와 편집을 이어갈 수 있습니다. 클라우드와 연동되면 여러 기기 간 동기화도 가능합니다.

❸ **편집**: 편집 중심 기능에 접근하는 기본 탭으로 주요 기능별로 나뉘어 있습니다.

❹ **템플릿**: 인기 템플릿과 AI 추천 템플릿을 확인할 수 있으며, 콘텐츠 유형(숏폼, 브이로그, 광고 등)별로 필터링 가능합니다.

❺ **라이브러리**: 영상 제작에 필요한 다양한 소스 자산과 편집 리소스를 효율적으로 관리할 수 있는 공간입니다. 사용자가 직접 업로드한 사진, 영상, 오디오 파일 등 모든 미디어 자료를 한눈에 확인할 수 있으며, 이들 파일은 손쉽게 불러오기, 삭제, 복사, 클라우드로 이동하는 등의 작업이 가능합니다.

❻ **나**: 다양한 사용자 정보와 설정을 종합적으로 관리할 수 있는 공간입니다. 이곳에서는 사용자의 이름, 프로필 이미지, 가입한 이메일 정보, 계정 유형(무료 또는 프리미엄) 등을 한눈에 확인할 수 있으며, 필요에 따라 손쉽게 설정 변경도 가능합니다.

02 편집 화면 구성 살펴보기

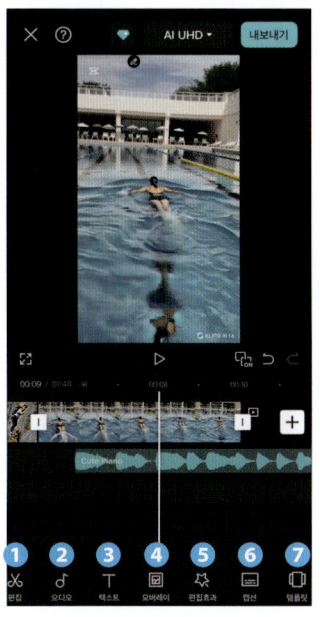

❶ **편집**: 영상의 기본 구조를 다듬는 데 필수적인 도구로, 클립 자르기와 분할, 속도 조절, 크기 변경, 반전, 회전, 확대/축소 등 다양한 조작이 가능합니다. 특히, 드래그 방식의 타임라인 편집은 손쉽게 영상 흐름을 조절할 수 있어 초보자도 빠르게 결과물을 만들 수 있습니다.

❷ **오디오**: 배경 음악 추가, 사용자 음성 녹음, 효과음 삽입이 모두 가능하며, 고급 기능으로는 음성의 노이즈 제거, 음량 조절, 페이드 인/아웃, 리버브 효과 등을 제공합니다.

❸ **텍스트**: 영상에 자막이나 타이틀을 추가할 수 있으며, 다양한 프리셋 스타일과 애니메이션 효과가 포함되어 있어 원하는 분위기에 맞는 텍스트 디자인이 가능합니다. 음성을 인식해 자막을 자동 생성하는 AI 기능도 지원되어 자막 작업의 효율성을 높여줍니다.

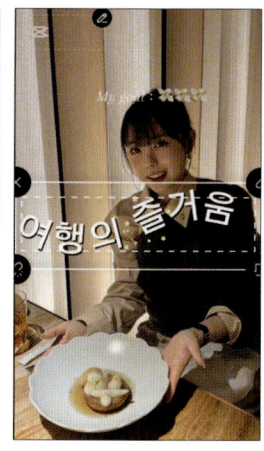

❹ **오버레이**: 영상 위에 다른 영상, 이미지, 스티커 등을 겹쳐 표현할 수 있도록 도와줍니다. 예를 들어 PIP 기능을 통해 해설 화면을 삽입하거나, 스티커와 PNG 이미지를 활용해 영상에 시각적 재미를 더할 수 있으며, 오버레이 요소에 다양한 효과와 모션도 추가할 수 있습니다.

❺ **편집효과**: 흔들림, 글리치, 컬러 톤 조절 같은 기본 효과는 물론, 얼굴 인식이나 AR 스타일 필터 같은 고급 AI 기반 효과까지 제공되어 감각적인 연출이 가능합니다. 또한, 클립 간의 연결을 매끄럽게 만들어주는 전환 기능은 영상 흐름을 자연스럽게 이어주는 데 유용합니다.

❻ **캡션**: 영상 속 인물의 음성을 자동으로 인식하여 자막으로 변환해 주는 AI 음성 인식 자막 생성 기능입니다.

❼ **템플릿**: 영상 제작 속도를 획기적으로 높여주는 요소로, 숏폼 콘텐츠에 최적화된 다양한 템플릿이 준비되어 있습니다. 사용자가 원하는 템플릿을 선택하면 자동으로 자막, 효과, 음악이 구성되며, 클립만 바꾸면 완성도 높은 영상이 빠르게 제작됩니다.

LESSON 03

원하는 길이만큼 영상을 연결하려면?

CAPCUT AI

예제파일 : source\영상길이1~2.mp4   완성파일 : source\영상길이_완성.mp4

모바일 캡컷에서는 영상의 길이를 조정하거나 분할하는 작업을 간단하게 할 수 있습니다. 영상 클립을 선택한 후 양쪽 끝에 나타나는 조절 핸들을 드래그하면 시작이나 끝 부분을 쉽게 잘라낼 수 있으며, 재생 헤드를 원하는 위치에 놓고 분할 버튼을 누르면 하나의 클립을 둘로 나눌 수 있습니다. 이렇게 분할된 클립은 각각 삭제하거나 이동할 수 있고, 다양한 효과도 개별적으로 적용할 수 있어 편집의 자유도가 높습니다.

예제 콘셉트

영상 길이 조정은 영상 편집에서 매우 중요한 요소입니다. 모바일 캡컷에서는 직관적인 조작을 통해 영상의 시작과 끝을 쉽게 잘라내거나, 필요한 부분에서 영상을 분할할 수 있어 효율적인 편집이 가능합니다.

또한, 클립을 분할하여 각각의 클립에 다른 전환 효과나 자막, 필터를 적용하면 스토리 흐름에 맞는 구성과 감정 표현이 가능해져 영상의 완성도가 높아집니다. 캡컷의 조절 핸들과 분할 기능은 이러한 작업을 손쉽게 만들어, 초보자도 전문가처럼 섬세한 편집을 할 수 있도록 돕습니다.

작업 패턴

❶ 조절 핸들을 이용하여 영상 길이 조정
❷ 삭제 기능으로 불필요한 영상 클립 삭제

01 안드로이드 스마트폰은 구글 플레이 스토어, 아이폰은 앱스토어의 검색창에 '캡컷' 또는 'CapCut'을 입력해 모바일용 캡컷 앱을 설치합니다. 설치가 완료되면 앱을 탭하여 실행합니다.

02 [+새 프로젝트]를 탭한 다음 불러올 영상을 탭합니다. 예제에서는 1번과 2번 영상을 탭한 다음 〈추가〉 버튼을 탭합니다.

 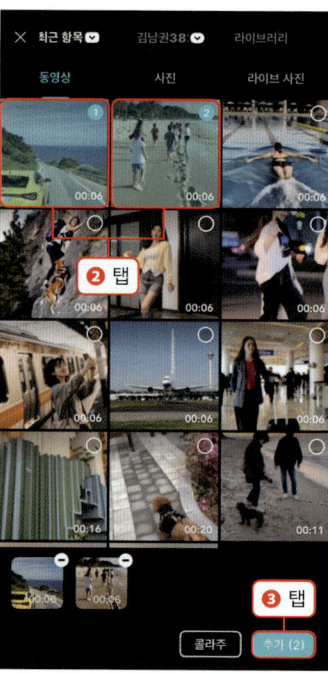

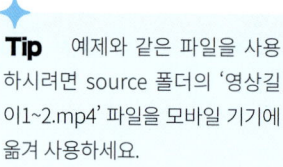

Tip 예제와 같은 파일을 사용하시려면 source 폴더의 '영상길이1~2.mp4' 파일을 모바일 기기에 옮겨 사용하세요.

03 | 영상 편집 화면이 표시되면 하단의 타임라인을 좌우로 드래그하거나 플레이 버튼을 탭하여 영상을 재생합니다. 1번 영상과 2번 영상이 이어서 재생되는 것을 확인할 수 있습니다.

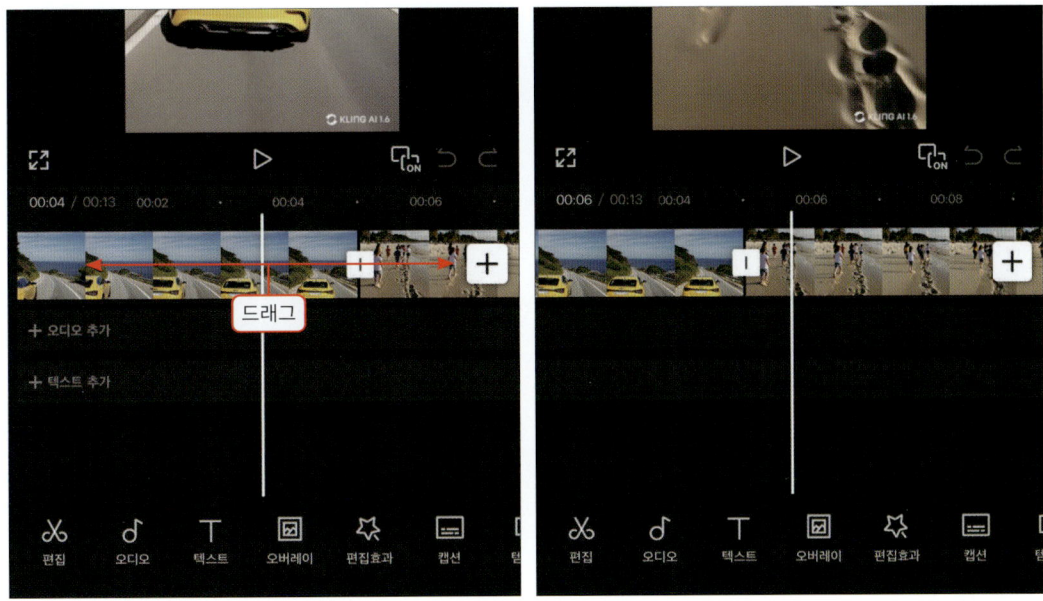

04 | 전체 영상의 길이를 조정하겠습니다. 1번 영상 클립을 탭하고 해당 클립의 오른쪽 끝에 위치한 조절 핸들을 왼쪽으로 드래그하여 영상 길이를 줄입니다.

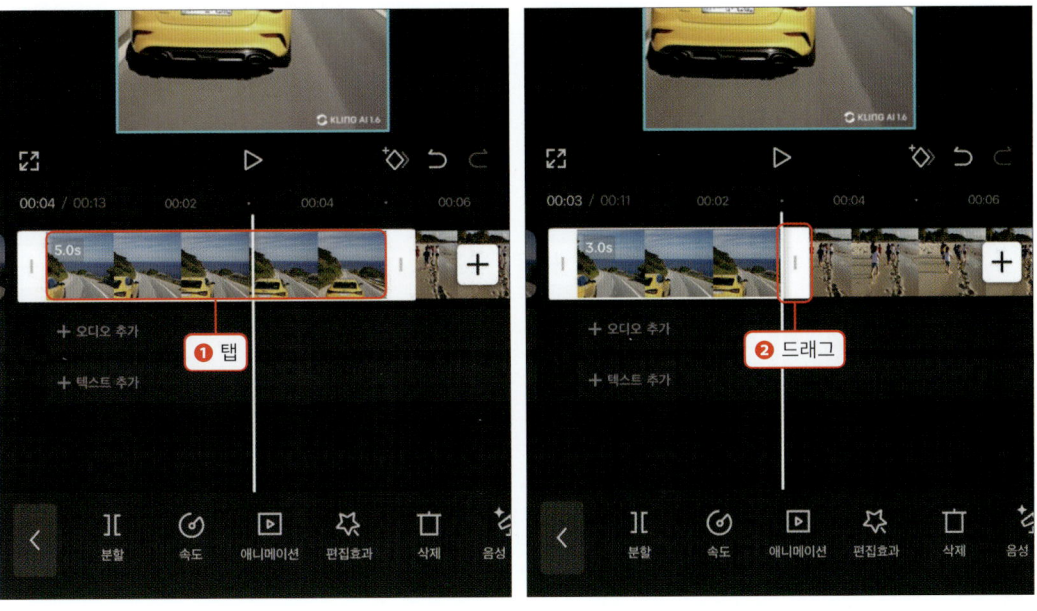

05 2번 영상에서 삭제할 부분 위에 재생 헤드를 위치하도록 합니다. [분할]을 탭하면 클립이 분할된 것을 확인할 수 있습니다.

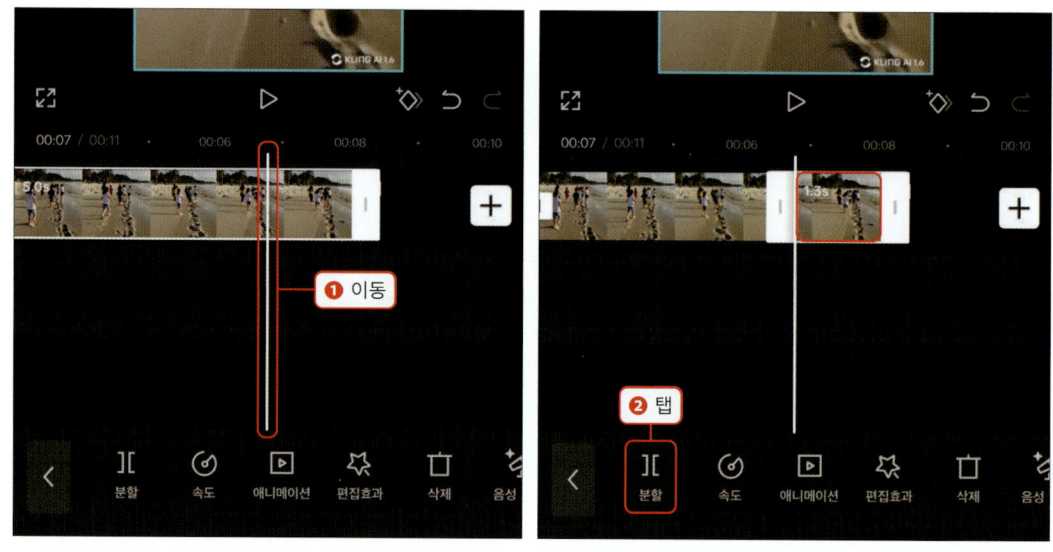

> **Tip** 편집하려는 영상 클립을 탭하면 하단 메뉴가 변경되는 것을 확인할 수 있습니다.

06 분할된 영상의 오른쪽 클립을 탭하여 선택한 다음 [삭제]를 탭합니다. 분할된 영상이 삭제된 것을 확인할 수 있습니다.

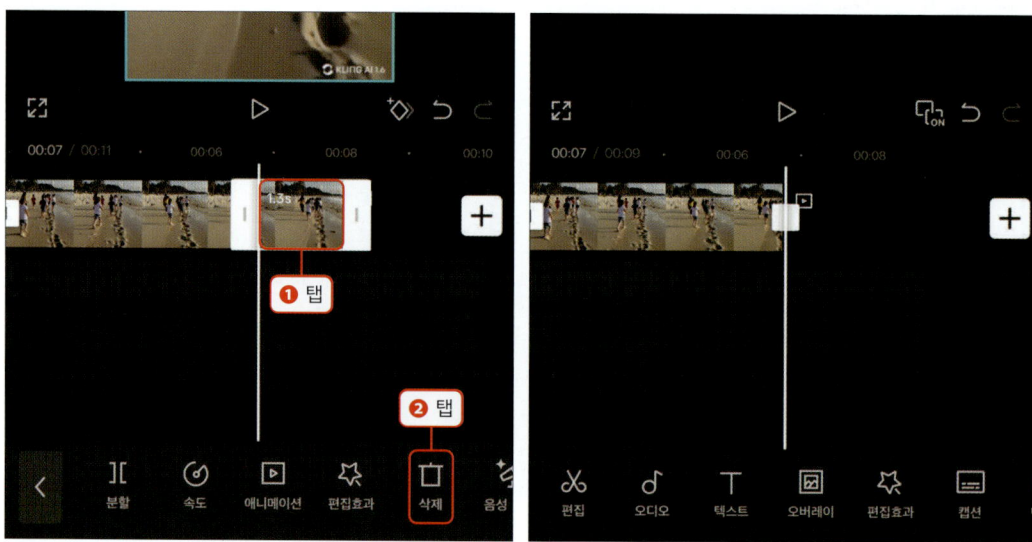

07 | 영상의 끝부분에는 캡컷 마크가 나타나는 엔딩 클립이 있습니다. 엔딩 클립을 탭한 다음 마찬가지로 [삭제]를 탭하여 삭제합니다.

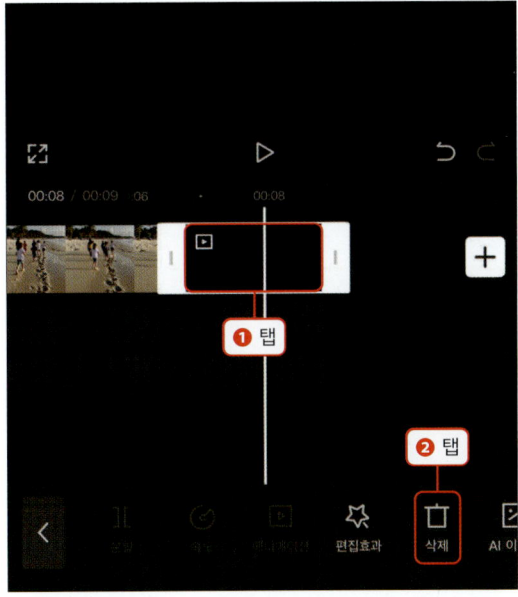

08 | 완성된 영상을 내보내기 전에 상단 〈내보내기〉 버튼 옆에 해상도가 표시되는 [영상 설정 옵션]을 탭합니다. 영상의 해상도와 프레임 속도 등을 설정할 수 있으며 예제에서는 기본 값으로 영상을 내보내기 위해 〈내보내기〉 버튼을 탭합니다.

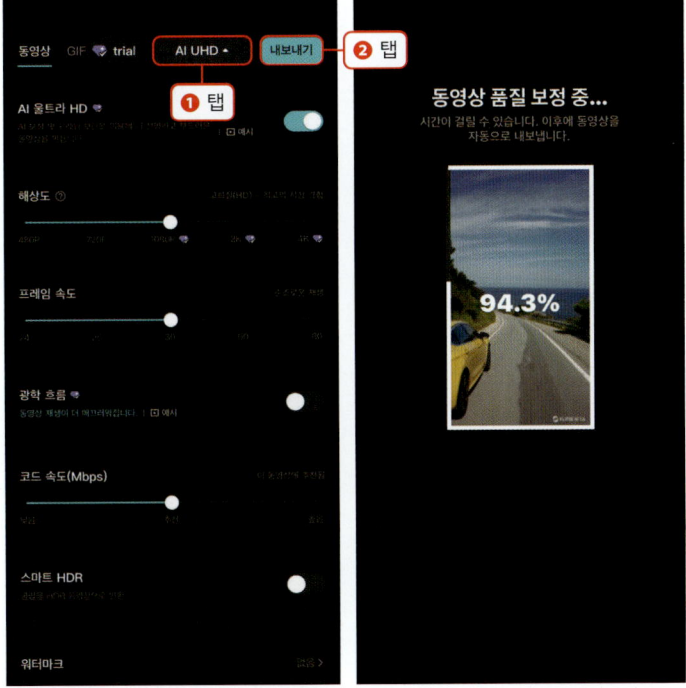

09 내 스마트폰에 영상이 저장됩니다. 저장된 영상을 확인하기 위해 [완료]를 탭합니다.

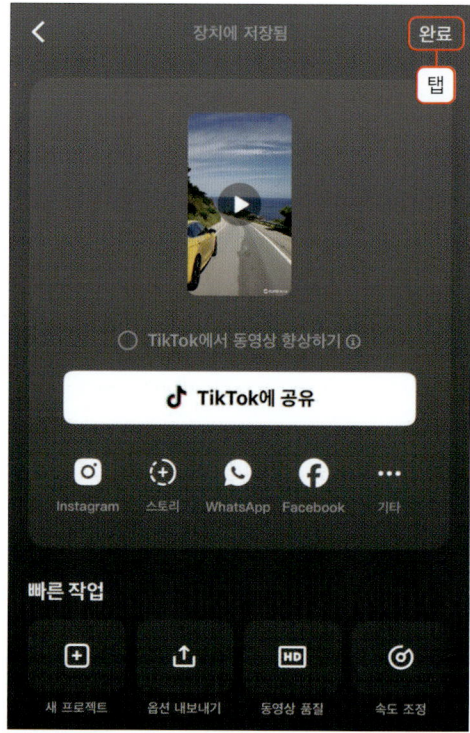

Tip 저장된 영상과는 별도로 틱톡이나 인스타그램, 페이스북 등 SNS에 공유하려면 해당 SNS 아이콘을 탭합니다.

10 스마트폰에 저장된 영상을 재생해 보면 길이가 조정된 영상을 확인할 수 있습니다.

LESSON 04

유튜브 영상을
숏폼 비율로 변경하기

예제파일 : source\비율변경.mp4   완성파일 : source\비율변경_완성.mp4

캡컷의 가로 세로 비율 기능을 활용하면 영상 전체의 프레임을 자동으로 재구성하여 영상 비율에 맞게 재조정할 수 있습니다. 예를 들어, 유튜브용으로 제작된 영상을 인스타그램 릴스, 유튜브 쇼츠, 틱톡과 같은 세로형 콘텐츠 플랫폼에 맞게 변환할 수 있습니다. 예제에서는 16:9 비율로 제작된 가로형 영상을 손쉽게 9:16 비율의 세로형 영상으로 변환해 보겠습니다.

예제 콘셉트

영상 비율 수정은 콘텐츠의 플랫폼 최적화를 위한 핵심적인 작업입니다. 캡컷의 가로 세로 비율 기능을 활용하면 원본 영상의 구성을 자동으로 재조정하여, 각 플랫폼에 적합한 화면 비율로 손쉽게 변환할 수 있습니다.

비율 변경 과정에서 캡컷은 피사체 중심을 유지하며 자동으로 화면을 재구성해 주기 때문에 편집 시간도 단축되고 효율적인 멀티 플랫폼 콘텐츠 제작이 가능합니다. 다양한 채널에 맞게 하나의 영상을 재활용하고자 할 때, 영상 비율 수정은 필수적인 과정입니다.

작업 패턴

❶ 가로 세로 비율에서 16:9 영상을 9:16 비율로 선택
❷ 영상을 확대하여 전체 비율에 맞게 영상이 채워지도록 수정

01 | [+ 새 프로젝트]를 탭한 다음 불러올 영상을 탭합니다. 예제에서는 '비율변경.mp4' 파일을 선택한 다음 〈추가〉 버튼을 탭합니다.

02 | 가로가 넓은 16:9 비율의 영상이 표시됩니다. 영상 비율을 수정하기 위해 [가로 세로 비율]을 탭합니다.

03 | 9:16 비율로 변경하기 위해 [9:16]을 탭합니다. 영상 화면이 9:16으로 조정되면서 영상 위와 아래 부분이 검은색 빈 영역으로 표시되는 것을 확인할 수 있습니다.

04 | 두 손가락을 벌려 영상을 확대하여 검은색 빈 영역이 보이지 않도록 영상을 채웁니다. 영상을 재생해 보면 9:16 비율의 영상이 완성된 것을 볼 수 있습니다.

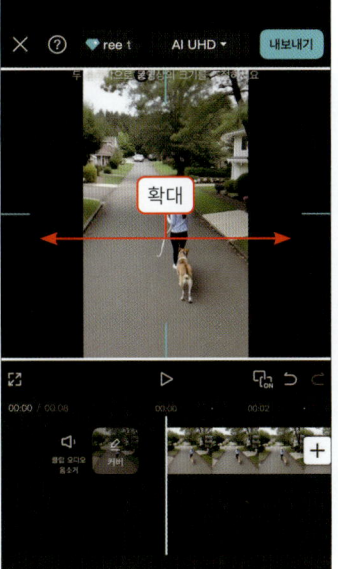 

> **Tip** 모바일 기기에서 화면을 확대하기 위해 두 손가락을 벌리는 동작을 핀치 아웃(pinch-out)이라 하며, 이는 확대(줌 인, Zoom in)기능을 말합니다.

LESSON 05

자동 캡션 기능으로 영상에 자막 추가하기

CAPCUT AI

예제파일 : source\자동캡션.mp4   완성파일 : source\자동캡션_완성.mp4

캡컷의 자동 캡션 기능은 영상 속 음성을 인식해 자막을 자동으로 생성해 주는 편리한 도구입니다. 사용자는 별도로 자막을 일일이 입력하지 않아도 되며, 음성을 기반으로 정확한 문장을 텍스트로 변환해 영상에 삽입할 수 있습니다. 이 기능은 한국어를 포함한 다양한 언어를 지원하며, 자막의 글꼴, 크기, 색상, 위치 등도 자유롭게 편집할 수 있어 영상의 스타일에 맞게 조정할 수 있습니다.

예제 콘셉트

모바일 환경에서 자막은 영상의 이해도를 크게 높여주며, 음소거 상태로 시청하는 사용자에게도 메시지를 효과적으로 전달할 수 있는 핵심 요소입니다. 자동 캡션 기능은 한국어를 포함한 다양한 언어를 지원하고, 생성된 자막은 글꼴, 크기, 색상, 위치 등을 자유롭게 수정할 수 있어 브랜드 이미지나 영상 스타일에 맞춘 커스터마이징도 가능합니다.

또한, 콘텐츠 제작 시간이 단축되며, 유튜브, 틱톡, 릴스 등 다양한 플랫폼에서 자막이 기본 요소로 요구되는 환경에서 빠르게 대응할 수 있습니다. 자동 캡션 기능은 영상 제작자에게 있어 효율성과 품질을 동시에 확보할 수 있는 필수 도구입니다.

작업 패턴

❶ **자동 캡션 기능**에서 캡션 템플릿 형태를 선택
❷ **생성 아이콘**으로 인물이 말하는 언어를 인식하여 자막 생성
❸ 조절 핸들로 캡션 크기 조정

01 | 모바일 캡컷을 실행한 다음 [자동 캡션]을 탭하여 캡션을 적용할 영상을 선택하고 〈추가〉를 탭합니다.

Tip 예제와 같은 영상 파일로 진행하려면 source 폴더에 '자동캡션.mp4' 파일을 모바일 기기에 옮겨 사용하세요.

02 | 자동 캡션 생성 화면이 표시되면 템플릿에서 캡션의 형태를 선택합니다. 예제에서는 말하는 순서대로 문장이 강조되는 다음의 템플릿을 탭합니다.

Tip 영상을 선택할 때는 인물이 말을 하는 영상을 선택해야 자동으로 음성을 인식한 다음 문자화하여 캡션을 생성합니다.

03 | 〈생성〉 버튼을 탭하면 영상 속 인물이 말하는 언어를 인식해 문자화하여 캡션이 생성됩니다.

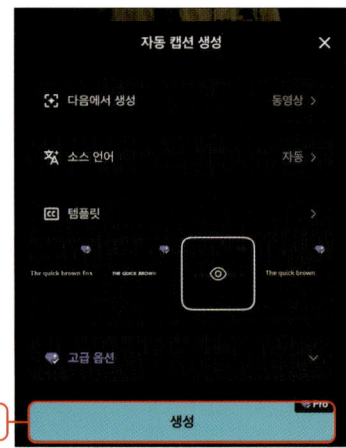
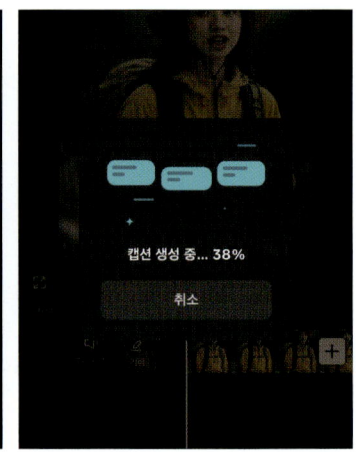

04 | 캡션 길이를 영상에 맞춰 줄이기 위해 조절 핸들을 드래그합니다. 설정을 마치면 오른쪽 상단에 〈내보내기〉를 탭합니다.

05 | 인물이 말할 때 강조되는 캡션이 적용된 인물 영상이 생성되고 스마트폰에 저장됩니다. 저장된 영상을 재생해 보면 인물이 말할 때 캡션의 문장도 강조되는 영상을 확인할 수 있습니다.

LESSON 06

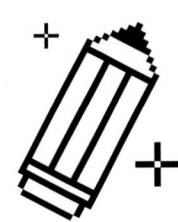

밋밋한 영상에 역동적인 효과 적용하기

예제파일 : source\댄스1~2.mp4 **완성파일** : source\댄스_완성.mp4

캡컷에서는 줌, 회전, 전환 효과 등 다양한 동영상 효과를 활용해 영상의 분위기와 스타일을 자유롭게 조절할 수 있습니다. 이러한 기능을 통해 단조롭고 밋밋한 영상도 역동적이고 생동감 있게 연출하며, 시청자의 시선을 끌 수 있는 장면을 효과적으로 구성할 수 있습니다. 예제에서는 전체 영상에 활력을 더하고 시각적인 몰입도를 높이기 위해 줌과 반짝이는 전환 효과, 화면 회전 효과 등을 적절히 조합해 영상을 제작해 보겠습니다.

예제 콘셉트

캡컷에서는 다양한 동영상 효과를 손쉽게 적용할 수 있도록 다양한 기능을 제공하며, 이를 통해 영상의 분위기와 스타일을 자유롭게 조절할 수 있습니다. 특히 숏폼 콘텐츠나 광고 영상처럼 짧은 시간 안에 시청자의 이목을 끌어야 하는 콘텐츠에서는 이러한 시각적 효과의 활용이 매우 중요합니다.

적절한 효과는 단조로운 장면을 생동감 있게 만들고, 메시지 전달력을 높이며, 브랜드의 개성과 영상의 감정선을 효과적으로 표현할 수 있는 강력한 도구가 됩니다.

작업 패턴

❶ 전환 효과에서 반짝이는 줌을 선택하여 영상에 적용
❷ 편집 효과에서 느린 줌 동영상 효과 적용
❸ 편집 효과에서 스핀&셰이크 동영상 효과 적용

01 | 모바일 캡컷을 실행하고 [+ 새 프로젝트]를 탭한 다음 불러올 영상을 선택합니다. 예제에서는 댄스 챌린지 영상인 1번과 2번 영상을 탭한 다음 〈추가〉 버튼을 탭합니다.

Tip 예제와 같은 영상 파일로 진행하려면 source 폴더에 '댄스 1~2.mp4' 파일을 모바일 기기로 옮겨 사용하세요.

02 | 영상을 재생해 보면 1번 영상과 2번 영상이 첨부된 순서대로 이어서 재생되는 것을 확인할 수 있습니다.

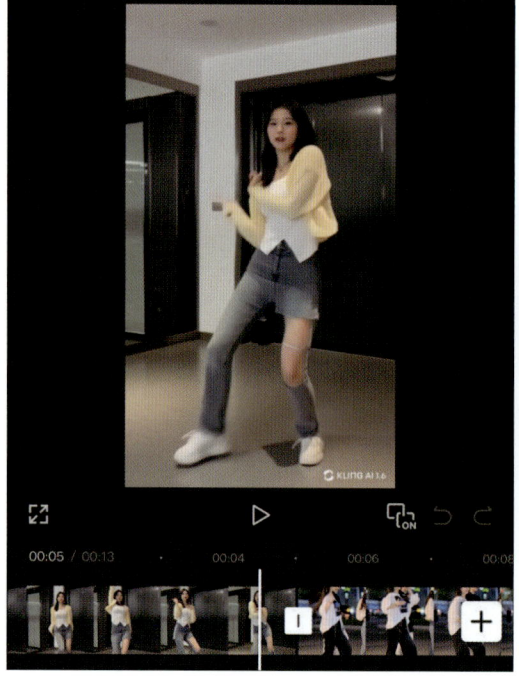
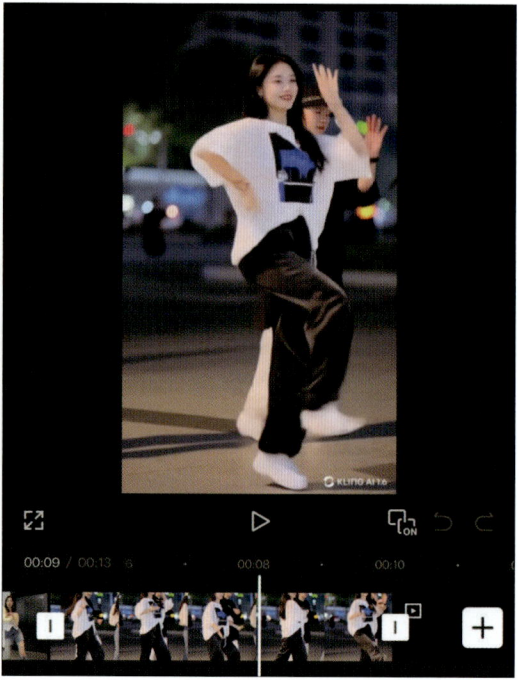

03 | 1번 영상이 2번 영상으로 넘어갈 때 전환 효과를 적용하기 위해 영상의 연결 지점에 위치한 '□' 아이콘을 탭합니다. 전환 효과가 표시되면 [반짝이는 줌]을 탭하고 '적용' 아이콘(✔)을 탭합니다.

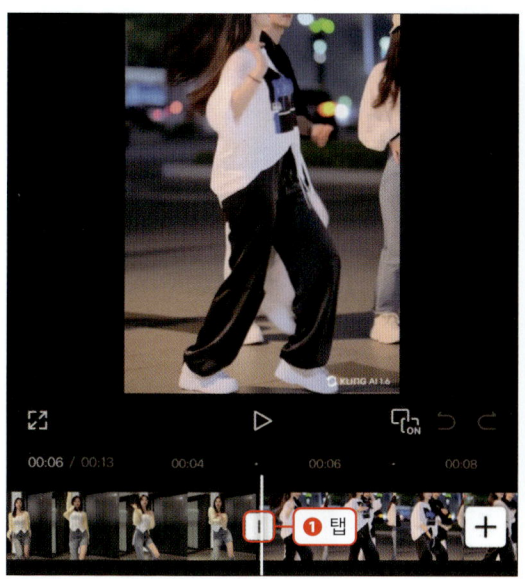
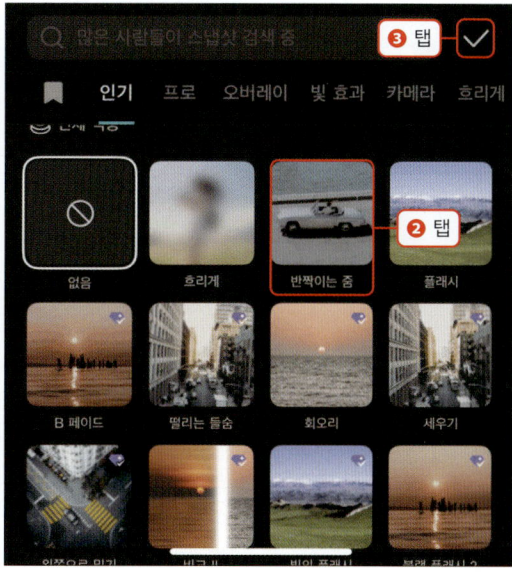

04 | 영상을 재생해 보면 1번 영상과 2번 영상이 반짝임과 함께 서로 겹쳐지며 전환되는 효과가 적용되었습니다.

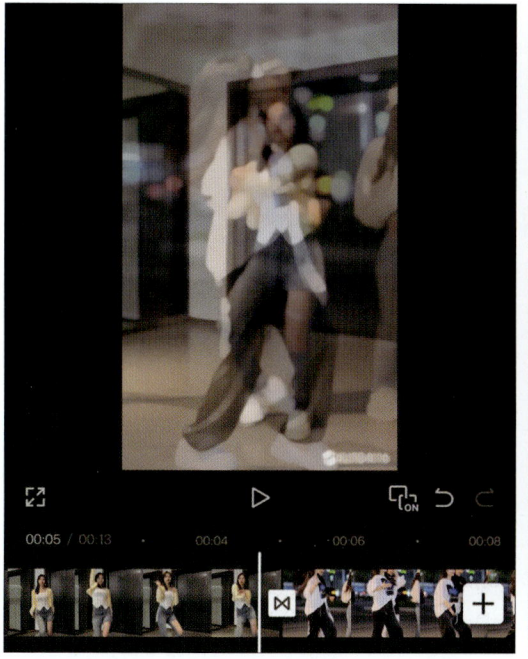
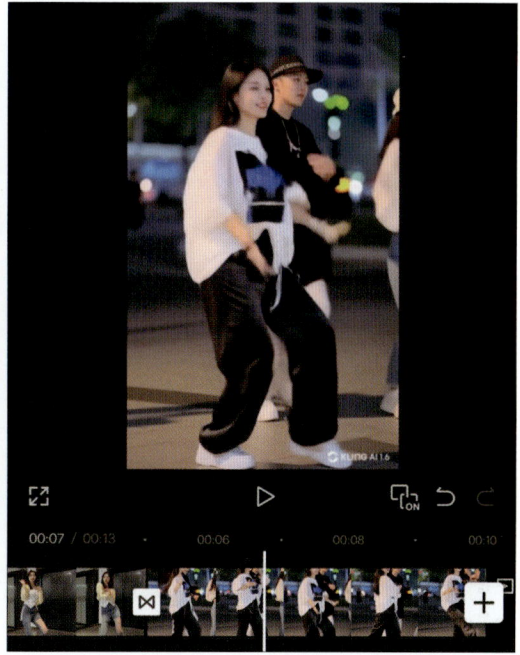

05 | 영상에 역동적인 느낌을 주고자 줌 효과를 적용하겠습니다. 타임라인의 1번 영상을 탭한 다음 [편집 효과]를 탭하고 [동영상 효과]를 탭합니다.

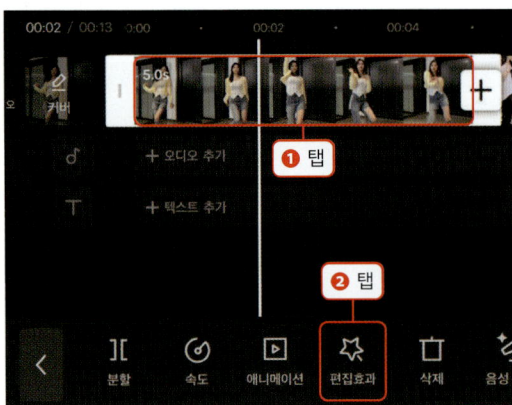 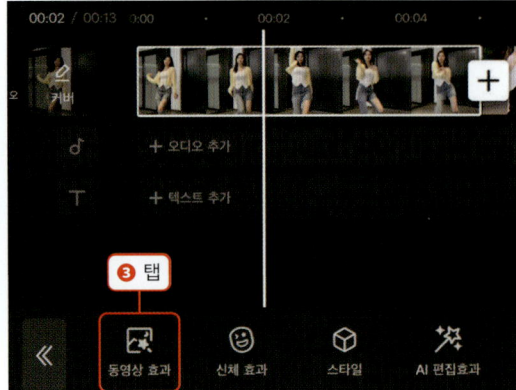

06 | 동영상 효과가 표시되면 [느린 줌]을 탭한 다음 '적용' 아이콘(✓)을 탭합니다. 영상을 재생해 보면 영상이 서서히 확대되는 효과를 얻을 수 있습니다.

07 | 영상에 회전 효과를 적용하기 위해 타임라인의 2번 영상을 탭한 다음 [편집 효과]를 탭한 다음 [동영상 효과]를 탭합니다.

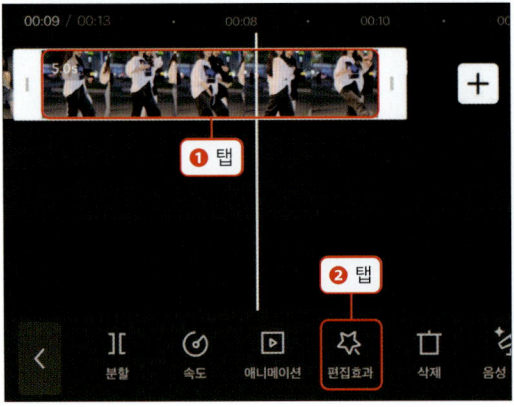 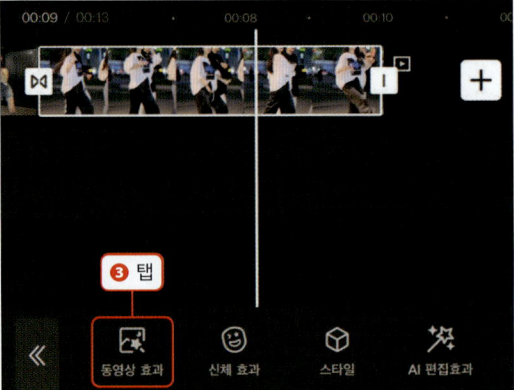

08 | 동영상 효과가 표시되면 [스핀 & 셰이크]를 탭한 다음 '적용' 아이콘 (☑)을 탭합니다.

Tip 효과 세부 조정하기

선택한 효과를 한번 더 탭하면, 속도나 지속시간 등 세부 항목을 조정할 수 있습니다.

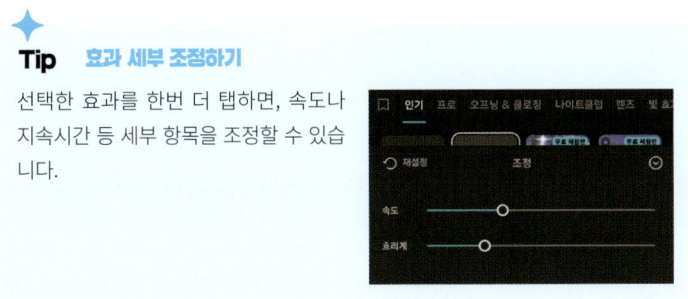

09 | 영상을 재생해 보면 댄스 영상이 확대되면서 회전, 흔들리는 역동적인 영상이 재생되는 것을 확인할 수 있습니다.

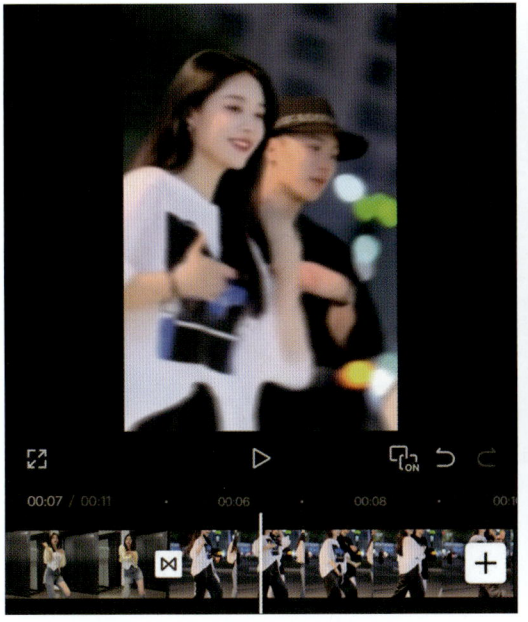 

LESSON 07

볼륨 조정으로
영상에 배경 음악 삽입하기

CAPCUT AI

예제파일 : source\사운드.mp4 **완성파일** : source\사운드_완성.mp4

캡컷에서는 희미하게 기능을 이용해 오디오의 페이드 인과 페이드 아웃을 조절할 수 있으며, 볼륨 기능을 통해 전체적인 오디오 볼륨도 조정할 수 있습니다. 예제에서는 캡컷에서 제공하는 배경 음악을 볼륨 기능으로 영상과 어울리도록 조정해 보겠습니다.

예제 콘셉트

영상에서 배경 음악과 볼륨 조정은 시청자의 감정과 몰입도를 조절하는 중요한 사운드 디자인 요소입니다. 적절한 배경 음악은 영상의 분위기를 형성하고, 메시지를 강화하며, 장면 전환이나 감정의 흐름에 따라 시청자의 반응을 유도할 수 있습니다. 캡컷에서는 희미하게 기능을 통해 자연스러운 페이드 인(점점 커짐)과 페이드 아웃(점점 작아짐) 효과를 적용할 수 있어, 음악이 갑자기 시작되거나 끝나는 것을 방지하고 전반적인 사운드 흐름을 부드럽게 만들어 줍니다.

또한, 볼륨 기능을 활용하면 배경 음악과 음성의 밸런스를 조정할 수 있어, 대사나 내레이션이 음악에 묻히지 않도록 조율할 수 있습니다. 이러한 세심한 조정은 영상의 전달력을 높이고, 프로페셔널한 사운드 연출로 영상의 품질을 크게 향상시킵니다. 특히 유튜브, 쇼츠, 릴스 등에서 사운드와 감정이 빠르게 연결되는 콘텐츠에선 이와 같은 음향 세팅이 시청률과 반응을 좌우하는 핵심 요소가 됩니다.

작업 패턴

❶ 배경 음악을 삽입하기 위해 **오디오 기능에서 사운드** 선택
❷ **희미하게** 기능의 **페이드 아웃** 슬라이더로 볼륨 줄이기

01 | [+ 새 프로젝트]를 탭한 다음 불러들일 영상을 선택합니다. 예제에서는 '사운드.mp4' 파일을 탭한 다음 〈추가〉 버튼을 탭합니다.

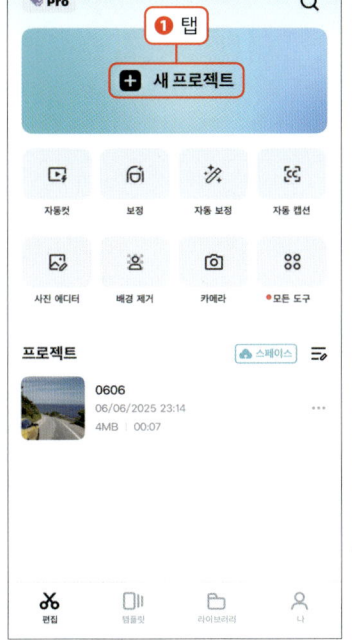
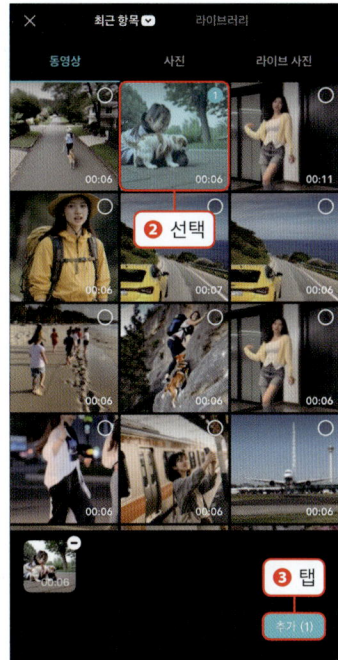

Tip 예제와 같은 파일을 사용하시려면 다운로드한 source 폴더에서 '사운드.mp4' 파일을 모바일 기기로 옮겨 활용하세요.

02 | 강아지와 노는 아이 영상이 표시되면 배경 음악을 삽입하기 위해 [오디오]를 탭한 다음 [사운드]를 탭합니다.

03 캡컷에서 추천하는 오디오가 표시됩니다. 강아지 영상과 어울리는 귀여운 분위기의 피아노 오디오를 선택한 다음 영상에 추가하기 위해 [+]를 탭합니다.

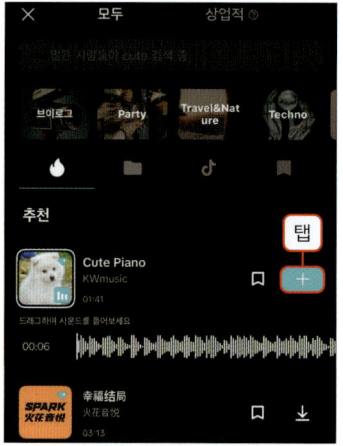

04 선택한 오디오가 타임라인에 위치됩니다. 길이를 조정하기 전, 영상의 엔딩 클립을 탭한 다음 [삭제]를 탭하여 제거합니다.

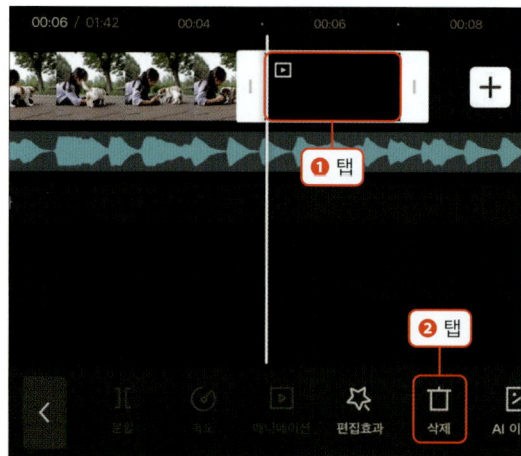

05 영상의 마지막에 재생 헤드가 위치하도록 드래그합니다. 영상 길이와 동일하게 맞추기 위해 오디오 클립을 탭하고 [분할]을 탭한 다음 삭제할 클립을 선택해 [삭제]를 탭하여 제거합니다.

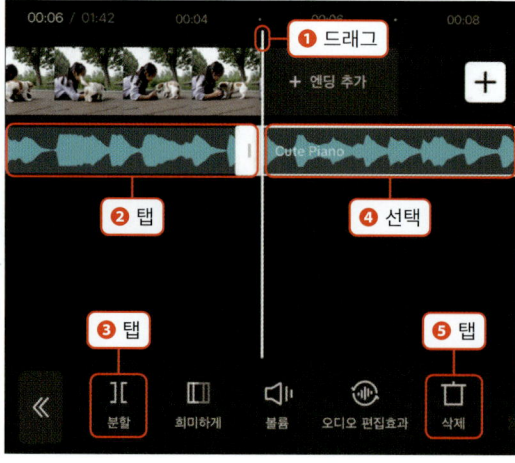

06 | 오디오를 편집하기 위해 오디오 클립을 탭한 다음 [희미하게]를 탭합니다. 페이드 아웃의 슬라이더를 오른쪽으로 드래그한 다음 '적용' 아이콘(✔)을 탭합니다.

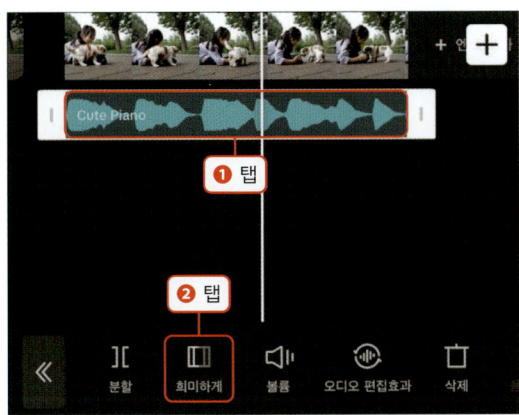 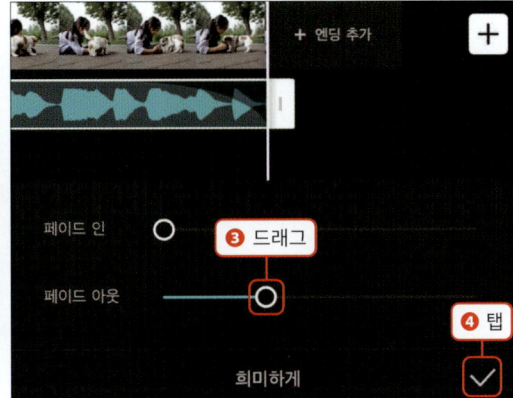

Tip 페이드 아웃이 적용되면 영상의 끝부분에 자연스럽게 음악의 볼륨이 줄어듭니다.

07 | 오디오의 전반적인 볼륨을 조절하기 위해 [볼륨]을 탭한 다음 볼륨 슬라이더를 왼쪽으로 드래그하고 '적용' 아이콘(✔)을 탭합니다.

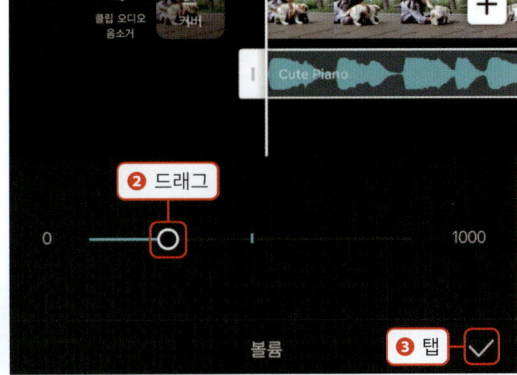

08 | 영상을 재생해 보면 오디오 볼륨이 전체적으로 줄어든 상태에서 영상 마지막에는 점차 줄어드는 배경 음악을 확인할 수 있습니다.

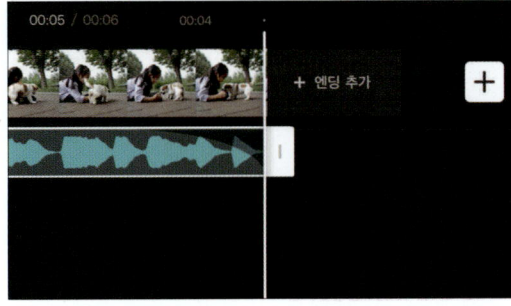

LESSON 08

템플릿을 이용하여
4등분된 영상 제작하기

완성파일 : source\템플릿_완성.mp4

템플릿을 활용하면 하나의 화면을 4등분하여 각 구간에 서로 다른 영상을 배치하고 동시에 재생되는 형식의 콘텐츠를 손쉽게 제작할 수 있습니다. 이러한 방식은 다양한 시점을 한눈에 보여주거나, 비교 영상, 멀티뷰 콘텐츠, 리뷰 영상 등에서 시각적인 정보를 풍부하게 전달하는 데 효과적입니다. 템플릿은 미리 설정된 레이아웃과 전환 효과를 제공하므로, 사용자는 복잡한 편집 없이도 전문가 수준의 영상 구성을 구현할 수 있습니다.

예제 콘셉트

캡컷의 템플릿 기능은 이러한 분할 화면 구성을 미리 설계된 레이아웃과 전환 효과로 쉽게 구현할 수 있게 해 주어 사용자는 복잡한 마스크나 트랜스폼 없이도 전문 편집자 수준의 결과물을 만들 수 있습니다. 즉, 시간을 절약하면서도 시각적으로 완성도 높은 콘텐츠 제작이 가능하다는 점에서 영상 분할 재생은 매우 유용한 기능입니다.

  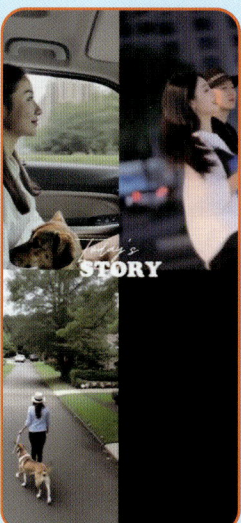 

작업 패턴

❶ **템플릿 기능**으로 원하는 형태의 레이아웃 전환
❷ **템플릿 사용 기능**으로 원하는 템플릿 지정
❸ 템플릿에 적용할 영상을 재생되는 순서대로 선택

01 | 모바일 캡컷 홈 화면에서 [템플릿]을 탭하고 마음에 드는 영상 구성을 확인합니다. 예제에서는 [템플릿]을 길게 누르고 레이아웃 전환을 [2열]로 탭하여 선택합니다.

> **Tip** 하단에 나타나는 <레이아웃 전환> 버튼을 탭하여 [전체 화면]으로 변경 가능합니다.

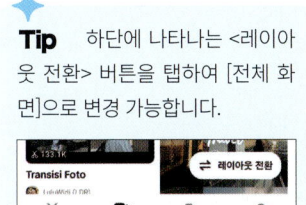

02 | 템플릿에서 4개로 분할된 템플릿을 탭합니다. 선택된 템플릿이 확대되어 표시되면 해당 템플릿을 사용하기 위해 <템플릿 사용> 버튼을 탭합니다.

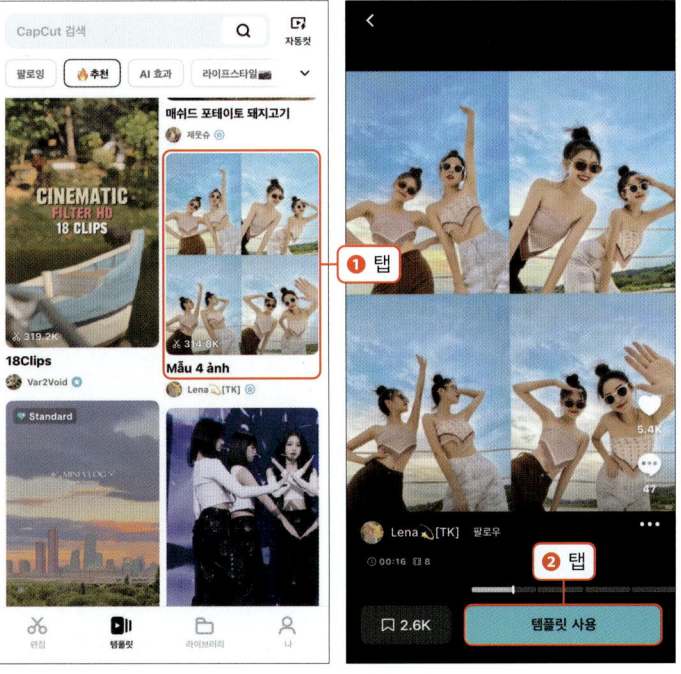

03 | 템플릿에 적용할 영상을 선택합니다. 영상이 재생되는 순서대로 영상을 탭하면 하단의 타임라인에 영상이 위치됩니다. 영상 선택이 완료되면 〈다음〉 버튼을 탭합니다.

> **Tip** 템플릿 기능을 직접 해보는 예제로 모바일 기기에 저장된 다른 영상을 활용하여 진행해 보세요.

04 | 선택한 영상이 기존 템플릿 영상처럼 화면을 4등분하여 각각의 영역에 분할된 형태로 동시에 재생되는 것을 확인할 수 있습니다.

 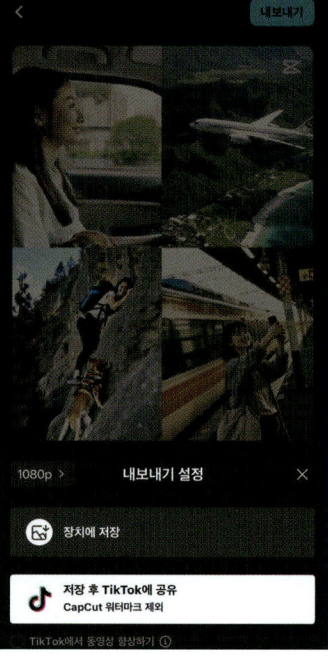

> **Tip** 이러한 방식은 하나의 화면 안에서 여러 장면을 병렬적으로 보여줄 수 있어, 다양한 시점이나 상황을 효과적으로 전달하는 데 유용합니다.

LESSON 09

인물을 따라 움직이는 문자 영상 만들기

예제파일 : source\키프레임.mp4   완성파일 : source\키프레임_완성.mp4

영상에 입력한 텍스트에 템플릿 효과를 적용한 후, 키프레임 기능을 활용하여 원하는 위치로 텍스트를 자유롭게 이동할 수 있습니다. 예제에서 인물이 낙하산을 타고 천천히 내려오는 장면에 '할인' 문구가 들어간 말풍선을 함께 등장시키고 싶다면, 말풍선 스타일의 템플릿 효과를 적용하여 키프레임을 추가해 인물의 낙하 속도와 궤적에 맞춰 동기화시키는 방식으로 제작할 수 있습니다.

예제 콘셉트

움직이는 문자는 영상 콘텐츠에서 정보 전달력과 시각적 주목도를 동시에 향상시키는 핵심 요소입니다. 단순히 고정된 텍스트보다 키프레임을 활용해 움직이는 문자 연출을 적용하면, 영상의 흐름과 자연스럽게 어우러지며 시청자의 시선을 능동적으로 유도할 수 있습니다.

작업 패턴

❶ **텍스트 기능**에서 텍스트를 추가하여 영상 위에 문자 입력
❷ 문자에 **스타일 기능**으로 스타일이 적용된 문자 이동
❸ **키프레임 추가 기능**으로 이동되는 문자 위치에 키프레임 생성

01 [+새 프로젝트]를 탭한 다음 불러들일 영상을 선택합니다. 예제에서는 '키프레임.mp4' 파일을 탭하여 영상을 미리 확인합니다.

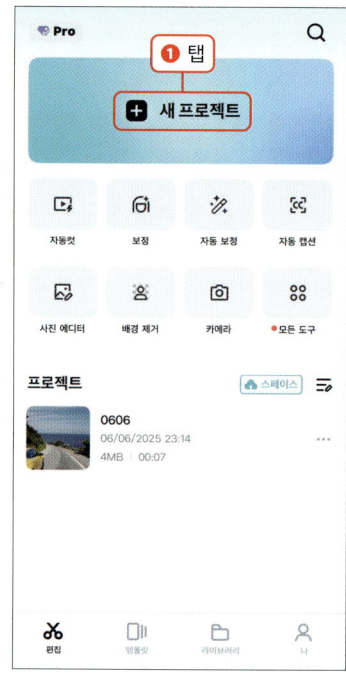 

02 영상을 확인한 다음 [추가]를 탭하여 타임라인에 영상을 위치시킵니다. 이후 텍스트 효과를 적용하기 위해 [텍스트]를 탭합니다.

03 | [텍스트 추가]를 탭한 다음 문자 박스가 영상에 표시되면 원하는 문자를 입력합니다. 예제에서는 '20% 할인'이라고 입력합니다.

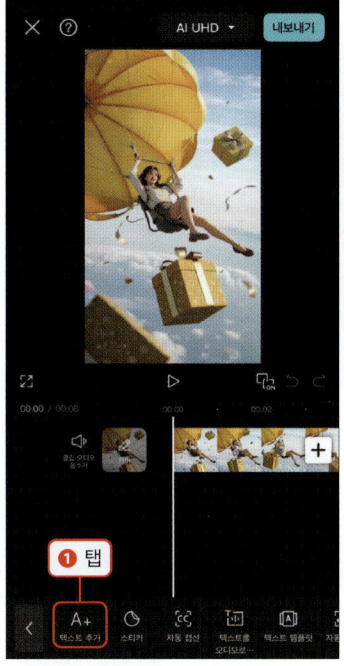

04 | [템플릿]에서 폭탄 형태의 말풍선을 탭하고 '적용' 아이콘(✓)을 탭합니다. 기본 문자가 말풍선 스타일에 맞게 적용된 것을 확인할 수 있습니다.

> **Tip** 말풍선 크기는 주변의 앵커점을 드래그하여 크기 조정이 가능합니다.

05 말풍선을 인물 상단으로 드래그하여 위치시킨 다음 재생 헤드를 타임라인 앞부분에 위치시키고 '키프레임 추가' 아이콘(◇)을 탭합니다. 타임라인에 첫 번째 키프레임이 생성된 것을 확인할 수 있습니다.

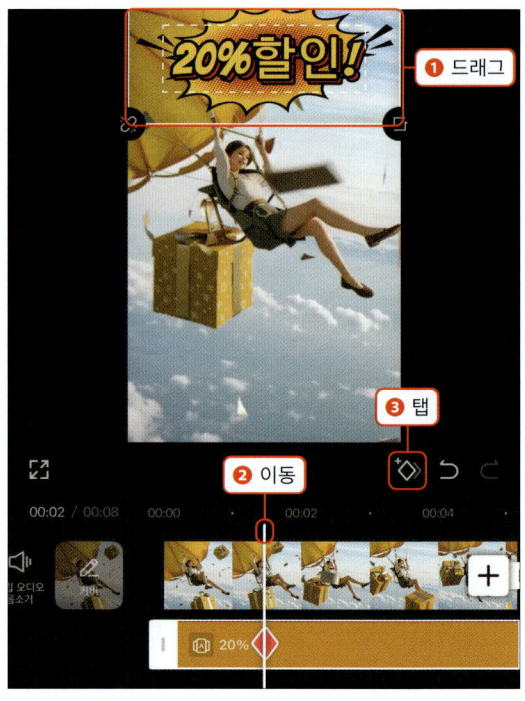

06 재생 헤드를 타임라인의 중간에 위치시키고 말풍선을 화면 중앙으로 드래그합니다. 이때, 키프레임이 자동으로 추가됩니다.

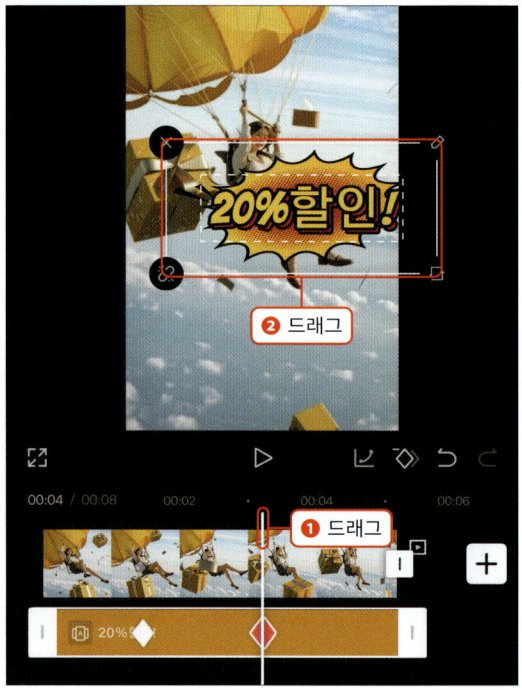

Tip 키프레임을 잘못 추가하였다면 '키프레임 삭제' 아이콘(◇)을 탭하여 제거할 수 있습니다.

07 | 같은 방법으로 재생 헤드를 낙하산을 타고 내려오는 마지막 구간에 위치시키고 말풍선을 하단으로 드래그하면 세 번째 키프레임이 추가됩니다.

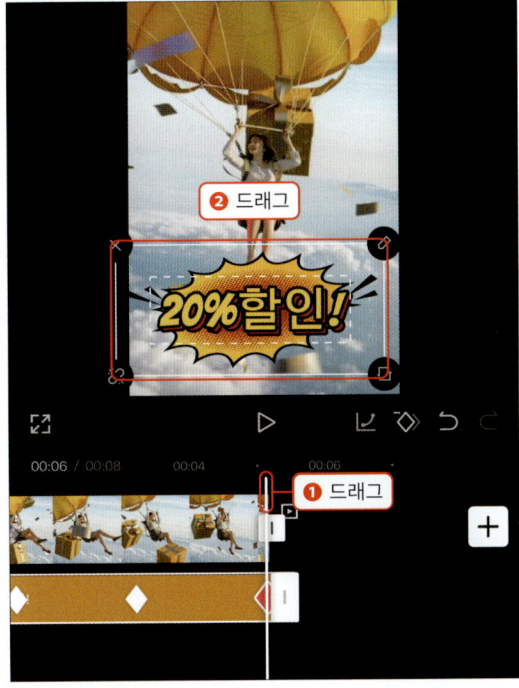

08 | 영상을 확인해 보면 낙하산을 타고 내려오는 인물을 따라 할인 문구가 들어간 말풍선이 이동하는 것을 확인할 수 있습니다.

작업한 영상 프로젝트 저장하기

캡컷 모바일에서 작업한 영상 프로젝트를 저장하는 메뉴는 로컬과 공간, 미디어로 구분됩니다.

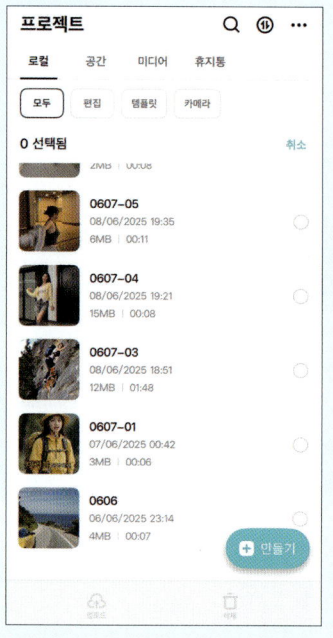

로컬 화면

공간 화면

미디어 화면

❶ 로컬
내 휴대폰(기기)에서 직접 관리하는 프로젝트 저장 공간으로, 영상 편집을 시작하면 자동으로 프로젝트가 여기에 저장되며, 앱을 종료하거나 다른 작업으로 넘어가도 임시로 보관됩니다. 완성되지 않은 편집물과 중간 작업물이 주로 이곳에 있으며, 다른 기기로 이동하거나 클라우드에 공유하지 않는 한 내 폰에서만 열 수 있습니다.

❷ 공간
클라우드 기반의 저장·관리 공간으로, 캡컷 계정으로 로그인했을 때 사용할 수 있는 메뉴입니다. 여러 기기에서 같은 프로젝트를 불러오거나 인터넷을 통해 백업과 동기화를 할 수 있으며, 팀 작업이나 공유가 필요한 경우 공간 메뉴에서 프로젝트를 관리하면 더욱 편리합니다.

❸ 미디어
영상, 음악, 사진 등 원본 자료(소스 파일)를 관리하는 메뉴로, 프로젝트별로 사용(업로드)한 각종 미디어 파일이 자동 저장되며 필요 시 재사용하거나 교체할 수 있습니다. 편집 과정에서 끌어다 쓰는 모든 자료가 이곳에 모여 있으며, 프로젝트와는 별도로 미디어만 따로 정리할 수 있습니다.

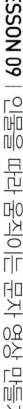

INDEX

기호·번호

<생성> 버튼	34
<Create> 버튼	38
<Try it> 버튼	37
1min	38

A

AI 미리보기 이미지	54
AI 배경	136
AI 아바타	188
AI 아바타 기능	44
AI 에이전트 기능	41
AI 피팅 모델	121
AI media	39
Apply to all scenes	40

B

Back Light	161
Backlighting	163
Bird	169

C

Cool Light	165
Crane	168

F

Fill Light	161
Frontal Lighting	162

H

Handheld	169
HD	55
HD 업스케일	33
High Key	163

I

Image 4.0	53
Instant AI video	37
Instant AI Video	170

K

Key Light	160
Korean Male	40

L

Leaves	138
Low Key	164

M

Midday Light	164
Movie	37

N – P

New Project	325
Pan	166

R

Replace 아이콘	40
Resolution	202

S

Side Lighting	162
Style	37

T

Tilt	167
Tracking	168

U – Z

UI	320
voice	40
Warm Light	165
Zoom	167

ㄱ

가로 이미지	70
강한 빛	163
격자 형태	34

결과물 생성	24	리터치	56	브러시	34, 58
공개 범위	203			비용 절감	24
공유	27, 187	**ㅁ**		비율	53
구도	23	만들기	53, 57		
글꼴	106	모델	53	**ㅅ**	
글꼴 크기	106	모두 다운로드	146	사용자 지정 옵션	87
기능 메뉴	187	무료 배경 음악	302	사운드	26
		문자 입력	151	사운드 분할	307
ㄴ		미디어	188	사운드 연출	26
나노 바나나(Nano Banana)	19	미디어 라이브러리	186	사진 수정	89
내레이션	39	미리보기 이미지	35	삭제	56, 221
내보내기	27, 187	미리보기 창	187	상단 더 보기	55
네이티브 4K 해상도	53	미리보기축 켜기	223	새 프로젝트	325
				색감	23
ㄷ		**ㅂ**		색상 보정	21
다운로드	55	배경광	161	색상 팔레트	67
대본	189	배경 삭제	99, 189	생성	53
대본 기반 편집	222	배경 제거	21	선택	58
대본 스크립트	251	배너	16	설정 패널	187
데스크톱용 캡컷	177	버드	169	세로 비율	75
동영상 생성	56	베오 3(Veo 3)	19	세로 이미지	71
드리미나 캡컷	30	보조광	161	세부 사양	28
드리미나 캡컷 생성기	52	보조 도구	22	소스 정리	25
따뜻한 빛	165	복장 제약	111	숏폼 콘텐츠	21
		복제	151	스냅사진	133
ㄹ		부분 삭제	76	스타일	24, 61
라이브러리	325	부분 재생성	33, 56	스토리보드	36
레이어	58	부분 재생성 대화상자	34	스티커	188
레이어 잠금	150	분할	221		

스티커 기능	297	웹용 캡컷	177	전경	65
슬로건 문자	103	웹툰 스타일	81	전달력	27
시각적 감성	28	유튜브	27	전체 화면	223
신체 가리기 편집 효과	242	유튜브 연동	203	전환	188, 219
썸네일	16	음성 내레이션	311	정면광	162
		이동	58	정보형 숏폼	245
ㅇ		이모티콘 캐릭터	118	정오 빛	164
알림	53	이미지 비율	73	조명	23
애니메이션	22	이미지 업로드	22, 57	조정	188
약한 빛	164	이미지에 텍스트	53	주광	160
역광	163	인스타그램	27	줌	167
역방향	221	일관성 확보	24	즐겨찾기 추가	55
영상 무빙	166	일러스트레이터	22	증명 사진	111
영상 생성	25	일반 스냅 사진	111		
영상 소스	25			**ㅊ**	
영상 순서	235	**ㅈ**		차가운 빛	165
영상 제작 도구	179	자동 조정	189	참고 예시	63
영상 콘텐츠	17	자동 캡션 기능	336	참조 이미지	81, 83
영상 편집 도구	178	자동화 기능	321	창의적 연출	24
오디오	188, 219	자르기	189	첨부끄기	223
오디오 녹음	223	자막 구성	26	축소 아이콘	34
오디오 보정	189	자산	53	측면광	162
오디오 추출	189	장면 구성	36		
오디오 트랙	26	장면 분할	189, 222	**ㅋ**	
오디오 편집	322	장면 전환 효과	213	카드 뉴스	16, 288
오디오 효과	213	재생 목록	203	카메라 무빙	23
오버레이	326	재생성	33	카테고리	203
움직임 효과	23	재생 헤드	187	캔버스	53
				캔버스 비율	77

캔버스 영역	58	틱톡	27	회전	189
캔버스 크기 설정	58	틸트	167	효율성	21
캔버스 화면	57			후경	65
캡션	188	**ㅍ**			
캡컷	17	팬	166		
커버 프레임	309	편집 도구	188		
컷 구성	25	편집 효과	188		
콘텐츠 제작	16	편집효과	219		
크기 설정	53	포토샵	21		
크레인	168	프로필 이미지	28		
크리에이티브 업스케일	55	프롬프트 입력창	53		
클라우드 연동	323	프롬프트 편집	56		
클립 다운로드	223	프리즈	222		
클립 위치	238	플랫폼	21		
		피부 재생성	93		
ㅌ		필터	188, 219		
타임라인	187, 225				
타임라인 숨기기	223	**ㅎ**			
텍스트	188, 219	한국어 버전	30		
텍스트 색상	106	한글 프롬프트	62		
텍스트 애니메이션	27	해상도	53, 202		
텍스트 추가	58	핸드헬드	169		
텍스트 프롬프트	20	홍보 마케팅	16		
텍스트 회전 조절점	107	홍보 이미지	31		
템플릿	188, 219, 326	화면 비율	73		
투명 배경	136	화면 이동	29		
트래킹	168	화면 확대창	58		
특정 영역 삭제	79	확장	56		
티몬체	146	회원 가입	29